Historia pewnego związku

DANKA BRAUN

HISTORIA PEWNEGO ZWIĄZKU

Redakcja:
Sylwia Drożdżyk-Reszka

Korekta:
Małgorzata Majewska

Projekt graficzny okładki:
Anna Halpern-Nadel
Foto/dreamstime

Druk i oprawa:
Print Group Sp. z o.o.,
Szczecin

Wydawnictwo Prozami Sp. z o.o.
zamówienia@literaturainspiruje.pl
www.prozami.pl
www.literaturainspiruje.pl

Słupsk/Warszawa
dodruk 2016

ISBN 978-83-932841-8-4

PROLOG

Jesień 2000

Renata poczuła skurcz w żołądku, kiedy samolot nagle zaczął się trząść. To tylko turbulencje, o których mówiła stewardesa, pomyślała. Nie lubiła podróżować samolotem. Zgadzała się z Tuwimem, że w powietrzu człowiek czuje się bardziej w rękach Pana Boga. To był dopiero trzeci lot w jej trzydziestoszcześcioletnim życiu, ten sposób podróżowania wybierała w ostateczności. Po chwili samolot się uspokoił. Renata wzięła głęboki oddech. Przed nią jeszcze kilka godzin lotu, musi to jakoś wytrzymać. Spojrzała na swojego towarzysza podróży. Błogo spał. Nie mogła opanować pokusy i pocałowała go delikatnie w policzek. Śpiący poruszył nosem, robiąc dziwny grymas, jakby opędzał się od natrętnej muchy. Renata się uśmiechnęła. Zamknęła oczy, ale nie mogła zasnąć. Tyle ostatnio się wydarzyło, że nie miała czasu na rozmyślania. Teraz znowu nawiedziły ją wątpliwości. Czy dokonała właściwego wyboru, czy mądrze pokierowała swoim życiem? Przed jej oczami przewijały się, jak w filmie, różne twarze i sytuacje. Na nowo przeżywała trzy ostatnie miesiące. Swoje zaręczyny, ślub... Po chwili znów przenosiła się do lata 1989 roku, do wydarzeń, które tak bardzo zmieniły jej życie...

W tym samym czasie w innym samolocie linii Boston – Amsterdam siedział mężczyzna. On również nie mógł zasnąć. Przymknął oczy, żeby sąsiad z fotela obok nie nagabywał go rozmową. Nie chciało mu się z nikim nawiązywać znajomości. Ludzie, którzy podróżują samotnie, czasami nabierają ochoty na przypadkowe pogawędki, nawet wyznania. On wolał zanurzyć się we własnych myślach. Cóż, starzeję się, pomyślał, uśmiechając się do siebie.

– Proszę państwa o uwagę. Czy jest na pokładzie lekarz? – Usłyszał komunikat stewardesy. Dziewczyna nie była Amerykanką, chyba Flamandką, biorąc pod uwagę jej szkolny angielski.

Mężczyzna szybko podniósł się z fotela, zabierając ze sobą torbę podróżną. Podszedł do stewardesy.

– Nazywam się Robert Orłowski. Jestem lekarzem, neurochirurgiem. Co się dzieje? – odezwał się po angielsku z amerykańskim akcentem.

– Proszę pozwolić ze mną. Jedna z pasażerek źle się czuje. Boimy się, że to zawał – dodała cicho.

Poszedł za dziewczyną. Na fotelach z przodu leżała kobieta w średnim wieku. Nachylona nad nią stewardesa przemywała jej twarz mokrą chusteczką. Robert ujął dłoń chorej, żeby zbadać tętno. Z torby wyjął stetoskop i ciśnieniomierz. Nigdy się z nimi nie rozstawał, już niejeden raz w podobnych sytuacjach były mu potrzebne. Stewardesy patrzyły na niego z niepokojem. Po chwili lekarz znów sięgnął do torby. Poprosił o szklankę wody i podał chorej dwie tabletki. Następnie odliczył kilkanaście kropel z małej buteleczki i polecił kobiecie wypić.

– Za chwilę poczuje się pani lepiej. Proszę nadal leżeć. Po trzech godzinach proszę zażyć jeszcze jedną tabletkę. – Uśmiechnął się do pacjentki.

– Dziękuję, panie doktorze, już mi lepiej. Jak to dobrze, że leci pan tym samolotem.

Robert jeszcze jakiś czas został przy chorej. Chwilę rozmawiali. Dzielnie wysłuchał sprawozdania z wszystkich przebytych chorób w ciągu jej pięćdziesięcioletniego życia, po czym grzecznie się pożegnał i odszedł. Za nim podążyła stewardesa.

– Co za lek pan jej dał, że tak szybko poczuła się lepiej?

– Witaminę B. To najlepsze lekarstwo na lęk przed lataniem. – Uśmiechnął się. Dziewczyna pod wpływem jego spojrzenia lekko się zarumieniła.

Wrócił na swoje miejsce. Sąsiad znowu chciał porozmawiać. Robert ostentacyjnie ziewnął i tłumacząc się zmęczeniem, zamknął oczy. Po chwili zachrapał, żeby uwiarygodnić sen. Nie mógł jednak zasnąć. Jego myśli powędrowały do Renaty i przeniosły go do pewnej lipcowej soboty, kiedy to wszystko się zaczęło... Do dnia zaręczyn Andrzeja.

On. Lato 2000

Był piękny słoneczny dzień, początek lipca. Siedziałem na Rynku Głównym w Krakowie przy kuflu piwa ze swoim licealnym kolegą Andrzejem. Nie widzieliśmy się ponad dwadzieścia lat, przypadkowo wpadliśmy na siebie na ulicy Grodzkiej. Przez ponad dwie godziny gadaliśmy i piliśmy. Najpierw piwo, potem koniak, później wódka, znowu piwo... Mieszanka niezła, prawie koktajl Mołotowa. Alkohol obudził w nas wspomnienia. Z sentymentem wspominaliśmy naszą klasę, nauczycieli i wydarzenia z nimi związane. Rozmawialiśmy o tym, co wydarzyło się u nas podczas tych wszystkich lat, gdy nie mieliśmy ze sobą kontaktu. Obgadaliśmy wspólnych znajomych i teraz przyszła pora na kobiety. Dla mnie życie z kobietą się skończyło, dla niego zaczynało. Tego wieczoru miało się odbyć przyjęcie z okazji jego zaręczyn. Kilka dni wcześniej wspólnie z narzeczoną świętowali zaręczyny w gronie rodziny. Teraz zaplanowali imprezę dla przyjaciół.

– Ile lat minęło od śmierci twojej żony?– zapytał mnie Andrzej.

– Prawie pięć – odpowiedziałem. – Ciągle nie mogę o niej zapomnieć. Była wyjątkowa, nie spotkam już takiej jak ona.

– Gadasz bzdury – mruknął Andrzej. – Kto jak kto, ale ty na pewno spotkasz jeszcze niejedną, która zgłupieje dla ciebie.

– Tylko czy ja dla niej zgłupieję? To raczej wątpliwe. Nudzą mnie kobiety – westchnąłem.

– Ciebie nudzą? Nie wiem, czy jest w Krakowie facet, który miał więcej bab od ciebie!

– Zmieniłem się. Zrobiłem się leniwy. Nie chce mi się robić tych wszystkich podchodów, żeby zaciągnąć babę do łóżka. Mówić jej komplementy, udawać oczarowanego nią i słuchać jej pieprzenia. Brrr.

– Nie mów, że z nikim nie sypiasz?

– Aż tak źle nie jest. Mam w Bostonie taką jedną: koleżanka ze szpitala, stażystka. Ale już niedługo. Będzie musiała odejść. Poprosiłem Harry'ego, mojego teścia, żeby nie przedłużał z nią umowy.

– Jak ci się układa współpraca z nim? Trochę nietypowa sytuacja, nie sądzisz? – zauważył.

– Cóż, Betty zrobiła im niezły kawał, robiąc mnie jedynym spadkobiercą. Muszą się liczyć ze mną, mam większość udziałów w klinice. Najpierw chcieli mnie ożenić z jedną córką, teraz chcą mi wepchać do łóżka drugą. To, że Jennifer ma dopiero dziewiętnaście lat, jakoś im nie przeszkadza. Żeby tylko pieniądze zostały w rodzinie! Wyobraź sobie, że nie minęło jeszcze pół roku od śmierci Betty, a już swatali mnie z Kate. Gdy w grę wchodzi forsa, wszystkie chwyty są dozwolone.

– Nie narzekaj. Chciałbym mieć taki problem... i takie pieniądze – zaśmiał się Andrzej.

– Wiesz, zamiast pieniędzy wolałbym mieć Betty – westchnąłem.

– Długo byliście małżeństwem?

– Pięć lat.

– Dlaczego nie mieliście dzieci?

– Kiedy zginęła, była w trzecim miesiącu ciąży. Właśnie się o tym dowiedziała, spieszyła się, żeby mi o tym powiedzieć. Betty bardzo chciała mieć dziecko, już raz poroniła – dodałem.

Potrząsnąłem głową, żeby przepędzić wspomnienia. Tyle czasu minęło, a ja wciąż nie potrafiłem spokojnie o tym mówić.

– Ile ma lat, ta twoja pani? – zmieniłem temat rozmowy.

– Trzydzieści sześć.

No tak, ktoś taki jak Andrzej musi zadowolić się drugim sortem.

– Jest cudowna – szepnął rozmarzonym głosem. – Piękna, inteligentna, wrażliwa i mądra. Wspaniała z niej matka, bardzo dobrze wychowuje syna. Kapitalny chłopak, ma dziesięć lat, a gada się z nim jak z dorosłym. Bardzo inteligentny. Wiesz, jak zasuwa po angielsku?! – zachwalał swojego przyszłego pasierba.

Aha, jest też dziecko. W co on się pakuje?!

– Co ona robi, z czego żyje? Mam nadzieję, że jej nie utrzymujesz?

– Jest księgową, ma swoją firmę, mieszkanie. To bardzo zaradna kobieta – dodał z dumą.

O Boże! Księgowa! Gorsza może być tylko nauczycielka matematyki (chociaż nie zawsze – znałem też niezłą matematyczkę). Ciekawe, jak wygląda ta jego zaradna piękność? Cóż, pojęcie piękna jest względne. Jakoś nie mogłem sobie wyobrazić, żeby interesująca kobieta zainteresowała się Andrzejem. Owszem, od kiedy ostatni raz go widziałem trochę się wyrobił, ale nadal pozostał przeciętniakiem, i to pod każdym względem. Przyjrzałem mu się uważnie. Zawsze było mi łatwiej ocenić urodę kobiety niż mężczyzny. Nie interesowałem się, czy facet jest przystojny, czy ma ładne oczy i ujmujący uśmiech – interesowało mnie, czy jest z nim o czym pogadać, czy ma poczucie humoru i dystans do siebie. Nie znosiłem ponuraków i nadętych dupków. Andrzej lotnością umysłu raczej nigdy nie grzeszył, ale nadrabiał to poczciwością i lojalnością. Dlatego go lubiłem. Ale czy podobał się kobietom? – wątpliwa sprawa. Z obserwacji wiem jednak, że kobiecy ideał mężczyzny jest trywialnie prosty: żeby chciał rozebrać i żeby mógł ubrać… Andrzej chyba spełniał te warunki. Był niższy ode mnie, miał około stu osiemdziesięciu centymetrów wzrostu. Nie był jeszcze gruby, ale już nie był szczupły – nad paskiem spodni zaczynał mu zwisać brzuszek. Ciemne włosy, dobrze podcięte, trochę maskowały pojawiające się zakola, ale widać było, że już wkrótce przegrają z czołem potyczkę o miejsce na głowie. Twarz miał… hm… poczciwą – to chyba najlepsze określenie jego fizjonomii. Jakiej kobiecie mógł się podobać? Według mnie, takiej jak on – przeciętnej.

Ja dzieliłem kobiety na dwie kategorie: ładne i głupie lub mądre i brzydkie. Rzadko kiedy cechy te dało się ustawić w innej kombinacji. Chyba że brzydkie i głupie – to tak! Dotychczas spotkałem jedną kobietę, która była wyjątkiem – Betty! Przeciętne kobiety nigdy mnie nie interesowały.

– Rozwódka czy panna z dzieckiem? – zapytałem.

– Wdowa. Mąż umarł zaraz po ślubie. Nie chce o tym mówić, więc nie pytam.

Lepsza wdowa niż panna z dzieckiem lub rozwódka. Tej pierwszej nikt nie chciał, a od drugiej mąż uciekł, bo miał jej dosyć, pomyślałem.

– Musisz ją poznać, zabieram cię dziś na imprezę. Będzie trochę ludzi. Mamy wolną chatę, bo mały pojechał na kolonie, wróci za miesiąc.

– Nie wypada przychodzić bez zaproszenia – zawahałem się.

– Nie wygłupiaj się, ja cię zapraszam! Oprócz tego musisz mnie obronić. Kiedy zobaczy mnie w takim stanie, to mi się oberwie – powiedział całkiem poważnie.

Biedny Andrzej, wpadł jak śliwka w kompot. Stara, z bachorem i do tego jędza! Z drugiej strony, lepiej tam iść, niż siedzieć samemu w domu – nie lubię pić w samotności.

– Dobrze, ale muszę kupić kwiaty i flaszkę – powiedziałem.

Nie minęło pół godziny, a staliśmy już pod drzwiami ukochanej Andrzeja. Obaj byliśmy nieźle wstawieni. W jednej ręce trzymałem bukiet róż, w drugiej - butelkę smirnoffa.

To babsko może i mnie zaatakować, pomyślałem, kiedy Andrzej nacisnął dzwonek.

Po chwili drzwi się otworzyły. I wtedy ją zobaczyłem. Nie wiem, kto przeżył większy szok, ona czy ja? Przez moment wydawało mi się, że oprócz zaskoczenia, zauważyłem w jej oczach strach. Ba, więcej! Przerażenie!

Po chwili udało jej się opanować. Ja chyba również musiałem mieć głupią minę. Dziwne, że Andrzej nic nie zauważył.

– Kochanie, wyobraź sobie, że spotkałem na Grodzkiej kumpla z liceum. Nie widzieliśmy się dwadzieścia lat. Zaprosiłem go na dzisiejszą imprezę. Mam nadzieję, że się nie gniewasz? Trochę wypiliśmy, ale obiecuję, że dziś już nic więcej nie będę pił.

– Miło mi pana poznać – usłyszałem zdziwiony. Dalej stałem jak słup soli. – Proszę wejść do środka. Zapraszam. – Uśmiechając się, zapytała: – Te kwiaty to chyba dla mnie?

Trochę zmieszany, wręczyłem jej bukiet róż.

Zmieniła się. Bardzo się zmieniła. Zawsze wiedziałem, że można z niej zrobić ładną kobietę, ale nie przypuszczałem, że aż tak ładną! Z dobrze udawaną swobodą wstawiła kwiaty do wazonu i przedstawiła mnie pozostałym gościom.

– To szkolny kolega Andrzeja. Przyszli tutaj się doprawić. Przepraszam, nie usłyszałam, jak panu na imię?

Nie wychodziła ze swojej roli. Dobra z niej aktorka. Kto by pomyślał? Chyba o wielu rzeczach nie mówiła Andrzejowi.

– Robert Orłowski – przedstawiłem się. – Obiecuję, że bardziej już się nie urżnę, Andrzej chyba też nie, bo bardzo się pani boi. Tak jak i ja – dodałem z uśmiechem.

– To dobrze, że się mnie boicie, macie podstawy – odpowiedziała również się uśmiechając. – Kara was nie ominie.

Podeszła do innych gości. Skąd to opanowanie? Pamiętałem ją jako nieśmiałą, cichą dziewczynę, a tu zastaję wyrafinowaną lwicę salonową. Wiedziała, że ją obserwuję, ale z jej strony nie zauważyłem żadnego zainteresowania moją osobą.

Wyglądała naprawdę ślicznie. Była ubrana w obcisłą, mocno wydekoltowaną czarną bluzkę i ładną czarno-białą spódniczkę tuż nad kolana. Czarne buty na wysokich obcasach podkreślały cudowną linię jej nóg. W uszach i na rękach miała założone srebrne koła, które pobrzękiwały kusząco przy każdym ruchu. Ależ wyzgrabniała! Przedtem raczej nie malowała się, teraz miała mocny makijaż, który uwydatniał jej oczy i usta. Bujne, długie za ramiona, brązowe włosy, ułożone w modną fryzurę, okalały jej ładną twarz. Gdzie się podziały okulary? Nie była klasyczną pięknością, ale miała w sobie coś, co powodowało, że facet, patrząc na nią, nabierał ochoty, aby zaciągnąć ją do łóżka (może nie każdy, ale ja na pewno!). O cholera! Ona nosi pończochy! Zauważywszy to, poczułem nagłe podniecenie. Gdzie ona tak się wyrobiła?! Zdecydowanie, na księgową to ona nie wyglądała. Bez wątpienia była najładniejszą kobietą w tym towarzystwie. Rozejrzałem się po pokoju. O Boże, ale potwory! Jedna, z wyglądu przypominająca jaszczurkę, podeszła do mnie.

– Podobno jest pan lekarzem? Kiedy pan wrócił ze Stanów? Ja też byłam w Chicago prawie trzy lata. A pan?

– Cały czas tam mieszkam, ale nie w Chicago, lecz w Bostonie. Przyjechałem tu tylko na urlop. Chyba że coś się zmieni w moim życiu. – Powiedziałem wystarczająco głośno, żeby Ona to usłyszała, bo właśnie przechodziła obok nas.

Cholera, jak ona ma na imię? Rzadko zwracałem się do niej po imieniu, chyba mówiłem do niej „Mała". Dziwnie wybiórczą mam pamięć – pamiętam sytuacje, twarze i inne co ciekawsze elementy anatomii kobiecej, ale imion, cholera, nie pamiętam… tym bardziej po jedenastu latach. Cóż, trochę kobiet przewinęło się w moim czterdziestoletnim życiu… Teraz nie wypadało zapytać jej o imię. To chyba mała zniewaga, sypiać z kobietą trzy miesiące, a potem nie pamiętać jej imienia. Uznałem jednak, że mogę zapytać Jaszczurkę, przecież oficjalnie pierwszy raz spotkałem narzeczoną Andrzeja.

– Przepraszam, jak ma na imię gospodyni?

– Na imię mam Renata, Robercie. Pozwolisz, że będę tak do ciebie mówiła? Przyjaciele Andrzeja są moimi przyjaciółmi. – Renata wtrąciła się w rozmowę, uśmiechając się przy tym ironicznie.

Zaczerwieniłem się z zażenowania, ona zaś nieźle się bawiła. Głupia sytuacja, jak z tego wybrnąć?

– Przepraszam, ale się nie przedstawiłaś.

– Myślałam, że nie muszę... Andrzej nie powiedział do kogo idziecie?

– Mówił o tobie tyle wspaniałych rzeczy, ale twoje imię nie padło w rozmowie. Teraz na pewno je zapamiętam!

W tym momencie Andrzej zarządził tańce. Odetchnąłem z ulgą, poprosiłem nawet Jaszczurkę do tańca. Przemęczyłem się z nią aż trzy kawałki, potem pod pretekstem napicia się drinka udało mi się od niej uwolnić. Renata i Andrzej tańczyli przytuleni do siebie. Nie dane było mi długo rozkoszować się samotnością, bo podeszła do mnie inna kobieta, wypisz wymaluj Ropuszka.

– Panie Robercie, jaka jest pana specjalizacja?

– Neurochirurgia. A pani?

– Matematyka. Uczę matematyki. Syn Renaty chodzi do szkoły, w której pracuję – poinformowała mnie. – Krzyś to naprawdę genialne dziecko, powinien chodzić do lepszej szkoły, bo w tej się marnuje. Wyprzedza rówieśników o dwa, trzy lata. Szkoda, że matematyka to nie jego powołanie. Ma oczywiście szóstkę, ale ten przedmiot nie za bardzo go interesuje. – Ropuszka starała się zainteresować mnie rozmową.

Mówiła, mówiła... W pewnym momencie wyłączyłem się. Cóż mnie jakiś bachor, nawet genialny, obchodzi?! Co innego jego mamuśka.

– Pani jest koleżanką Renaty czy Andrzeja? – zapytałem, żeby zmienić temat

– Renaty. Prowadzi mi księgowość.

– To teraz nauczyciele muszą mieć księgowych? – zdziwiłem się.

– Prowadzę dodatkową działalność, rozprowadzam produkty aloesowe.

– Widzę, że sprzedaż bezpośrednia tutaj też dotarła, w Stanach nie można się od tego opędzić. Przepraszam, ale muszę zatańczyć z gospodynią i przeprosić, że wtargnąłem do jej domu bez uprzedzenia.

Uśmiechnąłem się przepraszająco i szybko od Ropuszki odszedłem. Wykorzystując okazję nieobecności Andrzeja w pobliżu, poprosiłem Renatę do tańca. Co prawda z pewnym wahaniem, ale zgodziła się.

– Dzięki, że uratowałaś mnie przed inwazją aloesową. Jeszcze chwila, a wtryniłaby mi jakiś produkt. – Moja partnerka roześmiała się, pokazując piękne zęby.

Nawet w tej sferze zaszły duże zmiany. Z tego co pamiętałem, miała żółtą jedynkę. Teraz po niej ani śladu – wszystkie zęby jak perełki, trochę krzywe, ale ładne.

– Zmieniłaś się. Nawet bardzo – powiedziałem z uznaniem.

– Aż tak bardzo, że zapomniałeś, jak mam na imię?

– Ale inne cechy zapamiętałem. Na przykład te dwa śliczne pieprzyki, jeden w twoim dekolcie, drugi... trochę niżej. – Mówiąc to, uśmiechnąłem się. – No, nareszcie się zarumieniłaś!

– Za to ty wcale się nie zmieniłeś... Na twoim miejscu nie traktowałabym tego jak komplement.

– Zmieniłem się. Spleśniałem. Nie zauważyłaś siwych włosów na mej skroni? – Coraz bardziej mi się podobała.

– Dalej jesteś tym samym zarozumiałym, skoncentrowanym na sobie, egocentrycznym dupkiem, co jedenaście lat temu.

– Wtedy ci to nie przeszkadzało. Sama mówiłaś, że się we mnie zakochałaś od pierwszego wejrzenia. – Nie mogłem opanować uśmiechu.

– Z tego co pamiętam, kazałeś mi szybko się odkochać, co niebawem uczyniłam.

– Nie tak znowu szybko, trwało to co najmniej trzy miesiące. Widziałem cię na dworcu – dodałem już całkiem poważnie. Po chwili znów przybrałem żartobliwy ton. – Gdybym wtedy nie wyjechał, to może nasza znajomość inaczej by się zakończyła? Może bym się nawet z tobą ożenił?

– Dobrze więc, że wyjechałeś. Z tego co pamiętam, raz żartem coś bąknąłeś o małżeństwie, ale pod warunkiem, że wcześniej zrobisz mi kilka operacji plastycznych... Żebyś mógł pokazać się ze mną na ulicy.

– Tak powiedziałem? Musiałem być bardzo pijany – zaśmiałem się.

– Masz rację, byłeś bardzo pijany, przecież trzeźwy nigdy byś nie mówił o małżeństwie ze mną... Nawet gdybym miała za sobą tuzin operacji plastycznych – zauważyła z sarkazmem.

– Ale widzę, że operacje wcale nie były potrzebne, sama z brzydkiego kaczątka przeobraziłaś się w łabędzia... On nie pasuje do ciebie – dodałem po chwili. – Taka namiętna dziewczyna jak ty powinna związać się z kimś innym... na przykład ze mną – dodałem z uśmiechem. – Przecież pamiętasz, jak było nam dobrze w łóżku? Chyba tego nie zapomniałaś? Mamy podobny temperament. Pomyśl o tym – mówiąc to, uśmiechałem się lubieżnie.

W tym momencie osłupiałem. Renata przestała ze mną tańczyć i bez słowa zostawiła mnie na środku parkietu.

Rozejrzałem się po mieszkaniu. Było nieźle urządzone. Dość duże jak na polskie warunki, około siedemdziesięciu metrów, miało pokój dzienny z otwartą kuchnią i dwie sypialnie. Ciepłe kolory ścian i mebli nadawały wnętrzu wrażenie przytulności. Królowały tu barwy złociste i pomarańczowe, gdzieniegdzie pojawiały się różne odcienie brązu. Nastrojowe światło sączyło się z wielu punktów, okna otulały zwiewne zasłony. Czuć było kobiecą rękę. Na ścianach wisiały obrazki i zdjęcia, a niebanalne bibeloty na komodach przyciągały wzrok.

Ładne gniazdko sobie uwiła, dużo lepsze niż to w Hucie. Całkiem nieźle sobie radzi. Ciekaw byłem jej zmarłego męża. Czy to dla niego tak się zmieniła, czy to on ją zmienił, rozmyślałem.

W mieszkaniu było kilkanaście osób. Nie siedzieliśmy polskim zwyczajem przy stole, lecz podzieliliśmy się na małe grupki. Przy niskiej ściance dzielącej kuchnię z pokojem dziennym zorganizowano bufet. Podszedłem tam i zrobiłem sobie drinka. Nie potrafiłem oprzeć się apetycznie wyglądającym sałatkom, nałożyłem na talerz sporą porcję. Były smaczne. Wzrokiem zacząłem szukać Renaty.

Po chwili zauważyłem, że zniknęła w jednym z pokoi. Ruszyłem za nią. Oparty o futrynę drzwi patrzyłem, jak się krząta. Wyjmowała z kartonów butelki z napojami. Do szklanej misy przesypywała chipsy.

– To brzydko porzucać partnera na środku parkietu.

Zaskoczona moją obecnością, gwałtownie się odwróciła. Dopiero teraz zauważyłem jakie ma zmysłowe usta. Miałem straszną ochotę

14

pocałować ją w te usta... i nie tylko... Dawno już żadna kobieta tak na mnie nie działała.

– Mogło być gorzej. Miałam ochotę cię spoliczkować, ale gościnność mi na to nie pozwoliła. Ostrzegam jednak, że nie zawsze będę taka powściągliwa.

– Naprawdę? – zaśmiałem się. – Zrobiłaś się strasznie kolczasta, jak te róże, które ci przyniosłem. A byłaś taką wspaniałą dziewczyną. Nigdy bym nie przypuszczał, że z takiej cichej, dobrej istoty wyrośnie taka jędza. Przedtem bardziej mi się podobałaś!

– Tak bardzo ci się podobałam, że nie tylko nie wysłałeś żadnej kartki, ale nawet zapomniałeś, jak mam na imię?

– Nie możesz mi tego darować! Spotkajmy się gdzieś sami, porozmawiamy o dawnych czasach – zaproponowałem.

– Nie ma mowy! Zresztą nie mamy o czym ze sobą rozmawiać.

– Zawsze mieliśmy o czym rozmawiać, nie pamiętasz? Byłaś jedną z nielicznych dziewczyn, z którymi się nie nudziłem. Przypomnij sobie tę śliczną blondynkę, którą olałem dla ciebie.

– Widać w łóżku ci nie pasowała – zauważyła cierpko.

– Nie dlatego. Widziałem, że było ci przykro, chociaż nie robiłaś mi żadnych zarzutów. Nie powiedziałaś ani jednego złego słowa! Byłaś bardzo wyrozumiałą dziewczyną, podobało mi się to w tobie.

– Byłam nie wyrozumiałą, ale głupią dziewczyną – sprostowała z goryczą w głosie. – Goście czekają, możesz mi pomóc? Weź napoje i piwa, ja wezmę resztę.

– Zaczekaj jeszcze chwilkę – poprosiłem.

Była tak blisko, że czułem jej zapach. Coś dziwnego było w jej zachowaniu. Strach? Ona najwyraźniej bała się mnie! Nasze oczy się spotkały. Dostrzegłem w nich coś, co pamiętałem sprzed jedenastu lat. Po raz pierwszy pożałowałem mojego wyjazdu do Ameryki. Po raz pierwszy zapomniałem o Betty. Zapragnąłem cofnąć się w czasie, do lata 1989.

Ona. Lato 1989

Pierwszy raz zobaczyłam go w klubie studenckim Pod Jaszczurami. Był koniec maja, sobotni wieczór. Mój kolega z pracy, Jurek, robił tu małą imprezę z okazji awansu na inspektora. Siedzieliśmy w dolnej sali przy złączonych stolikach i kosztowaliśmy specjalności zakładu – drinki o bardzo wymownej nazwie „Fikołki"(wódka czysta plus pepsi).

Wtedy pierwszy raz go ujrzałam. Wszedł w towarzystwie dwóch bardzo ładnych dziewczyn, obejmując je. Wysoki, głowę wyższy od nich, śmiejąc się, mówił im coś do ucha. Nigdy nie widziałam tak przystojnego mężczyzny! Spojrzałam na niego i... zakochałam się. Teraz po latach wydaje mi się to niemożliwe, żeby dwudziestopięcioletnia dziewczyna, absolwentka UJ-tu, podobno niegłupia, zakochała się w facecie tylko dlatego, że był przystojny. Ale tak się stało. Miłość i rozsądek nie idą ze sobą w parze. Piękny jak młody bóg chłopak okazał się kumplem Jurka, razem chodzili do liceum. Jurek zaprosił go wraz z dziewczynami do naszego stolika. Podając mi rękę, ledwo na mnie spojrzał. Jak w półśnie usłyszałam jego imię – Robert. Głos miał również cudowny, jak wszystko inne – niski baryton, który przyprawiał mnie o dreszcze.

Był wyjątkowo przystojny. Miał około metra dziewięćdziesięciu wzrostu, krótko przycięte czarne włosy, regularne rysy twarzy... i te oczy. Takich oczu nie widziałam u nikogo. Prawie czarne, ogromne, w oprawie ciemnych rzęs, osadzone pod pięknie zarysowanymi brwiami. Był piękny, ale niczym nie przypominał słodkiego cherubinka, miał bardzo męską urodę. Ubrany był w niebieskie dżinsy, granatowy podkoszulek i beżową sztruksową marynarkę. Zwrócił uwagę wszystkich dziewczyn na sali. Widać było, że jest do tego przyzwyczajony. W uśmiechu pokazał zadbane, białe jak śnieg, równe zęby. Niejeden amant filmowy pozazdrościłby mu aparycji. Obserwowałam go cały czas. Chyba to zauważył, bo przez moment spojrzał na mnie i uśmiechnął się. Ten uśmiech! Prawdopodobnie

16

tak uśmiechał się Rhett Butler z „*Przeminęło z wiatrem*". Ten jego uśmieszek miał mnie prześladować przez wiele lat. W moich snach uśmiechał się do mnie w ten kpiąco ironiczny sposób, charakterystycznie mrużąc przy tym oczy. Zauważyłam, że inaczej uśmiecha się do ładnych dziewczyn, a inaczej do brzydkich i do facetów. Uśmiech Rhetta Butlera przeznaczony był dla tych ładnych, mnie obdarzał z reguły tym drugim. Inaczej też rozmawiał z mężczyznami, inaczej z ładnymi kobietami. Urok Roberta działał jednak na jednych i drugich. Zawsze grał pierwsze skrzypce, zawsze był widoczny. Trudno było go nie zauważyć. Przekonałam się o tym już przy pierwszym spotkaniu. Przed jego przyjściem to Jurek bawił towarzystwo i jako gospodarz imprezy był w centrum zainteresowania. Dopóki nie przyszedł Robert. Potem był tylko Robert! Nie spotkałam dotychczas człowieka o tak silnej osobowości. Mężczyźni, mimo że mu zazdrościli i raczej za nim nie przepadali, liczyli się z nim bardzo, o czym miałam się przekonać niejednokrotnie. Przy bliższym poznaniu nawet faceci czuli do niego sympatię. Wszystkie kobiety zaś: młode czy stare, ładne czy brzydkie, były nim oczarowane, „leżały u jego stóp". Potrafił tak nimi manipulować, że zawsze osiągał to, co chciał. Lubił kobiety i one go lubiły. Niejedną skrzywdził, ale rzadko która źle o nim mówiła. Tego wszystkiego dowiedziałam się później, grubo później. Teraz wiedziałam tylko tyle, że jest nieziemsko przystojny.

Patrzyłam, jak tańczy z różnymi dziewczynami, oczywiście z tymi atrakcyjnymi – nas, brzydule, tylko czasami obdarzał uśmiechem. Byłam nim coraz bardziej oczarowana. Kiedy wyszedł z klubu, obejmując jakąś nową piękność, poczułam się tak, jakby w pogodny słoneczny dzień, nagle ciemna chmura zasłoniła słońce.

W poniedziałek wzięłam Jurka na spytki. Dowiedziałam się, że Robert ma dwadzieścia dziewięć lat i jest chirurgiem. Jego ojciec też jest lekarzem, matka nie pracuje, ale za to ma inny atut – jest bardzo piękną kobietą. Oboje są od kilku lat w Stanach, ojciec zarabia dużą kasę jako kardiolog. Robert jest jedynakiem, mieszka sam w willi na Woli Justowskiej. Ma kupę forsy, jeździ prawie nowym bmw. Dziewczyny szaleją za nim, a on zmienia je jak rękawiczki, albo raczej jak skarpetki.

– Renatko, daj sobie z nim spokój – powiedział na koniec. – To nie ta liga. Może i lepiej dla ciebie, że nie jesteś piękną laską, przeżyjesz mniej rozczarowań.

Ja i Jurek razem pracowaliśmy w urzędzie skarbowym. Lubiliśmy się, traktował mnie jak kumpla. Czasami szliśmy do kina albo wyciągał mnie na dyskotekę. Od czasu do czasu wpadał do mnie do mieszkania z połówką czystej wyborowej i gadaliśmy do późna w nocy. Raz nawet chciał mnie pocałować, ale wybiłam mu to z głowy – zostaliśmy dobrymi kumplami. Czasami robił mi drobne przysługi: powiesił obrazek, przywiózł zakupy ze sklepu. Ja mu za to dawałam wolną chatę, kiedy chciał przespać się z jakąś dziewczyną. Moje mieszkanie było obiektem jego zazdrości.

– Jak ja bym chciał mieć taką garsonierę! – miał zwyczaj mówić. – Nie wychodziłbym nigdzie z domu, najwyżej do pracy.

– Trzeba było jeździć na tranzyt – przeważnie mu odpowiadałam. – To nie garsoniera, tylko pokój z kuchnią.

Teraz gdy poznałam Roberta, Jurek stał się dla mnie bardzo cenną znajomością, przy jego pomocy mogłam bliżej poznać jego przystojnego kolegę. Jurek okazał się dobrym kumplem, poświęcał się dla mnie i chodził ze mną do Jaszczurów, ponieważ liczyłam na to, że spotkam tam Roberta. Nie komentował mojego idiotycznego zachowania, tylko kręcił głową z dezaprobatą. Mimo że chodziliśmy do Jaszczurów dość regularnie, to nie dane mi było szybko spotkać tam Roberta.

W końcu doczekałam się. Mój Piękny przyszedł – tym razem sam – i usiadł przy naszym stoliku. Gdy podeszła kelnerka, zamówił winiak klubowy z pepsi. Nie podawano wódki solo, tylko w drinkach.

– Drinki najlepiej zamawiać bezpośrednio u barmanki. Wtedy wiesz co, pijesz i ile masz alkoholu. – W końcu ośmieliłam się odezwać.

Spojrzał na mnie, jakby pierwszy raz mnie widział.

– Nie rozumiem? – spytał zdziwiony.

– W drinku trudno wyczuć, jaki alkohol wlano do pepsi, najtańszą czystą czy faktycznie winiak. Niekoniecznie musi to też być setka wódki, może kelnerka pomyliła się i zamówiła u barmanki pięćdziesiątkę albo barmanka niechcący nie dolała do kreski? Widziałeś te kreski na miarkach zrobione lakierem do paznokci? Jakie są grube?

– Skąd to wszystko wiesz? – spytał z rozbawieniem.

– Kiedyś byłam tu kelnerką – odpowiedziałam. – Na razie jesteś jeszcze trzeźwy, więc nie grozi ci, że uraczą cię pięćdziesiątką zamiast setki. Oprócz tego dajesz wysokie napiwki, jest więc szansa, że nie wleją ci zwykłej czystej tylko faktycznie winiak klubowy – dodałam po chwili.

– Dziękuję za informację, od dzisiaj zamawiam tylko u barmanki. – Uśmiechnął się do mnie. Chyba dopiero dziś zauważył, że nie jestem powietrzem.

– Liczę na dyskrecję z twojej strony. Zlinczowałyby mnie za to, że zdradzam tajemnice zawodowe.

– Przysięgam na wszystkie alkohole świata, że nie doniosę na ciebie do kelnerskiej mafii. Jesteś bezpieczna. – Mówiąc to, podniósł prawą rękę jak do przysięgi. – Czy Jurek to twój chłopak? – zapytał znienacka.

– Ależ skąd, to mój kolega z pracy – szybko odpowiedziałam. – Razem pracujemy w urzędzie skarbowym.

– Jeszcze jeden zdzierca podatkowy. Dobrze, że na razie nie mam z wami nic do czynienia.

– Na twoim miejscu nie cieszyłabym się tak bardzo. Podobno jeździsz drogim samochodem?

– Samochód jest ojca. – Spojrzał na mnie dziwnym wzrokiem.

– Nie bój się, nie doniosę. Gdybyś w przyszłości chciał coś drogiego kupić, a nie miał na to podkładki, to najlepsza jest umowa pożyczki, tylko jeden procent od sumy. Od darowizny jest wyższy procent, a limit od podatku dla najbliższej rodziny niewysoki – poinformowałam go. – Z tym samochodem tylko żartowałam. Myślisz, że ja mam czyste sumienie?

– Cóż takiego przeskrobałaś, że obawiasz się urzędu skarbowego?

– Muszę wytłumaczyć się, skąd miałam pieniądze na zakup mieszkania. Gdybym była ładna, mogłabym powiedzieć, że z nierządu. Ładna nie jestem, więc mi nie uwierzą. Zapamiętaj: prostytuowanie się nie jest karalne, tylko stręczycielstwo, sutenerstwo i kuplerstwo. Ty jesteś przystojny, możesz więc w ten sposób tłumaczyć się przed urzędem skarbowym – z uśmiechem ciągnęłam temat. – Powinieneś od czasu do czasu pokazać się w Antycznej, tam jest dużo pań korzystających z tego typu usług. Będziesz miał alibi, zapamiętają cię na pewno i kelnerzy, i klientki.

Śmialiśmy się oboje, dalej prowadząc rozmowę w tym tonie. Widziałam, że dobrze bawi się w moim towarzystwie. Czułam się jak w siódmym niebie. Byłam szczęśliwa! Do czasu... W pewnym momencie na parkiecie pojawiła się piękna Jasnowłosa w spódniczce mini ledwo przysłaniającej tyłek. Mój piękny książę wstał, zatańczył z nią trzy kawałki i wyszli. Na odchodnym obdarzył mnie ciepłym uśmiechem i powiedział: „Do zobaczenia". Minęła dwunasta – czar prysł, książę zniknął.

Tydzień później znowu siedziałam w Jaszczurach. W piątek go nie było. W sobotę, czekając na niego, myślałam, że też nie przyjdzie, jednak się zjawił. Było już dobrze po dziesiątej. Od czasu przyjścia zdążyliśmy wypić z Jurkiem kilka drinków, byłam więc nieźle wstawiona. Tańczyłam właśnie z jakimś równie pijanym facetem, kiedy zauważyłam Roberta. Patrzył na mnie. Zaczęłam pląsać jeszcze bardziej wyzywająco. Moja nieśmiałość gdzieś zniknęła. Widziałam, że mnie obserwuje. Podszedł do mnie podczas przerwy.

– Witaj, specjalistko od przestępstw gastronomiczno-podatkowych.

– Witaj, książę przysadki mózgowej! Gdzie twój harem?

– Zamknąłem dziś na trzy spusty, eunuch się nimi zajmuje. Widzę, że „Fikołki" zaczęły działać. Gdzie się podział Jurek?

– Poszedł po posiłki, kolejka do wodopoju dosyć duża. Poderwał jakąś laseczkę. Za tydzień znów będę musiała jechać do rodziców, żeby mu dać wolną chatę! Dorabiam sobie, wynajmując pokój na godziny.

Zaczęli grać. Podszedł do mnie mój podpity partner sprzed przerwy.

– Mogę prosić do tańca? – wymamrotał.

– Nie możesz – odpowiedział za mnie Piękny. – Ona tańczy ze mną. Masz za to drinka – mówiąc to, wręczył mu swoją niedopitą szklankę.

Moje marzenie spełniło się, zaczęliśmy tańczyć. Byłam chyba najszczęśliwszą dziewczyną na sali.

– Fajnie się ruszasz – usłyszałam. – W łóżku również?

Nic nie odpowiedziałam, tylko uśmiechnęłam się tajemniczo. Dalej tańczyliśmy przytuleni do siebie. Po chwili zdjął mi okulary.

20

– No, teraz wyglądasz dużo lepiej. Powinnaś chodzić w soczewkach kontaktowych. Mogłabyś też trochę się wymalować. Kobieta musi czasem poprawić Pana Boga. Wcale nie jesteś brzydka, pieniądze z nierządu możesz posiadać – zaśmiał się.

Tańczyliśmy jeszcze przez jakiś czas. Potem przyszedł Jurek z drinkami. Moją szklankę odstąpiłam Robertowi. Zaoferowałam się wykorzystać swoje znajomości i bez kolejki kupić następne drinki.

– Zostaw ją w spokoju, to fajna dziewczyna. – Wracając, usłyszałam głos Jurka. – Szkoda jej dla twoich kaprysów. Ona nie jest taka jak tamte.

– Proszę bardzo, najlepszy sort. Wszędzie pełna setka, nawet pepsi się znalazła, a nie to żółte paskudztwo. Bractwo kelnerskie nie zapomina o swoich członkach. – Mówiąc to wręczyłam im po szklance.

Rozpoczął się następny blok taneczny. Robert znów mnie poprosił. Tańczyliśmy mocno przytuleni. Pachniał drogą wodą toaletową – na pewno nie była to Przemysławka.

– Ja już wychodzę. Zostajesz czy też wychodzisz? – usłyszałam.

– Wychodzę – powiedziałam bez zastanowienia.

Wyszliśmy, nie mówiąc nawet cześć Jurkowi. Poszliśmy po samochód Roberta. Parkował na Małym Rynku. Zdziwiona zauważyłam jakiegoś człowieka siedzącego w jego bmw.

– To pan Józef, robi za kierowcę. Wiesz sama, jak jest trudno o taksówkę w sobotę o tej porze. Gdzie jedziemy? Mam cię zawieść do domu, czy do mnie?

– Do ciebie – odpowiedziałam bez chwili wahania.

Jechaliśmy, siedząc z tyłu, wtuleni. Teraz mnie spotkał zaszczyt być obejmowaną przez Roberta! Pan Józef od czasu do czasu patrzył na nas przez lusterko. Musiał być zdziwiony, że nie śliczna blondynka siedzi obok jego pracodawcy, tylko ja. W końcu dojechaliśmy, samochód zatrzymał się przed dużym, pięknym domem.

Taki dom w tamtych czasach należał do rzadkości. Niczym nie przypominał typowych polskich klocków, raczej te z amerykańskich filmów. Weszliśmy do środka. Wnętrze jak z żurnala! Piękne meble i dywany na pewno nie były kupione w Polsce. Niedawno sama przechodziłam koszmar urządzania mieszkania, wiedziałam więc, co dostępne jest na polskim rynku. Mój brat, żeby kupić meblościankę o wdzięcznej nazwie „Hejnał" musiał przez rok stać w kolejce! Zresztą, nie tylko on – cała rodzina była w to przedsięwzięcie zaangażowana. Ja również. Co tydzień musieliśmy podpisywać listę kolejkową. Teraz w domu Roberta oglądałam i dotykałam mebli, lamp, bibelotów z zachwytem w oczach. Robert przyglądał mi się z rozbawieniem.

– Nie masz pojęcia, co znaczy urządzać polskie mieszkanie w dzisiejszych czasach, a więc nie śmiej się ze mnie – obruszyłam się, widząc jego minę. – Wiesz, że sama przytachałam do domu na plecach czterdzieści metrów kwadratowych wykładziny, brzydkiej jak noc listopadowa, bo tylko taką można było kupić w sklepie?! Wiozłam ją w zatłoczonym autobusie, potem kawał drogi wlokłam z przystanku do domu przy akompaniamencie deszczu ze śniegiem! To był prawdziwy horror! Sama nie wiem, jak udało mi się to zrobić.

– Nie wzięłaś taksówki bagażowej? – zdziwił się.

– Na postój było dwa razy dalej niż na przystanek – wyjaśniłam. - Automat zepsuty, nie mogłam zadzwonić po pomoc. Bałam się oddalić od sklepu z obawy, że mi ją wykupią. Teraz przeklinam tę wykładzinę, każdy pyłek na niej widać.

– Mama zamówiła meble u stolarzy w Kalwarii. Na podstawie zdjęć tłumaczyła im, jak mają wyglądać. Resztę sprowadziła z Berlina Zachodniego. Jej brat tam mieszka – dodał.

W czasie gdy ja podziwiałam dom, Robert wyjął szampana i kieliszki.

– Naszła mnie ochota na babcine pierogi. Zjesz ze mną? byłoby jej przykro, że ich nie ruszyłem.

– Zjem, dawno nie jadłam pierogów – odparłam.

– Muszę jeszcze wypuścić psa. Samanta! Do nogi!

– O! Jaki wspaniały pies! A raczej suka. Piękna. Nie szczeka na mnie, bo jak każda kobieta lubi komplementy. Mądra psina. Wiem, że masz ładny ogon, tylko uważaj na moje rajstopy.

Robert wypuścił wilczura na dwór. Po kolacji usiedliśmy na kanapie z szampanem w dłoniach. Po chwili objął mnie i zaczął całować. Najpierw delikatnie, później coraz bardziej namiętnie.

– Chcesz się odświeżyć? – cicho spytał.

– Chyba tak.

Zaprowadził mnie do przepięknej łazienki. Podał świeży ręcznik i nową szczoteczkę do zębów.

– Możesz wziąć prysznic lub skorzystać z bidetu. Tylko pośpiesz się. Nie wygłaszaj peanów na cześć łazienki, bo... czekam na ciebie.

Tak więc wygląda nocna wizyta w domu Roberta! Ciekawa jestem, jaki ma zapas szczoteczek do zębów?

Wyszłam z łazienki, na dole go nie było. Po chwili mnie zawołał. Znalazłam go w jednym z pokoi na piętrze, z którego dochodziła nastrojowa muzyka. Leżał w łóżku rozebrany, trzymając lampkę szampana.

– Chodź do mnie – zamruczał. – Po co znów włożyłaś te łachy?

Powoli zaczął mnie rozbierać. Całując, rozpinał guziczki bluzki, a gdy byłam już naga, położył mnie obok siebie. Coraz namiętniej całował moje ciało. Nie było miejsca, którego nie dotknął ustami. Delikatnie rozsunął moje uda. Poczułam jego dłonie, potem usta. Penetrowały, szukały, odkrywały. Z zamkniętymi oczami poddawałam się pieszczotom. Leżałam, niezdolna wykonać żadnego ruchu. Powoli zalewała mnie fala gorąca. Pod jego dotykiem moje ciało się roztapiało. Najpierw wolno, potem coraz szybciej zaczęłam spadać w przepaść. Po chwili tam, gdzie przedtem były usta, poczułam jego męskość. Czułam, jak wchodzi we mnie i pokonawszy barierę, porusza się w moim wnętrzu. Szybko, coraz szybciej! Jego pulsujące ruchy nabierały coraz większej intensywności. Nagle rozlała się we mnie ciepła lawa... Półprzytomna czekałam, żeby rozsypane na miliony kawałków moje ciało znowu stworzyło całość. Magia prysła. Błysk światła sprowadził mnie na ziemię.

– Cholera jasna! Dlaczego nie powiedziałaś, że to twój pierwszy raz?! Gdybym wiedział, nie tknąłbym cię! – Usłyszałam wściekłość w głosie Roberta, gdy patrzył na plamkę krwi na pościeli.

– Przepraszam, zaraz wypiorę to prześcieradło.

– Przestań pieprzyć o prześcieradle! Czyś ty oszalała?! Nie znasz faceta i idziesz z nim do łóżka?!

– Znamy się dwa tygodnie. Kocham cię. Zakochałam się w tobie już pierwszego dnia – wyjaśniłam cichutko.

– Kurwa! Nie pierdol mi tu o miłości! Zabezpieczyłaś się chociaż? Oczywiście, że nie! Myślałem, że wiesz, co robisz! Jeszcze mi ciąża potrzebna! Nie myśl, że mnie złapiesz na dziecko! Mowy nie ma! – warknął wściekle. – Wyjeżdżam do Stanów i nie mam zamiaru wiązać się tutaj z nikim. Pamiętaj, to twój problem, nie mój!

Przerażona jego wściekłością, zaczęłam płakać.

– Nie rycz mi tu! Przestań – dodał już delikatniej. – No, uspokój się. Przepraszam, zdenerwowałem się. No, już dobrze.

Przygarnął mnie do siebie i zaczął delikatnie głaskać po włosach.

– No proszę, nie płacz. Dawno nie miałem dziewicy, chyba w liceum. Studentki, a tym bardziej absolwentki dawno już nimi nie są. Jak ty się uchowałaś?! Jak już zacząłem, to dokończę, jak trzeba. Nauczę cię seksu tak, żeby twój mąż był z ciebie zadowolony – powiedział uśmiechając się lekko. – Za kilka dni, jak wszystko się zagoi, zaczynamy naukę.

– Naprawdę cię kocham – szepnęłam.

– Mówiłem, żebyś nie gadała bzdur! – znów się zniecierpliwił. – Nie chcę słyszeć o miłości. Odkochaj się, i to szybko! Jeszcze jedna wychowana na Mniszkównie! – jęknął.

– Na Danielle Steel. To taka babska powieściopisarka – dodałam, widząc jego minę. – Mniszkówny nie lubię.

– Czy wy, dziewczyny, wszystko musicie okraszać miłością? – Spojrzał na mnie z rozbawieniem. – Weź się lepiej za jakąś inną literaturę.

– „Sztukę kochania" czy „Niedole cnoty" de Sade'a? To też czytałam – dodałam po chwili.

– A „Pamiętniki Fanny Hill"? Bardzo pouczająca lektura.

– Czytałam.

– Taka grzeczna panienka i takie świństwa czyta?!

W tym momencie zadzwonił telefon. Robert spojrzał na zegarek.

– Czy wyście zwariowali? Wiecie, która godzina i jaki dziś dzień? – powiedział na powitanie. – Jestem po dyskotece... Cholera jasna. Dobrze, przyjadę. – Po chwili odłożył słuchawkę.

– O siódmej muszę być w szpitalu, niespodziewany dyżur – oznajmił. – Musimy szybko się wyspać!

Nie mogłam zasnąć. Długo przewracałam się z boku na bok, podczas gdy Robert spał w najlepsze. Wstałam wcześnie rano i poszłam do łazienki, a potem do kuchni. Tutaj zastał mnie Robert.

– Co tu robisz, dlaczego nie śpisz?

– Robię ci śniadanie, przecież musisz coś zjeść. Zrobiłam ci też mocną kawę.

Popatrzył na mnie ze zdziwieniem. Wziął filiżankę do ręki.

– Zaskakujesz mnie. Nigdy żadna dziewczyna nie zrobiła mi, sama z siebie, śniadania. Zazwyczaj jem w szpitalu. No dobrze, zjem jedną kanapkę – mruknął, widząc moją minę.

Kilkanaście minut później jechaliśmy już samochodem.

– Przepraszam, że nie zawiozę cię do domu, ale się śpieszę. Gdzie cię wyrzucić? – zapytał.

– Z Kopernika przejdę się pod Halę, tam mam tramwaj.

– Dam ci na taksówkę.

– Szybciej będzie tramwajem. Taksówkami jeżdżę w ostateczności. Nie lubię taksówkarzy, po kelnerach to najwięksi złodzieje – oświadczyłam. – Przez rok jeździłam z pracy z Jaszczurów w nocy, zawsze tą samą trasą, i zawsze płaciłam różną cenę. Oprócz tego jestem oszczędna – dodałam.

– Zauważyłem – zaśmiał się. – Zadzwoń do mnie w poniedziałek przed siedemnastą, pójdziemy coś zjeść.

Zatrzymał samochód i cmoknął mnie w policzek.

– Do poniedziałku, pa.

Do domu dotarłam przed ósmą. Pod drzwiami zastałam śpiącego w najlepsze Jurka.

– Co ty tu robisz?!

– Czekam na ciebie. Wracasz od niego?

Wpuściłam go do mieszkania. Dobrze, że to dziesiąte piętro, niedziela, ósma rano, inaczej sąsiedzi mieliby o czym rozprawiać.

– Wiesz Renata, uważałem cię za rozsądną dziewczynę, dużo mądrzejszą od tych blond idiotek. Myliłem się. Jesteś tak samo głupia jak one. – Jurek z niesmakiem spojrzał na mnie. – Czego się spodziewasz? Że się zmieni? Że się w tobie zakocha? – Zaśmiał się szyderczo. – Wiesz, kogo on kocha oprócz siebie? Swojego psa, może rodziców, może babcię, ale nigdy nie zakocha się w żadnej dziewczynie. One służą mu tylko do rżnięcia! Widziałaś je sama. Muszą mieć ładną buzię i muszą umieć szeroko rozkładać nogi... oczywiście ładne nogi. Traktuje was jak szmaty, a wy po stopach go całujecie! – ciągnął dalej. – W liceum jedna dziewczyna o mało co nie popełniła przez niego samobójstwa. Wiesz, jak on zareagował? Wzruszył ramionami i powiedział, że nic jej nie obiecywał! Daj sobie z nim spokój, póki nie jest za późno.

– Już jest za późno – bąknęłam. – Kocham go.

– Boże, jesteś głupsza niż myślałem! Wiesz, zasługujecie na to, żeby was tak traktował – wycedził. – Rozczarowałem się tobą. Bardzo się rozczarowałem. To, że mnie nie chciałaś, rozumiem, widać nie jestem w twoim typie. Ale on?! Wybrałaś jego, bo jest przystojny? Czy dlatego, że ma bogatego tatusia? Zawsze gardziłaś takimi typami! To zarozumiały sukinsyn. Wszystko, co ma, zawdzięcza ojcu. On się tobą znudzi szybciej, niż myślisz.

– Jurek, oglądałeś film „Błękitny Anioł"? To o mnie. Tylko że ja jestem tym biednym, starym profesorem – westchnęłam.

W poniedziałek o w pół do piątej zadzwoniłam do Roberta. Jeszcze spał.

– Słucham. Kto? Aha, Dziewica z Urzędu Skarbowego. O co chodzi?

– Miałam zadzwonić przed siedemnastą.

– No tak, kolacja. Spotkajmy się na Rynku przed „Adasiem", o siódmej. Tylko ubierz się jakoś sensownie. Muszę dbać o swoją reputację – oznajmił pół żartem pół serio.

Zjawiłam się punktualnie pod pomnikiem naszego wieszcza narodowego, ubrana we wcześniej zakupione na Tandecie super ciuchy (w moim mniemaniu). O dziwo, Robert już był. Wyglądał olśniewająco. Miał na sobie beżowe dżinsy i trochę ciemniejszy podkoszulek. Sportowa marynarka w kolorze khaki była doskonale dobrana do reszty ubrania. Ileż on ma tych marynarek?! Czekając na mnie, czytał gazetę.

– Witam księżniczkę polskich oprawców podatkowych. Gdzie idziemy? Na co masz ochotę?

– Może do „Kurzej Stopki" na wątróbki drobiowe? Co tak się krzywisz? Nie lubisz?

– Nie jadam podrobów, ale mogę zaryzykować. Może nie trafię na toksykologię.

Usiedliśmy przy stoliku i zaczęliśmy przeglądać menu.

– Oprócz wątróbek z frytkami, jakie trunki zamawiamy? – spytał.

– Dla mnie najtańszą czystą, zawsze taką zamawiam. I tak dostałabym najtańszą, tylko bym więcej zapłaciła. Ty zamów dwa najdroższe koniaki. Zrobimy eksperyment – zarządziłam.

– Jaki?

– Zamiast koniaku dostaniesz prawdopodobnie winiak klubowy. Dzisiejsza kolacja upłynie nam pod hasłem walki z przestępczością gastronomiczną. Tylko wcześniej musimy mieć wszystko na stole, żeby kelner nie napluł nam do jedzenia.

– A co, robią to?

– Z zemsty mogą napluć, wsadzić paluch do zupy albo wsadzić coś innego, nawet nasikać – wyliczałam.

– Co takiego?! Nie wierzę.

– Znajomy kelner opowiadał mi o takich przypadkach.

Kelner przyniósł nam zamówione potrawy. Robert spróbował swój alkohol.

– Faktycznie masz chyba rację, to prawdopodobnie winiak.

Zjedliśmy. Zawołaliśmy kelnera.

– Czy mogę rozmawiać z kierownikiem? – spytałam.

– Kierownika nie ma, o co chodzi? – zaniepokoił się kelner.

– Proszę pana, pracuję w urzędzie skarbowym, dziś jestem tu prywatnie. Mój znajomy zamówił dwa koniaki, a dostał winiak klubowy. Kto rozlewa alkohol, pan czy barmanka? Oszukano nas, chciałabym to wyjaśnić.

Kelner jakiś czas mierzył mnie wzrokiem. Prawie widziałam jego szare komórki, jak intensywnie pracują. Po chwili się odezwał:

– Ten pan zamówił winiak, proszę pani. Jeśli jednak źle usłyszałem, to bardzo przepraszam, zaraz wymienię.

Wziął oba kieliszki i odszedł. Po chwili wrócił z trzema kieliszkami.

– Jeszcze raz przepraszam za pomyłkę. W ramach przeprosin wszystkie trunki funduje firma.

Robert nie mógł wyjść z zachwytu.

– Bardzo profesjonalnie to załatwiłaś, jesteś genialna. Od dziś pijemy za darmo, robimy inspekcję w coraz to innych knajpach, jak w filmie „Gangsterzy i Filantropi".

– Jestem nieśmiała z natury. Zrobiłam to, żeby się popisać przed tobą.

– Zawsze jesteś taka szczera?

– Nie zawsze, tylko przy tobie.

– Czasami jesteś dziwna. – Popatrzył na mnie w zamyśleniu. – Jak tam Jurek?

– Zastałam go wczoraj pod swoimi drzwiami. Uważa mnie za idiotkę.

– Bo się ze mną zadajesz? Facet ma rację. Wiesz, że on się w tobie podkochuje? – dodał po chwili.

– To tylko dobry kumpel. – Wzruszyłam ramionami. – Lubi mnie, nic więcej.

– Wiem swoje. Domyślam się, że nieźle na mnie nadawał. W liceum nie przepadano za mną. Zazdroszczono mi wszystkiego: dziewczyn, stopni, pieniędzy. Wcale im się nie dziwię. Rzeczywiście, życie jest czasami niesprawiedliwe. Jedni mają wszystko, inni niewiele. Do mnie Fortuna się uśmiecha. Na razie – dodał w zamyśleniu.

Po wyjściu z restauracji poszliśmy nad Wisłę. Spacerowaliśmy bulwarami, trzymając się za ręce. Opowiadał mi o swojej pracy w szpitalu, o złym zaopatrzeniu, o trudnym życiu lekarzy, gdy brakuje nawet środków opatrunkowych, nie mówiąc już o lekach i strzykawkach jednorazowych. Narzekał na przestarzały sprzęt medyczny.

Przeważnie tylko go słuchałam, czasami wtrącając jakieś pytanie. Wystarczyła mi sama świadomość, że jest przy mnie, że mogę wsłuchiwać się w brzmienie jego głosu. Siedząc przy nim na ławeczce, zapatrzona w jego twarz, często się wyłączałam. Byłam tak szczęśliwa, jak tylko może być szczęśliwa po raz pierwszy zakochana po uszy dziewczyna.

– Jutro idziemy kupić dla ciebie jakieś normalne okulary. Może nawet uda się kupić soczewki kontaktowe.

– Musisz dbać o swoją reputację. Zawsze miałeś ładne dziewczyny, wiem – dokończyłam za niego.

– No właśnie – zaśmiał się.

Okazało się, że nie rzucił słów na wiatr i następnego dnia rzeczywiście kupiliśmy dla mnie okulary.

Później pojechaliśmy do mnie. Mieszkałam w Nowej Hucie, w najdłuższym bloku w Krakowie. Ten dziesięciopiętrowy moloch miał dwadzieścia klatek schodowych. Moje mieszkanie znajdowało się na ostatnim piętrze. Miało trzydzieści dwa i sześć dziesiątych metra kwadratowego razem z loggią. Byłam z niego bardziej dumna niż paw ze swojego ogona. Kupowałam w Peweksie tapety, stałam w ogromnych kolejkach do sklepów meblowych, załatwiałam przez znajomych wszystko, czym można byłoby urządzić moje mieszkanie. Wprowadzając mojego Pięknego do swojego apartamentu, spodziewałam się z jego strony aplauzu. Tymczasem ukochany usiadł w fotelu i zdziwił się, że mam czarno-biały telewizor.

– Czy wiesz, że mój brat załatwił mi go na MM-kę! Widzę, że nie wiesz, co to takiego. To kredyt dla młodych małżeństw. Jestem zdegustowana twoją nieznajomością polskich realiów. Zachowujesz się jak kosmita z innej planety!

– Wiesz, całkiem tu przytulnie – widząc moją minę, powiedział w końcu.

– Pewnie, że przytulnie! – dalej naburmuszona, pochwaliłam siebie samą.

Moje mieszkanko było naprawdę ładne. W pokoju ściany wyłożone zostały beżową tapetą z fakturą lnu. W przedpokoju imitowała deski, a w kuchni cegłę. Szczyt elegancji u schyłku PRL-u! Wszystko kupione za dolary, w Peweksie! Dobrze, że w ostatniej chwili zrezygnowałam z fototapety przedstawiającej zachód słońca. To dopiero byłby kicz! Na podłodze w pokoju leżała brzydka brązowa wykładzina, w przedpokoju zielona (jeszcze brzydsza). W oknach wisiały dederonowe zasłony koloru kakao z mlekiem.

Moje M-2 wszystkim się bardzo podobało. Wszystkim, oprócz Roberta. Sam fakt, że w wieku dwudziestu pięciu lat miałam mieszkanie w Krakowie, wzbudzał szacunek i zazdrość u moich znajomych, mieszkających z rodzicami.

– W Bukownie koło Olkusza mogłabym kupić za te pieniądze pół domu, ale ja wolałam małe mieszkanko w Krakowie. Tutaj łatwiej znaleźć męża – chciałam go postraszyć.

Robert nie zareagował na zaczepkę. Uważał prawdopodobnie, że dostatecznie mi już wyjaśnił swój stosunek do małżeństwa. Przyglądał się właśnie obrazkom kupionym na bazarze.

– I tak dobrze, że nie są to jelenie na rykowisku. – Podsumował moje bazarowe dzieła sztuki. – Zrób mi coś do jedzenia, umieram z głodu.

Cały poprzedni wieczór przygotowywałam się do jego wizyty. Do godziny pierwszej w nocy robiłam potrawkę z ryżu, warzyw i mięsa. Była to potrawa, z której również byłam dumna. Nie banalny schabowy z ziemniakami, tylko coś, jak na tamte czasy, bardzo wyszukanego. W latach, gdy na półkach sklepowych królował tylko ocet i herbata Ulung, ugotować coś nietypowego to naprawdę była sztuka!

– Nie lubię ryżu – usłyszałam od mojego lubego. – Daj mi coś innego. Może to być chleb z czymś, co masz w lodówce albo jajecznica.

Zrobiłam więc jajecznicę. Zaspokojony kulinarnie mężczyzna mojego życia, wreszcie zajął się moją osobą. Przyjrzał mi się krytycznie i zapytał:

– Gdzie ty się ubierasz, do cholery? Czy nie masz nic normalnego, tylko te łachy wyciągnięte z lamusa? Wyglądasz w nich jak Babcia Drypcia.

Widząc moją minę, przyciągnął mnie i posadził na kolanach.

– Zresztą, dam ci spokój. Niedługo i tak wyjeżdżam.

Poczułam kolejną szpilę wbitą w okolice serca. Robert chyba zorientował się, że znów mi zrobił przykrość, bo zmienił temat rozmowy.

– Jak zdobyłaś fundusze na kupno tego mieszkania? Tylko mów prawdę, jak księdzu na spowiedzi, a nie urzędnikowi skarbowemu.

– Jeździłam na tranzyt.

– A cóż to takiego?

– Byłam „mieżdunarodnym spiekulantem". – Widząc jego zdziwienie, zaczęłam wtajemniczać go w tajniki swojego procederu. – Chyba wiesz, co to jest tranzyt? Jeździłam do Rumunii przez ZSRR. Kupowałam towar na Rosję, sprzedawałam we Lwowie, następnie kupowałam tam towar na Rumunię i sprzedawałam w Bukareszcie. Za zarobione pieniądze znów kupowałam towar na Lwów, pozbywałam się we Lwowie tego badziewia i tam zaopatrywałam się w złoto lub dolary i przywoziłam do kraju. Jednym słowem, handlowałam. Byłam przemytniczką w socjalistycznym wydaniu. Nie narkotyki, nie diamenty, tylko dżinsy i perfumy „Być Może". Jaki kraj, taki przemyt.

– No no, nigdy nie sypiałem z przemytniczką. Nie mogę się doczekać. Jutro mam dyżur, ale pojutrze zaczynamy szkolenie seksualne. Obiecałem przecież, że zrobię z ciebie superkochankę. – Mówiąc to, pocałował mnie w policzek.

Czekałam na ten dzień z wypiekami na twarzy. Bałam się, a jednocześnie nie mogłam się go doczekać.

Kilka razy się przebierałam i pozbyłam się chyba całej flory bakteryjnej – na mycie zużyłam pół mydła, aż w końcu wyszłam z domu. Przyszłam do Roberta punktualnie o osiemnastej. Otworzył mi drzwi, trochę zaspany.

– Aha, jesteś już. Zrób kawę, idę wziąć prysznic – zakomunikował. – Masz to zażywać – powiedział wręczając mi pudełeczko z pastylkami. – żebyś nie zaszła w ciążę. Najlepsze tabletki antykoncepcyjne na rynku amerykańskim. Dziś użyjemy gumek.

Zrobiłam kawę, umyłam naczynia, które stały w zlewie, i czekałam, aż mój ukochany wróci z łazienki. Po chwili ujrzałam go okręconego ręcznikiem kąpielowym, świeżo ogolonego i cudownie pachnącego wodą toaletową Old Spice.

– Specjalnie się ogoliłem, żeby cię nie porysować – powiedział to takim tonem, jak Zbyszko z Bogdańca, kiedy rzucał przed Danusią krzyżackie czuby. – Zrób nam drinki, przyda ci się, będziesz bardziej rozluźniona.

Wypiliśmy po trzy drinki, byłam już nie tylko rozluźniona, ale prawie pijana. Zaczął mnie rozbierać, patrząc krytycznie na to co widzi.

– Trochę masz mały biust... ale ładny, nogi też niezłe. Musisz tylko schudnąć parę kilo, poćwiczyć mięśnie brzucha, żeby ci nie sterczał. – Subtelnie zauważył i kładąc moją rękę na swoim członku, kontynuował: – Dotknij go, weź go do ręki, tylko nie jak wałek do ciasta, ale jak berło królewskie – rozkazał. – Traktuj go z szacunkiem, może dostarczyć ci dużo rozkoszy – dodał, uśmiechając się łobuzersko.

Lekcja seksu zaczęła się na całego. W niczym nie przypominał romantycznego kochanka, raczej bohatera filmu porno z Teresą Orlowsky w roli głównej (cóż, za zbieżność nazwisk! Może to jakaś jego krewna?). Ale ja, półprzytomna z przejęcia, poddawałam się jego wskazówkom bez zastrzeżeń. Uczył mnie anatomii naszych ciał. Pokazywał, gdzie znajdują się miejsca erogenne, wskazywał, gdzie i jak dotykać i całować, żeby rozkosz była jak największa. Przypominało to instrukcję obsługi urządzenia mechanicznego! Powinien opracować i wydrukować swoje wskazówki pod tytułem „Instruktaż seksu". Trzeba przyznać, że w dziedzinie ars amandi był profesjonalistą – Lew Starowicz i Wisłocka byli przy nim dyletantami.

Zaczął się nowy etap w moim życiu – przygoda z seksem! Budząc się rano, czekałam, kiedy znów będziemy razem. Czas z nim spędzony przypominał chwilowy pobyt w raju. Kiedy mój kochanek przychodził, bramy raju otwierały się, gdy odchodził, musiałam raj opuścić. Tego, co przeżywałam, nie da się opisać słowami, ja w każdym razie nie potrafię. Był moim mistrzem, moim panem, moim guru! Ja byłam jego niewolnicą, jego odaliską. Wszystko, co mówił, było dla mnie rozkazem. Potem nie musiał już używać słów – odgadywałam po spojrzeniu wszelkie jego pragnienia. Byłam gotowa zrobić wszystko, żeby go zadowolić, żeby był szczęśliwy. Żeby tylko chciał ze mną być! Z perspektywy czasu często zastanawiam się, jak można tak zatracić swoją tożsamość.

Spełniałam wszystkie jego fanaberie i fantazje erotyczne. Byłam na każde zawołanie. Na powitanie seks oralny. Po obiedzie na deser również. Miał ochotę na seks na stole – nie ma sprawy. Chciał seksu w windzie – proszę bardzo. Przed pójściem do kina kazał mi założyć szeroką spódnicę – założyłam. Wiedziałam w jakim celu. Dobrze, że nasze miejsca znajdowały się na samej górze, a w kinie było tylko kilka osób. Zażyczył sobie, żebym nie zakładała bielizny przed spotkaniem z nim. Od tego czasu majteczki i biustonosz leżały w szufladzie i czekały grzecznie, aż mój pan sobie pójdzie. Przećwiczyliśmy wszystkie pozycje seksualne z książek Wisłockiej i Starowicza. Kamasutrę również. Jego eksperymenty seksualne były coraz odważniejsze. Szybko przyzwyczaiłam się do jego zachcianek, nawet je polubiłam, bo wiedziałam, że sprawiam mu tym przyjemność. Byłam gotowa zrobić wszystko, żeby go tylko zatrzymać przy sobie. Wiedziałam, że kiedyś ta inwazja seksu się skończy, było to tylko kwestią czasu.

Pewnego dnia, leżąc w łóżku między jednym a drugim seansem namiętności, nareszcie usłyszałam komplement.

– Jesteś bardzo zdolną uczennicą, Mała. W tak krótkim czasie, takie postępy! Masz u mnie piątkę z teorii, z zajęć praktycznych nawet piątkę z plusem – szóstek wtedy nie było. – Twój mąż w ramach rewanżu będzie musiał mi kiedyś postawić piwo – zażartował. – Ciekaw jestem, jaką kochanką będziesz za dziesięć lat. Jesteś najlepszą z moich uczennic – zaśmiał się cicho.

– Nigdy żadna dziewczyna nie będzie cię tak kochała jak ja – wyznałam szeptem.

– Ty znów wyjeżdżasz z tą miłością! – W jego zniecierpliwieniu wyczułam nutkę złości. – Odkochaj się, i to szybko!

– Dobrze, panie mój – westchnęłam cichutko – dla ciebie wszystko. Czy ty byłeś kiedyś zakochany? – odważyłam się zapytać.

– Nie wiem. Chyba dawno temu w liceum, w mojej pierwszej dziewczynie.

– I co się stało, dlaczego się rozstaliście?

– Pokłóciliśmy się. Ona była o mnie zazdrosna, niesłusznie posądzała mnie o zdradę... Wylądowała w łóżku z innym – dodał po chwili.

– I co zrobiłeś?

– Jak to co? Zerwałem.

– Jak miała na imię?

– Jola.

– Spotkałeś ją później?

– Pewnie, kilka razy jeszcze spaliśmy ze sobą. Teraz jest w Hollywood, wyszła za producenta filmowego, ma dwóch synów. Ale czy to była miłość? Czy w ogóle jest coś takiego jak miłość? Wątpię.

– Miłość jest! Opiszę ci jej objawy. Przez cały czas myślisz o ukochanej osobie. Śnisz o niej. Rano budzisz się i znów myślami jesteś przy niej. Czekasz tylko, żeby ją zobaczyć. Zasypiasz, bo wiesz, że jutro znów ją ujrzysz. Każdą minutę chcesz spędzać z nią. Wystarczy jej sama obecność, a jesteś już szczęśliwy. Chcesz starzeć się przy niej i umrzeć, kiedy jej zabraknie. Kiedy jej nie widzisz, nie możesz ani spać, ani jeść – jesteś po prostu chory. Gotów jesteś zrobić wszystko, żeby ten ktoś był szczęśliwy. Stać cię nawet na to, żeby zabić albo umrzeć dla niej lub dla niego... To jest właśnie miłość.

– Psu na budę taka miłość! – Mój ukochany zacytował Zagłobę. – Z tą śmiercią to chyba przesadziłaś! W takim razie to, co czułem do Joli, nie było miłością... I ty mnie tak kochasz? – zapytał sceptycznie.

– Tak cię kochałam!... Ale już się odkochałam! Przecież mi kazałeś.

Robert popatrzył na mnie uważnie. Pokręcił głową, ale nic nie powiedział.

Czas mijał. Spotykaliśmy się bardzo często, prawie codziennie.

Pewnego dnia Robert zadzwonił do mnie z informacją, żebym nic nie planowała na sobotę, bo jedziemy nad jezioro popływać jachtem. Z jednej strony perspektywa całej soboty spędzonej z nim była kusząca, bałam się jednak choroby morskiej. Każda wodna wycieczka kończyła się dotychczas nudnościami. Uznałam jednak, że tym razem będzie inaczej, ponieważ będziemy pływać po jeziorze, a nie po morzu. W sobotę rano czekałam na mojego ukochanego z przygotowanymi kanapkami. Zjawił się punktualnie o ósmej.

– Ktoś z nami jedzie? - spytałam.

– Nie, tylko ty i ja. Spędzimy upojny dzień. Robiłaś to kiedyś na jachcie? – spytał, szelmowsko przy tym się uśmiechając.

– Aha, to do tego jestem ci potrzebna?!

– Oczywiście. Do czego innego jest potrzebna kobieta?

– To dlaczego nie weźmiesz ze sobą jakieś swojej blond ślicznotki?

– Bo nie miałem czasu iść pod Jaszczury. – Nigdy nie wiedziałam, kiedy żartuje.

Dotarliśmy na miejsce po dwóch godzinach. Widok łodzi trochę mnie rozczarował. Jacht kojarzył mi się z milionerami i ich panienkami popijającymi drinki na dużym pokładzie. To, co zobaczyłam, było zwykłą łódką. Dowiedziałam się, że pasją numer jeden mojego Pięknego jest żeglowanie. Zeszliśmy pod pokład. Ale tutaj ciasno, pomyślałam. Jak może tu spać pięć osób? Na głos nic jednak nie powiedziałam, tylko udałam zachwyt. Robert doskonale poradził sobie z żaglami i w krótkim czasie łódka ruszyła. Był dobry wiatr dla żeglarzy... tylko nie dla mnie. Choroba morska dała o sobie znać.

– Cholera, dlaczego nie powiedziałaś mi o tym? Wziąłbym Aviomarin! – krzyknął wściekły, gdy obrzygałam mu pokład (całe szczęście, że nie kabinę). – Nigdy nie spotkałem się z tym, żeby ktoś miał chorobę morską na wodach śródlądowych, przecież tu nie kiwa tak, jak na morzu.

– Też tak myślałam. Ale okazuje się, że ja ją mam na każdych wodach, tylko w wannie nie – powiedziałam żałośnie.

Z perwersji seksualnych pod żaglami oczywiście nic nie wyszło. On żeglował, ja wymiotowałam, każdy miał zajęcie. Nieoczekiwanie przyszedł silny wiatr. Ciemne chmury pokazały się na niebie i zaczęła się burza. Moim jedynym marzeniem było znaleźć się znów w moim mieszkanku na dziesiątym piętrze.

– Nie umiesz pływać?! – wrzasnął. – Zakładaj natychmiast kamizelkę! Tego, co się działo potem, wolę nie wspominać.

Robert nigdy więcej nie zaproponował mi wypadu na żagle. Sam żeglował jeszcze kilka razy, ale nie wiem w jakim towarzystwie.

Przeważnie spotykaliśmy się u niego w domu, czasami przychodził też do mnie. Nie mieliśmy wspólnych znajomych, ja odgradzałam go od swoich, on mnie od swoich. Każde z nas robiło to z innego powodu. Ja bałam się, że któraś mi go ukradnie, on bał się chyba stracić opinię superkonesera kobiecej urody. Zbliżyliśmy się bardzo do siebie. Podczas przerw w uprawianiu miłości (miłości – jak to ładnie brzmi!) dużo rozmawialiśmy, także o sobie. Poznawałam jego skomplikowaną osobowość. Z jednej strony cynik, zarozumiały egocentryk, czasami obnażał swoją drugą twarz. Widziałam wtedy człowieka miłego, uczynnego, wrażliwego na krzywdę i ból innych. Pewnego wieczoru długo nie przychodził, odważyłam się do niego zadzwonić. Ubrałam się i poszłam do automatu telefonicznego.

– Dlaczego nie przyszedłeś? – nieśmiało zapytałam.

– Nie jestem dziś w nastroju – burknął. – Zresztą jak ci się chce, to przyjedź do mnie – zaproponował po chwili.

Oczywiście, chciało mi się przyjechać. Zastałam go siedzącego w fotelu z drinkiem w ręku – nie był to na pewno jego pierwszy drink. Nie zareagował ma mój widok, tylko dalej pociągał ze szklanki i patrzył tępo przed siebie. Usiadłam na drugim fotelu i czekałam.

– Dzisiaj umarła mi pacjentka. Glejak pnia mózgu, gwiaździak włókienkowy... nie do operowania. U nas nie do operowania, w Stanach tak!

Miała tyle lat co ja, dwójkę dzieci. Łudziłem się, że da się ją uratować. Parszywe to życie – westchnął. – Nie ma sensu nic planować. Nie mam dziś ochoty na seks – źle zinterpretował moje intencje. – Ojciec mówi, że dobry lekarz musi umieć się zdystansować, bo inaczej wpadnie w depresję. Kurwa! Kiedy ja się tego nauczę?! Wypij ze mną.

Zrobiłam sobie drinka, jednego, drugiego, trzeciego. Towarzyszyłam mu w pijackich rozmyślaniach dotyczących sensu życia. Jego filozoficzne wywody trochę mnie zmorzyły i zasnęłam w ubraniu. Obudziłam się rano, przykryłam Roberta kocem. Poszłam zrobić mu śniadanie i kawę. Obok szklanki z wodą położyłam alka prim. Później cichutko, żeby go nie obudzić, wymknęłam się do pracy.

Moje zdziwienie było duże, gdy wychodząc z biura zauważyłam go czekającego na parkingu. Stał oparty o swoje bmw, piękny jak zwykle, elegancki, ubrany w jedną ze swoich marynarek. Najmodniejsze okulary słoneczne chroniły jego oczy przed światłem. Wyglądał w nich zabójczo, jak amant z amerykańskiego filmu. Podszedł do mnie i cmoknął w policzek. Zignorował moje dwie koleżanki, które z niedowierzaniem patrzyły na nas z rozdziawionymi ustami.

– Idziemy coś zjeść do Balatonu? – zapytał, biorąc mnie za rękę.

Siedzieliśmy już jakiś czas, pałaszując placek po węgiersku i słuchając jazgotu fałszującej cygańskiej kapeli. Dał im trochę pieniędzy, żeby sobie poszli, kupił dla mnie różę od kwiaciarki – było cudownie.

– Wiesz, Mała, że podobasz się mojej babci?

– Przecież mnie nie widziała? – zdziwiłam się.

– Ale widziała ślady, które zostawiasz. Uważa cię za najlepszą dziewczynę, jaką miałem. Robisz mi śniadania, myjesz naczynia i wannę. Inne tego nie robią. Moja babcia nałożyła na siebie obowiązek opiekowania się mną. Codziennie przychodzi ze świeżym obiadem, robi mi zakupy, przyszywa guziki. No i czeka, aż się ożenię, oczywiście z porządną, dobrą dziewczyną, żeby mogła spokojnie umrzeć. Bardzo się boi, że ożenię się z Amerykanką. Jej syn ma żonę Niemkę, drugą zresztą, i wnuki nie znają polskiego. Jest tym załamana.

– To mama mamy, czy twojego taty? – spytałam.

– Mama mamy. Druga babcia po śmierci dziadka, doszywanego, bo rodzony zginął w Katyniu, pojechała do Stanów. Jestem jedynakiem, więc oczkiem w głowie całej rodziny. Mama w przeciwieństwie do obu babć nie goni mnie do ślubu. Oczywiście nie widzi mnie jako starego kawalera, ale na razie mam być stanu wolnego i czekać, aż zjawi się księżniczka z bajki. Żadna z dziewczyn nie jest według niej godna jej syna. Musi być: bardzo piękna, bardzo inteligentna, bardzo bogata i musi być KIMŚ. Błękitna krew mile widziana. Moja mama jest straszną snobką!

– Jaki jest ojciec?

– Kobieciarz jak ja, tylko nie taki przystojny. Jest przede wszystkim bardzo dobrym lekarzem. Wzbudza szacunek. Jednym słowem, jest porządnym człowiekiem. Moja babcia woli zięcia niż swoją córkę!

Dziadek Aleks, mąż babci, był pół Niemcem, pół Polakiem. Nazywał się von Briest. W trzydziestym dziewiątym, po wrześniu, obraził się na Niemców i przybrał nazwisko swojej matki: Sadowski. Stał się Polakiem, odciął się od niemieckich korzeni. Nie podpisał volkslisty i miał z tego powodu duże kłopoty. Babcia nie miała z nim łatwego życia, gdyż był strasznie uparty i nieżyciowy. Musiała robić za tłumacza, bo nie chciał rozmawiać po niemiecku. Przed wojną mieli fabrykę włókienniczą, ale oczywiście stracili cały swój majątek. Rodzina dziadka, w tajemnicy przed nim, przysyłała babci pieniądze, inaczej nie mieliby z czego żyć. Wyobraź sobie, że po wejściu Rosjan, dziadek musiał tłumaczyć się ze swojego niemieckiego pochodzenia. Istna farsa! Przyczepili się do tego, że zmienił nazwisko na polskie. Musiał im długo wyjaśniać, że zrobił to w tysiąc dziewięćset trzydziestym dziewiątym roku, kiedy Niemcy byli u szczytu władzy. Z dziadka Aleksa był straszny uparciuch. Nigdy nie wybaczył swojemu synowi tego, że w latach pięćdziesiątych uciekł do Berlina Zachodniego. Do końca życia z nim nie rozmawiał. Dopiero gdy dziadek umarł, babcia mogła spotkać się oficjalnie ze swoim synem. Wcześniej kilka razy to robiła, ale po kryjomu. Mam kuzyna dwa lata starszego ode mnie, tylko raz go widziałem, na pogrzebie dziadka... – zapoznawał mnie z historią swojej rodziny.

Następnego dnia w całym urzędzie zawrzało. Dziewczyny otoczyły moje biurko i zasypywały pytaniami.

– Skąd go znasz? Jak długo? Co on robi? Dlaczego o niczym nie powiedziałaś?

– To ten przystojniak z Jaszczurów, kolega Jurka – odpowiedziała za mnie Elka.

– Taki przystojny i się z tobą spotyka? – zdziwiła się Ulka, najładniejsza dziewczyna w urzędzie.

– Dziwne, co?! Może jest estetycznym masochistą – skwitowałam kpiąco. – To tylko znajomy, żaden chłopak.

– Nie bądź taka skromna! Dlaczego cię pocałował i wziął za rękę?

Na szczęście przyszedł naczelnik i koleżanki musiały powrócić do swoich biurek.

W sobotę Robert zarządził wyjście do Jaszczurów. Przywiózł nas pan Józef. Trochę mnie to krępowało, że gdy my pijemy wódkę, człowiek w wieku mojego ojca potulnie czeka w samochodzie.

– Nie przejmuj się, nie robi tego za darmo! Dzięki mnie może dorobić do renty. Poza tym mój ojciec załatwił w Ameryce bardzo dobrą fuchę jego synowi. Ma też córkę, ponoć piękną, ale jej nie poznałem. Józef chyba boi się, że mógłbym ją zerżnąć. Nigdy w życiu! Ciebie też bym nie tknął, gdybym wiedział, że masz jeszcze nierozbitą szybę – zaśmiał się rubasznie.

Pod Jaszczurami, jak zwykle w sobotę, był tłok. Nas oczywiście wpuszczono, dzięki pieniężnej perswazji Roberta. Kupiliśmy w barze drinki, a potem zatańczyliśmy. Podczas przerwy podeszła do nas Ulka, najpiękniejsza biurwa z naszego urzędu. Robert tym razem też ją zignorował. Widziałam, że jest tym faktem oburzona. Trochę później moje Bóstwo wysłało mnie po kolejne drinki. Wracając, zauważyłam, że rozmawia z blondynką, tak piękną, że nawet ja musiałam docenić jej urodę. Serce mi zatrzepotało! Zauważywszy mnie, coś do niej powiedział i szybko odszedł. Wypiliśmy, zatańczyliśmy i mój ukochany zarządził odwrót. W samochodzie nic nie mówiłam, powietrze powoli ze mnie uchodziło.

– Zawiozę cię do domu – zakomunikował. – Nie dzwoń do mnie, będę teraz bardzo zajęty. Ja się z tobą skontaktuję. – Wiedziałam, co to oznacza.

Całą niedzielę łudziłam się, że to tylko moja chora wyobraźnia, że naprawdę nie ma czasu, że na pewno wkrótce zadzwoni. W poniedziałek Ulka od razu sprowadziła mnie na ziemię.

– Czy wiesz, Renata, że twój facio wrócił po waszym wyjściu jeszcze do klubu? I wiesz, z kim wyszedł? Z tą blond pięknością! – poinformowała mnie z satysfakcją.

– Wiem, mówił mi. Jesteśmy przecież tylko znajomymi, nie jest moim chłopakiem – powiedziałam mało przekonująco.

W moim życiu zaczął się horror. Całe noce nie spałam, zadręczając się wspomnieniami z sobotniej dyskoteki. Widziałam go w wyobraźni, jak całuje tę jaszczurową piękność, jak jedzie z nią do domu i tam się kochają. Jednak nie wizja pięknej blondynki u jego boku najbardziej mnie przerażała, lecz strach, że go już więcej nie zobaczę. Na wszystko zgodziłabym się, nawet na inną dziewczynę, żeby tylko jeszcze chciał ze mną być.

Ledwo żywa siedziałam za biurkiem. Obsługiwałam petentów, wypisywałam zaświadczenia o niezaleganiu z podatkami, odbierałam telefony licząc na to, że jeden z nich będzie od Roberta. Siedząc w mieszkaniu, nasłuchiwałam odgłosu windy – może to Robert właśnie do mnie jedzie? W piątek poddałam się. Wreszcie do mnie dotarło, że to koniec. Zrezygnowana czekałam na godzinę szesnastą. Zaczynałam pakować się do wyjścia, gdy drzwi otworzyły się i... zobaczyłam w nich Roberta. Ogarnęła mnie taka radość, że jestem pewna, iż to, co czuli marynarze Kolumba widząc skrawek amerykańskiego lądu, było niczym w porównaniu z burzą szczęścia we mnie.

– Czyś ty chora? Wyglądasz jakbyś przeszła przez wyżymaczkę – powitał mnie mój luby. – Chodźmy coś zjeść.

Wieczorem w moim mieszkanku bramy raju znowu się otworzyły. Robert był wyjątkowo czuły i delikatny. Żadnych perwersji, tylko pieszczoty, pocałunki. Robił to tak subtelnie, że w jego pieszczotach trudno było odnaleźć dawnego Roberta. Byłam taka szczęśliwa!

– Powiedz mi, co robiłaś jak mnie nie było?

– Nic. Czekałam.

– Byłem bardzo zajęty. Mam coś dla ciebie.

Wstał i wyjął z kieszeni marynarki piękny złoty naszyjnik z moim znakiem zodiaku – Rybami. Oboje byliśmy spod znaku Ryb, co ciekawe, urodziliśmy się tego samego dnia – szesnastego marca. Uznałam to za znak opatrzności, dobry omen. Oglądałam z zachwytem prezent od swojego ukochanego. Był to piękny medalion wielkości dużej monety, a łańcuszek miał ciekawy, nietypowy splot.

– Jaki piękny! Musiał dużo kosztować...

– Drobiazg. Mam nadzieję, że ci się naprawdę podoba?

Później znów się kochaliśmy, tym razem mocniej.

– Jutro mnie nie będzie, mam dyżur – oznajmił, gdy odpoczywaliśmy zmęczeni seksem.

– Jutro idziesz do tej blondynki? – spytałam cichutko.

Odsunął się trochę i popatrzył na mnie przeciągle.

– Wiedziałaś? Aha, ta wydra wymalowana jak burdel mama ci powiedziała – wysyczał ze złością.

– Ona też... Ale wiedziałam bez tego... Czułam – szepnęłam.

– I co? Nie przeszkadza ci to? – zapytał z pewnym wahaniem.

– Przeszkadza, nie przeszkadza? – wzruszyłam ramionami. – Przecież nic mi nie obiecywałeś. Trochę to bolało, no... ale cóż ja mogę? – mówiąc to, przymknęłam oczy, żeby się nie rozpłakać.

Przez jakiś czas mi się przyglądał, a potem powiedział:

– Obiecuję, że do mojego wyjazdu będę tylko z tobą. Nie chcę, żebyś była smutna, nie chcę cię ranić – szepnął cicho. – Nie jestem facetem dla ciebie. Jurek ma rację, zasługujesz na kogoś lepszego. Kiedyś spotkasz chłopaka, który doceni ciebie, zobaczy w tobie to, co ja widzę, ale nie będzie takim bydlakiem jak ja.

Moje serce stanęło na chwilę z trwogi. Czułam, że moment rozstania się zbliża. Wiedziałam, że to wkrótce nastąpi.

Mijały jednak dni, a Robert dalej nic nie mówił o swoim wyjeździe.

Przyszedł wrzesień. Pewnego dnia zadzwonił do urzędu i powiedział, że będzie później, żebym poczekała na niego w jego domu. W ogrodzie zastałam pana Józefa. Był uprzedzony o moim przyjściu.

– Zrobić panu kawę?

– Z chyncią sie napije.

Razem usiedliśmy na tarasie. Sobie zrobiłam herbatę jaśminową, istny nektar bogów, kupiony w Peweksie.

– Robert to dobry chłopok, uczynny, pomocny. Ni mo przewrócone w głowie. A jaki dobry z niego doktór! Młody, a już sie zno na chorobach. Bedzie taki jak jego łojciec. Pan doktór uratowoł mi żone, inni lekarze sie nie wyznali, mówili, że zatrucie, a łon od razu powiedzioł, że wrzód pęknoł. Jeszcze troche, a wykrwawiłaby się na śmierć. Ledwie ją uratowali. Widzi pani, niby kardiolog, a na żołądku tyż sie zno. Dobry doktór, to dobry doktór. Robert taki som bedzie. Widziała pani te wszystkie gazyty, które łon czyto po angielsku? Co troche przychodzi paczka z tymi gazytami, pan doktór mu je przysyło z Ameryki. Nie znom drugigo takigo doktora, który by czytoł tyle różności. Dlo babki tyż dobry. Jak była choro, jak se noge złomoła, to wszystko koło niej robił. Specjalne pieluchy kupowoł, takie na jeden roz. Mył jom, gotowoł obiody. Naprowde dobry to chłopok. Tylko te dziewuchy! Pani to inno, od ty reszty. Babce sie pani tyż podobo. Żeby sie ten nasz Robert w końcu ustatkowoł! – westchnął głośno. – Musze iść do swojej roboty. Dziękuje za kawe.

Ja też poszłam do kuchni, eby zobaczyć, co babcia przygotowała dla Roberta. Upichciła krokiety i barszcz czerwony. Doprawiłam go trochę wedle własnego smaku. Włączyłam telewizor i czekałam razem z Samantą na naszego Pana. Na stoliczku obok fotela leżały medyczne czasopisma w języku angielskim, spod nich wyglądała mocno roznegliżowana najnowsza dziewczyna „Playboya". Widać tatuś dba o wszechstronne zainteresowania synka. Po chwili przyjechał Robert. Pocałował mnie swoim zwyczajem w policzek. Podałam mu barszcz i krokiety.

– Przyprawiłaś? Teraz jest dobry! Babcia nigdy nie dosala, bo dba o moje zdrowie. Co piesku, stęskniłaś się za swoim panem? Biedna Samanta, co ona zrobi, gdy ja wyjadę? Nie wpuszczą mi jej do samolotu.

Biedna Renata, co ona zrobi bez swego Pana, pomyślałam w duchu.

Zaczęliśmy się kochać. Tego dnia był jakiś dziwny. Z jednej strony podniecony, jakby zadowolony, a za chwilę nagle robił się smutny. Przed dziesiątą odwiózł mnie do domu i wjechał windą razem ze mną. Gdy weszliśmy do mieszkania, objął mnie.

– Jutro wyjeżdżam do Stanów – szepnął cicho. – Nie mówiłem wcześniej, bo nie chciałem cię widzieć smutnej. Jestem już spakowany.

Moje serce zaczęło galopować. Nagle zakręciło mi się w głowie, wszystko wirowało, myślałam, że zemdleję. Nie chciałam jednak, żeby zauważył, co się ze mną dzieje.

– Cóż, wiedziałam, że to nastąpi – szepnęłam. – Czy mogę odprowadzić cię na dworzec?

– Lepiej nie. Babcia z panem Józefem mnie odwiozą.

Pocałował mnie mocno w usta, co spowodowało kolejny przypływ namiętności. To ostatni raz, pomyślałam. Po godzinie wyszedł.

– Żegnaj. Chyba cię nie zapomnę... Bądź szczęśliwa.

Tak skończyła się moja wielka miłość.

Jednak nie było mi dane o Robercie zapomnieć...

On i Ona. Rok 2000

W sobotnie popołudnie Renata i Andrzej jechali samochodem do domu Roberta, który podczas imprezy zaręczynowej zaprosił wszystkich ich gości do siebie na grilla. Renata próbowała przeciwstawić się temu pomysłowi, lecz towarzystwo skwapliwie go przyjęło. Mało tego, Andrzej zaproponował, że razem z narzeczoną zjawią się wcześniej, by pomóc w przygotowaniach.

Renata była trochę niespokojna. Spotkanie z Robertem zmąciło jej w miarę spokojne życie. Od dwóch lat była z Andrzejem i teraz w końcu zgodziła się za niego wyjść. Było jej z nim dobrze, nie chciała żadnych komplikacji. Andrzej był mężczyzną, jakiego potrzebowała. Trochę bała się życia we dwójkę (w ich wypadku w trójkę), ale Krzysiowi potrzebny był męski wzorzec. Andrzej do tej roli świetnie się nadawał. Co za pech, że właśnie teraz musiał zjawić się Robert! – pomyślała. Z drugiej strony była go bardzo ciekawa, mimo wszystko wciąż ją fascynował. Czuła, że przyjeżdżając tu, stąpa po cienkim lodzie.

Kiedy w drzwiach – tydzień temu – ujrzała ich razem, pomyślała, że to zły sen. Na widok Roberta nogi się pod nią ugięły. Dobrze, że Andrzej nic nie zauważył. Robert, jej wielka miłość! Przez te jedenaście lat w ogóle się nie zmienił. To takie niesprawiedliwe! Nie wyłysiał, nie przytył, trochę tylko posiwiał na skroniach. To jednak dodało mu jeszcze większego uroku. Andrzej przy nim wyglądał żałośnie. Ale za to dysponuje innymi zaletami, których nie widać na pierwszy rzut oka – broniła w duchu narzeczonego.

Gdy podjechali pod dom Roberta, w sercu poczuła ukłucie. Dom i ogród był nawet bardziej okazały niż jedenaście lat temu. Nowa elewacja, inny dach.

Gospodarz, ubrany w ucięte za kolano dżinsy i modny podkoszulek bez rękawów, przywitał ich w drzwiach. W ręce trzymał szklankę z drinkiem.

– Andrzej, jest mały problem. Dopiero teraz zauważyłem, że skończyła się podpałka. Tacek też zabraknie. Mam prośbę, jedź do sklepu, bo ja już trochę wypiłem. Renata w tym czasie zrobi sałatki. Ja zajmę się mięsem. – wydał dyspozycje. – Tylko kup podpałkę w płynie, inne są do niczego.

Andrzej wsiadł w samochód i pojechał. Renata i Robert zostali sami. Weszli do domu. Tutaj też zaszły duże zmiany: nowe meble, parkiet i dywany. W oknach inne zasłony.

– Czy twoja mama chce zostać dekoratorką wnętrz i trenuje na waszym domu?

– Kupowanie i wyrzucanie na śmietnik to jej hobby – Robert zauważył ze śmiechem. – Ślicznie wyglądasz, jeszcze ładniej niż tydzień temu.– Na jego twarzy pojawił się uśmiech Rhetta Butlera.

– Z czego mam zrobić sałatki? – Renata zmieniła temat.

– Sałatki już zrobione, są w lodówce. Teraz możemy spokojnie usiąść i porozmawiać. Andrzej szybko nie wróci – mówiąc to, tajemniczo się uśmiechnął.

– Co ty wykombinowałeś?

– Najbliższy sklep, w którym można coś kupić, to Jubilat. Jestem teraz nieźle zaopatrzony w podpałki i tacki na grilla, w piwnicy mam zapas na kilka lat. Dzisiaj wykupiłem wszystko w najbliższej okolicy – dodał z łobuzerskim uśmieszkiem. – Czego się napijesz?

– O co ci chodzi, Robert?

– Cóż, chcę porozmawiać o dawnych czasach, o nas...

– Nie ma żadnych nas. Rozmawiać też nie mamy o czym – zauważyła Renata cierpko.

– Przepraszam bardzo, ale rozmawiać zawsze mieliśmy o czym. Byłaś jedną z nielicznych dziewczyn, z którą nigdy się nie nudziłem. Nie musimy zresztą rozmawiać, możemy robić tyle innych ciekawych rzeczy. – Podszedł do niej i obejmując, zamruczał cicho do ucha: – Zobacz, co się dzieje w moich spodniach.

– Wiesz, że nie jestem ciekawa? – powiedziała i z całej siły uderzyła go w twarz.

– O cholera! Ale ostra się zrobiłaś! Parzysz jak pokrzywa. – Zaskoczony i trochę zły chwycił się za policzek.

– Ostatnio cię ostrzegałam! I tak dobrze, że oberwałeś w twarz, a nie niżej. Wtedy dopiero byś poczuł, co się dzieje w twoich spodniach – powiedziała Renata z niewinnym uśmiechem.

– A była z ciebie taka miła dziewczyna! I taką jędzą się stałaś! Może bym się nawet z tobą ożenił? Ale teraz, nie. Teraz to tylko się z tobą prześpię – powiedział, znowu się uśmiechając. – Chyba że cię oskubię z tych kolców. Fajnie nam było w łóżku, prawda? Pamiętasz, co wyprawialiśmy w windzie, w kinie, samochodzie... Pamiętasz, jak nacisnęłaś niechcący pedał gazu... – uśmiechnął się lubieżnie. – Z nikim tak dobrze się nie bawiłem.

– Z żoną też nie?

– Też nie – uciął chłodno.

– Sam widzisz, że nie mamy o czym rozmawiać. Ty tylko o seksie, a mnie ten temat nie interesuje.

– Opowiedz mi więc o swoim mężu. Jaki był? Coś szybko się po mnie pocieszyłaś. A tak mnie podobno kochałaś! Pamiętam, jak stworzyłaś dla mnie definicję miłości. Tyle patosu w tym było! Coś o śmierci... umrzeć i zabić z miłości... – roześmiał się. – Byłaś bardzo egzaltowaną dziewczynką. Co się stało z twoim mężem?

– Zachorował. Nie lubię o tym mówić.

– To akurat rozumiem. Ja też nie lubię mówić o śmierci swojej żony. Za bardzo boli – westchnął w zamyśleniu.

– Co słychać u babci?

– Nie żyje. Obie babcie nie żyją. Ojciec też – dodał cicho.

– Przepraszam, nie wiedziałam.

– Z całej rodziny została mi tylko mama.

– Jak umarł twój ojciec?

– Zginął półtora roku temu w katastrofie lotniczej. Babcia nie mogła dojść do siebie po zawale, którego dostała na wieść o śmierci syna i też szybko umarła. Druga babcia umarła pół roku temu. Biedna, nie doczekała się prawnuka.

– A co się stało z Samantą?

– Po moim wyjeździe podobno nic nie jadła, leżała całymi godzinami przy bramie. Po kilku miesiącach zdechła... z tęsknoty. Nikt nie jest tak wierny jak pies – westchnął smutno. – Pochowana jest pod tym kopczykiem z krzakiem róży. – wskazał ręką za okno.

– Pan Józef dalej tu pracuje?

– Tak. Dba o ogród, zajmuje się domem.

– Czy mógłbyś uprzedzić go, żeby przy Andrzeju nie wygadał się, że się znamy?

– Widzę, że nie o wszystkim mówisz Andrzejowi. Wiele tajemnic przed nim ukrywasz? – Znowu się uśmiechnął tym swoim uśmieszkiem.

– Uważam, że nie ma potrzeby chwalić się tym, że się kiedyś było jedną z twoich dziewczyn. To naprawdę nie jest powód do dumy!

– Czy to mnie trochę nie obraża? – Roześmiał się.

Nagle podskoczył szybko do Renaty, obezwładnił ją, chwytając z tyłu obie jej ręce. Przybliżył się niebezpiecznie blisko, tak że czuła jego oddech na twarzy.

– No i co teraz powiesz, Mała? Jesteś moja! Mogę cię zgwałcić i nic nie zrobisz – uśmiech Butlera znowu zagościł na jego ustach. – Zanim Andrzej wróci, minie dużo czasu...

– Puszczaj mnie natychmiast, zarozumiały dupku!

– Nie puszczę. Tak przyjemnie jest znowu przytulać się do ciebie. – Uśmiech nie znikał mu z twarzy. – Przecież wiesz, że znowu wylądujemy w łóżku, to tylko kwestia czasu... Nie ciesz się, nie zgwałcę cię teraz... Poczekam, aż sama do mnie przyjdziesz – wciąż jej nie puszczał.

– Takiego drugiego narcystycznego, zadufanego w sobie egocentryka jak ty trudno spotkać! Puszczaj mnie, słyszysz?! Wyleczyłam się z choroby o nazwie Robert – dodała ironicznie.

– Naprawdę? To postaram się, żebyś znowu zachorowała. Zresztą możemy to robić bez miłości. Sam seks, ostry seks... to jest to, co lubię! – Mrugnął do niej łobuzersko.

– Puszczaj mnie łajdaku! Nigdy w życiu! Jesteś ostatnim facetem z którym bym poszła do łóżka!

– Pamiętaj, Mała, dorośli ludzie nie używają słów „nigdy" i „zawsze".

Pod dom zajechała taksówka. Z samochodu wysiadły trzy kobiety.

– O! Przyjechał zwierzyniec: Jaszczurka, Słonica i Ropuszka. Swoją drogą, czy musisz mieć takie brzydkie koleżanki?! To dlatego z nimi się kumplujesz, żebyś sama lepiej prezentowała się na ich tle, prawda?

– Wcale nie są brzydkie, a Kasia jest bardzo ładna – zaprzeczyła Renata, ledwo tłumiąc uśmiech.

– Dlatego nazwałem ją Ropuszką, a nie Ropuchą. Niech czekają pod drzwiami, nie wiadomo, kiedy znów będę miał przyjemność przytulać się do ciebie. Tak cudownie pachniesz. Cóż one tak dzwonią?! Trudno, dokończymy później. – Uśmiech nie znikał z jego twarzy.

– Zobacz, coś narobił, jak wyglądają moje ręce?! Są całe czerwone!

– Idź do łazienki i wymyśl coś. Zawsze trzeba mieć pod ręką jakieś małe kłamstewko!

Robert poszedł otworzyć drzwi.

– O, już jesteście! Renata oparzyła sobie ręce gorącą wodą, starałem się jej jakoś pomóc. No Renatko, jak tam twoje ręce?

– Trochę lepiej. Zrób coś z tym kranem, bo inni też mogą się poparzyć. – Renata odgrywała swoją rolę równie dobrze.

Robert poszedł do łazienki, a koleżanki Renaty z ciekawością rozglądały się po kuchni, podziwiając piękny wystrój. Była jak z okładki. Ogromna, z wydzielonym aneksem jadalnym przypominała pomieszczenia z amerykańskich filmów. Drogie, robione na zamówienie meble i urządzenia kuchenne z najwyższej półki świadczyły o zamożności oraz dobrym guście właściciela. Podwójne drzwi prowadziły na taras, gdzie stał drewniany komplet mebli ogrodowych. Oprócz wielkiego stołu i krzeseł znajdowała się tu również, wyścielona poduchami, huśtawka ogrodowa, w sam raz dla trzech osób. Ozdobą tarasu były donice z kolorowymi kwiatami. Po wykładanych klinkierem schodkach schodziło się do zadbanego ogrodu. Nic nie wskazywało na to, że właściciele domu rzadko tu bywali. Widać było, że ktoś bardzo dba o dom i ogród.

Po chwili gospodarz wrócił z łazienki.

– No, już wszystko w porządku. Naprawione. Ślicznie dziś wyglądacie! Tylu pięknych kobiet dawno tu nie było. – Mówiąc to mrugnął do Renaty.

Jak on kłamie! Kiedyś tego nie potrafił, walił prosto z mostu. Łajdak, pomyślała Renata.

– Gdzie jest Andrzej?

– Pojechał po podpałkę i tacki. Tak to jest, gdy nie ma kobiety w domu. Kobieta o wszystkim pomyśli, nie to co facet!

– No to powinieneś poszukać sobie jakiejś kobiety – doradziła Kasia, zachęcająco się przy tym uśmiechając.

– Z tym właśnie mam problem! Trochę to krępujące, ale wam powiem... mam problemy z potencją. Cóż, to choroba taka jak inne, w końcu jestem lekarzem.

– Naprawdę? Andrzej opowiadał o tobie co innego!

– Andrzej pamięta mnie sprzed dwudziestu lat, dużo się zmieniło. Jest takie przysłowie: kto mieczem wojuje, od miecza ginie. Mnie to właśnie spotkało. Za młodu za bardzo rozrabiałem i teraz są tego efekty. Potencjał męski jest ograniczony!

– Nie leczyłeś się? Na pewno są na to sposoby.

– Oczywiście, że byłem u lekarzy! W Stanach i w Polsce! Mój kumpel z Niemiec, Martin, też lekarz, znalazł mi specjalistę, ponoć najlepszego w Europie. Nic nie pomogło. Podobno przyczyną jest stres. – Robert bawił się w najlepsze. – Tak, moje panie! Mężczyzna może nie mieć rąk ani nóg, byleby nie był kaleką – zacytował stary dowcip.

One to kupiły! Renata zawstydziła się naiwnością koleżanek.

– Nie martw się, Robert, na pewno znajdzie się kobieta, której to nie będzie przeszkadzało! – zapewniała gorąco Zosia. Mówiła to tonem, który wskazywał, że może być tą kobietą.

– Nie, nie będę tego robił żadnej dziewczynie! Nawet kościół unieważnia takie związki. Myślałem, że tu w Polsce będzie inaczej, ale jest to samo: półtora miesiąca i nic.

– Może nie trafiłeś na odpowiednią osobę – powiedziała zachęcająco Kasia.

– Do jasnej cholery! Nie widzicie, że on sobie z was robi jaja?! – wrzasnęła Renata z irytacją. – On impotent?! Największy dziwkarz, jakiego ziemia małopolska wydała na świat! W Bostonie blond stażystka czeka na niego z utęsknieniem, a w łazience stosik prezerwatyw i tabletek antykoncepcyjnych! Impotent!

– Przepraszam, to nie są moje prezerwatywy, moi goście je zostawili. Przez dwa tygodnie byli u mnie Martin z żoną i Marek bez żony – dodał tonem wyjaśnienia. – Swoją drogą, to brzydko grzebać w cudzej łazience – powiedział z naganą w głosie, lekko się przy tym uśmiechając.

– Nie grzebałam, tylko szukałam czegoś na oparzenie.

W tym momencie przyjechał Andrzej. Wszedł do kuchni, taszcząc zakupy.

– Byłem aż w Jubilacie! Wszystko wykupił jakiś facet na handel! Podobno we Lwowie to super przebitka. Polacy znów tam jeżdżą handlować! Kupiłem więcej, żeby ci nie zabrakło – wyjaśniał zadowolony.

Renata o mało co nie parsknęła śmiechem. Robert z miną niewiniątka wziął siatki i podziękował.

Niedługo później zaczęli zjeżdżać się inni goście. Zabawa rozwinęła się na całego. Andrzej z Robertem ustalili, że za tydzień zrobią spotkanie klasowe. Gdyby ktoś miał ochotę, mógł przyjść z osobą towarzyszącą.

– A co z dziewczynami? Też je zapraszamy? Trochę głupio będzie, jak przyjdą z mężami. – Andrzej wyraził swoje obawy.

– Nie przesadzaj, z wszystkimi nie spałem.

– No tak, z tymi brzydszymi nie – powiedział Andrzej.

Wspólnie ustalili, kto ma być zaproszony. Robert nie widział większości kolegów prawie dwadzieścia lat. Kontakt urwał się zaraz po maturze.

Grill się udał, wszystkim smakowały kiełbaski i mięsa przygotowane przez gospodarza. Potem zaczęły się tańce. Robert głównie pił z Andrzejem, ale od czasu do czasu prosił do tańca koleżanki Renaty. Z Renatą nie zatańczył ani razu. Trochę ją to zdziwiło, niedawno był taki natarczywy, a teraz nic! Rozmawiając z koleżankami, nie poświęcała dużo czasu Andrzejowi. Gdy podeszła do niego, było już za późno. Był pijany jak bela!

– To twoja sprawka! – wysyczała z wściekłością Robertowi do ucha.

– Moja?! Nie jestem stróżem brata mego!

– Od kiedy to cytujesz Biblię?! – zapytała z kpiną w głosie.

– Ten cytat zaczerpnąłem nie z Biblii, tylko z „Na wschód od Edenu" – Uśmiechnął się ironicznie. – Z dwojga złego wolę już czytać Steinbecka niż Biblię… Ale najbardziej lubię czytać Kamasutrę. Obie mówią o miłości. Biblia uczy kochać, Kamasutra uczy jak…

– Nie spotkałam większego cynika od ciebie. Nie masz żadnych świętości. – Oburzyła się jego obrazoburczym żartem.

– Przepraszam cię bardzo, ale *„Kamasutra, czyli traktat o miłowaniu"* traktowany jest jako tekst filozoficzny. Napisano go w sanskrycie prawie w tym samym czasie co ewangelie, a obrazki są po to, żeby uatrakcyjnić treść.

Renata, widząc, że go „nie przegada", zmieniła temat.

– Co ja z nim teraz zrobię? Przecież nie da się go nawet wsadzić do taksówki!

– Połóż go w jednym z pokoi na górze. Prześpi się, to wytrzeźwieje, a jeśli nie, to zostaniecie na noc. Nie martw się, nie zgwałcę cię.

Pijanego Andrzeja zataszczono na górę. Reszta towarzystwa nie poszła w jego ślady, nikt się nie upił, choć nie żałowano sobie alkoholu. Renata też wypiła kilka drinków. Czuła się rozluźniona, było jej wesoło i przyjemnie. Tańczyła ze wszystkimi mężczyznami, tylko nie z Robertem. On jeden nie poprosił jej ani razu. Około godziny drugiej, goście zaczęli zbierać się do domu. Taksówki podjeżdżały jedna za drugą – Robert nikomu więcej nie zaproponował noclegu.

Po wyjściu gości oboje zaczęli znosić naczynia do kuchni. Renata zapełniała zmywarkę. Robert przyniósł im po drinku.

– Mam już dość, jestem zmęczona. Idę się położyć.

– Napij się ze mną, nie lubię pić sam – poprosił.

Renata wzięła szklankę. Zaczęli rozmawiać. Nie usiadła jednak, dalej stała koło zmywarki.

– Ile lat ma twój syn?

– Dziewięć.

– Musiało być ci ciężko samej go wychowywać?

– No cóż, musiałam jakoś dać sobie radę.

– Jaki był twój mąż?

– Wspaniały! Jaka była twoja żona?

– Wspaniała! Dobrze, nie rozmawiajmy o nich. Swoją drogą to dziwne, że oboje zostaliśmy bez współmałżonków. Może to jakiś znak? – powiedział wyjątkowo poważnym tonem.

Podszedł do niej. W jej oczach wyczytał to samo pragnienie, które i jego wypełniało od kilku dni. Nie odwracała wzroku, pozwoliła mu oczami penetrować swoją duszę. Przybliżył się, otoczył ramionami. Po chwili zaczął delikatnie całować ją po włosach.

– Przestań, to nie ma sensu – szepnęła cicho.

Nie zważając na słowa protestu, ujął jej twarz w dłonie i dalej całował czoło, powieki, policzki.

– Chcesz tego tak samo jak ja – zamruczał cicho do jej ucha.

Pocałował ją. Najpierw delikatnie, potem coraz bardziej namiętnie. Oszalałe języki rozpoczęły zmysłowy taniec, wargi smakowały, zęby kąsały. Ich oddechy zaczynały przypominać oddech długodystansowca i powoli przechodziły w ciche posapywania. Renata czuła, że miękną jej nogi. Robert przywarł do niej, coraz mocniej ją obejmując. Nie przestając jej całować, zaczął delikatnie pieścić jej piersi. Po chwili nieoczekiwanie włożył rękę pod jej spódniczkę. Dłoń powędrowała tuż nad pończochę, pieściła jej gołe udo, wykonując miłosny masaż. Ręka przesuwała się coraz wyżej. Niespokojne palce szukały upragnionego miejsca. W końcu znalazły. Poczuł aksamitne, wilgotne wnętrze. Jaka ona jest cudownie gotowa – pomyślał. Renatę ogarnęła fala ciepła. Lekko rozsunęła nogi, dając przyzwolenie niecierpliwym palcom. Coraz głębiej się w niej zanurzały. Miłosne jęki wyrywały się co chwila i z jej, i z jego gardła. Czuła, że zaraz będzie szczytować. Niecierpliwie czekała na ten cudowny moment, który pamiętała sprzed jedenastu lat. Już miał nadejść, jeszcze chwila i...

– Renatko, gdzie ja jestem, chodź tu do mnie – usłyszała z oddali pijany bełkot narzeczonego.

Kurwa! Musiał obudzić się właśnie teraz? – przemknęło Robertowi przez głowę.

Głos Andrzeja podziałał na Renatę jak zimny prysznic.

– Boże, co ja robię? – jęknęła z rozpaczą. – Zostaw mnie w spokoju! Po co wróciłeś? Nie chcę tego na nowo przechodzić! Dość już wycierpiałam przez ciebie! Odejdź, proszę. Błagam – załkała cichutko.

Oderwała się od niego i szybko pobiegła na górę.

Robert westchnął. Spoglądał, jak Renata w pośpiechu się oddala. Po chwili usłyszał jej uspokajający narzeczonego szept. Nagle zapragnął być tam na górze, na jego miejscu. Nalał sobie jeszcze jednego drinka i wyszedł na taras.

Rano, kiedy zszedł do kuchni, zobaczył swoich gości gotowych do wyjścia. Siedzieli na tarasie, czekając na gospodarza, żeby się z nim pożegnać. Renata nie patrzyła na Roberta, szukała czegoś w torebce. Andrzej miał bladą twarz i podkrążone oczy.

– Już chcecie wyjść? Zjedzcie chociaż śniadanie!

– Przepraszam, Robert, że tak się schlałem. Po raz pierwszy w życiu urwał mi się film! Nic nie pamiętam.

– Zdarza się. Trzeba zjeść sałatki i wędlinę, bo się zepsują. Jutro z rana wyjeżdżam nad jezioro, wrócę dopiero w piątek – powiedział, otwierając lodówkę.

Zostali. Renata prawie się nie odzywała. Piła kawę i słuchała, jak rozmawiają o kolegach z klasy.

– Jurek przyjdzie na pewno, Zbyszek chyba też. Mam też namiar na Witka i Bogdana. Zobaczymy, kogo teraz da się złapać. Mamy przecież sezon urlopowy. – Andrzej naświetlał sytuację Robertowi.

Renata, zawstydzona, prawie nie patrzyła na Roberta. On też nie zwracał na nią uwagi, rozmawiał tylko z Andrzejem. W pewnym momencie ich oczy się spotkały. Renata pierwsza spuściła wzrok, nie wytrzymując jego przeciągłego spojrzenia.

– Chce ci się wyjeżdżać na łódkę? Kogo masz do towarzystwa?

– Nikogo. Lubię samotność na jeziorze, człowiek wspaniale odpoczywa. Po całym roku stresu, trzeba naładować akumulatory.

Czas szybko mijał. Renata zajęta była pracą w biurze. Wysłała dwie pracownice na urlop, musiała więc nadrabiać zaległości. Z Andrzejem widziała się tylko raz, tłumacząc brak czasu nadmiarem obowiązków. Nocą, leżąc w łóżku, wracała myślami do Roberta. Znów zaprzątał jej głowę! Po co on wrócił?! Wszystko tak dobrze szło! Andrzej może nie ma urody amanta i może nie jest drugim Einsteinem, ale jest porządnym człowiekiem. Jest bardzo lojalny, lubi Krzysia, a ją kocha. Potrafi dać kobiecie poczucie bezpieczeństwa - przekonywała w myślach samą siebie. Nie mogła jednak wyrzucić z głowy obrazu Roberta. Idąc spać, miała przed oczami jego twarz, budząc się, też go widziała. Pewnej nocy jej się przyśnił i był to bardzo realistyczny sen. Kochali się na plaży.

Obok przechodzili ludzie i nikt nie reagował na to, co robili. Obudziła się w momencie, gdy zaczynała mieć orgazm.

W czwartek wyrwała się wcześniej z biura i poszła do urzędu skarbowego, w którym pracował Jurek. Nie widziała go od dziesięciu lat. Słyszała, że awansował na naczelnika.

– Panie naczelniku, jakaś Renata Sawicka chce się z panem widzieć. Mówi, że jest pana znajomą.

– Proszę ją wpuścić. – Po telefonie Andrzeja Jurek spodziewał się jej wizyty. – Renata, tyle lat! Ale laska się z ciebie zrobiła! Nie poznałbym cię na ulicy! Siadaj. Pani Bożenko, proszę zrobić dwie kawy.

– Jureczku, miło cię widzieć! No, no... pan naczelnik! Może powinnam zwracać się do ciebie per Panie Naczelniku?

– Tylko wtedy, kiedy będziesz reprezentować swoich klientów – zażartował. – Cóż cię sprowadza w moje niskie progi?

– Nie udawaj, że nie wiesz. Andrzej dzwonił już do ciebie, prawda? Słyszałeś, że planujemy ślub? Będziesz w sobotę u Roberta? Mam prośbę do ciebie.

– Tak?

– Nie wspominaj Andrzejowi, że byłam jedną z dziewczyn Roberta.

– Nie martw się, nie powiem – uspokoił ją. – Założę się o flaszkę smirnoffa, że nasz pięknyś dobiera się teraz do ciebie.

– Skąd taki pomysł?

– Znam Roberta, miał do ciebie sentyment. Teraz, gdy tak wyładniałaś, to na sto procent ci nie przepuści!

– Mylisz się. Zapominasz, że wychodzę za mąż za Andrzeja.

– I co z tego? Jeszcze bardziej go to kręci! Znam go.

Renata zmieniła temat. Rozmawiali o starych znajomych, o jej pracy, o Andrzeju. Wspominali czasy, kiedy pracowała w urzędzie. Jurek wtajemniczył ją w swoje rodzinne kłopoty.

– Naprawdę chcesz się rozwieść? Dobrze to przemyślałeś? Macie przecież córkę!

– Nasze małżeństwo to nieporozumienie. Ożeniłem się z nią, bo była w ciąży. Jesteśmy sobie obcy... Jest inna kobieta w moim życiu – dodał po chwili.

– Tak myślałam. I to jest prawdziwy powód! – Renata pokręciła głową z dezaprobatą.

Przyszła sobota. Renata do ostatniej chwili nie mogła się zdecydować, czy iść z Andrzejem. Chęć ujrzenia Roberta okazała się jednak silniejsza. Stojąc przed lustrem zastanawiała się, co na siebie włożyć. Chciała ładnie wyglądać, lubiła podobać się mężczyznom. Dopiero niedawno odkryła to fascynujące uczucie, jak to jest być pożądaną. Przez całą swoją szkolną i studencką młodość była postrzegana w gronie męskim tylko jako fajna kumpela. Owszem, koledzy lubili ją, ale na randki umawiali się z innymi dziewczynami. Nie martwiła się tym, bo przy żadnym chłopaku jej serce nie zabiło mocniej... do czasu, gdy nie spotkała Roberta – wtedy całkiem oszalało. Zawsze marzyła o wielkiej miłości, aż w końcu i ją dosięgła miłosna strzała, ale złośliwy Kupidyn zrobił jej małego psikusa, zapominając wysłać drugą...

Przestała wspominać stare dzieje, wróciła do teraźniejszości. Jeszcze raz przejrzała zawartość swojej szafy. Wreszcie zdecydowała się na czerwoną, sportową spódniczkę kilka centymetrów przed kolano i czarną, mocno wydekoltowaną bluzkę. Założyła buty na wysokich obcasach. Co z tego, że grill, że ogród... Nogi w szpilkach zawsze wyglądają lepiej! Stroju dopełniał wisiorek i bransoletki. Obejrzała się w lustrze. Może być, oceniła z zadowoleniem. Andrzej, czekając na nią, przeglądał gazetę. Byli już w drzwiach, gdy przypomniała sobie o rybkach. Wróciła do pokoju syna i wsypała pokarm do akwarium. Pół godziny później byli na miejscu.

– Masz tu tacki i podpałkę. Przywieźliśmy też chleb i świeżo zrobione sałatki, żeby Andrzej nie musiał nigdzie jeździć – powiedziała Renata. – Alkohol i napoje na pewno są w lodówce.

– Nie musieliście niczego przywozić. Tym razem wszystko mam. – Złośliwie się uśmiechnął.

W tym momencie w drzwiach domu ukazała się śliczna, młoda dziewczyna. Oczywiście długowłosa blondynka z długimi nogami! Renata poczuła się bardzo głupio. Ale ze mnie naiwna kretynka, pomyślała. Starała się zachować spokój, żeby Robert nie zauważył jej rozczarowania.

– Poznajcie się. To jest Aldona, to są moi znajomi: Renata i Andrzej. – Robert z uśmiechem dokonał prezentacji. – Za chwilę przyjedzie reszta gości. Panie zapraszam do kuchni. Obie dziś pełnicie rolę gospodyń.

W niespełna godzinę byli już wszyscy. Renata nawet nie starała się zapamiętać, kto jest z kim i jak się nazywa. Znała tylko Jurka, który przyjechał sam. Krzątając się po kuchni, słyszała strzępki rozmów dolatujące z tarasu.

– Robert, powiedz, co robisz, że tak dobrze, kurwa, wyglądasz? Nie dość, że nie wyłysiałeś, to nawet nie przytyłeś! – zdziwił się Zbyszek

– Najlepsza recepta to dobry seks! Na śniadanie zamiast kanapek pozycja klasyczna. Na obiad nietuczący deser: lody. Na kolację szalony jeździec, a raczej amazonka. Miesiąc takiej diety i ty, Zbyszek, też będziesz przystojny jak dwadzieścia kilo temu.

– Robert, nic się nie zmieniłeś, tylko seks ci w głowie! – z udanym oburzeniem powiedziała Danka.

– Danusiu! Są różne uzależnienia: od papierosów, od alkoholu, nawet od pracy. Ja jestem uzależniony od seksu. Ale to bardzo miły nałóg... i odchudzać się nie trzeba.

– Chyba coś w tym jest. Popatrzcie na Andrzeja – głos zabrał Zbyszek. – W liceum zero seksu i chyba pamiętacie, jak wyglądał: obraz nędzy i rozpaczy. Seks z pierwszą żoną musiał być nieudany, bo przytył dwadzieścia kilo. A teraz sami widzicie, nie ten sam człowiek! Co seksowna kobieta może zrobić z faceta!

– Ta Renata to dziewczyna z temperamentem, od razu widać. Robert, nie mam racji? – dopytywał się Bogdan.

Renata w kuchni zamarła. Po chwili usłyszała głos Roberta.

– Skąd ja mam wiedzieć? Gustuję w innym typie kobiet. Moja specjalność to blondynki.

– Halo, halo Taras! Tu Kuchnia! Słyszę was! A wy mnie? Odbiór! – zawołała Renata.

– Halo Kuchnia, tu Taras! Słyszymy cię! Taras chce wiedzieć, jaka jesteś w łóżku!? Odbiór! – krzyknął roześmiany Robert.

– Jaka jestem w łóżku? – zobaczyli Renatę niosącą półmisek z sałatkami. – O to musicie zapytać Andrzeja.

– Jest niesamowita! – Andrzej zareagował błyskawicznie.

– Macie odpowiedź! Są jeszcze jakieś pytania?

– Jak najbardziej lubicie „to" robić? – znów zapytał Robert ze swoim charakterystycznym uśmieszkiem.

– Odpowiem ci, jak ty nam zdradzisz, jak lubiłeś robić „to" z żoną.

– No cóż, cofam pytanie – odezwał się Robert po chwili.

– Powiedz nam, jak to było z twoją żoną – poprosiła nieśmiało Danusia. – Jak umarła?

– Pięć lat temu zginęła w wypadku samochodowym.

– Podobno zostawiła ci niezłą kasę? – dopytywał się już mocno podpity Zbyszek.

– Owszem. – sucho odpowiedział Robert.

– Wiesz, banknoty są lepsze do wytarcia łez niż chusteczki higieniczne. – Zbyszek starał się być dowcipny.

– U mnie to się nie sprawdziło – w głosie Roberta słychać było coraz większą irytację. – Stary! Straciłem w ciągu jednego roku prawie całą rodzinę! Tylko mama mi została. Wierz mi, wolałbym żyć w slumsach, o chlebie i wodzie, ale z Betty, niż mieć te cholerne pieniądze! – wycedził z wściekłością.

– Przepraszam. – Zbyszek otrzeźwiał. Atmosfera zrobiła się ciężka.

– Mam całkiem niezły jacht, stoi teraz w Poraju – zmienił temat Robert. – Kto wybierze się ze mną pożeglować? Jeśli Renata ma dalej chorobę morską, to mam na to dobre lekarstwo, pomogło żonie Martina – zwrócił się do Andrzeja.

– Skąd wiesz, że Renata ma chorobę morską?

– Musiałeś mi powiedzieć. – Robert potrafił przekonująco kłamać. – Powiedziałeś mi chyba wtedy, gdy cię spytałem o patent żeglarza.

– Faktycznie. Chłopaki i dziewczyny, kto jedzie w przyszłą sobotę do Poraju? – zapytał Andrzej.

– Mój jacht ma dwie kajuty i salonik. Wygodnie wyśpi się tam sześć osób, mniej wygodnie dziesięć. Mam też możliwość wynajęcia dwóch domków. Wszyscy możemy jechać.

Renata przysłuchiwała się rozmowie. Była trochę zła na Andrzeja, że tak szybko przyklasnął pomysłowi wyjazdu na żagle, wcześniej z nią tego nie uzgodniwszy. Zawsze wspólnie podejmowali wszystkie

56

decyzje. Dokładniej mówiąc, to ona o wszystkim decydowała. Już widać zgubny wpływ Roberta!

Robert nie zwracał na nią uwagi. Nawet gdy zarządził tańce, prosił wszystkie, tylko nie ją. Aldona cały czas kleiła się do niego. Widać było, że zaczyna go to irytować. Około północy Robert wreszcie zatańczył z Renatą. Starała się ukryć radość. Sama siebie nie rozumiała. Przecież chciała, żeby dał jej spokój. Z drugiej strony czuła złość i rozczarowanie, że jej nie zauważa. Jak to się nazywa? Ambiwalencja uczuć? – przeleciało jej przez myśl.

– Jak się bawisz? – zadał wyświechtane pytanie.

– Dobrze.

– Nieprawda, jesteś na mnie zła, że z tobą nie tańczę.

– Ty nadęty gnojku, zapamiętaj wreszcie, że cały świat nie kręci się wokół ciebie! – Była wściekła o to, że ją przejrzał.

– Cały tydzień myślałem o tobie. Ty się wyleczyłaś, teraz chyba ja zachorowałem – wyszeptał jej do ucha.

– Właśnie widzę! Gronkowiec złocisty, długonogi.

– Chciałem zrobić mały eksperyment, dlatego ona tu jest.

– Naprawdę? Jaki eksperyment? – zapytała z ironią.

– Chciałem zbadać twoją reakcję na jej widok. Wynik jest zadowalający.

– Mów jaśniej.

– Nie byłaś zachwycona, gdy ją zobaczyłaś. Zbladłaś nawet.

– Zastanawiam się, skąd ten tupet bierze się u ciebie.

– Przestań, proszę. Przecież wiesz, że ona nic dla mnie nie znaczy, nie chce mi się nawet jej przelecieć. Ty jesteś dla mnie ważna, coraz ważniejsza... Wiem, że będzie nam ze sobą dobrze. Zmieniłem się. Jedenaście lat temu nie byłem gotowy na bliższy związek. Teraz dojrzałem. Daj nam szansę, proszę. – Przekonywał ją szeptem. – Przyjadę jutro pod twój blok, o dziesiątej wieczorem. Będę czekał, aż zejdziesz.

Renata pokręciła przecząco głową. Przy trzeciej piosence podszedł do nich Jurek i poprosił Renatę do tańca. Robert starał się ukryć niezadowolenie.

– Jest tak, jak mówiłem. Chce się dobrać do twoich majtek! Dziwne, że Andrzej nic nie podejrzewa – mruknął Jurek.

– Przestań snuć głupie domysły! Poderwał sobie dziewczynę. – mówiąc to, wskazała wzrokiem znów przyklejoną do Roberta Aldonę.

– To wszystko kamuflaż. Te spotkania, ta dziewczyna. Odkąd to taką sympatią pała do Andrzeja? W szkole go zawsze lekceważył. Teraz taki z niego wielki przyjaciel? Renatko, nie jestem głupi. Widzę, że ty również bierzesz udział w tej grze – zauważył lekceważąco.

Renata wzruszyła ramionami i podeszła do Andrzeja. Zabawa trwała jeszcze jakiś czas. Przed trzecią nad ranem goście zaczęli się rozjeżdżać.

– Andrzej, mam prośbę. Zawieźcie Aldonę do domu. Jutro z rana mam ważne spotkanie. – poprosił Robert.

Bardzo zawiedziona Aldona, ociągając się, wsiadła do samochodu.

– Zadzwonisz? – spytała Roberta z nadzieją w głosie.

– Tak, oczywiście. – zapewnił ją mało przekonywująco.

W niedzielę Renata nie widziała się z Andrzejem, tłumacząc się nawałem pracy. Tymczasem nie mogła nic robić, tylko snuła się z kąta w kąt. Analizowała rozmowę z Robertem, z Jurkiem. Wracała do chwil spędzonych sam na sam z Robertem w jego kuchni. Z zamyślenia wyrwał ją telefon. Wyświetlił się Krzyś. Ostatnio mało o nim myślała, cały czas głowę zaprzątał jej Robert. To ją zawstydziło.

– Co słychać, kochanie? Co robicie?... Proszę cię, wytrzymaj jeszcze trochę. Wiem, że tęsknisz, ale przecież nie będziesz sam siedział w domu, bez opieki! Babcia pojechała do sanatorium, a dziadka nie mogę obarczać opieką nad tobą... Przyjadę po ciebie w piątek za niecałe dwa tygodnie. To postanowione, Krzysiu. Pa.

Nie była z siebie zadowolona, za tę nieustępliwość, za brak zrozumienia. Ale co miała zrobić? Do czasu powrotu Krzysia z kolonii, Robert wyjedzie. Musi wyrzucić Roberta z głowy!

Nadszedł wieczór. Pogasiła wszystkie światła. Okna kuchni wychodziły na uliczkę, gdzie zatrzymywały się samochody. Zza firanki obserwowała teren przed budynkiem. Samochód Roberta podjechał pod blok. Zamigotał światłami. Czekał i czekał. Renata stała za firanką i patrzyła. Po półgodzinie Robert wyszedł z samochodu i spojrzał w jej okno. Serce zabiło jej szybciej. Zapalił papierosa. Znów popatrzył w jej stronę. Po chwili wsiadł do samochodu. Czekał jeszcze pół godziny, po czym odjechał.

Tej nocy długo nie mogła zasnąć. Myślała o tym, co ją ominęło...

W poniedziałek z samego rana Renata miała spotkanie w urzędzie skarbowym w sprawie jednego z klientów. Zabawiła tam dwie godziny. W pracy była dopiero po jedenastej. Po wizycie w urzędzie z przyjemnością rozejrzała się po własnym biurze. Poczuła dumę i satysfakcję, że sama urządziła tak eleganckie wnętrze. Biuro składało się z przedpokoju, z oddzielonej parawanem wnęki kuchennej, z toalety i dwóch dużych pomieszczeń. W jednym pracowały księgowe i Rafał, drugie mniejsze było jej gabinetem. Oprócz dużego biurka i szaf z segregatorami, znalazło się tu również miejsce na szklany stół i eleganckie krzesła. Naprzeciw jej biurka stały dwa fotele i mały stolik pasujący do pozostałych mebli. Wnętrze mimo swojego nowoczesnego wystroju było bardzo przytulne. Przeciwwagę dla szkła i chromowanej stali stanowiły drewniane biurko i szafy. W kącie rosła dużych rozmiarów dracena. Na ścianach wisiały oprawione w drewniane ramki: licencja na usługowe prowadzenie księgowości i ryciny starego Krakowa. Na dużym narożnym biurku obok komputera stało zdjęcie Krzysia. Dziś jednak w tym eleganckim wnętrzu coś się zmieniło. Tym czyś był wielki kosz kwiatów stojący na szklanym blacie stołu. Takiego kosza nigdy nie widziała! Wychylały się z niego czerwone róże.

– Kierowniczko, niech pani zobaczy, co przyniósł posłaniec – zawołała podekscytowana Dorota. – Chyba jest ich sto! Pogubiłam się w liczeniu. Od kogo pani je dostała? Od narzeczonego?

– Nie wiem, nie ma przecież żadnego bileciku.

– Posłaniec powiedział, że będzie pani wiedziała.

Renata wzruszyła ramionami. Niech dziewczyny snują domysły, proszę bardzo. Będą miały o czym gadać przy kawie. Ten Robert jest niemożliwy, pomyślała z uśmiechem. Cóż, przyjemnie być adorowaną... w dodatku przez takiego przystojniaka! Przyzwyczajona była do prezentów od swoich klientów. Przeważnie przynosili swój towar. Lubili ją, niektórzy nawet ją podrywali, dlatego często wraz z dokumentami otrzymywała dziwne suweniry. Ale nigdy trzy kilo kiełbasy, nawet bardzo smacznej, nie zastąpi kwiatów.

Wieczorem przyszedł do niej Andrzej. Siedziała w fotelu przed telewizorem i rozmyślała.

– Zmęczona jesteś, kochanie? Zrobię ci kolację.

– Nie trzeba, nie jestem głodna.

– Musisz coś zjeść. Znając ciebie, nic porządnego dziś nie jadłaś.

Poszedł do kuchni i szykując posiłek, relacjonował jej wydarzenia dnia: co robił, czego nie zrobił, opowiadał o kłopotach z robotnikami na budowie... Renata nie mogła się skupić na jego słowach. Myślała o Robercie. Wreszcie kolacja była gotowa. Narzeczony nakrył do stołu, zapalił świece.

– Skąd wziąłeś składniki na sałatkę? W lodówce prawie nic nie było.

– Zrobiłem zakupy po drodze.

– Pyszne.

– Cieszę się, że ci smakuje. Dzwonił Krzyś. – dodał po chwili – Może powinniśmy go zabrać z tych kolonii? Bardzo tęskni.

– I co z nim zrobię? Przecież teraz w biurze mam urwanie głowy. Jakby tego było mało, jeden z klientów ma kontrolę skarbową, a ty wyjeżdżasz do Warszawy. Krzyś musi wytrzymać. Też mi go żal, ale nie zostawię go samego w domu.

Rozmawiali jeszcze jakiś czas, obejrzeli film, a potem poszli do łóżka. Przed jedenastą Andrzej wyszedł. Nie chciała, żeby zostawał na noc. Czasami u niej nocował, ale rzadko.

Renata znów miała problemy z zaśnięciem. Targały nią wyrzuty sumienia. Andrzej jest taki dobry. Potrafi być opiekuńczy i czuły. Tyle w nim ciepła. Kocha ją prawdziwą miłością. Na Krzysiu też mu zależy. Będzie wspaniałym ojczymem. Podjęła ostateczną decyzję: koniec bzdurnych marzeń o Robercie! Seks to nie wszystko. Lojalność, poczucie bezpieczeństwa, wierność – Robert nie zna znaczenia tych słów. Kwiatami najłatwiej zamydlić kobiecie oczy. Wystarczy mieć pieniądze, których zresztą sam nie zarobił. Chyba że małżeństwo traktuje jako pracę. Żegnaj, Robercie. Wynoś się z mojego życia!

Rano wstała wcześniej niż zwykle, o ósmej była już w pracy. W małej wnęce kuchennej zaparzyła herbatę. Z filiżanką w wróciła do swojego pokoju. Usiadła przy biurku. Zaczęła sprawdzać dokumenty kontrolowanej firmy, wysłane deklaracje VAT i należne wpłaty. Nie było żadnych niespodzianek. Zawsze na bieżąco księgowała faktury, wysyłała deklaracje do ZUS-u, nigdy nie było żadnych zaległości. Wszystko miała zapięte na ostatni guzik. Nie bała się kontroli. Umiała rozmawiać z urzędnikami. Widzieli jej profesjonalizm, więc nie traktowali jej z góry, tak jak to było na początku jej księgowej kariery. Przedtem łatwo było ją zastraszyć. Teraz ma główną zasadę: przeciwnik nigdy nie może dostrzec u niej słabości. Żaden przeciwnik.

Około jedenastej usłyszała głosy dochodzące z sąsiedniego pokoju. Usłyszała delikatne pukanie do drzwi.

– Pani kierowniczko, jakiś pan chce się z panią widzieć. – Po tonie głosu Doroty Renata domyśliła się, kto to taki.

Robert stanął w drzwiach.

– Dzień dobry, pani kierowniczko. Zakładam firmę. Chciałbym zostać waszym klientem – przywitał ją wesołym głosem. – Dostałem adres od Andrzeja. Co słychać w zapracowanym świecie PIT-ów i VAT-u?

Prezentował się dziś wyjątkowo dobrze. Jasnopopielate spodnie, niebieska koszula, pasujący do niej krawat i jak zwykle doskonale dobrana marynarka, jeszcze bardziej podkreślały jego męską urodę.

– Witaj, Robercie. Dorotko, nie zamykaj drzwi, może będziecie mi potrzebne – wydała polecenie. – Coś się tak wystroił jak woźny w Dzień Nauczyciela? Ostatnio twój strój wieczorowy to szorty i podkoszulek.

– Następny raz na grilla założę smoking, żeby konweniował z twoimi szpilkami.

– Dobrze. Powitanie mamy już za sobą. Czego od nas oczekujesz? Tylko ostrzegam, że jestem droga.

– Nie szkodzi, stać mnie. Za dobre usługi dobrze płacę. – powiedział to w dwuznaczny sposób, ironicznie się uśmiechając.

– Ile czasu przewidujesz tu zabawić? Godzinę? Dorota, wystaw fakturę na tysiąc złotych, w treści napisz: „konsultacje podatkowe". Płatne gotówką.

– O cholera! Nie mam tyle przy sobie. Może być czek?

– Nie może.

– Mam jakieś dolary. Trzysta wystarczy? Faktycznie się cenisz!

– Dolary to nie w Polsce, panie amerykański. Zapłatę przyjmujemy w złotówkach. Dorota, napisz na fakturze: „płatne przelewem". – dodała po chwili.

– Czy wszystkich swoich klientów tak strzyżesz?

– Nie, tylko tych bogatych.

– Ja jestem tylko zamożny, nie bogaty.

– Wiem, dlatego zażądałam tylko tysiąc.

– Tyle to biorą prawnicy na Manhattanie.

– Jeśli uważasz, że to za drogo, idź do innego biura.

– Przepraszam, nic już nie mówię. Wracam właśnie z konsulatu amerykańskiego.

– Po co tam byłeś?

– Musiałem się dowiedzieć, jakie mam prawa i obowiązki jako amerykański obywatel. Polski również. Mam podwójne obywatelstwo, może to ważne dla fiskusa?

– Jaką działalność chcesz prowadzić?

– Usługi medyczne wszelkiego rodzaju: zabiegi operacyjne, badania USG, rentgen, rezonans magnetyczny, tomografię komputerową. Chcę wybudować klinikę. Słuchaj, czy za takie pieniądze, jakie każesz mi płacić, mogę poprosić o trochę dyskrecji i omawiać to przy zamkniętych drzwiach?

– Dorotko, zamknij drzwi.

– No nareszcie możemy swobodnie rozmawiać.

– Proszę bardzo, przez godzinę jestem do twojej dyspozycji.

– Naprawdę? – Uśmiechnięty zaczął zbliżać się do jej biurka.

– Nie za taką dyspozycję zapłaciłeś. Nie zbliżaj się do mnie! - ostrzegła go groźnym tonem.

– Nogi chyba musiały cię boleć, gdy tak stałaś za firanką – mówiąc to, usiadł na biurku.

– Biurko nie służy do siedzenia. Zejdź!

– Ja przynajmniej siedziałem, a ty biedna musiałaś stać całą godzinę. – Niezrażony dalej siedział.

– Nie wiem, o czym mówisz. Nie było mnie w domu.

– Nie odjechałem daleko, za moment wróciłem. Widziałem, jak stoisz w oknie.

– Gdyby nawet tak było, to co z tego?

Nachylił się nad nią, nic nie mówiąc. Już się nie uśmiechał. Patrzył na nią w zamyśleniu, z niespotykaną u niego powagą.

– Czego się boisz? Dlaczego nie chcesz spróbować? Andrzej nie pasuje do ciebie. Nie będziesz z nim szczęśliwa, nie kochasz go. – Przez moment milczał. – Wiem, że może nam się udać. Pasujemy do siebie pod wieloma względami. Jestem teraz innym człowiekiem. Przedtem nie byłem gotowy do poważnego związku, teraz jestem – powiedział cicho.

– Nie byłeś gotowy? Rok później się ożeniłeś! Tylko że to nie ja byłam tą kobietą, której potrzebowałeś! Wstydziłeś się ze mną pokazać na ulicy. Tak dbałeś o swoją reputacje najlepszego konesera kobiet! Teraz nie przeszkadza ci, że nie jestem piękna?

– O czym ty mówisz? Nigdy się ciebie nie wstydziłem! Nie wychodziliśmy, bo wolałem być tylko z tobą. Zresztą ty też unikałaś ludzi, nie poznałem żadnych twoich znajomych.

– Ja twoich również. Wstydziłeś się przedstawić mnie Markowi, nie mówiąc o babci. Z twojej rodziny poznałam tylko Samantę – powiedziała z sarkazmem.

– Babcia w każdej dziewczynie widziała potencjalną moją żonę. Marka nie poznałaś, bo by mi suszył głowę, że jesteś dla mnie za porządna, że cię skrzywdzę, że nie zasłużyłaś na to. Nigdy nie uważałem, że jesteś brzydka. Teraz oczywiście dużo lepiej wyglądasz, ale zawsze wiedziałem, że można z ciebie zrobić niezłą laskę. – Znów się uśmiechnął.

– Tylko nie było sensu, bo miałeś w planie wyjazd do Ameryki! – oskarżycielsko dopowiedziała za niego.

– Nie wracajmy do tego, co było. Liczy się to, co jest teraz.

Zamilkł i odwrócił wzrok. Przez jakiś czas patrzył przez okno. Potem znów spojrzał na Renatę.

– Cały czas myślę o tobie. Śnisz mi się. Mam sny erotyczne z tobą w roli głównej. Chyba się w tobie zadurzyłem – wyszeptał. – Dawno nie pragnąłem żadnej kobiety tak jak ciebie. Daj nam szansę. Proszę. Będzie nam wspaniale. Zobaczysz!

– Nie, Robercie. Nie da się zawrócić kijem rzeki. Ja też jestem inną kobietą. Czego innego szukam teraz w mężczyźnie niż jedenaście lat temu. Ty nie jesteś w stanie mi tego dać.

– Skąd wiesz? Masz mylne wyobrażenie o mnie. Widzisz tylko maskę, którą zakładam przed ludźmi. Często robię z siebie błazna, bo takim chcą mnie widzieć. Nie lubię się odkrywać, wolę udawać cynika, bo to bezpieczniejsze.

– Podjęłam już decyzję. Zostaw mnie w spokoju. Wyjedź, proszę. Nie chcę cię. Wracaj do swojego świata, nie ma tam dla mnie miejsca. Chcę Andrzeja, on mi jest potrzebny. Nie narzucaj się, nic już do ciebie nie czuję. Kiedyś cię kochałam... Nawet nie wiesz jak bardzo. Teraz z tego uczucia nic nie zostało. Żegnaj, Robercie. – Wstała i otworzyła drzwi. – Dorotko, podrzyj tę fakturę. Pan Robert nie będzie naszym klientem.

– Robisz błąd. Do widzenia. – Robert po krótkim wahaniu wyszedł z pokoju.

Po jego wyjściu dziewczyny otoczyły Renatę wianuszkiem. Koniecznie chciały wiedzieć, kto to jest.

– Kolega szkolny mojego narzeczonego.

– Jak go w pierwszej chwili zobaczyłam, myślałam, że to Clooney, tak bardzo jest do niego podobny. Ale zaraz pomyślałam, że Clooney raczej nie zna polskiego? Oprócz tego nie ma tylu siwych włosów, co on i chyba jest trochę wyższy. Strasznie przystojny!

– George Clooney? Nie widzę podobieństwa. Dziewczyny, bierzemy się do pracy! Dość gadania.

– A dlaczego on nie będzie naszym klientem?

– Nie znam się na prawie amerykańskim – oznajmiła i skierowała się do swojego pokoju, po czym zamknęła drzwi.

Usiadła za biurkiem. George Clooney. Przypomniała sobie jak zareagowała, gdy po raz pierwszy zobaczyła tego amerykańskiego aktora w *„Szczęśliwym dniu"*. To było kilka lat temu. Oglądała ten film kilkanaście razy, na koniec powiedziała w wypożyczalni, że zgubiła kasetę. Zapłaciła karę, ale miała film.

Zaczęły nachodzić ją wątpliwości, czy dokonała dobrego wyboru. Przecież ciągle go kocha! W imię czego ma z niego zrezygnować?

Może on mówi prawdę i też mu na niej zależy? Może faktycznie się zmienił?

Tymczasem Robert po opuszczeniu biura Renaty pojechał do sklepu monopolowego i kupił dużą butelkę smirnoffa oraz sok z czerwonych grejpfrutów. Trunek to najlepsze lekarstwo na frasunek! Dotarł do domu, przebrał się w luźniejsze ubranie: podkoszulek i szorty. Wlał do wysokiej szklanki sporą porcję wódki, dodał niezbyt dużo soku i lód. Trochę za wcześnie na drinka, ale miał to w nosie. Żałował, że musi pić w samotności. Cholerne życie. Usiadł w fotelu i wziął do ręki album ze starymi zdjęciami. Zaczął je przeglądać. Patrzył na siebie sprzed dwudziestu lat, na swoich kolegów, z włosami i bez brzuchów. Był tam też Andrzej. Popychadło klasy, nieudacznik, wieczny przegrany. Teraz to on zwyciężył!

Znów spojrzał na klasowe zdjęcie. Zaczął wspominać licealne lata...

On. Lata 1975 – 1979

Lata licealne to okres, w którym kształtuje się osobowość człowieka. Jest to czas pierwszych miłości, pierwszych kontaktów seksualnych i pierwszych rozczarowań.

Moja licealna młodość przypadła na czas, w którym królowały spodnie dzwony, długie włosy oraz muzyka Bee Gees, Pink Floydów i Budki Suflera. Druga połowa lat siedemdziesiątych. Jak się żyło wtedy w komunistycznej Polsce? Mnie żyło się wspaniale! Urodziłem się jako syn zamożnego lekarza. Byłem jedynakiem, oczkiem w głowie całej rodziny. Byłem zdolny, inteligentny i bardzo podobałem się dziewczynom. Dlatego w szkole nie mogłem być lubiany. Zazdroszczono mi wszystkiego, poczynając od stopni, a na samochodzie kończąc. Tak, miałem samochód! Nie był to jakiś maluch ani syrenka, tylko kilkuletni mercedes, przedmiot zazdrości nie tylko uczniów, ale też nauczycieli. W tamtych czasach niewielu ludzi mogło pochwalić się samochodem, o ile czasem zdarzało się to wśród studentów, o tyle licealiści o aucie mogli tylko pomarzyć. A już mercedes był marzeniem wszystkich. Pamiętam oburzenie grona pedagogicznego, kiedy pierwszy raz przyjechałem nim pod szkołę. Na wywiadówce nawet poruszono ten temat – ojciec spokojnie wyjaśnił, że samochód należy do jego żony, a synowi użyczono go warunkowo. Warunkiem miały być dobre stopnie, zero alkoholu i papierosów, o narkotykach nie wspominając. Koszty napraw ponosił ojciec, ja miałem zapracować tylko na paliwo. Ponieważ spełniałem warunki, samochód był mój.

W licealnych latach upiłem się tylko dwa razy: na wycieczce szkolnej w pierwszej klasie oraz tuż przed maturą. Pamiętam do dziś ten pierwszy raz.

Na początku pierwszej klasy wychowawczyni zorganizowała nam wycieczkę integracyjną, żebyśmy się lepiej poznali, zawarli nowe przyjaźnie. Pojechaliśmy do Szczawnicy. Pogoda, mimo że był to październik, była wyjątkowo ładna. W pierwszym dniu zaplanowano spływ

Dunajcem. W drugim dniu natomiast ja i mój nowy kumpel z ławki Zbyszek, zaplanowaliśmy empirycznie sprawdzić działanie etanolu na zachowanie człowieka. W tym celu kupiliśmy dwie butelki słodkiej wódki o sympatycznej nazwie „Ratafia", a na zakąskę kilka paczek ciastek Kreolek w czekoladzie. Nie zapomnieliśmy również o papierosach. Planowaliśmy pijaństwo na wieczór, kiedy wszyscy będą spać. Nasza silna wola nie była jednak zbyt silna – wytrzymaliśmy do obiadu. Cała klasa poszła w góry, my zaś chyłkiem wróciliśmy do schroniska. Piliśmy wódkę, zagryzając ciasteczkami i popalając Zefiry – nareszcie czuliśmy się dorośli.

W tym czasie opiekunka wyrywała sobie włosy z głowy, a reszta klasy, szukając nas, zaglądała pod każdy krzaczek, pod każde drzewko. Zrezygnowani i przerażeni wrócili późnym wieczorem do schroniska. Już mieli dzwonić po milicję, gdy ktoś zasugerował, by jeszcze sprawdzić w pokoju. Ujrzeli niecodzienny widok. Ja leżałem na łóżku, Zbyszek, przykryty drzwiami od szafy, obok łóżka. Wokół rozlana na wykładzinę dywanową wódka kleiła się do nóg. Zawartość naszych żołądków była widoczna wszędzie: na ubraniach, na łóżkach, no i na wykładzinie. Tu i ówdzie walały się niedopalone pety. Cud, że nie podpaliliśmy budynku.

Wycieczka szybko się dla nas skończyła. Rano wracaliśmy z moim ojcem do Krakowa. Musiał co chwilę się zatrzymywać, żebyśmy mogli pozbyć się tego, co nam jeszcze zostało w żołądkach. Tylko dzięki urokowi mojego ojca nie wylecieliśmy ze szkoły, zawieszono nas jednak w prawach ucznia. Tata po tym wszystkim zaczął bardziej angażować się w życie mojej szkoły, przyjął na siebie obowiązki przewodniczącego Rady Rodziców i był nim do zakończenia mojej licealnej edukacji.

Ojciec ukarał mnie w trochę niekonwencjonalny sposób – obiecał mi samochód, jeśli przez cały pobyt w liceum nie napiję się alkoholu ani nie zapalę papierosa. Dałem słowo honoru, że tego nie zrobię i... nie zrobiłem. Kończąc siedemnaście lat miałem prawo jazdy oraz samochód. Dodając do tego moją aparycję plus dżinsy kupione w Peweksie... Byłem idolem wszystkich dziewczyn. Stałem się najbardziej pożądanym chłopakiem w szkole. Żyć, nie umierać!

Byłem zdolny, miałem dobrą pamięć i umiejętność logicznego myślenia, dlatego zawsze znajdowałem się w czołówce najlepszych uczniów nie tylko w klasie, lecz również w szkole. Nauczyciele lubili mnie, mimo moich wybryków, które im serwowałem na każdym kroku. W pierwszej klasie już było wiadomo, że wybieram się na medycynę. Z biologii, fizyki i chemii zawsze miałem piątki. Dobrze się uczyłem, miałem dobrą prezencję, byłem przy tym elokwentny. Cechy te spowodowały, że musiałem, często wbrew sobie, prowadzić różnego typu akademie, apele i inne uroczystości. Nie było to moją pasją, ale wiedziałem, że dzięki temu mam większe fory u nauczycieli. Na szczęście nie towarzyszyła mi trema, z łatwością więc deklamowałem, śpiewałem i grałem na gitarze. Gitara zresztą była świetnym wabikiem na dziewczyny. Uwielbiały, gdy grałem i śpiewałem przy ognisku, bez problemu zdobywałem każdą, która mi się spodobała.

Życie seksualne zacząłem dosyć wcześnie. Moją nauczycielką była koleżanka mojej mamy, Roma, aktorka. Poznały się z mamą na pierwszym roku studiów w Państwowej Wyższej Szkole Teatralnej. Moja mama nie zdążyła zacząć kariery aktorskiej, ponieważ poznała ojca, który momentalnie ją zapłodnił, żeby nie zdążyła zagrać w filmie i „żeby jej się w głowie nie poprzewracało." Mama była i nadal zresztą jest wyjątkowo piękną kobietą. Może obawy ojca były słuszne? Udało jej się co prawda zagrać epizod w jakimś filmie, ale całą scenę wycięto i jej twarz na ekranie nie ukazała się nigdy.

Mama jest osobą apodyktyczną, zarozumiałą i do tego snobką, ale jest również inteligentną kobietą, umie zrobić na mężczyznach duże wrażenie. Potrafi być bardzo interesująca. Mężczyźni lubią na nią patrzeć. Nawet moi koledzy z liceum przepadali za jej towarzystwem.

Pamiętam reakcję chłopaków, kiedy pierwszy raz ją zobaczyli. Było to pod koniec pierwszej klasy. Nauczyciele urządzili nam dyskotekę szkolną, ale potrzebowano jakiegoś rodzica. Mama się zgodziła. Przyszła ubrana jak nasze koleżanki: mini do pół uda, obcisła bluzka i przepaska na czole spowodowały, że nauczycielka nie chciała jej wpuścić do szkoły. Wzięła ją za studentkę, która chce zdeprawować niewinnych

uczniów. Nie znała mojej mamy, bo to ojciec zawsze przychodził na ze-
brania. Dopiero moja interwencja spowodowała, że ją wpuszczono.

– Skąd wytrzasnąłeś taką dupę? – zapytał mnie Jurek.

– Poderwałem ją w Rotundzie – odpowiedziałem. – Studentka
czwartego roku Akademii Rolniczej.

– Ale laska!

Mama była oburzona tym, że zrobiłem z niej rolniczkę.

– Czy pasują do mnie gumofilce? Jak mogłeś, Robercie?! – mówiła
to tak poważnym tonem, że chłopaki uwierzyli, że się gniewa. Mama
zawsze miała poczucie humoru, lubiła się wygłupiać. Nadal bardzo
lubi, gdy biorą ją za moją siostrę.

Na dyskotece zdegustowane nauczycielki przyglądały się, jak pani
Orłowska wywija na parkiecie z moimi kumplami. Chłopaki byli zachwyceni nią, jej urodą i sposobem bycia. Była najładniejszą „dziewczyną" na dyskotece.

Mama zawsze uwielbiała szokować. Często razem, ja i ona, chodziliśmy na dyskoteki. Ojciec jej na to pozwalał.

– Robert, tylko pilnuj, żeby ci jakiegoś wstydu nie narobiła. Baśka,
masz słuchać Roberta, jesteś pod jego opieką – upominał swoją żonę.
Był od niej starszy o dziesięć lat.

Roma

Roma w przeciwieństwie do mamy nie wyszła za mąż, bo... po-
ślubiła teatr. Nie była zbyt wierna swojemu wybrankowi – miała całą
rzeszę kochanków. Znałem ją od zawsze. Była jedną z nielicznych koleżanek mamy, którą ojciec tolerował, a nawet lubił. Można ją nazwać
przyjaciółką domu.

Pewnego dnia została również moją przyjaciółką. Stało się to pod
koniec pierwszej klasy, na początku czerwca. Była upalna niedziela, pojechaliśmy nad wodę, a Roma do nas dołączyła. Nie była tak piękna jak
mama, ale podobała się mężczyznom. Mnie również. Na plaży długo
mi się przyglądała, szczególną uwagę poświęcając moim kąpielówkom.
Czułem jej wzrok i to mnie krępowało. Rodzice zajęci sobą, nie zwracali na nas uwagi. Wolałem cały czas siedzieć w wodzie, by nie narazić

się na śmieszność, że nie potrafię zapanować nad własnym ciałem. Pod wpływem wzroku Romy czułem, że moje kąpielówki zaczynają pęcznieć. Roma, mimo swoich trzydziestu siedmiu lat, miała niezłą figurę. Ja w tamtym czasie byłem jeszcze prawiczkiem. Podobałem się dziewczynom, ale nie miałem odwagi na nic więcej niż pocałunek. Podczas powrotu z plaży Roma, niby przez przypadek, zostawiła w samochodzie swój dowód osobisty. Zadzwoniła po chwili i poprosiła, żebym przywiózł jej dokumenty do domu. Ojciec nie mógł tego zrobić, bo miał dyżur w szpitalu. Nie chciałem jechać, ale mama nalegała.

Otworzyła mi drzwi ubrana w szlafrok, pod którym nie miała bielizny, była naga. Oczywiście mój „sprzęt" nie posłuchał mnie i znowu stanął na baczność. Usiadłem w fotelu, jak mi kazała.

– Ciociu, muszę już iść, bo mam jutro klasówkę.

– Klasówka nie zając, nie ucieknie. Nie nazywaj mnie ciocią, bo nią nie jestem. Mów mi Roma.

– Dobrze, ciociu. Przepraszam, Roma.

Roma nieoczekiwanie uklękła koło fotela i zaczęła rozpinać mi rozporek. Bałem się poruszyć, nie wiedziałem, co powiedzieć. Zaprotestować? Czy pozwolić na to, żeby grzebała mi w spodniach? Pozwoliłem. Roma rozpięła mi dżinsy, włożyła rękę do slipów i wyjęła mojego członka. Ledwo dwa razy poruszyła ręką i... było po sprawie.

– No, mały, muszę się wziąć za ciebie – powiedziała. Nie wiem: to było do mnie, czy do mojego penisa.

W ten sposób zacząłem swoją edukację seksualną. Moja ciocia była bardzo dobrą nauczycielką z dużym doświadczeniem pedagogicznym i praktycznym.

Szesnaście lat wcześniej mama wybrała ją na moją matką chrzestną. Rodzice, mimo że ateiści, bardzo przestrzegali rytuałów obrządku katolickiego. Był więc ślub kościelny, chrzest, komunia. Romie przypadł zaszczyt trzymania mnie do chrztu. Z obowiązków matki chrzestnej wywiązywała się nienagannie. Zawsze pamiętała o imieninach, urodzinach, mikołajkach. Przynosiła mi prezenty różnego typu, czasami dziwne, czasami śmieszne, ale nigdy banalne. Nie było skarpetek ani szalików, tylko pierdząca podkładka pod tyłek, zęby wilkołaka, maska z twarzą okropnego starca lub buty typu yeti... Prezentów tych bardzo zazdrościli mi koledzy z podstawówki, później z liceum. Zazdrościli mi i mamy, i ojca, i ciotki.

Nigdy przedtem nie widziałem w Romie obiektu seksualnego – dostrzegłem go wtedy na plaży. Patrząc na nią, stwierdziłem, że jest ładną kobietą. Była szczupła, niezbyt wysoka, bardzo zgrabna. Miała interesującą twarz, duży biust i wspaniałe włosy, które kojarzyły mi się z burzą. Bardzo gęste, zawsze rozwiane, kędzierzawe, ufarbowane na rudoczerwony kolor. To one czyniły ją niezwykłą.

Bardzo lubiłem Romę. Jej wizyty wnosiły do naszego domu dużo radości, zgiełku i zamieszania. Ona, mama i ojciec konkurowali ze sobą w opowiadaniu dowcipów. Początkowo przy mnie ograniczali się tylko do tych przyzwoitych, ale od czasów licealnych przestali się krępować i dołączyli również te świńskie. Roma często bywała u nas podczas świąt, bo nie lubiła jeździć do swojej rodziny. W towarzystwie moich dziadków zmieniała się w dobrze ułożoną damę. Żadne przekleństwo nie wydostało się z jej mocno wymalowanych ust (normalnie klęła jak szewc), dyskutowała z dziadkiem Aleksem (ojcem mamy) na temat literatury i sztuk pięknych.

Dziadek był typem intelektualisty, nieżyciowym jak mówiła babcia, ale wiedzę miał ogromną. Urodził się w majątku ziemskim pod Berlinem. Jego ojciec, pruski arystokrata (o zgrozo!) produkujący tekstylia, pechowo zagustował w pięknej Polce, guwernantce z sąsiedniego majątku. Nie tylko się zakochał, ale nawet się z nią ożenił, ku rozpaczy rodziców. Owocem tego mezaliansu byli dwaj synowie: Johan i Aleks. Małżeństwo okazało się niewypałem. Johan przejął interesy po ojcu, a młodszy brat Aleks, typowy pięknoduch, wyjechał z matką do Łodzi, gdzie został dyrektorem rodzinnej fabryczki włókienniczej. Niedługo później zakochał się w ślicznej i niegłupiej sekretarce i ożenił się z nią. Spłodził wujka Maksa, a po dziesięciu latach moją mamę. Dziadek Aleks do interesów nie miał głowy. Kochał książki, muzykę, piękne dzieła sztuki i kochał piękne kobiety. Babcia Ania jednak dosyć skutecznie wybiła mu z głowy miłość do tych ostatnich. Nie mogąc być kapłanem Wenery, całkowicie oddał się w niewolę wszystkim dziewięciu muzom. W dziedzinie malarstwa, literatury i muzyki był prawdziwym erudytą. W oczach całej rodziny uchodził za prawdziwą encyklopedię. Nie miał wśród nas interesujących rozmówców. Ojca oprócz zastawek i aorty mało co interesowało, ja coś tam wiedziałem, ale to była wiedza bardzo powierzchowna. Zainteresowania mamy ograniczały się do nowych modeli w „Burdzie" i najświeższych fotek aktorów w „Ekranie". Domeną jednej i drugiej babci była kuchnia i kościół. Dziadek Witold oprócz „Kapitału" Marksa i „Dzieł Wybranych" Lenina nic innego w życiu nie przeczytał. Za to Roma do każdego spotkania z dziadkiem Aleksem przygotowywała się bardzo starannie – tuż przed wizytą zapoznawała się zawsze z jakąś mądrą książką i dyskutowała z nim zażarcie, a po wyjściu od nas od razu o niej zapominała. Gust literacki miała raczej tradycyjny, Gombrowicz, Witkacy, Mrożek jakoś do niej mało przemawiali. Wolała Moliera, Gogola, Czechowa, Tołstoja. Przy dziadku jednak udawała oczytaną intelektualistkę.

Teraz z dobrej cioci przeobraziła się w kokotę deprawującą swego chrześniaka! Prawdę mówiąc, w tej roli też mi się podobała. Regularnie, zaraz po szkole, przychodziłem do jej mieszkania. Zajęć było mało, bo zbliżał się koniec roku – mieliśmy więc dużo czasu dla siebie. Całe godziny leżeliśmy w łóżku i przerabialiśmy różne pozycje proponowane przez Lwa-Starowicza i Wisłocką w jej „Sztuce Kochania". Roma była wymagającą nauczycielką.

– Robert! Cholera jasna! Nie spiesz się tak! Kiedy dochodzisz zbyt szybko, to zacznij myśleć o tym, co babcia Ania zrobiła na obiad. Pomyśl o pierogach ruskich, o gołąbkach. Kobieta też musi mieć trochę przyjemności! Dobry kochanek to taki, który dba o to, żeby partnerce również było dobrze. – Komentowała, kiedy robiłem na niej pompki.

Skończył się rok szkolny, zaczęły wakacje, a my nadal się spotykaliśmy. Nie miałem ochoty jechać na obóz, co dziwiło rodziców. Roma też nigdzie nie pojechała ze względu na mnie.

– Muszę wykorzystać swoje pięć minut. Nigdy już nie będę miała w łóżku takiego młodziaka. Swoją drogą, powinieneś jednak trochę przytyć. Jesteś jak tyka, wielki i chudy. Powinieneś trenować pływanie, może wioślarstwo, żeby sylwetka ci się ukształtowała.

– Wiem, od września zaczynam – zgodziłem się z nią. – Nie jestem wcale chudy, tylko urosłem. Mam prawie sto dziewięćdziesiąt centymetrów wzrostu.

– Przespałeś się już z jakąś dziewczyną?

– Noo, nie. Nie było okazji.

– To zrób tak, żeby okazja była. Jesteś już przygotowany na to, żeby cię rzucić na głębokie wody. Nie bój się. Muszę ci powiedzieć, że egzamin na czeladnika już zdałeś, jeszcze trochę i zdobędziesz papiery mistrzowskie – pochwaliła moje postępy w dziedzinie miłości. – Pamiętaj! Pierwsza zasada, jeśli chodzi o kobiety, brzmi: bierz, nie proś. Bądź zdecydowany. Musisz koniecznie poszukać sobie jakiejś dziewczyny!

– Na razie żadna mi się nie podoba. Zresztą mam ciebie.

– Słuchaj, mały, ja jestem tylko króciutkim momentem w twoim życiu. W każdej chwili może to się skończyć.

– Mówiłem ci, nie mów do mnie „mały". Mam sto dziewięćdziesiąt centymetrów wzrostu.

– Młody może być?

– Już lepiej. – A po chwili cicho dodałem: – Nie chcę, żeby to się skończyło.

– Musi się skończyć, i to szybko. Lepiej byłoby, gdyby twoi rodzice się o nas nie dowiedzieli. Byłoby mi głupio przed nimi. Mimo wszystko są bardzo konserwatywni.

Nasz romans skończył się niedługo po tej rozmowie. Na początku września Roma wpadła jak burza do naszego domu. Byłem sam.

– Gdzie mama? Umówiłyśmy się o siedemnastej.

– Pojechała z ojcem do kina. Wrócą późno.

– Znów coś jej się popieprzyło. Ach, ta Baśka. No ale jeśli ich nie ma, możemy wykorzystać czas na coś innego. Chodź tu do mnie. – powiedziała kusząco.

Rozebraliśmy się i zaczęliśmy kochać na kanapie. Przerabialiśmy właśnie pozycję na pieska, gdy nagle usłyszeliśmy zdenerwowany głos mamy.

– Co tu się dzieje? Roma, to ty?! – W podniesionym głosie mamy słychać było zdziwienie, zaskoczenie i przerażenie. – Przecież on mógłby być twoim synem! Jak mogłaś coś takiego zrobić?! – krzyk mamy przeszedł w histerię.

– Roma, wybacz, ale aż tak nowocześni to my nie jesteśmy! –powiedział ojciec. – Robert, ubierz się i zostaw nas samych.

Pospiesznie się ubrałem i szybko wyszedłem z pokoju. Stanąłem za drzwiami. Musiałem wiedzieć, jak to się skończy.

– On ma dopiero szesnaście lat! Jesteś jego matką chrzestną! Mówiłaś, że jest dla ciebie jak syn! – powiedziała z wyrzutem mama.

– Cóż, może to kompleks Edypa – odparła Roma z zadziwiającym spokojem.

– Przestań błaznować. Nie uważam się za osobę pruderyjną, ale to, co zrobiłaś, jest co najmniej nie na miejscu – zauważył oschle ojciec.

– Roma, tyle lat się znamy, traktowałam cię jak siostrę. Jak mogłaś?! – zawodziła mama.

– Lepiej z dwojga złego, że przespałam się z twoim synem, a nie z twoim mężem. Nie uważasz? Przesadzacie. Chłopak wchodzi w ważny okres w swoim życiu, ktoś to musiał zrobić. Kiedyś ojciec zabierał syna w tym celu do burdelu. W socjalistycznej Polsce tego typu przybytków nie ma, a więc ten obowiązek, nie powiem, całkiem przyjemny, ja wzięłam na swoje barki... a właściwie uda. Lepiej, żeby uczył się seksu z doświadczoną kobietą niż z jakąś nieopierzoną małolatą. Nie ma nic gorszego od dwojga prawiczków pieprzących się pierwszy raz w życiu. Voilà! Oddaję teraz Roberta innym kobietom. Powinny być z niego bardzo zadowolone. Zrobiłam z niego kochanka na medal!

– Wyjdź, Roma. Lepiej będzie dla wszystkich, jeśli przez pewien czas nie będziemy się spotykać. – sucho zakomunikował ojciec.

Roma w milczeniu opuściła nasz dom.

– Muszę z nim porozmawiać – powiedział tata.

Szybko poszedłem do swojego pokoju. Po chwili usłyszałem ciche pukanie do drzwi.

– Proszę!

Ojciec usiadł w fotelu. W skupieniu patrzył na mnie i nic nie mówił. Poczułem się nieswojo. Nie wiedziałem, jak mam się zachować w takiej sytuacji.

– Więc, masz to już za sobą. Inicjację seksualną. Nie wiem, co ci powiedzieć. To było trochę niezręczne dla nas wszystkich. Nie sądzisz? Matka jest zbulwersowana, ja chyba też.

– Czy Roma będzie w naszym domu persona non grata? Nie chciałbym tego, lubię ją. Nie wykorzystała mnie, gdybym sam nie chciał, do niczego by nie doszło.

– Wiem, synu. Nie martw się, nie wyrzuciliśmy Romy z naszego domu na zawsze. Ale musimy mieć trochę czasu, żeby ochłonąć. Uważam, że ten romans, hm, sam nie wiem jak to nazwać, powinien się skończyć. Musi się skończyć!

– Dobrze, tato.

Pierwszy epizod seksualny w moim życiu dobiegł końca. Trochę było mi żal tych chwil spędzonych u Romy, na pewno nigdy jej nie zapomnę. Pierwszej kobiety nigdy się nie zapomina. Tak samo kobieta nie zapomni pierwszego mężczyzny.

Dziewczyny

Kiedy skończył się romans z Romą, zacząłem spotykać się z dziewczynami. Umawiałem się z nimi do kina, a potem już się nie kończyło na całowaniu. Rzeczywiście, zasada Romy się sprawdzała. Rzadko kiedy dziewczyna mi odmówiła, gdy napalony zaczynałem obmacywanki. Problem był jeden: nie miałem gdzie tego robić. Na ławce w parku? – trochę za dużo plątających się ludzi. W domu byli rodzice. Problem zniknął, kiedy dostałem od ojca samochód. Wygodny mercedes nieźle zastępował garsonierę (w tym modelu można było rozkładać siedzenia). Miałem koc w bagażniku, a w schowku zawsze prezerwatywy i chusteczki higieniczne. Miałem też colę i wodę mineralną. Nastrój robił samochodowy radiomagnetofon, z czasem postarałem się nawet o telewizorek. Było wygodnie, do namiętnych randek auto spełniało rolę niezłego lokum. Dziewczyny bardzo chciały w nim się znaleźć. Rotacja, nie powiem, była dosyć duża. Każda z nich liczyła na to, że będzie tą, która trochę dłużej zabawi w moim samochodzie i... może wpuszczę ją jeszcze do swojego serca? Żadna jednak nie zagościła w aucie na długo, żadna też nie znalazła się nawet w przedsionku serca, o komorze nie wspominając.

Jeden tylko był kłopot – nie było można się umyć. Często cytowałem znaną fraszkę: „Myjcie się dziewczyny, bo nie znacie dnia ani godziny". Te inteligentniejsze rozumiały – przychodziły na randkę świeżo umyte, wypachnione. Mogłem wreszcie pochwalić się wiedzą zdobytą w łóżku Romy. Repertuar zachowań seksualnych miałem dosyć duży. Wszystkie pozycje miałem przerobione. Niektóre dziewczyny szokowała miłość francuska.

– Czy to nie zboczenie?

– W takim razie trzy czwarte ludzkiej populacji cywilizowanego świata to zboczeńcy. Już Marysieńka witała swojego Janka, jak wracał spod Wiednia, robiąc mu laskę na dzień dobry – uspokajałem dziewczyny.

Szybko rozeszła się fama o moich uzdolnieniach. Okrzyknięto mnie Casanovą naszego liceum.

Mój samochód był obiektem zazdrości wszystkich chłopaków w szkole. Większość z nich miała już pierwszy kontakt seksualny za sobą. Oni też borykali się z odwiecznym problemem nastolatków – gdzie się kochać? Czasami pożyczałem im auto na dwie, trzy godziny. Myślałem, że w ten sposób zdobędę ich przychylność. Wyświadczałem też inne przysługi, na przykład ojciec załatwiał bilety na mecze piłkarskie. Problem się robił, kiedy Cracovia grała z Wisłą. Część klasy kibicowała Wiśle, część Cracovii. Często dochodziło do małych potyczek między jednymi a drugimi kibicami. Waśnie były też między klasami. Nasza klasa A rywalizowała z klasą B. Nasze liceum z technikum mechanicznym, które znajdowało się przecznicę dalej. Najgorzej było, kiedy dziewczynę z naszej klasy lub szkoły spotkano z którymś z uczniów technikum. W oczach szkolnej społeczności była najgorszą ździrą, gorszą od prostytutek z Placu Słowiańskiego. Właśnie o taką jedną pokłóciłem się z Jurkiem.

Jurek był, oprócz Marka, drugim chłopakiem z którym liczyłem się najbardziej. Nie był bardzo przystojny, ale podobał się dziewczynom – jemu najczęściej pożyczałem auto. Jurkowi spodobała się Mariola z równorzędnej klasy D, ładna brunetka o długich nogach, ale z opinią łatwej. W naszej szkole mieliśmy dosyć specyficzną ocenę moralności dziewczyn. Kiedy poszła do łóżka (ściśle mówiąc, do samochodu) już na pierwszej randce z Orłowskim, to nie nazywano jej łatwą, bo z nim większość dziewczyn tak robiła. Kiedy przespała się od razu z kimś innym – to było już gorzej. Ale jeśli umawiała się z kimś z Mechanika lub Budowlanki – to była dziwką nad dziwkami!

– Podoba mi się Mariola. Nawet bardzo! Gdyby udało mi się poderwać ją na dyskotece, to pożyczysz mi samochód? – zapytał Jurek.

– Mariola? Oszalałeś? To dziwka! Widziałem ją z Mechanikami w Rotundzie. Najpierw ją obmacywał jeden, a pod koniec dyskoteki drugi. Widziałem na własne oczy. Daj sobie z nią spokój. O mało co jej nie zerżnęli.

– Nie wierzę! To świetna dziewczyna! Ładna, zgrabna, jest o czym z nią pogadać... – Widziałem, że Jurek zabujał się w niej na całego.

– Najlepiej o tym, jak załatwić marychę w Vis à Vis. To już prawie narkomanka! Znam się na dziewczynach. Daj sobie z nią spokój.

Jednak Jurka trudno było przekonać. Łaził za nią, robił maślane oczy. Wpadł jak śliwka w kompot! Trzeba chłopaka ratować – pomyślałem. Postanowiłem udowodnić mu, że to puszczalska. Na szkolnej dyskotece poprosiłem ją do tańca. Po chwili już była gotowa iść ze mną do samochodu. Wyszliśmy. Odjechałem trochę dalej, w bardziej zaciszne miejsce. Okazała się zręczną miłośniczką sztuki francuskiej. Doceniłem jej umiejętności i umówiłem się z nią na następny wieczór. Prawdę mówiąc, nie pomyślałem wtedy o Jurku. Na drugi dzień Jurek mnie unikał. Przez następne dni również ze mną nie rozmawiał.

– O co ci chodzi? Dlaczego się nie odzywasz?

– Nie wiem, o czym mówisz. – Wzruszył ramionami.

– Chodzi ci o Mariolę? Chciałem ci udowodnić, że to dziewczyna nie dla ciebie.

– Ale dla ciebie. Tak?

– Ja się w niej na pewno nie zakocham, a tobie to groziło.

Nic nie powiedział, tylko odszedł. Z Mariolą spotykałem się jeszcze jakiś czas. Nie było o czym z nią gadać, ale robić tak. Po tygodniu zaczęła mi pieprzyć o miłości.

– Tak mnie kochasz, jak tych z Mechanika? Widziałem cię, jak się obściskiwałaś najpierw z jednym, a potem z drugim.

– Z Grześkiem chodziłam wcześniej, a ze Sławkiem dopiero zaczynałam się spotykać. Ale z tobą jest inaczej. Kocham cię! Nie mogę już żyć bez ciebie! A ty mnie kochasz?

– W tym momencie tak, ale nie wiem, co będzie jutro – powiedziałem, zajęty posuwaniem jej od tyłu.

Niebawem przekonałem się, że my – faceci i one – dziewczyny, bardzo różnimy się od siebie, nie tylko fizycznie. Tworzymy dwa różne światy. One przez cały czas myślą i mówią o miłości, my natomiast o seksie. Nie tylko mówią, ale również chciałyby słyszeć gorące wyznania typu „kocham cię", „żyć bez ciebie nie mogę". Żadnej dziewczynie nigdy nic nie wyznawałem, nic nie obiecywałem, żadnych deklaracji nigdy nie składałem. Mówiłem im prosto z mostu, że chodzi mi tylko o seks. Większości dziewczyn nie zrażała moja obcesowość. Każda myślała, że z nią będzie inaczej, że się dla niej zmienię, bo jest wyjątkowa. Mariola też tak myślała. Postanowiłem jak najszybciej skończyć tę znajomość.

– Jak to koniec? Nie możesz tego zrobić! Ja cię kocham! Jak ze mną zerwiesz, to popełnię samobójstwo – straszyła mnie.

– Nie wygłupiaj się. Nigdy nic ci nie obiecywałem. Przecież wiedziałaś, jaki jestem. Jesteśmy za młodzi na poważne związki. Idę do domu, muszę się uczyć, bo jak będę miał złą średnią, ojciec zabierze mi auto. Cześć! – pożegnałem się i wyszedłem z jej pokoju. Wiedziałem, że za chwilę wróci jej mama. Zawsze wracała o siedemnastej.

– Błagam, nie odchodź! – wołała za mną. – Popamiętasz to jeszcze, ty draniu! – usłyszałem na odchodnym.

Wróciłem do domu. Odrobiłem lekcje, nauczyłem się biologii. O jedenastej już spałem. Rano, jakby nigdy nic, poszedłem do szkoły. W klasie wszyscy patrzyli na mnie oskarżycielsko.

– Wiesz, że Mariola jest w szpitalu? Próbowała się zabić! – zaatakował mnie Jurek.

– Nic jej nie obiecywałem. To samobójstwo na pokaz! Co, tabletki nasenne zażyła? – Wzruszyłem ramionami i spokojnie usiadłem.

Po lekcjach wezwano mnie do dyrektorki. Zastałem ją jak zwykle siedzącą za biurkiem. Po jej minie widziałem, że jest bardzo zdenerwowana.

– Prawdopodobnie słyszałeś już, że Mariola Spyra leży w szpitalu? Ledwo ją odratowano! Przed chwilą była tu jej matka. Pokazała mi list pożegnalny, który jej córka do ciebie napisała. Co masz mi do powiedzenia?

– Pani dyrektor, ona to zrobiła na pokaz! Wszystko wykalkulowała! O siedemnastej zawsze wraca jej mama. Pech chciał, że wyjątkowo się spóźniła, bo stanęła w kolejce po banany. Gdyby nie to, wróciłaby o czasie, Mariolce szybko zrobiono by płukanie żołądka i byłoby po sprawie. Teraz wszyscy uważają ją za ofiarę, a mnie za łajdaka! Pani dyrektor, świętą to ona nie jest!

– Dość tego! Jutro ma stawić się u mnie twój ojciec – oznajmiła surowym tonem.

Wieczorem, po kolacji poszedłem do gabinetu ojca. Siedział za biurkiem i przeglądał zapis EKG jakiegoś pacjenta. Na mój widok ściągnął okulary i badawczo na mnie spojrzał. Przychodziłem tu rzadko, tylko w wyjątkowych sytuacjach.

– Tato, dyrektorka cię wzywa. Jutro masz u niej być.

– Co tym razem zmalowałeś?

– Nic.

– Powiedz prawdę. Muszę wiedzieć, jak z nią rozmawiać.

– Jedna dziewczyna nałykała się proszków nasennych...

– Wyjaśnij dokładniej! – zdenerwował się ojciec.

Opowiedziałem mu wszystko od początku. Nic nie zataiłem.

– Naprawdę, ona to zrobiła na pokaz! W sprawach seksu ma większe doświadczenie niż ja!

Ojciec tylko pokręcił głową.

Nazajutrz, przed pracą poszedł zobaczyć się z dyrektorką. Wieczorem, przy kolacji nic nie mówił. Przyszedł porozmawiać do mnie do pokoju, kiedy mama była zajęta oglądaniem filmu. O niczym jej nie powiedział. Całe szczęście!

– Pani dyrektor nazwała cię bezczelnym cynikiem, który traktuje dziewczyny przedmiotowo. Była oburzona twoim zachowaniem. Co ty na to?

– Tato, tobie powiedziałem prawdę. Mam się z nią ożenić, bo się z nią przespałem? Nie byłem pierwszy i nie ostatni. Puszcza się na prawo i lewo! To samobójstwo było wykalkulowane!

– Przez miesiąc masz szlaban na samochód. Proszę, oddaj kluczyki.

– To niesprawiedliwe! Nic złego nie zrobiłem!

– Pani dyrektor uważa, że powinienem odebrać ci samochód na zawsze. Nie wiem, czy tego nie zrobię.

– Spełniam wszystkie twoje warunki! Jedyny w klasie nie piję alkoholu, nie palę, mam średnią cztery i pół!

– Ale robisz burdel na kółkach!

– Tato, poprawię się! Tylko nie odbieraj mi auta. Proszę!

– Koniec dyskusji, oddaj kluczyki. Radzę ci poprawić stosunki z panią dyrektor. Nie lubi cię. Dobranoc..

Wbrew temu, co mówił ojciec, uważam, że dyrektorka i większość nauczycieli mnie lubili. Wiele grzechów i grzeszków mi się upiekło, ponieważ dobrze się uczyłem, a poza tym nauczyciele mieli słabość do mnie oraz do mojego ojca. Jego urok osobisty powodował, że patrzono przez palce na moje wygłupy. Ciężar gatunkowy moich występków był różny, dwa razy jednak przesadziłem i dopiero interwencja dziadka Witolda mi pomogła.

Pierwszy przypadek miał miejsce na początku trzeciej klasy. Nauczycielka od rosyjskiego organizowała akademię poświęconą Leninowi. Hasło przewodnie brzmiało: „Lenin zawsze żywy w naszej pamięci". Mnie przypadł jak zwykle wątpliwy zaszczyt prowadzenia tej akademii. Zbuntowałem się i twardo powiedziałem, że się nie zgadzam. Na nic się to jednak zdało, bo nauczycielka zagroziła mi obniżeniem oceny z języka rosyjskiego, a ponieważ znałem go najlepiej w klasie, perspektywa obniżenia oceny bardzo mnie zdenerwowała. Zwłaszcza że przez to nie miałbym również wymaganej średniej i ojciec mógłby odebrać mi samochód.

Przed akademią trzeba było przygotować gazetkę ścienną ze zdjęciami i cytatami. Ja i kilku chłopaków z klasy postanowiliśmy przygotowaną wcześniej gazetkę przerobić. W tym celu zakleiliśmy słowa „w naszej pamięci". Na zdjęciu biednemu Leninowi dorobiliśmy kły jak u wampira i podpisaliśmy zdjęcie: „Lenin Nosferatu" (w tym czasie w kinach szedł film „Nosferatu Wampir"). Twarz Lenina pomalowaliśmy kredą, żeby nie był taki rumiany. Efekt był wspaniały! Pół dnia cała szkoła miała z czego się śmiać. W końcu jeden z nauczycieli zauważył, że gazetka wzbudza wyjątkowe zainteresowanie. Było to bardzo podejrzane – nikt nigdy gazetki nie czytał! Pierwsza dopisane treści odkryła nauczycielka geografii. O mało nie dostała zawału serca. Afera wybuchła na całego. Nie było jednak czasu na szukanie przestępcy, bo zaraz miała rozpocząć się akademia. Wyszedłem na środek. Przywitałem wszystkich.

– Dzisiejsza akademia jest zatytułowana „Lenin zawsze żywy...” – w tym momencie zrobiłem znaczącą pauzę i wzdrygnąłem się, jakby mnie strach przeleciał. Po chwili dopiero dodałem: „...w naszej pamięci".

Cała szkoła zatrzęsła się ze śmiechu. Śmiano się kilka minut. Rusycystce trudno było zaprowadzić spokój. Była to chyba najweselsza akademia w historii tej szkoły! Niestety dyrektorka i nauczyciele tak nie uważali. Od razu domyślili się, kto stał za przerobieniem gazetki.

Wezwano ojca. Nie pomógł – zawieszono mnie w prawach ucznia. Nikogo nie wydałem. Powiedziałem, że sam to zrobiłem. Dopiero dziadek Witold wyciągnął mnie z opresji. Zadzwonił do kuratorium i... wspaniałomyślnie mi wybaczono.

Wieczorem w domu zebrała się cała rodzina: rodzice, babcie, dziadkowie i ja – główny winowajca.

– Brawo, synu! Nareszcie znalazł się w tej rodzinie facet z jajami! – zawołał radośnie dziadek Aleks. – Moja krew!

– Jak ojciec tak może mówić?! Robert o mało co nie wyleciał ze szkoły! Gdyby nie Witold, pożegnałby się z medycyną! – oburzył się mój ojciec.

– Witold zawsze przynosił wstyd rodzinie, to niech od czasu do czasu zrobi coś pożytecznego dla wnuka! – Niezrażony dziadek Aleks dalej pęczniał z dumy.

– Aleks, kurwa mać! To poważna sprawa. Wiesz, jak się musiałem tłumaczyć, ile wykonać telefonów?! Dzięki temu, że pracuję w Komitecie, tobie też uratowałem nieraz dupę! Wypraszam sobie! – wściekał się dziadek Witold.

– Na pewno znowu usłyszę, jak to w sześćdziesiątym ósmym wyciągnąłeś mnie z mamra.

– A co, nie było tak?! Nawet mi nie podziękowałeś!

– Za co? Że ośmieszyliście mnie, przypisując mi demencję starczą? Miałem wtedy tylko siedemdziesiąt pięć lat! – oburzył się dziadek Aleks.

– Staremu dziadowi zachciało się jechać aż do Warszawy, żeby zobaczyć „Dziady", a potem protestować z bandą smarkaczy! Nikt normalny by tego nie zrobił, tylko zdziecinniały starzec! – prychnął dziadek Witold.

– Byłem chociaż w dobrym towarzystwie, nie musiałem siedzieć przy jednym stole z sowieckim komuchem. – Dziadek Aleks jak zwykle wsiadł na swojego ulubionego konika. Uwielbiał przekomarzać się z dziadkiem Witoldem. – Ale „Dziady" Dejmka nie umywały się nawet do tych Swinarskiego. Takiej inscenizacji, jaką zrobił w siedemdziesiątym trzecim w Starym Teatrze świętej pamięci Swinarski, to nie zobaczę już nigdy. To była prawdziwa intelektualna uczta! Ale co może wiedzieć o obcowaniu ze sztuką taki bolszewicki matoł jak ty! – dorzucił z pogardą.

– Wiesz, coraz bardziej żałuję, że tak szybko wyciągnąłem cię z tego pierdla. Przydałoby się, żeby twoje arystokratyczne, hrabiowskie dupsko przespało kilka nocy na więziennej pryczy. Nabrałbyś wtedy więcej szacunku do mnie.

– Gdyby mnie zamknęli z tą śliczną dzierlatką, która mi towarzyszyła, to czemu nie! Co za biuścik, co za nóżki! Dziś śnią mi się po nocach. – Dziadek Aleks przymknął oczy i uśmiechnął się do swoich myśli.

– Zamiast dzierlatki doglądałby cię klawisz o posturze goryla! Gdybyś spędził kilka nocek w pace, to nie damskie nóżki, ale owłosione nogi jakiegoś Stefka śniłyby ci się teraz po nocach! – odpalił dziadek Witold.

– Ta dzierlatka zaopiekowała się tobą, boś był w wieku jej dziadka, ty wyliniały kocurze! – odezwała się babcia Ania. – Od jutra na śniadanie jesz codziennie kleik na ryżu!

– Ależ Anusiu, ona podobała mi się tylko dlatego, że była podobna do ciebie! – Dziadek wystraszył się gróźb babci i zaczął ją całować po rękach. – Przecież wiesz, że jesteś dla mnie najpiękniejszą kobietą na świecie. Gdzież jej do ciebie! Nikt nie potrafi stworzyć takich kulinarnych dzieł sztuki jak ty. Ta pieczeń z dzisiejszego obiadu, to była czysta ambrozja! Z tym kleikiem to żartowałaś, prawda?

– Anka, powinnaś serwować mu kleik nie tylko na śniadanie, ale na obiad i kolację również – doradzał złośliwie dziadek Witold. – Krzysztof, kiedy wziął jego błękitną krew do badania, to nie był zadowolony z wyników.

– Irka, twojemu synowi też nie podobała się proletariacka, czerwona krew jego ojczyma. Podobno za dużo w niej cholesterolu – podpuszczał babcię dziadek Aleks.

– Obaj musicie przejść na dietę – zawyrokował mój ojciec.

– Wracając do Roberta. Musisz skończyć z tymi wygłupami. Zarzucano mi, że mam wnuka wywrotowca! – Dziadek Witold nagle o mnie sobie przypomniał.

– Przepraszam, dziadku. Więcej nie będę robił takich numerów. Nie chciałem prowadzić tej akademii. Ale Ruska straszyła mnie obniżeniem oceny z rosyjskiego, mimo że jestem najlepszy, a akcent mam lepszy nawet od niej!

Jakoś mi się tym razem upiekło. Pech chciał, że na akademii była baba z kuratorium. Dyrektorka miała dyrektywy z góry, żeby mnie wyrzucić – gdyby nie pomoc dziadka, wyleciałbym z budy jak nic.

Dziadek Witold urodził się pod Wilnem. Jego matka była Polką, a ojciec Rosjaninem. W Krakowie znalazł się wraz z armią Koniewa, podobno był jego ulubieńcem. Ujrzawszy piękną wdowę dopytującą się o losy polskich oficerów więzionych w Katyniu, zakochał się w niej od pierwszego wejrzenia. Długo zabiegał o względy pięknej Polki, aż w końcu zdobył jej rękę. Kilka lat od niego starszą babcię Irenę i jej syna pokochał całym swym polsko-rosyjskim sercem. Dzięki wrodzonej życiowej zaradności udało mu się zostać w Polsce. Dziadek Aleks mówił o nim, że jest najsprytniejszym bolszewikiem na świecie i że gdyby inni komuniści mieli chociaż trochę jego sprytu, to czerwona plaga zalałaby całą ziemię. Dziadek Witold pracował w Komitecie Wojewódzkim PZPR. Zaliczył kilka przemian w szeregach partii. Zmieniali się przywódcy partyjni i w Warszawie, i w Krakowie, ale jego nie ruszano. Prawdopodobnie traktowano go jako wtyczkę z Moskwy.

Z biegiem czasu jego komunistyczny idealizm przeobraził się w bardziej pragmatyczne podejście do rzeczywistości. Z pracy w Komitecie czerpał dużo profitów, jego rodzina również. Wszyscy lubiliśmy dziadka, zaakceptował go nawet dziadek Aleks. Mimo częstych kłótni, bardzo się szanowali.

Drugi raz dziadek Witold uratował mi skórę w innych okolicznościach. Było to zimą w trzeciej klasie. Rodzice pojechali na kilka dni na narty do Zakopanego. Zostawili mnie samego, babcie tylko miały dbać o moje wyżywienie. Ojciec pozwolił mi zorganizować imprezę w domu pod warunkiem, że nie będzie wódki. Wódki więc nie było, ale piwo tak (ojciec powinien bardziej precyzyjnie się wyrażać). Przyszła prawie cała nasza klasa. Zabawa była ekstra! Ja nie piłem, ponieważ zobligowałem się rozwieźć wszystkich do domów. Nie chciałem, żeby ktokolwiek u mnie nocował, rano lubiłem się wyspać.

Poszedłem akurat z jakąś dziewczyną, zdaje się Elką, na górę do swojego pokoju, by z nią pobaraszkować, kiedy usłyszałem pukanie do drzwi.

– Robert, zejdź na dół. Milicjanci chcą z tobą porozmawiać.

Wystraszony, szybko się ubrałem i zszedłem.

– Ty tu mieszkasz? Gdzie rodzice? Czy wiesz, co tu się dzieje? Piłeś z nimi? Brałeś narkotyki ? Czyje to narkotyki, kto je przyniósł? – zasypano mnie lawiną pytań.

Kiedy usłyszałem słowo „narkotyki", struchlałem. Ojciec mnie zabije! Odbierze samochód! Byłem przerażony. Wódkę mogli przemycić, ale skąd te narkotyki? Spojrzałem na wystraszone twarze swoich kumpli. Zatrzymałem się na Zbyszku. Wiedziałem już, że to jego sprawka. Miał wcześniej wpadkę, ale dyrektorka nad nim się ulitowała. Nie wyrzuciła go, ale teraz na pewno to zrobi – rozmyślałem. Postanowiłem wziąć winę na siebie. Może znów mi się upiecze?

– Panie władzo, to moje. – Przyznałem się.

– Zażywałeś? Jesteś uzależniony?

– Nie brałem i nie jestem uzależniony. Załatwiłem je i schowałem na później. To moja wina.

Zawieźli mnie na komisariat.

– Dzisiejszą noc spędzisz tutaj, kochasiu – poinformowano mnie. – Może też jutrzejszą, i jeszcze następne nocki...

Zaprowadzono mnie do celi, w której oprócz mnie było jeszcze czterech mężczyzn. Dwóch pijaczków kłóciło się ze sobą. Dwóch innych z przejęciem rozmawiało o interesach. Wywnioskowałem z rozmowy, że jeden to złodziej, drugi to paser.

Po jakimś czasie wszedł milicjant.

– Pracujesz? – spytał złodzieja.

– Wczoraj się zwolniłem.

– Ty pracujesz? – wskazał palcem na pasera.

– Właśnie szukam roboty, panie władzo.

– A ty pracujesz? – zwrócił się do mnie

– Ja się uczę. Jestem licealistą – odpowiedziałem.

– Aha. Licealista? Ukradłeś kredę czy gąbkę do tablicy?

Coś tam zapisał w kajeciku i wyszedł. Wszyscy w celi popatrzyli na mnie ze zdziwieniem.

– To licealistów też zamykają? Pierdolę, nie idę do liceum – powiedział jedna z pijaczków.

Noc minęła szybko. Co było potem, nietrudno sobie wyobrazić. Powiadomieni o mojej sytuacji rodzice błyskawicznie wrócili z nart i przyjechali do komisariatu. Mama z przerażeniem patrzyła na moich nowych znajomych, ojciec pertraktował z gliniarzami.

Pertraktacje ojca nie przyniosły skutku, dopiero interwencja dziadka Witolda pomogła. Wypuszczono mnie. Całe szczęście, że nie miałem jeszcze skończonych osiemnastu lat. Dzięki dziadkowi znów mi się udało.

– Przyznaj się, że to nie twoje narkotyki! Przecież wiem, że nie bierzesz! Kogo osłaniasz? – wypytywał ojciec. – Jak nie powiesz, to koniec z autem!

Nie powiedziałem prawdy.

– Wiem, że to nie ty. Wiem też, czyje są te narkotyki. Robisz błąd, Robercie – powiedziała dyrektorka – Myślisz, że on to doceni? Wątpię.

Nie wyrzucono mnie ze szkoły. Zatuszowano całe to zajście, do prokuratora nic nie dotarło. Spotkała mnie za to dużo surowsza kara – ojciec zabrał mi samochód! Byłem zdruzgotany.

Zbyszek podszedł później do mnie i powiedział: – Dzięki stary, masz u mnie rewanż.

Po tym zdarzeniu zauważyłem, że stosunek klasy do mnie trochę się zmienił. Patrzono teraz na mnie z większym szacunkiem.

Wszyscy w szkole wiedzieli, który to Orłowski. Ale czy mnie lubiano, czy tylko liczono się ze mną? Od incydentu z narkotykami zacząłem wierzyć w to, że mnie lubią. Okazało się niebawem, że byłem w błędzie. Tylko dwie osoby były w stosunku do mnie lojalne. Byli to Marek i Andrzej. Andrzeja klasa nazywała moim ordynansem, Marka – adiutantem.

Andrzej

W każdej klasie jest ktoś, z kogo wszyscy się śmieją. W naszej był to Andrzej. Sam jego wygląd pozostawiał dużo do życzenia. Mimo swoich stu osiemdziesięciu centymetrów wzrostu robił wrażenie krępego, ponieważ ważył sto kilo. Wyróżniał się również włosami - nikt w szkole nie miał tak paskudnych jak on! Zawsze tłuste, niechlujne i do tego długie do ramion. Kiedy patrzyło się na jego strąki, miało się odruch drapania po głowie. Ubierał się jak wszyscy, ale na nim ubranie wyglądało jak zdjęte z innego człowieka. Spodnie za długie, z krokiem w kolanach. Koszula za wąska, uwydatniająca sterczący brzuch. Wszystko było wymięte i nieświeże. Bardzo przy tym się pocił, a dezodorantu nie używał. Do tego był ofermą klasową: czegoś zapomniał, coś zgubił. Na zajęciach WF-u – pożal się Boże! Nikt nie chciał go w swojej drużynie. Początkowo traktowałem go jak reszta klasy – kopałem po dupie. Pewnego dnia, pod koniec drugiej klasy, nauczyciel fizyki poprosił mnie, jako najlepszego z tego przedmiotu, żebym pomógł mu w zadaniach na ruch niejednostajnie zmienny. Zgodziłem się – co miałem zrobić.

– Przyjdziesz do mnie, czy ja mam wpaść do ciebie? – spytałem. – Jak ci wygodnie.

Umówiliśmy się następnego dnia u niego o siedemnastej. Mieszkał w Nowej Hucie. Zaparkowałem przed jego blokiem, takim jak wszystkie inne na krakowskich osiedlach. Drzwi otworzyła mi kobieta przed pięćdziesiątką, ubrana schludnie. Na sukienkę miała założony kuchenny fartuch.

– Proszę wejść. Andrzejek jest w swoim pokoju. Mówił mi, że będziecie się razem uczyć.

Razem uczyć! Też mi stwierdzenie! Niech mu będzie. Wszedłem do pokoju. Wyglądał jak wszystkie pokoje nastolatków w gierkowskiej Polsce. Segment, wersalka, biurko, na podłodze leżał wysłużony dywan, na ścianach wisiały plakaty SBB i Budki Suflera.

– Fajnie, że jesteś. Siadaj. Mama zaraz przyniesie coś do picia.

Rzeczywiście, po chwili weszła jego matka, niosąc dwie szklanki kompotu z gruszek.

– Tak bardzo się cieszę, że w końcu do Andrzejka przyszedł jakiś kolega! Może zrobić herbatę albo kawę? Nie? To skoczę na dół i zrobię wam pyszne lody.

– Proszę nie robić sobie kłopotu. Wytłumaczę Andrzejowi zasady ruchu niejednostajnego i zaraz wychodzę.

– Proszę zostać dłużej, Andrzej ma tak niewielu kolegów. Jestem pacjentką pana ojca. To taki dobry lekarz! Złoto nie człowiek. – Jeszcze jakiś czas zachwalała mojego ojca, w końcu wyszła.

Zacząłem tłumaczyć Andrzejowi, jak się robi zadania. Nie był taki tępy, jak przypuszczałem – myślałem, że będzie gorzej.

– Gdzie się wybierasz na studia?

– Na polibudę. Tylko nie wiem, czy się dostanę.

Dowiedziałem się po latach, że dostał się i nawet skończył. O dziwo! Przerobiliśmy kilka zadań tekstowych – zrozumiał zasady ruchu niejednostajnego. Chciałem już iść, kiedy weszła jego matka z dwoma pucharkami lodów.

– Zrobiłam bitą śmietanę i polałam likierem. Proszę zostać jeszcze trochę.

Zostałem. Obejrzałem jego zdjęcia, usłyszałem cały życiorys, jego, brata, ojca i matki. Naprawdę, nic interesującego. Siedziałem, słuchałem i zajadałem się lodami. Były pyszne! W końcu udało mi się wyrwać z ich domu.

Nazajutrz miał się odbyć ważny dla nas mecz z klasą II B. Bardzo chcieliśmy wygrać, bo ostatnio dwa razy przegraliśmy. Jednak ten mecz znów przegraliśmy. Mógł być remis, ale Andrzej strzelił samobójczą bramkę. Cała złość klasy skupiła się na nim.

– Ty ofiaro życiowa, ty ofermo! Samobója strzelić?! Tylko taka dupa jak ty jest do tego zdolna! – Bogdan wyładowywał się na biednym Andrzeju, popychając go.

W pewnym momencie Andrzej się przewrócił. Nie wiem dlaczego, chyba przez te lody, nagle zrobiło mi się go żal.

– Zostaw go! Kurwa! Słyszysz! Jak taki chojrak jesteś, to proszę bardzo, spróbuj się ze mną! – Wściekły podskoczyłem do Bogdana.

– Coś ty Robert?! Co ci odbiło? Ja tylko żartuję – mówiąc to, podał rękę Andrzejowi.

– Od dziś koniec z takimi żartami! – wrzasnąłem.

Cała klasa patrzyła na mnie ze zdziwieniem. Zastanawiali się, co mi się stało. Wszyscy mieli ochotę dokopać Andrzejowi. Ja zresztą też.

Na następnym WF-ie nauczyciel jak zwykle wybrał dwóch kapitanów drużyn. Każdy z nich miał kolejno dobierać sobie zawodników. Wybierało się najpierw tych najlepszych, na końcu zostawali ci najsłabsi. Andrzej zawsze do nich należał. Kapitanem naszej klasy zostałem ja. Zdziwienie było ogromne, kiedy pierwszego wybrałem Andrzeja. Nawet wuefista zrobił zdziwioną minę.

 Od tego czasu, kiedy ja byłem kapitanem, zawsze pierwszego wybierałem Andrzeja. Stałem się dla niego Bogiem, jego guru – patrzył we mnie jak w obrazek. Był na każde moje zawołanie, wszystko, o co poprosiłem, wykonywał w mig. Sam deklarował chęć pomocy! Mył mi samochód, stał w kolejce przed sklepikiem szkolnym, żeby mi kupić oranżadę. Jego służalcze oddanie czasem mnie krępowało.

Był przeszczęśliwy, kiedy zgodziłem się przyjść na jego urodziny. Razem ze mną przyszli też koledzy z klasy. Andrzej do tej prywatki bardzo się przygotował, jego matka zrobiła bigos i upiekła tort (niebo w gębie!). Na imprezę załatwił też piwo. Rodzice dali mu nawet wolną chatę, żebyśmy mogli bawić się swobodnie. Wszyscy goście kupili mu w prezencie buteleczki szamponu (notabene nie zrozumiał aluzji i dalej miał tłuste włosy). Były tańce i przytulanki. Dosyć fajnie się bawiliśmy i dopiero grubo po dziesiątej wyszliśmy z jego mieszkania. Od tego czasu zapraszałem go również na moje imprezy.

Kiedyś nie wytrzymałem i patrząc na jego tłuste strąki, wypaliłem z grubej rury.

– Kurwa! Powiedz mi, Andrzej, dlaczego nie myjesz włosów?

– Myję dwa razy w tygodniu, tylko bardzo mi się przetłuszczają.

– To myj codziennie. Częste mycie włosom nie szkodzi. Dlaczego ich nie obetniesz? – zapytałem jeszcze.

– Wszyscy mają długie – odpowiedział zdziwiony.

– Ja też?

– Ty sobie możesz pozwolić na oryginalność, ale ja muszę wyglądać jak wszyscy.

No no, co za ciekawe rozumowanie. Rzeczywiście wszyscy nosili długie włosy, bo taka była moda. Wszyscy – tylko nie ja. Zawsze miałem je krótko przycięte, ale powodem tego wcale nie była chęć zamanifestowania swojej oryginalności. Moje gęste, lekko kręcone włosy nie nadawały się do zapuszczania. Zbyt się puszyły, co mnie denerwowało. Zdecydowanie wolałem mieć krótkie.

Andrzejowi też doradziłem obciąć włosy i myć je codziennie. Zastosował się do moich rad. Wreszcie wyglądał normalnie.

Marek

Tylko jednego z moich kumpli szkolnych mogę nazwać przyjacielem. Był i nadal nim jest Marek. „Przyjaciel" – nie lubię tego określenia w stosunku do faceta. Mogę być przyjacielem kobiety – OK. Ale mężczyzny? Zalatuje mi to pedalstwem. Nie znam jednak lepszej nazwy dla więzi, która łączy mnie z Markiem. Może braterstwo krwi? Nie było między nami rytuału takiego jak u Winnetou i Old Shatterhanda, ale więź podobna. Nie mamy brata, ani on, ani ja, ale bliżsi jesteśmy sobie niż niejedno rodzeństwo. Tak jest od ponad dwudziestu lat.

Marka poznałem pierwszego września 1976 roku. Przyszedł do naszej szkoły na początku drugiej klasy. Wcześniej chodził do innego liceum, o niższym poziomie nauczania. Zwróciłem na niego uwagę jeszcze przed inauguracją roku szkolnego. Stał samotnie na dziedzińcu szkoły. Był wysokim, dobrze zbudowanym, krzepkim szesnastolatkiem o sympatycznym wyrazie twarzy. Biła od niego dziwna, wewnętrzna siła, która powodowała, że wzbudzał respekt. Od momentu, kiedy wszedł do klasy, miałem ochotę poznać go bliżej. On jednak usiadł sam w ostatniej ławce.

– Nie chcesz usiąść koło Andrzeja, obok niego jest wolne miejsce? – spytała nasza wychowawczyni.

– Wolę siedzieć sam, będzie mi wygodniej. Jestem duży, może być nam ciasno – wyjaśnił nauczycielce zdecydowanym tonem.

– Jak sobie życzysz. – Wychowawczyni wzruszyła ramionami.

Swoją wypowiedzią dał do zrozumienia, że nie jest zainteresowany nawiązywaniem nowych znajomości. Tak było przez kilka miesięcy. Wielu chłopaków starało się bliżej go poznać, tym bardziej, że okazał się sportowym talentem. On jednak stronił od wszystkich. Ode mnie również. Wielokrotnie zagajałem, zapraszałem na imprezy do siebie, on jednak zdecydowanie odmawiał, tłumacząc się brakiem czasu.

– Co ty możesz mieć do roboty w sobotę wieczorem? – spytałem poirytowany.

– Po pierwsze muszę się uczyć, bo chcę dostać stypendium. Nie każdy jest tak zdolny jak ty. Po drugie muszę pracować, bo nie każdy ma bogatego tatusia tak jak ty – odpowiedział zaczepnym tonem.

– No to cóż... Ucz się i pracuj to dojdziesz do celu, tym właśnie sposobem doszło już wielu – skomentowałem ironicznie jego słowa.

Od tego czasu przestałem proponować mu cokolwiek, zacząłem za to cichą rywalizację. W nauce udawało mi się to bez trudu, bo byłem zdolniejszy. Miałem też dodatkową motywację – samochód. Żeby ojciec mi go dał, musiałem mieć na semestr minimalną średnią ocen 4,5. Szesnastego marca kończyłem siedemnaście lat – mogłem zdawać egzamin na prawo jazdy. Uczyłem się więc ostro i na koniec semestru udało mi się uzyskać wymaganą średnią. Zdałem egzamin na prawko i dostałem upragnione auto.

W nauce byłem lepszy od Marka, za to w sporcie górował on. Lepiej pływał ode mnie, lepiej grał w piłkę. Wyjątkowo mnie to denerwowało. On mnie denerwował!

Pewnego dnia po meczu, który wygraliśmy dzięki niemu (ja spieprzyłem dwa podania), podszedłem do niego.

– Ta kobiecina, z którą wczoraj szedłeś, kto to taki? – zapytałem zaczepnym tonem.

– Ta kobiecina to moja matka – odpowiedział spokojnie, mimo że się w nim zagotowało.

– Taak! Nie wiedziałem. Wygląda dużo gorzej niż sprzątaczki w szpitalu u mojego ojca. Nie wstydzisz się pokazywać z nią? – brnąłem dalej.

– Nie!

I w tym właśnie momencie dostałem od Marka niespodziewanie w szczenę. Upadłem. Zaczął mnie okładać pięściami. Zanim się pozbierałem, byłem już tak poobijany, że na niewiele było mnie stać. Kilka razy udało mi się go trafić, ale bez większych efektów. W końcu podbiegł wuefista i nas rozdzielił.

Wyglądałem żałośnie. Krew ciekła mi z nosa, podbite oko, twarz jak po zderzeniu z traktorem, a do tego cholernie bolała mnie lewa ręka. Wuefista zaprowadził mnie do higienistki, która zatamowała krew i obmyła zadrapania.

– Ręka jest złamana. Trzeba jechać na pogotowie – zawyrokowała.

– Siostro, ojciec w gabinecie ma gips. Wszystkim z sąsiedztwa nastawia złamania. Wolę jechać do domu niż godzinami czekać na pogotowiu na jakiegoś konowała.

– Może masz rację – zastanowił się nauczyciel. – Ale nie ma mowy, żebyś prowadził samochód. Ja cię zawiozę. Nie bój się, umiem jeździć, nie rozbiję twojego drogocennego cacka – dodał uspokajająco.

Dojechaliśmy do domu. Ojciec był już w gabinecie, w poczekalni siedziało kilku pacjentów. Mój wygląd trochę go zdenerwował, mama zaś wpadła w histerię.

– Rany Boskie! Lewa ręka! On jest przecież mańkutem! Chce być chirurgiem! Co za bydlak mu to zrobił?! – wrzeszczała.

– Barbaro, uspokój się! Nic takiego się nie stało. Zaraz zrobię rentgen. To tylko złamanie, szybko się zrośnie – uspokajał mamę ojciec.

Zrobił zdjęcie rentgenowskie, wsadził rękę w gips, jeszcze raz przyjrzał się wszystkim moim obrażeniom i kazał usiąść na krześle.

– Teraz powiedz mi, jak do tego doszło. Tylko nie kłam, bo i tak się dowiem. Wiesz, że nienawidzę mataczenia.

Powiedziałem ojcu prawdę. Wszystko od samego początku. Ojciec jakiś czas przyglądał mi się, nic nie mówiąc.

– Przyprowadź kiedyś tego chłopaka. Chcę go poznać i podziękować za to, że wyręczył mnie w tym, co powinienem zrobić już kilka lat temu. Lanie należało ci się niejeden raz. Jak tylko ręka ci się wygoi, umyjesz wszystkie okna w szpitalu. Do tego czasu masz szlaban na samochód. – powiedział stanowczo ojciec.

– Tato, ale to niesprawiedliwe! On mi złamał rękę, a ja mam zostać ukarany?!

– Bez dyskusji! Masz iść jutro do pani dyrektor i powiedzieć, że to była twoja wina. – Ojciec był nieubłagany.

Nazajutrz dowiedziałem się, że Marek jest zawieszony w prawach ucznia i że prawdopodobnie wyleci ze szkoły. No tak, oczywiście, zasłużył sobie na to! Jak syn sprzątaczki mógł skatować syna lekarza?! Musiałem zrobić, co ojciec nakazał. Poszedłem do dyrektorki. Powiedziałem, że to ja sprowokowałem Marka, że to moja wina. Nie chciała słuchać. Zadzwoniłem do ojca, który przyszedł do szkoły zaraz po pracy, żeby z nią porozmawiać. Po jego wyjściu Marek został wezwany do gabinetu. Dyrektorka przeprowadziła z nim pouczająco-ostrzegawczą rozmowę i... odwołała karę. Nadal był uczniem naszej klasy.

Na drugi dzień podszedłem do ławki Marka .

– Sorry, stary. To było głupie z mojej strony.

– Spierdalaj – usłyszałem w odpowiedzi.

Wściekły, nie próbowałem już wyciągać do niego pojednawczej ręki.

Dni mijały, przyszła wiosna. Rękę wciąż miałem w gipsie, ale już nie bolała. Ojciec nie zmienił zdania co do okien w szpitalu – dopiero po ich umyciu mogłem znów jeździć samochodem. Byłem zrozpaczony. Tak niedawno dostałem auto, nie zdążyłem się nim nacieszyć, a już mi je odebrano. Wyszedłem ze szkoły i ruszyłem w kierunku przystanku autobusowego. Zobaczyłem tam trzech „mechaników" okładających Marka. Podskoczyłem do nich. Teraz było dwóch na trzech. Biliśmy się jeszcze jakiś czas, aż do chwili, kiedy zobaczyliśmy zbliżającego się dyrektora ich szkoły. „Mechanicy" dali drapaka, my też szybko uciekliśmy z pola bitwy. Marek miał podbite oko i krew lała mu się z nosa.

– Wyglądasz, jakbyś się zderzył z ciężarówką. Chodźmy do mnie, ojciec nas opatrzy. Chyba mam znów złamaną rękę.

– To nie jest dobry pomysł. Idę na pogotowie – burknął.

– Nie bój się, mój ojciec chce cię poznać. – W końcu udało mi się go namówić.

Weszliśmy do domu. Całe szczęście nie było mamy. Ojciec, gdy nas zobaczył, zmarszczył czoło.

– Co, znów się biliście?!

– Tak, tylko tym razem nie ze sobą.

Okazało się, że Marek ma złamany nos. Moja ręka na szczęście nie była złamana, ale jeszcze musiałem nosić gips co najmniej dziesięć dni.

– To ty jesteś tym gagatkiem, który sprawił lanie mojemu synowi? – zapytał ojciec retorycznie. – Chciałem ci za to podziękować. Dawno mu się należało. Dziękuję ci, Marku.

Marek popatrzył zdziwiony na mojego ojca. Nie wiedział, co powiedzieć.

– Nie ma za co. Cała przyjemność po mojej stronie. – bąknął.

Wszyscy wybuchnęliśmy śmiechem.

Od tego dnia zaczęła się nasza przyjaźń i trwa do dziś. Marek stał się stałym gościem w naszym domu. Polubili go wszyscy, nawet mama. Ojciec Marka nie żył, spadł po pijanemu ze schodów i zabił się. Matka była sprzątaczką w Hucie Lenina, musiała dojeżdżać do pracy z drugiego końca Krakowa. Ojciec załatwił jej pracę salowej u siebie na oddziale. Postarał się też, by mogła trochę dorobić, sprzątając u jego znajomych. Marek miał dużo starszą od siebie siostrę, która mieszkała na Śląsku.

Od tamtej pory byliśmy jak papużki nierozłączki. Razem siedzieliśmy w ławce, razem spędzaliśmy przerwy, a potem szliśmy do mnie, żeby wspólnie się uczyć. Ojciec w Peweksie kupował teraz dwie pary dżinsów, dwie pary adidasów, dwie kurtki. Na wakacje Marek jechał ze mną i z moimi rodzicami do Bułgarii albo do Jugosławii. Na święta dostawał prezenty nie tylko od moich starych, lecz również od dziadków. Stał się dla mnie wymarzonym bratem, którego nigdy nie miałem.

Pod koniec drugiej klasy ojciec wziął go na rozmowę.

– Marek, na jakie studia się wybierasz?

– Jeszcze nie wiem, ale chyba na politechnikę.

– Nie chciałbyś iść na medycynę?

– Nie dostanę się, nie mam szans!

– Dlaczego tak z góry zakładasz? – wypytywał ojciec.

– Znam swoje miejsce w szeregu. Nie jestem taki zdolny jak Robert. Muszę się dwa razy dłużej uczyć niż on, a i tak mam gorsze oceny. – powiedział, rozkładając ręce.

– Byliście z Robertem na filmie „*Lot nad kukułczym gniazdem*"? Pamiętasz słowa McMurphy-ego: „Przynajmniej próbowałem."? Zawsze trzeba spróbować, a nie z góry zakładać, że to niemożliwe. „Mierz siły na zamiary, nie zamiar podług sił" – jak mówił wieszcz.

– Sam nie wiem, mam braki z biologii.

– Od jutra będziecie uzupełniać wiedzę. Robert ci w tym pomoże.

– Jutro Robert myje okna w szpitalu. – Marek przypomniał ojcu.

– To sam będziesz się uczył, a on cię przepyta po powrocie.

Wieczorem i ze mną ojciec uciął sobie pogawędkę.

– Masz wszystko zrobić, żeby Marek był tak samo dobry z biologii, fizyki i chemii jak ty. On też powinien spróbować swoich sił w akademii medycznej. Żebyś miał więcej czasu, możesz już jeździć samochodem. Ale okna musisz umyć. Ile ci jeszcze zostało?

– Połowa. Nie mogłeś wymyślić innej kary? Wolałbym myć kible, nie jest ich aż tak dużo!

– Śmiałeś się z pracy sprzątaczek? To zobacz, jaka to przyjemność.

Te cholerne okna zatruły całą moją młodość, do tego czasu śnią mi się po nocach. W przeddzień mojego ślubu śniło mi się, że na dole czeka na mnie limuzyna z Betty w środku, a ja w smokingu i ze ścierą w ręce myję okna, a ich jest coraz więcej. Jednym śni się matematyka, innym wampiry, a mnie śnią się brudne okna, które muszę umyć.

Oprócz szpitalnych okien (było ich chyba ze dwieście) musiałem też myć te w naszym domu i u dziadków. Ojciec wymyślił, że w ten sposób zarobię na paliwo do auta. Okna musiały być wymyte co dwa miesiące. U dziadków musiałem też ściągać i wieszać zasłony i firanki. Również bardzo przyjemna praca! Ręce mi omdlewały od sięgania do tych cholernych żabek. Mieliśmy chyba najbardziej lśniące okna w całym Krakowie! Inna sprawa, że babcie zawsze dawały mi napiwek, który przewyższał zapłatę, ale mycie okien to przecież bardzo ciężka praca – zasłużyłem! Po kilku miesiącach miałem taką wprawę, że robiłem to tak szybko i tak dobrze niczym wykwalifikowana sprzątaczka.

– No, synu! Muszę przyznać, że robisz to bardzo profesjonalnie. Jeśli nie dostaniesz się na medycynę, to masz w ręku fach! Przyjmę cię na mój oddział na salową, bez protekcji! – żartował ojciec.

Kumplowaliśmy się z Markiem już rok, kiedy doszło do przykrego incydentu z dziennikiem. Pod koniec trzeciej klasy zachorowałem na ospę wietrzną. Dosyć ciężko ją przechodziłem, dwa tygodnie nie było mnie w szkole. Marek przychodził na chwilę i zaraz znikał. Bał się chyba, że się zarazi. Byłem już prawie zdrowy, kiedy zadzwoniła Danka.

– Przyjdziesz jutro do mnie na prywatkę? Mam urodziny. Raz w życiu kończy się osiemnaście lat!

– Pewnie, że przyjdę! Już nie jestem „osyfiały", nie zarażam.

– To bądź jutro o osiemnastej. Znasz adres?

– Miałem ospę, nie amnezję.

Przyszedłem trochę spóźniony, wszyscy już byli. Wręczyłem kwiaty, dałem wino i perfumy kupione w Peweksie. Rozejrzałem się po pokoju. Wszystkie znajome gęby... oprócz jednej. Obok Witka stała niewysoka dziewczyna o kędzierzawych brązowych włosach. Była ubrana w długą kwiecistą spódnicę. Fajna, pomyślałem. Podszedłem do nich. Witek był chłopakiem Danki, chodzili ze sobą od pierwszej klasy liceum.

– Cześć. Witek, mam nadzieję, że na urodziny Danusi nie przyprowadziłeś swojej drugiej dziewczyny? Przedstaw mnie – zagaiłem.

– Robert, największy Casanova w Krakowie, nieprawdaż? – odezwała się nieznajoma. – Nie musisz się przedstawiać. Twoja sława dotarła aż na Śląsk.

– To chociaż ty się przedstaw, dziewczyno ze Śląska!

– Bezimienna. Kuzynka Danki. Wystarczy?

– Zatańczymy, Bezimienna Kuzynko Danki?

Cały wieczór bawiliśmy się razem. Była sympatyczną, dosyć inteligentną dziewczyną. Chciała za rok startować na ASP, na malarstwo. W tym celu brała prywatne lekcje rysunku u jednego z tutejszych wykładowców. Od miesiąca przyjeżdżała z Katowic do Krakowa. Nocowała u Danki.

Tańczyliśmy już jakiś czas, kiedy zobaczyłem Marka. Stał z boku i nam się przyglądał. Pomachałem mu ręką i dalej z Sylwią wywijaliśmy (tak miała na imię nowo poznana dziewczyna). Umówiliśmy się na drugi dzień po południu. Ponieważ musiałem być wcześniej w domu, pożegnałem się z wszystkimi, machnąłem ręką Markowi i krzyknąłem mu, żeby wpadł do mnie wieczorem w niedzielę, i wyszedłem.

Następnego dnia zabrałem Sylwię na obiad do Balatonu.

– Dają tu wspaniałe placki po węgiersku.

– Wiem, byłam tu już.

– Ooo! A z kim, jeśli można wiedzieć?

– Z pewnym sympatycznym chłopakiem.

– Sympatyczniejszym ode mnie?

– Możliwe.

– To co tu robisz ze mną?

– Chciałam zobaczyć, jak uwodzi dziewczyny najsłynniejszy krakowski Casanova. – powiedziała, kokieteryjnie się uśmiechając.

– Najpierw bierze na obiad, żeby dziewczę nie było głodne. Potem wspólny spacer pod Wawelem, następnie przejażdżka do Tyńca i powrót do domu. – przedstawiałem jej z uśmiechem plan popołudnia. – O której masz pociąg?

– O dziewiętnastej. Z Tyńca więc zrezygnujemy i z przejażdżki twoim sławnym samochodem również. Zostaje nam tylko Wawel.

– Ja mam inną propozycję. Wawel na pewno już znasz, mój poprzednik ci go pokazał. Ale klasztoru w Tyńcu na pewno ci nie pokazywał.

– Czy ty na pewno chcesz mi pokazać klasztor, czy może te zarośla niedaleko niego? – przekomarzała się ze mną Sylwia.

– Skąd wiesz, że tam są zarośla?

– Może tam już byłam?

– Aha, wycieczkę stateczkiem ci zafundował!

– Nie każdy ma garsonierę na kółkach jak ty. À propos: oglądałeś „Garsonierę"? Fajny film. Ty też jak Lemmon udostępniasz samochód na godziny. Może ja jestem jak ta windziarka i byłam z którymś z twoich kolegów w twoim samochodzie?

– Czy ja przypominam Lemmona? – Bawiła mnie rozmowa z nią. – Nie mogłaś być w moim aucie, bo zostało mi zarekwirowane przez ojca. – dodałem po chwili.

96

– To jakim samochodem chciałeś mi pokazywać zarośla? – uśmiechała się zalotnie.

– Klasztor, nie zarośla. Pojedziemy tam autem mojej mamy – kontynuowałem rozmowę w tym samym tonie.

– Nie pojedziemy, tylko pójdziemy. Pod Wawel! O tej porze jeszcze bezpiecznie można z tobą tam iść. Po zmroku gorzej. Przecież tam też są krzaki!

Zjedliśmy obiad i poszliśmy na spacer. Zgodziłem się na Wawel, pod warunkiem że następnym razem pojedziemy do Tyńca. Później odwiozłem ją na dworzec. Do odjazdu pociągu było trochę czasu, spędziliśmy go w samochodzie. Auto postawiłem w ustronnym miejscu, żeby nikt nam nie przeszkadzał. Stwierdziłem namacalnie, że ma ładny biust, a pod spódnicą ładne nogi. Reszty nie mogłem sprawdzić. Dalsze badania organoleptyczne postanowiłem przełożyć do następnej soboty. Pożegnaliśmy się. Całować to ona się umiała!

Po randce z Sylwią wróciłem do domu. Marka jeszcze nie było, później również nie przyszedł. Nazajutrz w szkole także się nie zjawił. Po zajęciach poszedłem do niego. Otworzył mi drzwi, patrząc na mnie dziwnym wzrokiem.

– Chory jesteś? Zaraziłeś się ode mnie? – zaniepokoiłem się. – Nie byłeś w szkole.

– Nie jestem chory.

– Jesteś zalany? Chlałeś!

– Tak. Nie podoba ci się coś?! – spytał zaczepnym tonem – Wiesz co? Spierdalaj, gnoju, do swojej zasranej rodzinki!

– Marek odbiło ci?! O co ci chodzi?

– O gówno! Nie mogę patrzeć na twoją gębę! Na gęby twojej mamusi, tatusia, babusi, dziadziusia i jeszcze jednej babusi i jeszcze jednego dziadziusia! Wypierdalaj z mojego domu i z mojego życia! Wypierdalajcie wszyscy! Ty i twoja pierdolona rodzinka! Nienawidzę was, waszej jałmużny! Rzygać mi się chce, jak sobie o was pomyślę! Bez swojego tatusia jesteś zerem! Myślisz, że ktoś cię lubi?! Tylko cię tolerują, bo twój stary ma forsę, bo może dużo załatwić! Ot, cała prawda! Tylko głupie dziwki lecą na twoją pierdoloną buźkę! Wszystkie one to kurwy!

Wszystkie baby to kurwy! A największą kurwą jest ta ździra ze Śląska!

– To o nią chodzi? To z tobą była w Balatonie! Dlaczego nie powiedziałeś? Nie umówiłbym się z nią!

– Nie umówiłbyś się?! A jak było z Jurkiem i Mariolą? Zrobiłbyś to specjalnie! Bo to cię jeszcze bardziej rajcuje! Nie chcę cię znać. Myślisz, że przychodziłem do was z przyjemnością? Patrzeć, jak wszyscy ci do dupy włażą?! Przychodziłem na te wasze pierdolone rodzinne kolacyjki, żeby się najeść frykasów do syta! U nas w domu tylko ziemniaki z kwaśnym mlekiem albo kluchy. Ale wolę pierdolone kluchy, niż patrzeć na was. Spadaj! I to już! – zakończył z wściekłością. Chociaż innym słowem, a nie kolejną odmianą wyrazu „pierdolić".

Popatrzyłem na niego przeciągle, w końcu odwróciłem się na pięcie i odszedłem. Wróciłem do domu. Całe szczęście nikogo jeszcze nie było. Położyłem się do łóżka. Wkrótce zajrzała do mnie mama.

– Co ci jest? Chory jesteś! Mówiłam, żebyś nie szedł na tę prywatkę! – po swojemu zaczęła histeryzować. – To na pewno jakieś powikłania po ospie!

Za chwilę dołączył ojciec. Dotknął mojego czoła, obejrzał oczy, język i gardło.

– Powiesz mi, co się dzieje?

– Źle się czuję. Mógłbym jutro nie iść do szkoły, tato?

– W czym problem? Znowu narozrabiałeś?

– Nic złego nie zrobiłem. Proszę, nie męcz mnie. Nie potrafię teraz o tym rozmawiać. – dodałem cicho.

Ojciec spojrzał na mnie uważnie. Moja mina i ton głosu spowodowały, że dał mi spokój.

Nazajutrz do szkoły nie poszedłem. Cały dzień leżałem w łóżku. Wieczorem znów przyszedł ojciec.

– Tato, czy mógłbym zmienić szkołę? Jeszcze w tym roku szkolnym?

– Co ty mówisz? Za rok matura! Wiesz, co to nowe środowisko? Tu wszyscy cię znają, wiedzą, co umiesz. Powiedz mi, co się stało?

– Tato, kiedyś ci powiem, ale teraz nie jestem w stanie o tym rozmawiać. Proszę!

Ojciec westchnął, popatrzył chwilę na mnie i wyszedł z pokoju.

Do szkoły poszedłem dopiero po dwóch dniach. Siadłem w wolnej ławce. Pierwszy był język polski. Do klasy weszła polonistka, która była również naszą wychowawczynią. Ledwo mnie zauważyła, kazała iść do dyrektorki.

Oho, coś musiało się wydarzyć podczas mojej nieobecności. Ton i spojrzenie wychowawczyni nie wróżyły nic dobrego.

– Siadaj. – Dyrektorka mierzyła mnie surowym wzrokiem. – Jesteś bardzo zdolnym i inteligentnym uczniem. Przy tym jesteś ambitny i wiesz, czego chcesz od życia. Imponowałeś mi. Dodatkowo ten twój niewątpliwy urok osobisty... Wszystko to powodowało, że na wiele twoich przewinień patrzyliśmy przez palce. Jednak miarka się przebrała. Nie chcę cię w naszej szkole. Przyjdź jutro z ojcem i zabierz papiery. Nie będę ci psuć startu w dorosłe życie. W przyszłym roku matura, dlatego nie napiszę w opinii nic złego. Ale masz się wynosić z mojego liceum. Żegnam.

– Pani dyrektor, ale o co chodzi? Co takiego znów przeskrobałem? Nie było mnie przez trzy dni w szkole – spytałem oszołomiony.

– Jesteś dobrym aktorem, wiem o tym. Mnie jednak nie nabierzesz. Wynoś się! – krzyknęła.

– Nie wyjdę, pani dyrektor, dopóki nie dowiem się, o co jestem oskarżony. – Spojrzałem na nią twardo.

– Jeszcze się pytasz? Jesteś bezczelny! Ukradłeś dziennik! To kryminał! Mam wezwać milicję? Masz przyjść z ojcem.

– Nie ukradłem żadnego dziennika!

– Cała klasa kłamie?!

– Tak powiedzieli? Wszyscy?? – Moje zdumienie było autentyczne nawet dla dyrektorki.

– Wszyscy oprócz Marka i Andrzeja. Ale to twoi przyjaciele i nie są wiarygodni.

– Pani dyrektor, powtarzam: niczego nie ukradłem. Jutro przyjdzie mój ojciec. Ja też nie chcę chodzić do tej szkoły! – dodałem, wychodząc.

Nie patrząc na nikogo w klasie, zebrałem książki. Poszedłem do domu. Zadzwoniłem do ojca i spytałem, kiedy wróci. Przyjechał po dwóch godzinach. Uważnie mnie wysłuchał. Powiedziałem mu o Zbyszku i narkotykach. O Marku nie wspomniałem ani słowa.

– To i tak nie wyjaśnia, dlaczego nie chciałeś chodzić do szkoły?

– Pokłóciłem się z Markiem – powiedziałem zdawkowo. – Tato, ja tam już nie wrócę. Mam w nosie maturę, studia, wszystko!

Zdecydowanie w moim głosie spowodowało, że ojciec przestał mnie już wypytywać.

– Dobrze. Uważam jednak, że powinieneś iść ze mną jutro do szkoły. Nie będę cię mógł ze wszystkiego wytłumaczyć, nie znam szczegółów.

– Nie. Nie pójdę. Nie chcę nikogo z nich widzieć na oczy.

Tak więc ojciec sam poszedł porozmawiać z dyrektorką.

Później z grubsza zdał mi relację, jak to wyglądało.

– Znam swojego syna. Wiem, że święty nie jest, ale wierzę, że tego nie zrobił. Zresztą jaki by miał powód? Oceny ma przecież dobre. Obiecał mi, że kończy z wygłupami. Za bardzo mu zależy na samochodzie, żeby dalej rozrabiał. Od jego zachowania zależy, kiedy oddam mu kluczyki. On z reguły nie kłamie. Potrafię poznać, kiedy to robi.

Przekonał dyrektorkę, która zresztą sama miała wątpliwości co do mojej winy.

– Ale dlaczego klasa go wrabia? Powiedzieli też o wybitej szybie, o tym, że to on zamknął nauczycielkę rosyjskiego w toalecie.

– W to uwierzę. To w jego stylu – miał powiedzieć ojciec. – Pozwoli pani, że porozmawiam z klasą.

Rozmowa ojca z naszą klasą poskutkowała – dziennik się znalazł. Dyrektorka odpuściła śledztwo i nie dochodziła, kto go ukradł. Ja jednak do szkoły nadal nie chciałem wracać. Namawiałem ojca, żeby jeszcze w tym roku pomógł mi ją zmienić.

Siedziałem na tarasie, kiedy przyszli. Stawiła się cała klasa. Wszyscy oprócz Marka. Stali ze spuszczonymi głowami.

– Powiedzieliśmy, że to ty, bo myśleliśmy, że twój dziadek znów wstawi się za tobą i będzie po sprawie. My do ciebie nic nie mamy. Głupio wyszło... Przepraszamy cię. Nie odchodź. To bez sensu. W przyszłym roku matura, a ty chcesz budę zmieniać?!

– Naskarżyliście na mnie, mówiąc o szybie. To nie ja kopnąłem piłkę, ja tylko się uchyliłem. Jeśli chodzi o Ruskę, to wszyscy braliśmy

100

w tym udział. Jesteście zwykłe świnie. Przez was nie mam auta, za to mam was wszystkich w dupie!

– Robert, nie obrażaj się! Głupio wyszło. Masz rację, byliśmy na ciebie trochę wściekli. Tak w ogóle, za całokształt. Wszystko masz, wszystko ci się udaje... Ale nie chcemy, żebyś odchodził z budy. Naprawdę! – mówili jeden przez drugiego.

Pokręciłem tylko głową i wszedłem do domu, zostawiając ich na tarasie. Patrzyłem, jak kolejno wychodzą przez furtkę. Nie chciałem zostać w tej szkole. Przede wszystkim z powodu Marka.

Po wyjściu kolegów siedziałem w swoim pokoju, nic nie robiąc. Po godzinie do domu wrócił ojciec. Słyszałem, że z kimś rozmawia. Po chwili rozległo się pukanie. Myślałem, że to znów mój stary. Drzwi otworzyły się i zobaczyłem Marka. Stał, nic nie mówiąc. Wszedł po chwili. Usiadł na krześle przy biurku.

– Nie chciałem przyjść, po tym wszystkim, co ci nagadałem... Ale twój tata mnie namówił. Nie wiem, od czego zacząć? To wszystko, co ci powiedziałem, to nieprawda... to znaczy, część prawdy w tym jest. Byłem czasem wściekły i zazdrosny, gdy widziałem, jak wszyscy koło ciebie skaczą. Też bym chciał mieć taką rodzinę. Nie pamiętam swoich babć ani dziadków. Ojca nie chcę pamiętać. A moja mama... sam wiesz. Kocham ją bardzo, ale... czasami się jej wstydzę. Uff, w końcu powiedziałem to na głos. Chciałbym móc się nią pochwalić. Ale czym? Że w całym szpitalu najszybciej myje kible? To podłe, co mówię. Wiem. Twój ojciec... – westchnął – chciałbym mieć takiego ojca. To najfajniejszy facet, jakiego znam. Twoja mama, trochę zwariowana, ale też superbabka. Dziadkowie świata poza tobą nie widzą. Dlatego czasem, jak wracałem od was, to byłem wkurwiony jak cholera. Ale to nieprawda, że przychodziłem tylko sobie pojeść. Lubiłem być z wami. Lubiłem wasze towarzystwo. Zawsze jest tak wesoło, tak rodzinnie. Nagadałem ci tych bzdur, żeby ci było przykro. W klasie też cię lubią, tylko tak jak ja, zazdroszczą ci... – Zrobił dłuższą przerwę, po czym mówił dalej. – Zależało mi na Sylwii. Chyba się w niej zabujałem. Jak przyjeżdżała do Krakowa, to czekałem, aż skończą się jej lekcje rysunku i zawsze gdzieś szliśmy. Cieszyłem się, że jesteś chory, że jej nie poznałeś. Wiedziałem, że wolałaby ciebie. Wkurwiłem się, gdy zobaczyłem cię u Danki. Miałem rację, od razu wpadłeś

Sylwii w oko. W niedzielę was śledziłem, widziałem, jak jedliście obiad w Balatonie. Szlag mnie trafiał, bo też tam z nią byłem. Potem spacerowaliście objęci. Widziałem, jak na ciebie patrzy – znów westchnął. – Później poszedłem na dworzec. Myślałem, że będzie sama, że z nią porozmawiam. Zauważyłem auto twojej mamy zaparkowane na uboczu. Widziałem, jak się całujecie, jak ci się pozwala obmacywać... Mnie na to nie pozwoliła! Dlatego byłem taki wkurwiony na ciebie. Dlatego tyle ci nawtykałem.

Patrzyłem na niego. Był szczery w tym, co mówił. Starałem się wejść w jego sytuację. I... zrozumiałem.

– Zapomnijmy o tym wszystkim. Dobrze? Naprawdę nie wiedziałem o tobie i Sylwii. Wierz mi, nigdy bym się z nią nie umówił. Już się z nią nie spotkam. Dziewczyna jak dziewczyna, są ich tysiące. Zależy mi na... znajomości z tobą. Na przyjaźni, to chyba lepsze określenie. Chodźmy coś zjeść – było mi niezręcznie kontynuować tę rozmowę. Trudno jest mówić o rzeczach ważnych.

Ten wieczór ugruntował naszą przyjaźń. Nigdy więcej nie było takiej drugiej sytuacji, która zachwiałaby naszą przyjaźnią. Oczywiście kłóciliśmy się często, wiele razy wychodziliśmy z pokoju, trzaskając drzwiami, ale przy następnym spotkaniu zachowywaliśmy się jakby nigdy nic. Jeśli chodzi o dziewczyny, umówiliśmy się, że na dyskotekach, zabawach czy w innych podobnych sytuacjach on wybiera jako pierwszy, dopiero później ja. Żadna baba już nigdy nas nie poróżniła!

Jola

Moją pierwszą wielką miłością była Jola. Dołączyła do nas na początku czwartej klasy. Przeprowadziła się tu z ojcem i macochą z Warszawy. Jej ojciec był prokuratorem, zesłano go do Krakowa za złe sprawowanie, bo był niepoprawny politycznie. Matka Joli mieszkała od kilku lat w Los Angeles, wyszła tam za mąż za bogatego prawnika.

Kiedy tylko Jolę ujrzałem, postanowiłem, że musi zostać moją dziewczyną. Była piękną długowłosą blondynką o urodzie gwiazdy filmowej i figurze seksbomby. Przypominała mi młodziutką Bardotkę. Niełatwo było ją zdobyć. Ponad miesiąc starałem się o jej względy. Dotychczas żadna dziewczyna nie sprawiła mi tylu trudności. Nie pomógł ani mój urok uwodziciela, ani mercedes przed szkołą. W zdobycie jej musiałem włożyć dużo więcej wysiłku. Przez cały miesiąc codziennie kupowałem róże i przesyłałem je Jolce przez jednego wyrostka z podwórka. Dla niej zdecydowałem się nawet wziąć udział w Międzyszkolnym Konkursie Piosenki Radzieckiej. Jej opór pękł, kiedy ze sceny zadedykowałem jej piosenkę Okudżawy. Dzięki „*Piechocie*" i różom zdobyłem jej serce.

Byliśmy parą przez całą czwartą klasę. Była pierwszą dziewczyną, z którą łączyło mnie coś więcej niż seks. Spędzaliśmy ze sobą bardzo dużo czasu. Marek i kumple poszli w odstawkę, liczyła się tylko Jola. Nie chciałem, żeby było z nią tak jak z innymi dziewczynami, dlatego nie ciągnąłem jej do łóżka. To ona sama wymogła na mnie, żebym ją rozdziewiczył. Miejscem naszych randek był już nie mercedes, tylko mieszkanie babci Ani. Tutaj uczyliśmy się i tu się kochaliśmy, kiedy babcia szła na cmentarz, na grób dziadka. Babcia polubiła Jolę, nauczyła ją nawet robić dla mnie ruskie pierogi. Reszta rodziny również zaakceptowała moją dziewczynę. Wszyscy z wyjątkiem mamy. Mnie nie cierpiał Joli ojciec. Mimo to nadal się spotykaliśmy.

Byliśmy doskonałą parą, dobraną pod wieloma względami: wizualnym, seksualnym i intelektualnym. Pasowaliśmy do siebie. Nie zastanawiałem się nad naszą przyszłością, nie myślałem o Joli jak o potencjalnej żonie. Byłem za młody, by długoterminowo planować życie. Moim celem była matura, a potem studia medyczne. Dalej była czarna plama. Dla Joli natomiast było oczywiste, że po skończonych studiach będzie ślub, huczne wesele i trochę mniej huczne chrzciny. Nigdy nie rozmawialiśmy o tym, ale domyślałem się, że ona tak to sobie wyobraża.

Jola miała mnóstwo zalet. Była piękna, inteligentna, umiała dogodzić mojemu żołądkowi i innym narządom. Miała też paskudną wadę: była cholernie zazdrosna. Ta zazdrość pośrednio zniszczyła naszą miłość. I Jurek. W odwecie za Mariolę uknuł intrygę, która doprowadziła do naszego zerwania.

Tuż przed maturą Danka zorganizowała imprezę. Mnie tam nie było, bo Jurek namącił, mówiąc Andrzejowi, że odwołano prywatkę.

Był natomiast Wiktor, kuzyn Danki. Nie chodził do naszej szkoły, tylko do technikum mechanicznego. Nie cieszył się dobrą opinią, ale zwracał uwagę urodą, był przystojny. Nienawidził mnie z wielu powodów, a jednym z nich była Jola. Od dawna starał się o jej względy, ale ona wybrała mnie. Kiedy Jola dowiedziała się, że zamiast przyjść na imprezę, poszedłem do kina z Mariolą (tak jej powiedziano), dała się poderwać Wiktorowi. Ten skurwiel upił ją i zaciągnął do swojego mieszkania. Później zrobił jej, nieprzytomnej, serię zdjęć pornograficznych i wysłał mi pocztą. Zdjęcia dostałem dwa dni przed maturą. Nic nie wiedziałem o Wiktorze, Jola nie powiedziała mi, że noc spędziła u niego. Na widok zdjęć przeżyłem szok i zareagowałem jak każdy facet. W tym dniu upiłem się do nieprzytomności, a na drugi dzień z Jolą zerwałem.

Jola nie przystąpiła do matury. Bardzo przeżyła nasze rozstanie. Pisała listy do mnie, ale ja nie czytając ich, odsyłałem je z powrotem. Kilka miesięcy później wyjechała do matki do Los Angeles.

On i Ona. Lato 2000

Robert odłożył album ze zdjęciami. No cóż, trzeba się przyznać do porażki – wybrała tego nieudacznika Andrzeja! Trudno mu było to zrozumieć. Zawsze wydawało mu się, że zna kobiety. Gdyby to był Jurek albo nawet Zbyszek, to zrozumiałby. Ale Andrzej? Co ona w nim widzi? Ani przystojny, ani męski, ani zaradny. Nie grzeszy też zbytnio intelektem. Jest jednak lojalny, uczciwy, przewidywalny. Poczciwy. Taki na pewno nie zrobi skoku w bok. Odda żonie zarobione pieniądze, posprząta w domu, coś tam ugotuje, zaopiekuje się dzieckiem... Może o to chodzi? Dobry materiał na ojca? Chyba tak.

Ale wyjść za mąż tylko dlatego, że ktoś będzie dobrym ojcem? Pamiętał, z jakim żarem mówiła, że poślubi tylko kogoś, kogo będzie kochać. A jednak życie zweryfikowało jej plany i marzenia! Ciekawe, jakim facetem był jej mąż? Nie chciała o nim mówić – to znaczy, że mocno odczuła jego stratę.

Znowu stanęła mu przed oczami. Podświadomie czuł, że mógłby z nią stworzyć poważniejszy związek niż z kobietami, które ostatnio przewinęły się przez jego życie. Miał dosyć duże wymagania co do kobiet; jak dotychczas tylko Betty je spełniała... i to też nie do końca. No i Jola. Była chyba najbliższa jego ideału. Szkoda, że to uczucie umarło, albo raczej że ich miłość została zabita. Bo to chyba była miłość?

Renata... Przypomniał ją sobie sprzed jedenastu lat. Była w nim naprawdę zakochana. Teraz jej przeszło, za to on się zadurzył. Mieć sny erotyczne w jego wieku?! Zmazy nocne? Na myśl o tym uśmiechnął się. Byłoby im w łóżku wspaniale! Przypomniał sobie tę noc, gdy urządzał grilla. Była tak rozpalona! Westchnął głośno. Nalał sobie dużą porcję wódki i wypił jednym haustem. Szkoda. Cholerna szkoda.

Postanowił jak najszybciej wyjechać z Polski. Ze wspólnego żeglowania – nici. Musi się z nimi wszystkimi pożegnać.

Renata odebrała telefon od Andrzeja.

– Kochanie, dzwonił Robert – powiedział bez wstępów. – Wyjeżdża za dwa dni. Jutro robi pożegnalną kolację w Cracovii, zarezerwował salę. Obiecałem, że przyjdziemy. Mamy się spotkać o osiemnastej. Słyszysz mnie?

Renata odłożyła słuchawkę. Stało się – wyjeżdża. Chciała, żeby wyjechał, więc dlaczego po otrzymaniu tej wiadomości zrobiło jej się smutno? Nie będzie spotkań przy grillu, tego oczekiwania, rozmyślania w co się ubrać, żeby zrobić na nim wrażenie. Każdemu spotkaniu z nim towarzyszył dreszczyk emocji. Bała się go zobaczyć, ale również bardzo tego pragnęła. Wiedziała, że te spotkania Robert organizuje z myślą o niej. Podobało jej się to, czuła się wyjątkowa. I te kwiaty! On wie jak zawrócić w głowie kobiecie! I ta noc, kiedy byli sami w kuchni... Andrzej nigdy nie potrafił doprowadzić jej do takiego stanu. Na wspomnienie tamtych chwil znów poczuła w podbrzuszu przypływ ciepła. Westchnęła. Chyba już nigdy nie przeżyje takich doznań, jakich doświadczyła w ramionach Roberta... Kiedy jednak przypomniała sobie, co się z nią działo jedenaście lat temu, po jego wyjeździe do Stanów, znów górę brał rozsądek. To nie może się powtórzyć! Nie może do tego dopuścić! Woli mieć nudne, ale spokojne życie z Andrzejem niż burzliwe, pełne chorych emocji życie z Robertem.

Dosyć tego, musi wziąć się w garść.

Na pożegnalną kolację przyszli wszyscy oprócz Zbyszka, który wyjechał służbowo do Berlina. Robert zarezerwował osobną salkę, mogli więc spokojnie rozmawiać. W tle sączyła się przyjemna muzyka. Kelnerzy skakali koło nich, licząc na suty napiwek. Widać było, że facet, który wynajął salę, jest bogaty i raczej nieskąpy. Zamawiał najdroższe trunki i na wszelki wypadek ostrzegł obsługę, żeby czasem się nie pomylono i nie wlano czegoś innego.

– Jedziesz pociągiem do Warszawy? O której? – dopytywali Roberta koledzy.

– O dziesiątej rano. Muszę jeszcze coś załatwić, a lot mam o dwudziestej drugiej.

– Tak nagle wyjeżdżasz. Szkoda.

– Może przyjadę za rok. Zobaczymy.

Robert jako gospodarz imprezy zajął honorowe miejsce. Rozmowy toczyły się w podgrupach. Obok Renaty usiadł Jurek i Andrzej. Robert na nią spojrzał – nie zwracała uwagi zajęta rozmową z Jurkiem. Nagle ogarnęła go wściekłość. Wcale nie jest taka ładna! Miał dużo ładniejsze i młodsze. Na pewno znajdzie sobie jakąś ciepłą laseczkę do łóżka. Musi zerwać z Meg, obecną niby-narzeczoną, miał jej już dość, znudziła mu się. Poza tym robiła się coraz bardziej nachalna, wydzwaniając codziennie i dopytując, co u niego. Nie chciał zrywać z nią przez telefon, postanowił zrobić to zaraz po powrocie do Bostonu.

Nagle zauważył dziwne poruszenie przy stole. Renata zbladła i gwałtownie wstała. Podbiegła do chłopca, który stał z walizką przy nodze i nie wiadomo. skąd się wziął.

– Boże mój! Krzysiu, co ty tu robisz?! Przecież miałeś być w Świnoujściu?! Jak się tu dostałeś? Kto cię przywiózł? Nic ci nie jest?

Zarzuciła go pytaniami, nie czekając na odpowiedź. Widać było niepokój na jej twarzy.

Robert przyjrzał się sprawcy całego zamieszania. Ujrzał szczupłego, ślicznego chłopca o ciemnych włosach i pięknych dużych oczach. Ubrany był w dżinsy, zielony podkoszulek z nadrukiem i adidasy. Czapeczkę zawadiacko założył daszkiem do tyłu. A więc to jest jej syn. Jaki ładny chłopak, pomyślał.

Mały ściągnął z ramion plecak i postawił go obok walizki. Ręką wytarł pot z czoła. Renata oglądała syna ze wszystkich stron, nie mogąc uwierzyć, że go widzi.

– Sam przyjechałem.

– Co takiego? Jak to sam przyjechałeś? Ze Świnoujścia?

– Nie chciałaś po mnie przyjechać, to sam przyjechałem. Nie mogłem już tam wytrzymać. Tam było okropnie!

– Pozwolili ci?

– Żartujesz? Co za głupie pytanie, mamo. Uciekłem!

Robert nie wytrzymał i wybuchnął śmiechem. Ten mały jest naprawdę niesamowity. Zauważył, że Renata nagle zesztywniała i spojrzała na niego dziwnym wzrokiem. Dostrzegł jej niepokój. Natychmiast do-skoczył do nich Andrzej.

– Nie denerwuj się, kochanie. Krzyś dzwonił pół godziny temu i oznajmił mi, że jest w Krakowie, na dworcu. Prosił, żebym ci nic nie mówił. Spytał, gdzie jesteśmy, i powiedział, że przyjedzie do restauracji taksówką z kobietą, która się nim opiekowała w pociągu. Pomyślałem, że jeśli przyjechał sam ze Świnoujścia, to tutaj też trafi.

– Gdzie jest ta kobieta? – zapytała Renata.

– Przyprowadziła mnie tutaj i już poszła. Spieszyło jej się – odpo-wiedział mały.

– Niech chłopak usiądzie i opowie wszystko po kolei. Siadaj koło mnie, młody człowieku, jest tu wolne miejsce. Wybierz sobie coś do jedzenia. Napij się pepsi, na pewno lubisz. – Robert posadził chłopaka na wolnym krześle. Zawołał kelnerkę i zamówił wybraną przez Krzysia potrawę. – Potem proszę przynieść lody, najlepsze jakie macie. Nasz bo-hater na nie zasłużył. A teraz opowiadaj, jak tutaj dotarłeś, bo wszyst-kich nas zżera ciekawość.

– Mamo, nie chciałaś przyjechać, to postanowiłem, że ucieknę. Planowałem to już od tygodnia.

– Skąd miałeś pieniądze na bilet? – Renata zmarszczyła brwi.

– Oszczędzałem. Wiesz, że nie jestem rozrzutny. Oprócz tego po-prosiłem Andrzeja, żeby mi przysłał sto złotych.

– Prosił mnie o pieniądze, bo spodobała mu się kurtka i chciał ją kupić. Nie gniewaj się, kochanie – tłumaczył się Andrzej.

– Nie było biletów na pociąg nocny, musiałem więc kupić bilet na ten o siódmej rano. On też jedzie bezpośrednio do Krakowa, tylko nie ma kuszetek. Wiedziałem, że muszę uciec nocą, bo rano będzie trudniej wyjść niezauważonym. Kupiłem kilka balonów, żeby uda-wały pod kocem moją sylwetkę. Zaopatrzyłem się również w czapkę i spałem w niej od tygodnia. Mówiłem, że to moja szlafmyca. I tak mnie tam wszyscy uważali za dziwaka, więc nie robiło mi różnicy. – Chłopiec mówił jak dorosły. Robert z trudnością pohamował śmiech. – Nałożyłem tę czapkę na jeden z balonów, żeby wystawała spod koca. Gdy zrobiło się ciemno, wyskoczyłem przez okno, na szczęście to był parter, więc nie musiałem robić sznura z prześcieradeł. – Robert nie wytrzymał i parsknął śmiechem. – Potem wsiadłem na prom i dojechałem do dworca. Wszedłem do toalety i zamknąłem się w jednej z kabin. Spałem tam do rana. Trochę śmierdziało, ale dało się wytrzymać. – Teraz wesołość ogarnęła wszystkich przy stole. – Wpół do siódmej byłem na peronie. Gdyby ktoś się spytał, dlaczego jestem sam, to powiedziałbym, że tata zostawił mnie z bagażem i poszedł kupić coś do picia. Ale nikt o nic mnie nie pytał. Wiedziałem, że uda mi się uciec, ale najbardziej się bałem, mamusiu, że będziesz się martwić, gdybyś dowiedziała się o mojej ucieczce. Zostawiłem więc na poduszce list do wychowawczyni. Napisałem, że jadę do cioci, która jest na wczasach w Świnoujściu i z nią wrócę do Krakowa, i że rano ciocia się z nią skontaktuje. Prosiłem, żeby nie dzwoniono na policję ani do mamy, bo po co ma się denerwować. Dodałem jeszcze, że lepiej całą tę sytuację zatuszować, że to jest w ich interesie. Napisałem też coś tam o odpowiedzialności karnej, żeby pani wychowawczyni lepiej nie dzwoniła do ciebie. Zresztą ona myśli, że zgubiłaś komórkę, bo jej tak powiedziałem. – Mały był zadowolony, że jest w centrum zainteresowania. – Jak już pociąg ruszył, to podszedłem do pewnej pani, której dobrze z oczu patrzyło, i wszystko jej opowiedziałem. Poprosiłem, żeby udawała moją ciocię. Dobrze wybrałem, ta pani nie była głupia i po krótkim namyśle się zgodziła. Zadzwoniła do wychowawczyni. Wspólnie stwierdziły, że lepiej cię nie denerwować i nic ci nie mówić. Ta pani, która udawała moją ciocię, ma na imię Wanda. Była bardzo miła i przywiozła mnie tutaj.

Chłopiec przestał mówić i zaczął jeść zamówione frytki. Renata wyszła zadzwonić. Robert z rozbawieniem patrzył na małego, który z apetytem zmiata z talerza jedzenie. Tak więc wygląda jej syn! Trzeba przyznać, że jako matka spisała się na medal. Ten mały jest fantastyczny! Nie znał dotąd dziewięciolatka, który operowałby tak bogatym słownictwem. Widać, że dzieciak jest nieprzeciętnie inteligentny. Do tego sprytny i bardzo zaradny. Może zrobi z Andrzeja faceta z jajami.

Wróciła Renata. Spojrzała na syna i pokiwała głową.

– Dam ci teraz spokój, porozmawiamy później. Jedz i zaraz jedziemy do domu.

– Gdzie wam się spieszy? Niech nasz bohater posiedzi jeszcze z nami. Sprytny chłopak. Gratuluję ci syna – powiedział Robert, po raz pierwszy zwracając się bezpośrednio do niej.

Renata nic nie odpowiedziawszy, usiadła obok Andrzeja. Robert znów spojrzał na chłopaka. Ten chłopiec przypominał mu kogoś, tylko nie wiedział kogo.

– Ładne masz imię. Mój ojciec też miał na imię Krzysztof.

– Mama dała mi to imię, bo lubiła czytać Kubusia Puchatka.

– Mojej babci też to imię bardzo się podobało. Przed wojną nie było jeszcze tylu Krzysztofów co teraz. Święty Krzysztof to patron podróżników. Masz więc imię odpowiednie do zainteresowań. Lubisz podróżować tak jak Krzysztof Kolumb. Jesteś bardzo zaradnym chłopakiem jak na dziewięć lat. – Robert pogłaskał go po głowie.

– Jakie dziewięć?! Mam dziesięć lat. Skończyłem w marcu. Nie jestem już dzieckiem – rezolutnie odpowiedział Krzyś.

Robert zdezorientowany spojrzał na Renatę. Widział, jak ona blednie. Nagle serce zaczęło mu walić. Powoli zaczynało do niego docierać... Pobladł, spojrzał jeszcze raz na Renatę. W jej oczach zobaczył przerażenie. Poczuł, że robi mu się duszno, że potrzebuje powietrza. Jakaś niewidzialna obręcz ścisnęła mu klatkę piersiową, nie mógł swobodnie oddychać. Wstał i chwiejnym krokiem wyszedł z sali.

On

Wyszedłem na zewnątrz, kupiłem paczkę marlboro. Wyciągnąłem papierosa i zapaliłem. Dlaczego mi nie powiedziała? Zaciągnąłem się głęboko dymem. Ten wspaniały chłopak to mój syn! Mam syna! Powoli ogarniała mnie radość, aż wypełniła mnie całego. Prawie czułem, jak atomy w moim ciele radośnie podskakują. Poczułem też coś jeszcze: wściekłość. Jakim prawem nic mi nie powiedziała?! Stałem przy drzwiach wejściowych i starałem się uporządkować swoje myśli.

W korytarzu zobaczyłem Renatę. Podeszła do mnie. Widziałem, że jest zdenerwowana, też trzymała papierosa w palcach.

– Przyjdę do ciebie dziś w nocy. Bardzo cię proszę, nic mu nie mów. On myśli, że jego ojciec nie żyje. Gdyby dowiedział się prawdy, byłby to dla niego szok. Muszę go do tego przygotować. – Spojrzała na mnie błagalnie. – Porozmawiamy u ciebie. Dobrze?

– Dobrze. Czekam na ciebie. – oschle odpowiedziałem.

Obserwowałem, jak się oddala. Wybrała na ojca dla mojego syna tego dupka! Znów zalała mnie fala wściekłości. Musiałem się uspokoić. Zapaliłem jeszcze jednego papierosa. Nie jestem nikotynistą, palę okazjonalnie. Cały ten ceremoniał związany z paleniem dziwnie mnie uspokaja. Zgasiłem niedopałek. Po chwili wróciłem do restauracji. Poczułem się nieswojo. Patrzyłem na chłopca, który był moim synem. Ogarnęła mnie duma, że to urocze dziecko jest częścią mnie, ma moje geny. Krzyś spojrzał na mnie swoimi wielkimi oczami i uśmiechnął się. Wtedy go pokochałem! Wiedziałem już, że od dziś stał się dla mnie najważniejszą istotą na Ziemi. Na zawsze. Patrzyłem na niego, pożerając go wzrokiem. Chyba wyczuł coś dziwnego w moim zachowaniu.

– Dobrze pan się czuje?

– Tak. Całą noc nie spałem i dlatego jestem trochę zmęczony – starałem się mówić spokojnym głosem. – Ty chyba też się nie wyspałeś, mając za poduszkę deskę klozetową?

– Ależ skąd! Wcale nie jestem zmęczony. To pan jest tym kolegą Andrzeja, który przyjechał z Ameryki?

– Zgadłeś. Razem chodziliśmy do liceum. – Wreszcie wziąłem się w garść i mogłem normalnie rozmawiać.

– Co pan robił w Ameryce? Pracował pan na budowie?

– Dlaczego tak uważasz?

– W Stanach Polacy przeważnie pracują na budowie – mówiąc to, wzruszył ramionami. – Kobiety zaś sprzątają.

– Nic z tych rzeczy. Zgaduj dalej.

– Był pan kierowcą. Nie? Pracował pan w fabryce. Też nie? Może był pan portierem? W takim razie poddaję się, nie zgadnę.

– Jestem lekarzem. Pracowałem i nadal pracuję w szpitalu.

– Naprawdę?! – Spojrzał na mnie z zainteresowaniem. – Jaką ma pan specjalizację?

– Jestem chirurgiem i neurochirurgiem.

– Tak? A mój tata był neurologiem! Może go pan znał? Nazywał się Ryszard Orzechowski – zapytał się z nadzieją w oczach. – Ale on był z Warszawy.

– Nie znałem go – odpowiedziałem mojemu synowi ze ściśniętym sercem.

– Ja też będę lekarzem. U nas to tradycja rodzinna. Wszyscy mężczyźni byli lekarzami. Wie pan, że ja już się uczę anatomii? Znam kości dłoni po polsku i łacinie.

– Naprawdę? Możesz je wymienić? – zdziwiłem się, słysząc, jak wymienia ich łacińskie nazwy. – To niesamowite!

– Krzysiu, musimy już iść do domu – usłyszałem głos jego matki. – Jestem zmęczona, a jutro mam mnóstwo pracy.

Nie zatrzymywałem ich, chciałem jak najszybciej rozmówić się z Renatą. Pozostali goście też w miarę szybko się zebrali. Wziąłem taksówkę i wróciłem do siebie.

Otworzyłem barek i zrobiłem sobie drinka. Musiałem się napić, zbyt dużo wrażeń jak na jeden dzień. Usiadłem w fotelu. Wziąłem do ręki album ze zdjęciami i zacząłem je przeglądać. Patrzyłem na siebie sprzed trzydziestu lat. Te same oczy, te same rysy twarzy co u Krzysia. Tak bardzo jest do mnie podobny! Straciłem dziesięć lat z życia mojego syna. Nigdy tego nie odrobię, pomyślałem. Spojrzałem na stojące walizki. Trzeba je rozpakować.

Usłyszałem dzwonek do drzwi. Szybko się zebrała. Ciekaw byłem, co ma do powiedzenia. Złość się we mnie gotowała. Otworzyłem drzwi. Weszła do środka. Nic nie mówiąc, wróciłem do pokoju. Chwilę stała niezdecydowana, jakby nie wiedząc, co ma robić, za chwilę jednak ruszyła za mną. Stałem przy barku, robiąc drinki. Bez słowa podeszła do mnie. Odwróciłem się i chłodno na nią spojrzałem. Ona, ku mojemu zaskoczeniu, przytuliła się do mnie. Po chwili zaczęła rozpinać guziki mojej koszuli. Poczułem jej usta na moim torsie. Podniosła głowę. W jej oczach zobaczyłem coś, co zatrzymało cisnące się pytania i zarzuty. Całowaliśmy się, zrzucając z siebie ubrania. Nie traciliśmy czasu na dotarcie do sypialni.

Zaspokoiwszy pierwszy głód, leżeliśmy w salonie na podłodze mocno przytuleni. Nasze ciała, rozgrzane miłością, powoli regenerowały się przed kolejnym starciem.

Zdecydowaliśmy się na kąpiel, ale w wannie też nie było czasu na rozmowę.

Cała ta noc utkwiła mi w pamięci jako wielkie tsunami namiętności. Straciłem rachubę, ile razy się kochaliśmy, ile miałem tej nocy orgazmów. Sam zastanawiałem się, jak mój sprzęt to wytrzymał – przy moich czterdziestu latach był to wyczyn nie lada.

Renata była nienasycona. Zachowywała się jak spragniony wody podróżnik, który w końcu znalazł oazę. Nigdy nie miałem tak namiętnej i zmysłowej kochanki. Patrząc na nią, odnosiłem wrażenie, że przenosi się w inny wymiar. Nie miała żadnych zahamowań, pławiła się w rozkoszy. Lubiłem na nią patrzeć, kiedy odpływała w niebyt. Była wtedy taka piękna!

Leżeliśmy zmęczeni po kolejnej porcji seksu. Nasze splątane nogi i ręce tworzyły dziwną konfigurację. Głowa Renaty spoczywała na moim torsie, bawiłem się jej włosami.

– Nie było nigdy żadnego męża? – zapytałem, choć było to raczej stwierdzenie, niż pytanie.

– Nie było. Lepiej brzmi wdowa niż panna z dzieckiem. – Uśmiechnęła się.

Wziąłem jej dłoń i pocałowałem. Miała piękne, zadbane ręce. Smukłe, długie palce ozdobione ceglastoczerwonym lakierem w odcieniu kredki do ust, już wcześniej przyciągały moją uwagę. Zauważyłem brak pierścionka zaręczynowego. Zawsze go miała, przed przyjściem do mnie zdjęła.

Jakiś czas leżeliśmy w milczeniu. Czułem zapach jej włosów. Odurzał mnie. Ona cała mnie odurzała.

– Miałem rację, w łóżku jest nam ze sobą cudownie. Nie sądzisz? – zauważyłem z uśmiechem.

– Aha.

– Może odpoczniemy chwilę? Porozmawiajmy w końcu.

– Pytaj.

– Dlaczego?

– Co dlaczego?

– Dlaczego mnie nie chciałaś?

– Bałam się ciebie. I siebie – wyszeptała.

– Myślisz, że mógłbym cię zostawić? Teraz gdy mamy Krzysia?

– Nie zrozumiesz tego – westchnęła z rezygnacją.

– Dlaczego nie powiedziałaś mi o dziecku?

– Jedenaście lat temu dałeś mi dobitnie do zrozumienia, że ciąża to moja sprawa.

– Ja mówię wiele bzdur, co wcale nie oznacza, że tak myślę. Nie miałaś prawa ukrywać tego przede mną. Dziecko powinno mieć oboje rodziców. Nasz syn dziesięć lat wychowywał się bez ojca. Myślisz, że to nie pozostawiło śladu w jego psychice?

– Odłóżmy tę rozmowę na później. Kłócić możemy się kiedy indziej. Nie psuj chwili – zaproponowała cicho, z nosem utkwionym w mojej piersi.

– Dobrze. Jestem dziś pokojowo nastawiony. Porozmawiajmy więc o przyszłości. Kiedy mu powiesz?

– Muszę go przygotować do wiadomości, że jego ojciec nieoczekiwanie zmartwychwstał. Dobrze by było, gdyby cię wcześniej polubił. Musisz go uwieść, tak jak uwodzisz kobiety.

– Obiecuję, że żadnej kobiety już nie uwiodę bez twojej zgody.

– Uhm.

– A kiedy powiesz Andrzejowi?

– Jutro.

– No, zobaczymy.

Nie za bardzo wierzyłem w jej deklaracje.

– Wiesz co, Malutka? Sprawiłaś się super jako matka. Wychowałaś naszego syna na ekstrafaceta. Znajomością łaciny naprawdę mnie zaskoczył!

– Jego iloraz inteligencji wynosi sto sześćdziesiąt. Na wniosek szkoły badali mu IQ w poradni psychologicznej. Chcieli go dać do wyższej klasy, ale się nie zgodziłam. Po co okradać go z dzieciństwa.

– Coo? Sto sześćdziesiąt?! To mały geniusz! – zdziwiłem się. – Po kim on to ma?

– Chyba po twojej rodzinie, bo u mnie sama klasa pracująca.

– Niech ci będzie. Po mnie ma inteligencję, a po tobie chłopski spryt. Uciec z kolonii i wrócić samemu znad morza, mając dziesięć lat, to nie lada wyczyn! – roześmiałem się. – Musisz zaraz dostać nagrodę, że mi urodziłaś takiego sprytnego geniusza – zacząłem ją znowu całować.

Nad ranem udało nam się wreszcie na chwilę zdrzemnąć. Obudziłem się wypełniony radością. Tak musi czuć się biedak, który wygrał fortunę w totolotka. Byłem najszczęśliwszym człowiekiem na świecie! Miałem wspaniałego syna, wymarzoną kobietę, zawód, który był moją pasją... Cóż więcej można chcieć od życia?! Renata ciągle spała. Wstałem cicho, żeby jej nie obudzić. Poszedłem do łazienki, wziąłem prysznic. Moja głowa pełna była planów na przyszłość. Wszyscy na parę dni pojedziemy do Bostonu, muszę tam pozałatwiać trochę spraw. Potem zrobimy sobie małe wakacje. Może Disneyland? Może Floryda? Albo Góry Skaliste? Oni zadecydują. Potem powrót. Oczywiście ślub – trzeba zalegalizować nasz związek, Krzyś musi mieć wreszcie normalną rodzinę. Wybuduję piękny dom, no i klinikę.

Skończyłem poranną toaletę i odświeżony wszedłem do sypialni. Zobaczyłem widok, który obudzi każdego faceta. Renata nie spała. Leżała na łóżku naga, z głową opartą o poduszki, otwarta niczym ostryga gotowa do spożycia. Jedną ręką się dotykała, a palcem wskazującym drugiej przywoływała mnie, uwodzicielsko się przy tym uśmiechając. Poczułem wzwód. W moment znalazłem się przy niej.

– Precz z rękami. To miejsce należy do mnie. – Moje usta znalazły się tam, gdzie przedtem była jej dłoń. – Jesteś cała mokra!

Po chwili już cichutko jęczała.

– Właśnie tego mi jeszcze brakowało do szczęścia – zamruczała.

Na nowo zaspokojeni, leniwie leżeliśmy w łóżku, nic nie mówiąc. Było nam dobrze, słowa nie były potrzebne.

Zadzwonił mój telefon. Spojrzałem na wyświetlacz. Cholera, Meg! Czy ona nie przestanie mnie męczyć?! Postanowiłem nie odbierać. Spojrzałem na Renatę, obserwowała mnie.

– Odbierz. Nie krępuj się. Nie znam angielskiego.

Odebrałem. Meg chciała wiedzieć, czy przyjadę dziś do Bostonu. Rozmawialiśmy chwilę. Mówiła, że w końcu odbędzie się rozprawa o odszkodowanie, które wniósł jeden z naszych pacjentów. Wszystko wskazywało, że facet pójdzie na ugodę. Skończyłem rozmowę. Zdziwiony zauważyłem, że Renata się ubiera.

– Co ty robisz?

– Wychodzę.

– Co tak nagle? Masz jeszcze trochę czasu.

Podniosła głowę. Zimne spojrzenie, zaciśnięte usta – jej twarz przypominała maskę.

– Co się stało? – spytałem zaniepokojony.

– Ta noc to pomyłka. Wracam do Andrzeja – zakomunikowała oschle.

– O czym ty mówisz? – wykrztusiłem zdenerwowany.

– Czy mogę liczyć na dyskrecję? Mógłbyś nie chwalić się przed kolegami swoim ostatnim podbojem? Dobrze by było, gdybyś Andrzejowi też nic nie mówił, sama mu kiedyś powiem – dodała chłodno.

– Co to ma znaczyć? Co to za gierki? – warknąłem.

– Żadne gierki. Po tej nocy stwierdziłam, że wolę Andrzeja. Mylisz się, mówiąc, że on jest słaby w łóżku. Wybacz, ale Andrzej mi bardziej odpowiada. W łóżku również – oznajmiła chłodno.

Naciągnąłem na siebie szlafrok i chwyciłem ją z wściekłością za rękę.

– Słuchaj, podstępna żmijo! – wycedziłem. – Jeśli chcesz, możesz wracać do swojego pierdolonego Andrzejka. Dużo lepsze od ciebie spychałem nogą ze swojego łóżka! Ale nie myśl, że zrezygnuję z syna. Daję ci miesiąc, żebyś mu o mnie powiedziała! Do tego czasu chcę go widywać co najmniej dwa razy w tygodniu. I nie radzę ci robić sobie ze mnie wroga. Zatrudnię najlepszych prawników...

– Możesz puścić moją rękę? – krzyknęła. – Nie wątpię w to, że ładniejsze ode mnie wykopywałeś ze swojego łóżka. Co do Krzysia, spotkasz się z nim pojutrze. Przygotuj grilla. Ja i Andrzej przyjdziemy razem z Jurkiem. I nie strasz mnie, że mi odbierzesz syna. – Spojrzała na mnie zimno. – Bez mojej zgody nawet nie ustalisz ojcostwa. Poza tym twoja matka wie o Krzysiu. Byłam dwa razy w waszym domu. Przepraszam, przed waszym domem. Nie wpuściła mnie do środka. Chciałam skontaktować się z tobą. Nie miej złudzeń, że ona nic nie wiedziała, widziała mój brzuch. Zresztą spotkaliśmy się później w Jubilacie: ona, ja i Krzyś. Oczywiście udawała, że mnie nie pozna. Myślisz, że Krzysia też nie rozpoznała? Ona wie! Pewnie i ty wiedziałeś, ale dopiero teraz zachciało ci się być tatusiem, nieprawdaż? – mówiła to, szyderczo się uśmiechając.

– Nie wierzę ci. Teraz to sobie wymyśliłaś. Moja matka nie zrobiłaby tego.

Nic nie powiedziała, tylko dalej zimno się uśmiechała. Wyszła z sypialni, a ja za nią. Przy drzwiach wejściowych przytrzymałem ją brutalnie za rękę.

– Coś ci powiem. Może nie jestem ideałem. Wiem, że nie zawsze zachowywałem się w porządku w stosunku do kobiet, ale zawsze byłem wobec nich uczciwy. Każda wiedziała, czego się można po mnie spodziewać. Ale ty jesteś dużo gorsza ode mnie. Ogłupiasz faceta, powodujesz, że się przed tobą odsłania, a potem walisz go z całej siły prosto w jaja, tym swoim bucikiem na wysokim obcasie. Straszna żmija się z ciebie zrobiła! – wycedziłem z wściekłością.

– Cieszę się, że w końcu i ty doświadczyłeś czegoś takiego jak ból – powiedziała spokojnie.

Chwilę jeszcze mierzyliśmy się wzrokiem, nic nie mówiąc. Otworzyłem drzwi.

– Wynoś się z mojego domu! – warknąłem.

Po wyjściu Renaty, poszedłem do barku i wyjąłem butelkę wódki. Opróżniłem ją do dna. Nie rozumiałem, co się stało. Walnąłem się na kanapę i zasnąłem.

Obudziłem się dobrze po południu. Ktoś dzwonił do drzwi, poszedłem otworzyć. W drzwiach stał pan Józef.

– Byłem rano, widziołem pana w szlafroku. Pomyślołem wienc, że do Ameryki pan nie jedzie.

– Na razie nie jadę. Rozpakowałby pan walizki, panie Józefie?

– Dobrze. I zrobie panu jajecznice na boczku. Nie jest dobrze pić na pusty żołondek. Niech pan odstawi te wódke. Łeb bedzie pana boloł. Już lepsze piwo.

Wziąłem butelkę piwa i wyszedłem na taras. Usiadłem na huśtawce, która pod moim ciężarem znowu upomniała się, żeby ją naoliwić. Nie chciałem zawracać tym głowy Józefowi, i tak miał co robić w ogrodzie i w domu. Postanowiłem sam się tym zająć w wolnej chwili.

Myślami wróciłem do Renaty. Nie mogłem jej zrozumieć. Co się stało? Skąd ta nagła zmiana? To po telefonie nagle się zmieniła. Ale przecież nie powiedziałem nic, co mogłoby jej nie pasować. Zresztą ona nie zna angielskiego. O Meg też wiedziała. Co ją ugryzło?! Czułem się, jakby ktoś napluł mi w twarz. Nigdy żadna kobieta mnie tak nie potraktowała. Było nam przecież tak dobrze w łóżku! Mnie było dobrze... widocznie tylko mnie. Mój sen o naszym wspólnym domu rozwalił się, jakby podłożono pod niego trotyl. Byłem wściekły, rozczarowany, rozgoryczony i... zdziwiony. Dotychczas wspólna noc z kobietą zbliżała. Reklamacji nigdy nie miałem!

Moje rozmyślania przerwał Józef, przynosząc talerz jajecznicy na bekonie. Zjadłem. Do wieczora opróżniłem cały zapas piwa, który były w domu.

Następnego dnia wstałem dość wcześnie. Wziąłem prysznic, ubrałem się i zrobiłem śniadanie, ale go nie zjadłem, nie miałem apetytu. Wsiadłem do auta i wyjechałem na miasto. Na ulicach korki, znowu jakieś roboty drogowe. Nienawidzę korków. Specjalnie kupiłem w Bostonie dom niedaleko kliniki, żeby mieć blisko do pracy. Ależ ten Kraków rozkopany! Czy muszą to robić w sezonie letnim, kiedy jest tylu turystów? Wreszcie zajechałem pod budynek urzędu, w którym pracował Jurek. Miałem szczęście, bo akurat zwolniło się miejsce i udało mi się zaparkować bez problemu. Wszedłem do sekretariatu. Wejścia do Jurka broniła ładna sekretarka. Po zaanonsowaniu wpuszczono mnie przed szlachetne oblicze naczelnika.

– Widzę, że nadal w Polsce! Żagle więc aktualne? Pani Bożenko, proszę przynieść dwie mocne kawy – wydał polecenie. – Myślę, że kawa dobrze ci zrobi. Nie wyglądasz najlepiej. Siadaj.

– Dlaczego mi nie powiedziałeś?

– O czym?

– Nie udawaj idioty.

– Nie wiedziałem. Odkąd zwolniła się z pracy w urzędzie, straciliśmy kontakt. Słyszałem, że ma dziecko z kimś z Warszawy. Zobaczyłem ją dopiero dzień przed grillem u ciebie. Była tu dziś, przed chwilą wyszła. Mówiła, że mam na przyszłość pełnić rolę przyzwoitki, bufora w towarzystwie. Sam nie wiem, jak to nazwać...

– Jesteśmy więc umówieni na jutro. Na weekend zaś pojedziemy na żagle. – zakończyłem temat.

– Nie tym razem. W sobotę urządzam urodziny. Czterdziestka! Idziemy na dancing, a ty z nami. Wszystkich znasz. Andrzej z Renatą też będą. Nie ma to jak napić się ze starymi kumplami.

On i Ona

Renata prowadziła samochód. Obok niej siedział skacowany Andrzej, z tyłu Jurek, Zbyszek, a między nimi Krzyś. Mimo ciasnoty nikt nie narzekał.

Nie pasował jej ten niedzielny wyjazd nad jezioro, była wyjątkowo rozdrażniona. Wczoraj Andrzej zamęczał ją swoją zazdrością, a dziś ona musi być kierowcą, bo wszyscy są skacowani. Andrzej coraz bardziej ją denerwował. To samo czuła na myśl o Robercie. Na pewno przywiezie ze sobą swoją nową panienkę. Co się ze mną dzieje, pomyślała. Nie przypuszczała, że widok innej kobiety obok Roberta tak bardzo nią wstrząśnie. Teraz jechała na tę wycieczkę jak na tortury. Będzie zmuszona patrzeć na nich, jak się obejmują, całują... Westchnęła.

Kiedy dojechali na miejsce, udali się do dozorcy po klucz. Robert uprzedził go wcześniej o ich wizycie. Po chwili dojechały dwa kolejne samochody. Tylko Roberta jeszcze nie było.

– Słuchajcie, jadę do miasteczka kupić coś do jedzenia. Sama zupa chmielowa nie wystarczy. Dokupić też piwo? – spytała Renata.

– Nie trzeba, ja kupiłem po drodze – odezwał się Artek.

Nie wchodzili na jacht, woleli poczekać na właściciela. Usiedli na drewnianych ławkach i komentowali poprzedni wieczór. Głównym tematem był Robert i jego nowa dziewczyna. Panowie byli nią zachwyceni. Podziwiali uwodzicielskie umiejętności swojego kolegi. Jak on to robi, że nadal wszystkie kobiety wpadają w jego sidła – nawet młode, piękne i niegłupie?!

Wreszcie przyjechał Robert. Z samochodu wysiadła Monika, za nią wyskoczył szczeniak.

– Musieliśmy jeszcze wstąpić do hotelu po bagaż Moniki – usprawiedliwiał się Robert. – Wziąłem Samantę, żeby nie siedziała cały dzień w domu. Masz jej pilnować – powiedział do Krzysia.

Rozejrzał się.

– Gdzie Renata? – zapytał.

– Obraziła się na nas i wróciła do Krakowa.

– Po niej wszystkiego można się spodziewać, ale nie wierzę, żeby zostawiła dziecko z kimś takim jak my – powątpiewał Robert. – Krzysiu, gdzie jest mama?

– Pojechała do sklepu, bo mnie nie wolno jeść zupy chmielowej.

Kiedy wróciła Renata, wzięli od niej siatki z zakupami i skierowali się na przystań. Robert nie przesadził, jego jacht był największy i najładniejszy. Weszli na łódź.

– Co to za łajba? – zainteresował się Artek.

– MAK tysiąc sto jedenaście – odpowiedział Robert.

– Żartujesz?! To jest MAK?! – zdziwił się Jurek.

– Powiększona wersja. Jest kilka takich w Polsce. Trochę bajerów, nietypowa konstrukcja, ale to nadal MAK.

– Ile ma w kadłubie? – dopytywał się Jurek, również pasjonat żagli.

– Jedenaście metrów.

– No, to jest łajba! To, co miał twój ojciec dwadzieścia lat temu, to była łupinka – zachwycali się mężczyźni.

Odbili od kei, sklarowali cumy, postawili żagle - Robert wszystkimi komenderował. Jacht wypłynął – wiatr był idealny. Panie wystawiły się do słońca. Renata miała na sobie czarny jednoczęściowy strój kąpielowy. Bardzo ładnie wykrojony, udawał bluzkę. Do tego założyła krótką spódniczkę plażową, w żółto-czarne wzory.

Robert większość czasu spędził, rozmawiając z Krzysiem. Żałował, że przywiózł ze sobą Monikę. Nie potrafił jej odmówić, kiedy wpraszała się na wycieczkę. Czuł niesmak do wczorajszego zakładu. Nie pragnął nowych przygód. Znudziły mu się już jednonocne podboje, a wiązać się z jakąś nowo poznaną kobietą nie miał zamiaru. Ukradkiem zerkał w stronę Renaty. Nie zwracała na niego uwagi, zajęta rozmową z Jurkiem. Widać było, że Jurek jest nią wyraźnie zainteresowany. Cały czas był przy niej, nie odstępował jej nawet na chwilę. Andrzej z trudem starał się ukryć swoje niezadowolenie.

Robert pokazał Krzysiowi rodzaje węzłów i uczył go, jak się je robi. Po jakimś czasie wrócił do Moniki, która czując się przez niego ignorowana, przygryzała wargi z niezadowolenia.

– Zaprosiłeś mnie, a więc zajmij się mną – powiedziała ze złością.

– Mały po raz pierwszy jest na łódce. Chcę mu pokazać, jak się żegluje – tłumaczył się Robert.

– Co mnie obchodzi czyjś dzieciak?! Ma od tego matkę i ojczyma!

Robert powstrzymał się od komentarza. Chciał usiąść, ale kiedy zobaczył wchodzącą pod pokład Renatę, ruszył w jej kierunku.

– Masz tu pastylki przeciw chorobie morskiej. Połknij jedną. Chcę, żeby Krzyś został ze mną na jachcie – powiedział. – Przywiozę go we wtorek wieczorem.

– Nie! – sprzeciwiła się stanowczo Renata.

– Chcę spędzić z nim trochę czasu, żebyśmy byli tylko on i ja.

– Będziesz zajęty swoją panienką! Nie zgadzam się.

– Jej tu nie będzie.

Renata nie zdążyła odpowiedzieć, gdyż usłyszeli krzyk Krzysia.

– Panie Robercie! Samanta za burtą!

Robert w mig wbiegł po drabince na pokład. Błyskawicznie skoczył do wody i podpłynął w stronę szczeniaka. Piesek rozpaczliwie machał łapkami, chcąc utrzymać się na powierzchni. Robert chwycił psa i zaczął płynąć w stronę jachtu.

– Rzućcie mi drabinkę! – zawołał.

Robert z psiakiem znaleźli się na pokładzie. Wręczył go wystraszonemu Krzysiowi. Z sierści psa ciekła woda, cały drżał, ale w rękach chłopca powoli się uspokajał.

– Ja tylko na chwilę straciłem go z oczu. Naprawdę! – chłopiec tłumaczył się z przejęciem.

– To nie twoja wina – pocieszał go Robert.

Szybko zdjął koszulkę i spodnie. Został w samej bieliźnie.

– Pokaż swoje gatki! – zawołała Danka. – W Polsce takich nie ma. Musisz mi przysłać kilka dla Witka. Może będzie wyglądał w nich równie seksownie jak ty.

– Dobrze, Danusiu. A za chwilę pokażę ci, w czym się kąpią Amerykanie. Może też ci się spodobają.

Zszedł na dół do kajuty, po chwili wrócił.

– To Amerykanie kąpią się w bermudach?

– Tak.

W amerykańskich kąpielówkach wyglądał równie atrakcyjnie. Pięknie zbudowany, opalony, z lekko owłosionym torsem prezentował się lepiej niż niejeden model czy gwiazdor filmowy. Koledzy patrzyli na niego z nieukrywaną zazdrością.

– Musiałeś się rozebrać? Przy tobie i tak człowiek popada w kompleksy, a jeszcze i to... – westchnął Artek.

Panowie pili jedno piwo za drugim. Wspominali dawne czasy.

Robert wyciągnął gitarę i zaczął śpiewać. Miał bardzo przyjemny głos. Śpiewał szanty, a niebawem wszyscy razem śpiewali piosenki rajdowe.

– Zaśpiewaj tę piosenkę Okudżawy, którą śpiewałeś dla Jolki. Ciekawe, co u niej słychać? Jak wygląda?

– Wygląda prawie tak jak przed maturą. Mało się zmieniła. Cóż, wyszła za mąż za producenta filmowego. Mieszka w Hollywood. Ma dwóch synów. Czasami dzwoni do mnie, przeważnie jak jest pijana lub naćpana – powiedział Robert z pewnym smutkiem.

– Byliście taką piękną parą – powiedziała cicho Danka.

Krzyś stał obok i przysłuchiwał się najpierw piosenkom, teraz rozmowie.

– Krzysiu, a ty umiesz śpiewać? – spytał chłopca Robert.

– Nie – odpowiedziała za syna Renata. – Ale za to umie mnóstwo innych rzeczy.

– Domyślam się – Robert się uśmiechnął, po czym zwrócił się do chłopca: - Chcesz spać na łódce?

– Tak! Bardzo, panie Robercie! Mamusiu, proszę, pozwól mi zostać! – prosił Krzyś błagalnie. – Mamusiu, proszę!

– I tak nie masz z nim co zrobić. Cały dzień musi siedzieć sam w domu. Przywiozę go we wtorek wieczorem – zaproponował Robert.

Renata musiała się zgodzić. Krzyś szczęśliwy, aż podskakiwał z radości. Robiło się późno, niebawem trzeba było zbierać się do domu. Zacumowali przy przystani.

Renata zrobiła kanapki przed czekającą ich drogą. Chciała, żeby Krzyś zjadł kolację, nie wiedziała, czy Robert będzie o tym pamiętał. Martwiła się o syna. Jeśli wpadnie do wody, a Robert tego nie zauważy? Jeśli się przeziębi? Noce nad wodą mogą być chłodne, a przecież niedawno chorował. Żałowała, że się zgodziła. Słowo się jednak rzekło. Podchodząc do samochodu, niechcący usłyszała rozmowę Roberta z Moniką.

– Dlaczego nie chcesz, żebym została? Jakiś obcy gówniarz jest ważniejszy dla ciebie niż ja?! – w jej głosie słychać było złość.

– Tak. Żebyś wiedziała, że tak. Ubiegła noc to pomyłka. Ktoś cię odwiezie na dworzec. Ja nie mogę, bo piłem. – stanowczym głosem powiedział Robert.

– No dobrze, przepraszam. Nie gniewaj się na mnie, może trochę przesadziłam z tą złością...

– Zbieraj się, bo nie będą długo czekać. – Robert był oschły.

– Jeśli nie chcesz, żebym dziś została, to trudno. Przyjadę w piątek. Dobrze?

– Nie chcę, żebyś przyjeżdżała. Nie wydzwaniaj do mnie. Nie życzę sobie tego. To był błąd, że cię tu zaprosiłem.

– Robert, proszę. Przecież wczoraj było nam tak cudownie.

– To było wczoraj, a układ był jasny. Zresztą to ty nalegałaś, żebym wziął cię dziś ze sobą. Chcę odpocząć, wracaj do domu.

Monika zabrała się z Danką i Witkiem. Nawet nie starała się ukryć łez. Atmosfera zrobiła się trochę napięta. Stali przed samochodami gotowi do odjazdu. Renata uścikała syna.

– Następnym razem pojedziemy nad Solinę. Tam dopiero jest pięknie! Znam świetny ośrodek, może uda się załatwić domki. Ale wtedy musimy wyjechać w piątek, powrót w niedzielę. Kto chętny? – zapytał Robert.

Wszyscy. Oprócz Renaty, ale wiedział, że nie ma wyjścia.

Kiedy zostali sami, Robert zaprowadził syna na dół. Pokazał kajuty, łazienkę. Zachwycony Krzyś wypróbował jedną i drugą koję, zaświecił lampki, włączył mały telewizorek i radio. Wyjrzał przez bulaj. Sprawdził, czy meble są mocno przymocowane do podłogi jachtu.

– Ale tu fajowo! – podsumował.

– Będziemy spać w tej samej kajucie. Dobrze? – zaproponował Robert.

– Super! Ale jeszcze nie idziemy spać?

– Pewnie, że nie. Posiedzimy sobie na pokładzie i pogadamy. Nie jesteś głodny?

– Nie. Mama narobiła tyle kanapek!

Wyszli na pokład. Usiedli obok siebie na ławce. Noc była ciepła. Upstrzone gwiazdami niebo zapowiadało nazajutrz słoneczną pogodę. Lekki wiaterek muskał ich twarze. Siedzieli w milczeniu, delektując się pięknem nocy. Ojciec i syn.

– Fajne niebo. Szkoda, że mamy tu nie ma – powiedział Krzyś, wpatrując się w migoczące gwiazdy.

Szkoda, przyznał w myślach Robert.

– Dlaczego pan nie lubi mojej mamy?

– Dlaczego uważasz, że jej nie lubię?

– Bo się kłócicie. Mamę faceci raczej lubią.

– Ja też ją lubię. My tylko tak sobie żartujemy. Udajemy, że się kłócimy. A którzy faceci ją jeszcze lubią?

– Rafał. Klienci też. Przynoszą jej kiełbasę, ryby. Jeden cukiernik przynosił jej ciastka. Przeważnie ja je jadłem, bo mama zawsze się odchudza. Ale zbankrutował i założył sklep z alkoholem. Przynosi jej teraz jakieś likiery, najczęściej Adwokata, ale ja nie mogę ich pić. Lepiej było, jak sprzedawał ciastka.

– A kto to jest Rafał?

– Pracownik mamy. Znamy się bardzo długo. Jeszcze przychodził do starego mieszkania.

– Jest księgowym?

– Nie, informatykiem. Powiem panu coś w tajemnicy. On się w mamie kocha, ale się boi, że mama go zwolni, gdy się o tym dowie. Bo raz chciał ją pocałować, ale mama go wyrzuciła z domu. Powiedziała, że nie potrzebuje chłopa do łóżka, tylko ojca dla syna, to znaczy dla mnie. Myśleli, że śpię, ale ja wszystko słyszałem.

– Dlaczego mama go nie chce?

– Bo jest młody. Jest od niej młodszy. Ja go lubię. Gdybym był na jej miejscu, to wolałbym Rafała niż Andrzeja. Andrzej jest nudny, a z Rafałem można się powygłupiać. Często do nas przychodził. Odkąd jest Andrzej, to rzadziej, bo Andrzej jest o niego zazdrosny. Andrzej o wszystkich jest zazdrosny.

– A ty lubisz Andrzeja?

– Czy ja wiem? Chyba tak. Jest w porządku. Ale ja wolałbym Rafała. Mama jednak uparła się na Andrzeja, uważa, że będzie dobrym ojcem. Mnie ojciec nie jest potrzebny, nie jestem już dzieckiem.

– Ojciec zawsze jest potrzebny.

– Phi! Większość chłopaków i dziewczyn w naszej klasie ma rozwiedzionych rodziców. Ojców widzą raz na tydzień, albo i rzadziej. Ja się już przyzwyczaiłem. Nie chcę, żeby mama wychodziła za mąż tylko po to, żeby jakiś facet udawał tatusia. – Chłopiec wzruszył ramionami. – Panie Robercie, czy panu podoba się moja mama?

– Dlaczego pytasz? Podoba się Andrzejowi, to najważniejsze. Przecież za niego wychodzi za mąż.

– No, tak. Panu podobają się młodsze, bez dzieci. Pan się ożeni z tą Moniką?

– Nie. Na pewno z nią się nie ożenię. Żałuję, że ją tu przywiozłem.

– Pana żona nie żyje? Nie ma pan dzieci? Dlaczego?

– Żona nie mogła zajść w ciążę. A gdy już zaszła, to zdarzył się wypadek. Była w trzecim miesiącu ciąży.

– Szkoda. Byłby pan dobrym ojcem.

– Dlaczego tak uważasz? – spytał Robert, tłumiąc wzruszenie.

– Pan lubi dzieci. Nie traktuje ich pan protekcjonalnie.

– Tak sądzisz? – Ledwo zapanował nad uśmiechem. – Wyrażasz się jak dorosły. Skąd u ciebie takie bogate słownictwo?

– Dużo czytam. Lubię książki. Nie gram w piłkę, nie bawię się z dziećmi, to czytam. Pani bibliotekarka powiedziała, że nadrabiam średnią krajową w czytaniu książek.

– Dlaczego nie bawisz się z dziećmi?

– Nie lubią mnie. Uważają za kujona, bo się dobrze uczę. A ja wcale dużo się nie uczę, mam po prostu dobrą pamięć. Raz przeczytam i już pamiętam. Oprócz tego uważam na lekcji, bo sam siedzę – mówił beznamiętnym tonem. – Przedtem siedziałem z jedną dziewczyną, ale się przeprowadziła na inne osiedle i zmieniła szkołę. Ona była fajna.

– To dziewczyny też cię nie lubią? Jesteś przecież przystojny? – zdziwił się Robert.

– Uważa mnie pan za przystojnego? Wszyscy mówią, że jestem ładny. Nie lubię, gdy tak mówią. Dziewczyny mogą być ładne, ale nie chłopaki. – Wyraźnie był zadowolony ze słów Roberta.

– Jak będziesz starszy, to dziewczyny będą za tobą szalały.

– Tak jak za panem?

– Dlaczego uważasz, że za mną dziewczyny szaleją?

– Przecież to widać. – Znowu wzruszył ramionami. – Pana żona była ładna? Ma pan jej zdjęcie?

Robert otworzył portfel i wyjął zdjęcie swojej zmarłej żony. Krzyś wziął je do ręki i uważnie obejrzał.

– Bardzo ładna. – przyznał z powagą.

– Mamy podobny gust – odpowiedział Robert.

– Ja uważam, że moja mama jest ładna, a panu się ona nie podoba – powiedział z wyrzutem chłopiec.

– Dlaczego tak uważasz? Twoja mama jest ładną kobietą.

– Ale panu nie za bardzo się podoba. Inaczej zachowują się faceci, którym się podoba.

– Jak się zachowują?

– Są dla niej mili, mówią jej komplementy. Wielu facetów ją podrywa. Ojciec takiej jednej dziewczyny z naszej klasy chciał zaprosić mamę na kawę, ale ona się nie zgodziła. Uważa, że to podrywacz, a ona nie cierpi podrywaczy. Dlatego wybrała Andrzeja. Dla mamy wszyscy przystojni faceci to podrywacze. Jeśli ona im się podoba, to przecież muszą ją poderwać, żeby się z nią spotkać. No nie? Gdzie tu logika?

– No właśnie – przytaknął Robert.

We wtorek wieczorem Robert i Krzyś wracali znad jeziora. Podróż minęła im szybko, rozmawiali całą drogę. Robert odpowiadał synowi na pytania związane z pracą lekarza. Ten temat wyjątkowo chłopca interesował. Był bardzo oczytany, miał ciekawe spostrzeżenia nijak nie pasujące do dziesięciolatka. Rozmawiało się z nim jak z dorosłym! Może nie z każdym. Wielu w połowie nie miało takiej wiedzy.

Spojrzał na syna. Znowu poczuł podziw i dumę z takiego ojcostwa.

Około dwudziestej dotarli do mieszkania Renaty.

– Mamusiu, mamusiu! Było super! Łowiliśmy ryby! – cieszył się Krzyś, witając się z matką. – Złapaliśmy kilka, ale później wypuściliśmy je z powrotem do wody. Ja już potrafię sterować jachtem! Wiem, jak się nazywają wszystkie żagle. Na łódce śpi się super! Ale ty byś chyba nie mogła, bo trochę kołysze. Pan Robert obiecał, że mnie jeszcze weźmie, jeśli ty się zgodzisz.

Robert słuchał tej relacji z uśmiechem. Renata, widząc radość syna, też się uśmiechała.

– Wejdziesz?

– Trochę późno. – Za jej plecami zobaczył Andrzeja w fartuchu kuchennym. – Pójdę już.

– Nie wejdziesz nawet na chwilę? – Andrzej był zawiedziony. – Zrobiłem nową sałatkę, to znaczy według nowego przepisu. Reni bardzo smakuje. Chodź.

– Innym razem.

Nie mógł na nich patrzeć w tym ich zaciszu domowym.

Wrócił do pustego domu. Nakarmił Samantę. Z piwem w ręce usiadł w fotelu. Zaczął zastanawiać się, jak to się stało, że jest sam. Nie ma żony, która zrzędziłaby czasami za uszami, ale zawsze czekałaby na niego z kolacją. Nie ma gromadki dzieci, które może by hałasowały, ale dzięki temu nie byłoby tej dzwoniącej w uszach ciszy. Muszę zacząć szukać żony, zaśmiał się w duchu. Póki co po Betty nie spotkał drugiej kobiety, z którą chciałby się ożenić. Oprócz Renaty.

Oddałby wszystkie cholerne pieniądze, które miał na koncie, żeby być na miejscu Andrzeja.

Ona i On

Renata wysiadła z samochodu, spojrzała na zegarek. Późno, prawie jedenasta, a ona ma tyle w biurze do zrobienia. Znów czekała ją wizyta w urzędzie skarbowym. Poprawiła ubranie. Przesadziła trochę, za bardzo się wystroiła. Granatowa sukienka w białe wzory była za elegancka i na grill, i na służbową wizytę w urzędzie skarbowym. Nie mogła jednak odmówić sobie przyjemności włożenia jej ponownie. Uwielbiała ją! Obładowana dokumentami, skierowała się w stronę czteropiętrowego budynku, w którym znajdowało się jej biuro. Nie miał windy, za to miał portiera i duży parking. Kiedyś należał do jakiejś spółdzielni, po jej rozpadzie budynek sprzedano, a nowy właściciel wynajmował go różnym firmom na pomieszczenia biurowe. Jej biuro znajdowało się na drugim piętrze. Weszła do środka. Z głównego pokoju, w którym pracowały księgowe, dochodził głos Roberta.

– Co dziewczyny, siedzicie na VAT-cie i grzebiecie w PIT-ach?

Pracownice wybuchnęły śmiechem. Siedziały za swoimi biurkami, natomiast Robert na biurku Rafała. Ubrany był w beżowe dżinsy i kremową sportową koszulę. Kiedy się uśmiechał, jego zęby lśniły bielą, kontrastując z ogorzałą wiatrem i słońcem twarzą. Wygląda, jakby reklamował pastę do zębów, przemknęło jej przez myśl.

– Myślałam, że to poprawka do Ustawy o podatku VAT, którą miałyście czytać, tak was rozbawiła, a to doktor Ross zszedł z planu *„Ostrego dyżuru"* i bawi was swoimi dowcipami – z uśmiechem powiedziała Renata. – Biurko nie służy do siedzenia, panie doktorze.

– Tak? Ja uważam, że biurko może służyć wielu czynnościom, tym przyjemnym również, pani kierowniczko. Spróbuj kiedyś, biurka masz solidne.

– Pan doktor jak zwykle monotematyczny. Moje panie! Patrząc na wasze rozanielone lica, muszę was ostrzec: tylko się w nim nie zakochajcie, bo potrzebuję trzeźwych głów do pracy. Poza tym nie macie szans, pan doktor ma duże wymagania. Musi być młoda, bardzo piękna, inteligentna… i bogata.

– Zapomniałaś o jednym – wtrącił Robert. – Dziewczyna musi być również miła. Bogata niekoniecznie. Już raz ożeniłem się z bogatą dziewczyną, pieniądze więc nie są mi potrzebne – mówił z ironicznym uśmiechem na ustach. – Jeśli zaś o ciebie chodzi, pani kierowniczko, to nie spełniasz prawie żadnego z tych warunków. Biedny Andrzej!

– Widzę, że jak zwykle w stosunku do mnie jesteś bardzo szarmancki. Czego sobie życzysz?

– Przyszedłem założyć firmę.

– Zapraszam do swojego gabinetu. Jak przyjdzie Rafał, niech się do mnie zgłosi – powiedziała swoim pracownicom.

Weszli do jej pokoju. Renata usiadła za biurkiem, Robert w fotelu dla klientów.

– Ładna sukienka – zauważył.

– Czego oczekujesz od mojej firmy? – nie zareagowała na komplement.

– Kompleksowej obsługi, od kupna działki poczynając.

– Potrzebujesz prawnika. Zadzwonię do jednego z nich, współpracujemy ze sobą.

Podniosła słuchawkę, wybrała numer. Słuchał, jak rozmawia.

– Cześć Janusz, dzwonię do ciebie, bo mam jedną owieczkę do ostrzyżenia. Kolega Andrzeja, bogaty, przyjechał z Ameryki, chce zbudować klinikę. Jest tu u mnie. Tak… Aha… Dobrze, już ci go daję.

– Proszę – wręczyła mu słuchawkę.

– Słucham – powiedział Robert.

– Czyżby nasz krakowski Casanova wrócił na ojczyzny łono? Witaj w kraju, panie doktorze!

– Janusz Brzozowski?! Cześć! Jaki ten Kraków mały! – rozpoznał głos dawnego kolegi z harcerstwa.

– Przyznaj się, tobie też się nie udało zdobyć bastionu cnoty naszej Renaty? Nie mów, że nie próbowałeś? – ze śmiechem dopytywał się jego dawny kolega. – Jeśli ty nic nie wskórałeś, to i ja się poddaję. Co słychać? Długo jesteś w Polsce?

Rozmawiali jakiś czas. Renata udawała, że ją to nie interesuje.

– ...Dobrze, dziś jeszcze wpadnę do ciebie. – Robert oddał telefon Renacie. – Skąd znasz Janusza?

– Andrzej mi go przedstawił na jakiejś imprezie. Potrzebowałam dobrego prawnika. Od tego czasu współpracujemy, podsyłamy sobie klientów.

Usłyszeli pukanie. Wszedł wysoki, młody człowiek z włosami związanymi w kitkę, tuż przed trzydziestką. W sympatycznej twarzy uwagę zwracały bystre oczy, widoczne zza szkieł drucianych okularów. Ubrany był w dżinsy, na granatowy podkoszulek zarzucił sportową koszulę w czerwono-granatową kratę. Nowo przybyły poprawił kosmyk ciemnoblond włosów, który wymknął mu się na czoło, i podszedł do biurka Renaty.

– Podobno mnie szukałaś.

Aha, to ten tajemniczy Rafał. Robert przyjrzał się chłopakowi. Byłby całkiem przystojny, gdyby nie kretyński kucyk. Informatyk również zmierzył go uważnym wzrokiem.

– Rafałku, znowu coś złego dzieje się z moim komputerem. Co chwila się zawiesza, drukarka nie działa. U Krzysia też jest to samo. Wpadłbyś do nas.

– Dobrze. Krzyś dziś już dzwonił do mnie.

– Zorientuj się, jaki byłby koszt założenia sztywnego łącza. Krzyś godzinami siedzi w Internecie, nie mogę korzystać z telefonu, a rozmowy z komórek są takie drogie.

– Kup Krzysiowi nowy komputer, najlepszy na rynku. Załóż sztywne łącze, bez względu na cenę. Kwotę dopisz mi do rachunku. Potraktuj to jako bonus za dobrą usługę – zarządził Robert.

– Widzę, że tatuś zmartwychwstał – odezwał się Rafał.

– Nie rozumiem, o czym mówisz. Jaki tatuś? – Renata udawała zdziwioną.

– Nie obrażaj mojej inteligencji. W przeciwieństwie do twojego Andrzeja mam mózg. Krzyś dzisiaj cały czas nawijał mi o jakimś panu Robercie. Który facet bezinteresownie poświęcałby swój czas obcemu dzieciakowi? Poza tym są podobni do siebie, nietrudno to zauważyć – powiedział Rafał beznamiętnie.

– Widzę, że twój pracownik faktycznie ma mózg, może i mnie się przyda? Niedługo będę potrzebował informatyka.

– Nie sądzę, żebym skorzystał z oferty. Jestem w tej dobrej sytuacji, że mogę wybierać sobie klientów.

– Ooo! I jeszcze ma jaja... albo raczej jajeczka – zauważył Robert ironicznie.

– I tak mam lepiej niż ty, bo jak moje jaja dojrzeją, to twoje zwiędną. Już niedługo całkiem się wysuszą, zrobią się z nich wydmuszki – złośliwie odpalił Rafał.

– I jeszcze jaki elokwentny! Mała, radzę ci wziąć go sobie na kochanka. Przy Andrzeju to niezbędne.

– Dziękuję za dobre rady, ale kochanków sama będę sobie wybierać.

– Biorąc pod uwagę, kogo sobie wybrałaś na męża, to nie wiem, czy nie potrzebujesz pomocy. Nie znasz się na facetach – przekomarzał się z ironicznym uśmiechem Robert.

– Niektórzy mężczyźni nadają się na mężów, inni tylko na kochanków – odparła Renata, patrząc mu prosto w oczy.

– Rozumiem, że to przytyk do miłośnika róż – zauważył z przekąsem Rafał.

– Dobrze, idź już, komputer naprawisz później – ponagliła go Renata. Chłopak wyszedł. Przez moment zapanowała cisza.

– Robert, ty też już idź. Mam dzisiaj dużo do zrobienia.

– Chciałbym z tobą porozmawiać. O Krzysiu.

– Nie teraz. Rozmowa z tobą kosztuje mnie zbyt dużo nerwów.

– Jak sobie życzysz. Pamiętaj, że jutro pokazuję mu szpital. Przyjadę po niego o dziesiątej. – oznajmił i wyszedł.

Szybko zbiegł ze schodów, przed budynkiem o mało co nie zderzył się z Jurkiem. Zdziwił się na jego widok.

– Co tu robisz? – zapytał zmieszany Jurek.

– Byłem u Renaty. Zakładam firmę. Ty też? – Uśmiechnął się ironicznie.

– Mam do niej sprawę.

– To do piątku. Pamiętaj, dobrze by było jak najwcześniej wyjechać z Krakowa. Cześć!

Robert patrzył, jak Jurek wchodzi do budynku. No no, nasza Renatka ma więcej zalotników! Ciekawe, czy Andrzej o tym wie, pomyślał.

Robert cały dzień załatwiał różne sprawy. Był u swojego kolegi prawnika, był u pośrednika nieruchomości, potwierdził jutrzejszą wizytę w szpitalu okulistycznym. Wieczorem wrócił do domu, wypuścił Samantę, wsypał do miski psią karmę. Wyjął z lodówki kawałek wiejskiej kiełbasy, którą kupił Józef, ale odłożył z powrotem. W Stanach najbardziej mu brakowało właśnie polskich wędlin, teraz jednak nie miał na nic ochoty. Nie odczuwał głodu. Ciągle myślał o Renacie. Był wściekły na siebie, że nie może wyrzucić jej z głowy. Nigdy mu się to wcześniej nie zdarzyło, ani z Jolą, ani z Betty. Cały czas miał jej twarz przed oczami – jak uśmiecha się, jak z czułością patrzy na Krzysia. Głośno westchnął. Mogliby być rodziną... Dlaczego wybrała Andrzeja? Przecież go nie kocha.

Wyszedł z domu i wsiadł do auta. Jeździł bez celu po ulicach miasta. Coś ciągnęło go do biura Renaty. Może ona tam jeszcze jest?

Podjechał pod budynek. Spojrzał w okna, zauważył, że w jej gabinecie świeci się światło. Portier, mimo późnej pory, wpuścił go. Zapamiętał go z wcześniejszych wizyt.

Robert szybko pokonał schody. Nacisnął klamkę, drzwi nie były zamknięte na klucz. Znalazł się w przedsionku. Odruchowo przekręcił zamek.

– Rafał, to ty? – usłyszał głos Renaty.

Nic nie mówiąc, wszedł do gabinetu. Renata siedziała za biurkiem wklepywała coś do komputera. Na jego widok przerwała pracę.

– Co ty tu robisz? Mówiłam ci, że nie mam ochoty dzisiaj na rozmowę z tobą. – w jej głosie wyczuł niepokój.

Bez słowa ruszył w jej kierunku. Ona, jakby wyczuwając jego zamiary, wstała, by być od niego jak najdalej.

– Zostaw mnie! Wyjdź stąd! Nie waż się mnie dotknąć! Nie chcę tego. Słyszysz?! – Robert widział w jej oczach strach.

Dopadł ją, nie miała dokąd uciekać. Zaczęli się szamotać, uderzyła go w twarz. Jednak on szybko zdobył przewagę. Chwycił jej ręce. Jedną mocno je ścisnął, drugą sięgnął po mysz od komputera, po czym związał kablem obie jej dłonie. Wiedział, że sprawia jej ból, nie myślał jednak o tym. Pchnął ją na biurko. Związane ręce przymocował do rury grzewczej nad jej głową. Leżała przed nim bezbronna. Starała się jeszcze odepchnąć go nogami, ale bez skutku. Zerwał z niej bieliznę i zdecydowanie, trochę brutalnie w nią wszedł, dając upust skumulowanemu od wielu dni pożądaniu. Początkowo broniła się, chciała go z siebie zepchnąć. W końcu jej ciało stało się bierne, poddała się. Pieścił jej piersi dłońmi, potem ustami. Wyczuł, że jej także udziela się podniecenie. Ciało, już posłuszne, poddawało się jego rytmicznym ruchom. Teraz tworzyli całość. Uwolnił jej związane ręce. Błądził ustami po jej rozpalonej skórze. Całował jej brzuch, schodził coraz niżej. Cała drżała pod jego dotykiem. Z jej ust wyrywały się ciche jęki rozkoszy. Ponownie w nią wszedł. Objęła go mocno nogami... Na chwilę przestał się w niej poruszać. Wziął głęboki oddech.

– Dochodzę. Jeszcze chwilkę – usłyszał jej szept.

– Chcę, żeby to trwało jak najdłużej – również wyszeptał.

– Możesz kończyć... – zajęczała.

Teraz już przestał się kontrolować. Eksplodował w tym samym czasie co ona.

Zmęczony, osunął się na stojący obok fotel. Po chwili nachylił się nad biurko. Zaczął całować jej dłoń, przybliżył się, żeby ją objąć. Zdziwiony zauważył łzy na jej twarzy. Coraz głośniej płakała. Za chwilę płacz przeobraził się w szloch.

– Maleńka, przepraszam. Wybacz. Nie wiem, co mnie opętało, nigdy żadnej kobiecie tego nie zrobiłem. Oszalałem na twoim punkcie! Nie wiem, co się ze mną dzieje. Cały czas myślę o tobie. Czuję się taki bezsilny! Wybacz, proszę...

– Zostaw mnie! Idź stąd! Nienawidzę cię! Wynoś się, słyszysz?!

Wstał z fotela, bezradnie na nią spojrzał i bez słowa wyszedł.

Renata jeszcze dłuższą chwilę leżała skulona na biurku. Nie mogła się uspokoić. Nienawidziła siebie, swojego ciała, które ją zawiodło! Nigdy nie czuła się tak upokorzona. Jak mogła prosić tego bydlaka, żeby dalej ją gwałcił?! Najgorsze było to, że jej się podobało. Nigdy nie przeżyła takiego orgazmu jak dziś. Jestem chyba zboczona, pomyślała. Gdy rozum mówił: nie, ciało – tak! tak! Coś dziwnego się z nią działo, nie potrafiła tego opisać. Gdy był w niej, kiedy ją pieścił i całował, nie liczyło się nic, tylko on. Chciała, żeby trwało to wieczność, żeby nigdy się nie skończyło.

Znów poczuła przypływ ciepła, serce zaczęło jej szybciej bić. Od czasu, kiedy w jej życiu ponownie pojawił się Robert, ciągle myślała o seksie. W dzień i w nocy. Tyle lat jej ciało było uśpione, teraz znowu się obudziło. Pragnęło dotyku, pocałunków, pieszczot... Jego dotyku, jego pocałunków i jego pieszczot! Nie Andrzeja...

Rozum natomiast chciał Andrzeja. Przy nim czuła się bezpieczna i kochana. Wiedziała, że może na nim polegać, nigdy jej nie zawiedzie, nigdy nie oszuka. Dlaczego Andrzej nie potrafi doprowadzić jej do takiego stanu jak Robert?! Przy Andrzeju udawała orgazm. Na początku ich znajomości próbowała naprowadzić go, subtelnie sugerując, co ma robić, żeby jej też było dobrze, ale nie przyniosło to efektów. Zrezygnowana, wolała udawać.

Wstała wreszcie z biurka i poszła do łazienki. Przejrzała się w lustrze. Wyglądała koszmarnie. Wytarła wilgoć, którą pozostawił Robert, rozmazane oczy, poprawiła makijaż. Nagle poczuła złość. To wszystko przez Andrzeja! Gdyby umiał ją porządnie zerżnąć, już dawno zapomniałaby o tym skurwielu! Za chwilę sama zganiła się za bzdurne oskarżenia. Biedny Andrzej robi teraz kolację jej dziecku i czeka na nią, a ona doszukuje się w nim winy. Przyznaj się wreszcie, idiotko, że lubisz się pieprzyć z jego kolegą! – mówiła sama do siebie. To seks, tylko seks! – podpowiadał jej rozsądek.

Poprawiła ubranie, założyła ciemne okulary, wzięła torebkę i wyszła z biura. Na zewnątrz było już całkiem ciemno. Wsiadając do samochodu, zauważyła auto Roberta. Ciągle tam jest, pomyślała.

Podjechała pod swój blok. W lusterku widziała, że jedzie za nią. Weszła do mieszkania. W przedpokoju przywitał ją Krzyś.

– Mamusiu, mamusiu! Dziękuję ci za nowy komputer. Co ci się stało w oczy, dlaczego masz ciemne okulary? – zaniepokoił się.

– Dostałam zapalenia spojówek, za długo siedziałam przed komputerem. Oczy bardzo mi łzawią – uspokajała syna.

– Kochanie, przygotowałem dziś na kolację makaron. Naprawdę pyszny! – powiedział Andrzej i pocałował ją w policzek. – Co nowego w biurze?

– To co zwykle.

– Podobno miałaś dziś gości. – Kiedy Krzyś był już w łóżku, zasiedli do kolacji. – Rafał mi mówił.

– Był Robert w sprawie kliniki, później przyszedł Jurek.

– Czy ciebie coś z nim łączyło? Spałaś z nim? – Andrzej uważnie patrzył jej w oczy.

Renata zadrżała. Jednak coś zauważył. Trudno, powie mu.

– Widziałem, jak patrzy na ciebie. Podobasz mu się, to dlatego zerwał z kochanką. Pracowaliście przecież kiedyś razem. Powiedz, spałaś z nim?

Uff. To o Jurka jest zazdrosny! Poczuła ulgę, że nie dziś odbędzie się rozmowa. Odetchnęła głęboko. Ciągle odkładała ten moment na później. Kiedyś musi mu powiedzieć. I Andrzejowi... i Krzysiowi.

– Przestań gadać głupstwa. Nigdy nic mnie z Jurkiem nie łączyło. – Chociaż raz mogła mu powiedzieć prawdę. Ostatnio ciągle kłamała.

Podeszła do okna, żaluzje nie były zaciągnięte. Wyjrzała. Samochód Roberta ciągle stał na parkingu. Ostentacyjnie pocałowała Andrzeja. Musiał to widzieć!

– Andrzejku, zdecydowałam się. Bierzemy ślub.

Spojrzała przez okno. Samochodu Roberta już nie było.

Kilka minut przed dziesiątą Robert podjechał pod blok Renaty. Oczy przysłonięte miał okularami przeciwsłonecznymi. Wstydził się spojrzeć jej w oczy. Sam przed sobą wstydził się tego, co wczoraj zrobił. Zawsze gardził gwałcicielami, co więcej, czuł do nich obrzydzenie. Wziąć kobietę siłą to jakby pobić do nieprzytomności dziecko. Wiadomo, że mężczyzna jest fizycznie silniejszy, więc co to za sztuka pokonać słabszego?! Co go opętało?! Nigdy w życiu by nie przypuszczał, że może być zdolny do czegoś takiego! Nawet świadomość, że nie był to do końca gwałt, nie uspokoiła go. Nigdy żadnej kobiety nie prosił ani nie zmuszał do seksu – to było dla niego poniżające, uwłaczało jego męskości. Wczoraj zachował się jak sowiecki żołdak w podbitym mieście. Co się z nim dzieje, do cholery?!

Stanął przed drzwiami jej mieszkania. Zadzwonił. Otworzyła mu. Też miała założone ciemne okulary. Z trudem opanował uśmiech. Za jej plecami ujrzał Krzysia.

– Panie Robercie, pan też ma zapalenie spojówek jak mama?

– Nie, po prostu zapomniałem zdjąć okulary. – mówiąc to zdjął je i włożył do kieszonki marynarki. – Idziemy? – Następnie zwrócił się do Renaty. – Przyprowadzę go po obiedzie. Andrzej nie będzie musiał grzebać w garach.

– Dobrze. – Nachyliła się nad synem i pocałowała go. – Zadzwoń, jak wrócisz. – Unikała wzroku Roberta.

Wyszli. Stanęła przy oknie kuchennym i patrzyła, jak wsiadają do samochodu. Odjechali, a ona ciągle stała nieruchomo. Westchnęła ze smutkiem. Pokręciła głową, jakby chciała przepędzić natarczywe myśli.

Robert dawno nie był w polskim szpitalu, tutaj również dużo zmieniło się na lepsze. Na korytarzu zauważył Bożenę. To z nią się umówił, żeby pokazać szpital młodemu amatorowi medycyny. Ona też ich zauważyła i ruszyła w ich kierunku. Była niewysoką, filigranową blondynką o ładnej twarzy. Jej krótka blond czupryna z platynowymi pasemkami lekko trzepotała, gdy zbliżała się do nich energicznie.

– Bożenko! Tyle lat minęło! Jak dobrze cię widzieć! – Chwycił ją wpół i podniósł do góry. Wycałował w oba policzki, uśmiechając się przy tym od ucha do ucha.

– Puść, wariacie! Ludzie patrzą, jestem tu zastępcą ordynatora! – strofowała go z uśmiechem. – Nic się nie zmieniłeś. Taki sam wariat i taki sam przystojniak jak przed laty.

W końcu ją postawił. Poprawiła lekarski fartuch. Sprawdziła, czy okulary są w odpowiednim miejscu na nosie. Na ładnej twarzy pojawił się lekki rumieniec.

– Musiałem dowiedzieć się, czy przytyłaś, czy z ciebie dalej takie samo chucherko. Ty też się nie zmieniłaś. Te same figlarne chochliki w oczach. Tylko do fryzjera powinnaś częściej chodzić, bo masz za duże odrosty – powiedział wesoło.

– Chciałam iść przed naszym dzisiejszym spotkaniem, ale fryzjerka nie miała dla mnie czasu – tłumaczyła się trochę zażenowana uwagą. – Czy musisz być taki bezpośredni?

– Przecież wiesz, że zawsze walę prosto z mostu. Poznaj mojego młodego kumpla. To syn mojej znajomej, Krzyś. A to moja koleżanka ze studiów, dzięki niej zobaczysz prawdziwą operację.

Lekarka spojrzała na chłopca, a potem na Roberta. Podała rękę małemu i przedstawiła się. Po chwili zawołała pielęgniarkę. Kazała jej oprowadzić chłopca po szpitalu i zapoznać go z aparaturą medyczną. Kiedy zostali sami, wzięła Roberta pod ramię i zaprowadziła do swojego gabinetu.

– Napijesz się kawy?

– Z przyjemnością.

– Opowiadaj co u ciebie? Od dawna jesteś w Polsce?

Wymienili się relacjami ze swoich ostatnich lat życia, powspominali lata studiów. Obgadali wspólnych znajomych, co kto robi, z kim się ożenił i kto się rozwiódł. Część kolegów wyjechała z Krakowa, byli też tacy, którzy opuścili Polskę, „pojechali za lepszym chlebem". W pewnym momencie Bożena zmieniła temat.

– To twój syn? Bardzo do ciebie podobny. Co się dzieje? – spytała.

– Dużo jest do opowiadania. Cóż, przed wyjazdem do Stanów zostawiłem pewnej dziewczynie żywą pamiątkę. Niedawno się o tym dowiedziałem.

– Dlaczego nie powiedzieliście małemu? Nazwałeś go synem znajomej.

– Krzyś myśli, że jego ojciec od jedenastu lat nie żyje. Trzeba go jakoś przygotować do mojego zmartwychwstania. Jego matka uważa, że dobrze by było, gdyby mnie bliżej poznał i trochę polubił.

– Co to za kobieta? Co robi? Ma męża?

– Jest księgową, ma biuro rachunkowe. Nie miała dotąd męża, ale chce ten stan zmienić. Jest zaręczona z moim kolegą z liceum.

– A on wie o was?

– Nie. Zawsze był mało rozgarnięty.

– O! Widzę, że chciałbyś być na jego miejscu. Wyczuwam złość.

Robert nic nie powiedział. Bogu ducha winien Andrzej niedługo będzie jego największym wrogiem, już go zaczyna nienawidzić.

– Nie odbijesz mu narzeczonej swoim zwyczajem?

– Nie potrafię. Ona mnie nie chce.

– Coo? Jakaś kobieta ciebie nie chce? Chciałabym ją poznać. Co to za facet, że jego wybrała, a nie ciebie?

– Największa oferma klasowa. Ostatnio przy niej trochę się wyrobił, ale dalej jest typem życiowego nieudacznika – odpowiedział z goryczą.

– Zależy ci na niej? Widzę, że ci zależy! – Lekarka z niedowierzaniem kręciła głową. – Co to za kobieta, która woli ofermę, a nie chce Roberta? Muszę koniecznie ją poznać.

– To przyjedź nad Solinę, wybieramy się tam w przyszły weekend.

Rozmowę przerwało pukanie do drzwi. Do pokoju weszła pielęgniarka z Krzysiem.

– Zwiedziłeś szpital, to teraz idziemy na salę operacyjną. Wcześniej musisz się przygotować – odezwała się do chłopca pani ordynator.

W piątek przed południem Robert ze znajomymi wyruszyli nad Solinę. Łódź już tam na nich czekała. Późnym popołudniem wszystkie samochody dotarły na miejsce. Razem z dziećmi było trzynaście osób. Oprócz Jurka była Danka z Witkiem, Zbyszek, Bogdan, Artek. Przyjechał też Janusz Brzozowski z dziewczyną.

Leśna sceneria uwiodła wszystkich. Przy niewielkim zadbanym placyku stało kilka drewnianych, schludnych domków, zatopionych w zieleni liściastych drzew. Lekki wiatr delikatnie pieścił gałęzie buków, jakby nawoływał nowo przybyłych do odpoczynku w ich cieniu. Nieopodal rosło duże skupisko dorodnych jodeł, sprawiające wrażenie, że ktoś posadził je tutaj przez pomyłkę. W powietrzu unosił się odurzający zapach igliwia, kojarzący się z Wigilią. Zza konarów prześwitywała ciemna tafla jeziora, w oddali widać było dostojnie sunące jachty. Bez trudu rozpoznali zacumowaną przy przystani łódź Roberta. Wyróżniała się spośród innych majestatycznym wyglądem, niczym królowa wśród gawiedzi. Na białym kadłubie przyciągał wzrok pięknie wystylizowany napis: BETTY.

Przyjemność kontemplacji piękna natury zostawili na później, teraz trzeba było pomyśleć o sprawach przyziemnych. Opróżnili samochody z toreb, sprzętów i innych akcesoriów niezbędnych rozpieszczonemu turyście. Szybko zakwaterowali się w dwóch domkach wynajętych przez Roberta. Z Renatą i Andrzejem mieli nocować Danka z mężem i Ola, dziewięcioletnia córka Jurka. Robert oczywiście miał spać na jachcie.

– Może jutro dojedzie moja koleżanka ze studiów z rodziną, dziś nie mogła przyjechać. Będą spać na łodzi lub w namiocie. – poinformował ich Robert.

Krzyś miał towarzystwo do zabawy. Razem z nową koleżanką biegali po polanie, rzucając szyszki zadowolonej Samancie.

Dorośli ulokowali się na placu obok domków, przy drewnianych stołach i ławach. Trochę dalej znajdowała się zadaszona altanka z wybudowanym grillem. Pogoda na biwak była idealna.

Renata z pozostałymi kobietami przygotowywała posiłek. Panowie leniwie się temu przyglądali, sącząc piwo.

– Mam coś do zakomunikowania – Andrzej nieoczekiwanie zabrał głos. – Chciałbym wszystkich tu obecnych zaprosić na nasz ślub. Moja pani w końcu zdecydowała się wyjść za mnie. Ja i Renata zapraszamy, prawdopodobnie piętnastego października o dwunastej, do Urzędu Stanu Cywilnego. Musimy jeszcze donieść dokumenty, Renata czeka na odpis aktu zgonu jej męża, wtedy potwierdzimy termin.

Rozległy się brawa, wszyscy zebrani zaczęli im gratulować. Wszyscy, oprócz Jurka i Roberta. Renacie ścierpła skóra. Zdawkowo odpowiadała na pytania znajomych. Ani razu nie spojrzała w stronę Roberta, który starał się nie pokazywać, jak duże wrażenie wywarły na nim słowa Andrzeja. Ciekawe, jak z tego wybrniesz, pomyślał. Zniknął na chwilę, by wrócić z czterema butelkami wódki i sokiem grejpfrutowym w kartonach. Postawił wszystko na stole.

– Trzeba więc napić się z tej okazji! Kto ma ochotę na drinka? – zapytał.

Po godzinie był już dobrze wstawiony. Dziwiono się trochę, bo Robert w towarzystwie zawsze był tym najbardziej trzeźwym.

– Robert, pierwszy raz widzę cię pijanego – zauważyła Danka.

– Danusiu, to wszystko dlatego, że nie mogę zastosować swojej metody. Nie ma tu brzydkich kobiet, nie ma mi kto włączyć czerwonej lampki – odpowiedział.

Zadzwonił jego telefon. Rozmawiał z kimś po angielsku. Język wyraźnie mu się plątał. Po kilku minutach rozmowy rozłączył się.

– Jakaś twoja amerykańska flama? – dopytywał Zbyszek.

– Te baby żyć mi nie dają! Od dziś nie cierpię kobiet! Wszystkie są takie same. Widzicie tę czarnulkę z tamtego domku? – Pokazał na ładną dwudziestokilkuletnią dziewczynę. – Poznałem ją w czerwcu, spędzała tu z mężem miesiąc miodowy. Mogę się założyć, że zdradziłaby go, gdyby tylko miała okazję. Wystarczy odpowiedni bajer odpowiedniego faceta i mężulek idzie w zapomnienie. – Dobrze podpity Robert udowadniał niestałość kobiecych serc.

– A więc zakładamy się? Tym razem o cztery duże zgrzewki piwa – podpuszczał go również już pijany Zbyszek. – Jak przelecisz tę panienkę, udowodnisz, że wszystkie baby to dziwki i wygrasz sto puszek piwa, które wypijesz oczywiście z kolegami.

– Dobra. Wszystkie baby to dziwki! Oprócz naszych matek i żon... i oczywiście oprócz obecnych tu pań. A więc zabieram się do roboty, póki jeszcze potrafię chodzić i mówić – oznajmił Robert i trochę chwiejnym krokiem poszedł w stronę sąsiedniego domku.

Nie było go dosyć długo. Reszta towarzystwa równo popijała. Wrócił po godzinie prowadząc ze sobą dwie dziewczyny. Obie były młode i ładne. Ładniejsza miała czarne, długie włosy, druga była szatynką. Jedna i druga ubrane były w obcisłe podkoszulki i krótkie szorty, które zmysłowo opinały ich zgrabne pośladki.

– Poznajcie moje dwie nowe znajome: Basię i Anię. Obiecałem im kilka ładnych ballad i kilka świńskich żeglarskich piosenek. Basia pójdzie ze mną po gitarę, bo sam jej chyba nie uniosę. Wy zaś zabawiajcie Anię – powiedział do pijanych kumpli.

Renata, widząc, co się dzieje, zabrała Krzysia i Olę do domku. Chłopiec był rozczarowany, myślał, że będzie spał na jachcie.

– Pan Robert dziś sam śpi na łodzi. Nie widzisz, że jest pijany? Pójdziesz do niego jutro rano – obiecała synowi Renata, ścieląc mu łóżko.

Roberta ciągle nie było. Wreszcie wrócił, jedną ręką obejmując dziewczynę, w drugiej niosąc gitarę.

– Musiałem ją nastroić, dlatego nie było nas tak długo. Teraz zaśpiewam specjalnie dla pięknej Basi stary amerykański przebój „*Over the rainbow*", trochę przeze mnie zmieniony, z nową aranżacją. Nie jestem przecież Judy Garland!

Renata z oddali słuchała piosenki śpiewanej przez Roberta. Miał piękny niski głos. Słuchając tego skurwiela można się w nim zakochać, westchnęła. Nie znała angielskiego, nie wiedziała, o czym są słowa, ale urzekająca melodia i jego głos robiły wrażenie. Głośne oklaski wynagrodziły wyjątkowe wykonanie. Robert zaśpiewał jeszcze kilka ballad, potem, tak jak obiecał, kilka sprośnych piosenek. Do spania rozeszli się dopiero wtedy, kiedy zabrakło alkoholu.

Stojąc przy oknie, Renata obserwowała Roberta i dziewczynę. Coś do niej mówił, ona kręciła głową. Po chwili Robert poszedł w stronę jachtu, a dziewczyna do swojego domku.

Renata odeszła od okna i wróciła do czekającego na nią w łóżku Andrzeja.

– Kochanie, chodź do mnie – usłyszała przymilny głos narzeczonego. – Tak bardzo stęskniłem się za tobą.

– Mówiłam ci, że nie mogę. Muszę zażywać globulki, a lekarz zabronił mi się kochać co najmniej przez miesiąc. Infekcja nie mija tak szybko, jakbyś chciał – powiedziała ze zniecierpliwieniem. Wymyśliła infekcję, bo nie mogła opędzić się od Andrzeja.

– Miesiąc minął już dawno – westchnął. – Mam wrażenie, że nie chcesz się ze mną kochać.

– Gadasz głupstwa. Kuracja przeciągnęła się, bo wynik cytologii jest ciągle nieprawidłowy. Poza tym nie jesteśmy sami w domku. Tutaj wszystko słychać.

Rano Krzyś zrobił Renacie pobudkę. Podbiegł do łóżka matki z pytaniem, czy może iść do Roberta na jacht. Zaspana Renata zgodziła się, pragnąc jeszcze pospać. Po chwili wrócił. Renata otworzyła oczy.

– Dlaczego tak szybko jesteś z powrotem? – spytała, obserwując zmieszanie na twarzy syna.

Milczał przez chwilę.

– Pan Robert nie jest sam. Jest tam ta pani z czarnymi włosami. Ona jest goła.

Renata nie wiedziała, co ma powiedzieć. No tak, zaczynają się pierwsze rozczarowania dotyczące pana Roberta, pomyślała ze smutkiem. Szkoda jej było syna, ale im wcześniej pozna wady ojca, tym lepiej dla niego.

Wstała z łóżka. Andrzej jeszcze spał, tak jak i reszta. Wzięła szybki prysznic. Założyła oryginalnie uszyty podkoszulek i obcisłe korsarki, w których wyglądała wyjątkowo zgrabnie. Stopy wsunęła w klapki na koturnie. Chcąc świetnie wyglądać, musiała iść na małe ustępstwa. Sukienka i szpilki w tym miejscu tylko by ją ośmieszyły. Uśmiechnęła się do siebie na myśl o reakcji wczasowiczów, gdyby zobaczyli ją tutaj w jej ulubionej granatowej sukience i szpilkach.

Wyjęła kosmetyczkę i zaczęła malować oczy. Od kilku lat nie wychodziła z domu bez makijażu, nawet na plażę lekko się malowała. Musiała – miała jasne brwi i rzęsy, jej oczy bez makijażu były małe i bezbarwne. Kiedyś nie przywiązywała wagi do wyglądu, teraz dosyć dużo czasu spędzała przed lustrem. Natura poskąpiła jej urody, dlatego żeby podobać się płci przeciwnej, zmuszona była wspierać się przemysłem kosmetycznym. To takie przyjemne uczucie: podobać się! Wszyscy mężczyźni są tacy sami, każdy z nich patrzy na opakowanie, a nie na to co w środku. Ciekawe, czy Andrzej kochałby ją tak ślepo, gdyby wróciła do poprzedniego wcielenia. Wątpliwa sprawa. Przedtem, kilka lat temu, mężczyźni nie zwracali na nią uwagi, nie oglądali się za nią jak teraz. Owszem lubili ją, ale nic więcej. Dlaczego Rafał zobaczył w niej kobietę, dopiero kiedy zaczęła się malować? Lepiej być próżną i pożądaną niż brzydką i tylko lubianą. Przypomniała sobie słowa swojej licealnej nauczycielki: „Kobieta może być pusta, głupia, bezmyślna, tylko nie brzydka. Nazwać kobietę brzydką to dla niej największa obelga!". Święta racja.

Wyszła na placyk przed domkami i zaczęła robić kanapki. Na chwilę odłożyła nóż. Zamknęła oczy i głęboko wciągnęła leśny aromat. Uwielbiała zapach jodłowego igliwia. Kojarzył jej się ze świętami Bożego Narodzenia, z choinką i kolędami. Święta w środku lata – jak w Kalifornii!

Siedziała nieruchomo i wsłuchiwała się w leśne odgłosy. Większość turystów odsypiała jeszcze nocne imprezowanie przy ognisku, nie miał więc kto zagłuszać gwaru zwierzęcych tubylców. Ptaki głośno się przekomarzały, kukułka wesoło nawoływała. W chórze odgłosów słychać było natarczywe brzęczenie owadów, dających sygnał, że one również należą do leśnej społeczności.

Renata otworzyła oczy. Zapatrzyła się w taflę jeziora widoczną zza drzew, a także na przycumowane do kei jachty. Jezioro było duże. Daleko na horyzoncie zielone pagórki wyznaczały jego granice, okalając go leśną obręczą. Z dużej odległości góry wyglądały jak wielkie puchate czapy wielkoludów. Nad nimi, na tle intensywnie niebieskiego nieba przesuwały się gdzieniegdzie białe baranki chmur. Jak tu pięknie, pomyślała.

Usłyszała Krzysia i Samantę, zabrała się więc szybko do przygotowania śniadania.

Około dziesiątej wyszli na śniadanie skacowani panowie. Robert zjawił się również. Podszedł do Renaty, która smarowała masłem kromki chleba.

– Gdzie Krzyś?

– Bawi się za domkiem z psem – odpowiedziała, nie patrząc na niego.

Chwilę stał, jakby zamierzał coś powiedzieć, ale odszedł. Z tyłu domku zobaczył bawiącego się z psem syna.

– Cześć, Krzysiu.

– Dzień dobry – odpowiedział chłodno chłopiec i dalej rzucał kijek Samancie.

– Jak się spało? Mieliśmy dziś umyć pokład – niezrażony kontynuował.

– Byłem rano u pana, ale pan był zajęty – odpowiedział z wyrzutem Krzyś.

Robert skrzywił się i głośno westchnął.

– Słuchaj, pójdziesz ze mną do sklepu? Chciałbym z tobą pogadać.

– Dobra. Tylko muszę powiedzieć mamie.

Robert, Krzyś i Samanta ruszyli leśną drogą. Słońce już mocno grzało. Zapowiadał się upalny dzień.

Ojciec i syn szli obok siebie, Samanta dreptała z przodu na smyczy. Przez jakiś czas maszerowali w milczeniu, w końcu ciszę przerwał Robert.

– Wczoraj za dużo wypiłem, dziś mam okropnego kaca. Moralnego również. Wiesz, dlaczego ludzie dobierają się w pary?

– Żeby mieć dzieci – odpowiedział chłopiec.

– Owszem. Ale dlaczego jeszcze?

– Żeby nie byli sami.

– Tak. Ale również dlatego, żeby mogli uprawiać regularnie seks. Ja nie mam żony, dlatego czasami robię to z różnymi kobietami. Jak miałem żonę, to robiłem to tylko z nią. Jesteś już duży, dlatego rozmawiam z tobą jak z dorosłym, o seksie również. Dorosły mężczyzna musi spać z kobietą, bo jego ciało tego potrzebuje. Na razie jeszcze nie dojrzałeś fizycznie, ale kiedyś hormony będą również w twoim ciele buzować. To normalne. Najlepszy seks jednak jest z osobą, którą się kocha. Wiem coś na ten temat, bo mam dużą skalę porównawczą. Nie warto iść z byle kim do łóżka, lepiej robić to z kimś, na kim ci zależy.

– To dlaczego pan się nie ożeni?

– Bo nie spotkałem kobiety, na której by mi zależało. Źle powiedziałem: spotkałem kogoś takiego, ale ona mnie nie chce. Wczoraj się o tym dowiedziałem, dlatego się upiłem.

– Przecież pan podoba się dziewczynom!

– Ale tej widocznie nie... Kiedy będziesz duży, nie pij wódki. Ja po śmierci swojej żony bardzo dużo piłem. O mało co nie utraciłem przez to prawa wykonywania zawodu lekarza. Teraz staram się nie upijać, tylko wczoraj wyjątkowo przesadziłem. Dzisiaj wieczorem będę ostrożniejszy.

– A z kobietami jest tak samo? Moja mama ostatnio nie uprawia seksu. Czy jej ciało tego nie potrzebuje? – dopytywał Krzyś.

– Nie wiem, jak jest z kobietami, może one nie potrzebują tak często seksu jak faceci. Skąd wiesz, że mama nie sypia z Andrzejem?

– Bo wiem. Przez cały czas kłócą się o to.

– Wiesz co, Krzysiu, nie mów nikomu, że ta pani była u mnie dziś w nocy. Mamie też nie. Dobrze?

– Mama już wie.

Kurwa! Straszny pech mnie ostatnio prześladuje, pomyślał Robert.

– To innym chociaż nie mów – poprosił.

– Dobrze.

Kiedy weszli do sklepu, Robert, nie bacząc na zdziwioną minę ekspedientki, kupił sto puszek piwa. Dla chłopca wziął lody, a dla siebie wodę mineralną. Sklepowa, ciesząc się z utargu, zaproponowała dostawę pod wskazany adres, na co Robert skwapliwie przystał. Wyjaśnił dokładnie położenie domków, podał swoje nazwisko i numer telefonu, w razie gdyby dostawca – prywatnie mąż sklepowej – zabłądził.

W drodze powrotnej Robert i Krzyś dalej rozmawiali.

– Cieszysz się, że mama bierze ślub? Będziesz miał teraz ojczyma.

– Nie potrzebuję żadnego ojczyma! Wolałbym, żeby wyszła za kogoś innego, za kogoś, z kim by się nie kłóciła.

– Twoja mama uważa, że Andrzej będzie najlepszym ojczymem dla ciebie.

– Ale ja tak nie uważam! On mnie wcale nie lubi, on tylko udaje przy mamie. Jak mamy nie ma, to jest całkiem inny dla mnie – powiedział po chwili wahania.

– Jak to? – zaniepokoił się Robert.

– Kiedy mamy nie ma, to krzyczy na mnie, mówi, żebym mu nie przeszkadzał... Zrobił się bardzo nerwowy, ciągle go drażnię... tak mówi. Przedtem był inny.

– Powinieneś o tym mamie powiedzieć. Uważam, że to bardzo ważne. Nie mów tylko, że to ja ci kazałem.

Dotarli z powrotem do domków kempingowych. Na Roberta czekała miła niespodzianka, przyjechała Bożena z rodziną. Jej męża Adama Robert również znał – w trójkę byli na jednym roku. Panowie przywitali się wylewnie. Nie widzieli się od skończenia studiów. Kiedyś byli dobrymi kumplami, razem imprezowali w akademiku, w pokoju Bożeny. Bożena i Adam już na pierwszym roku byli parą. Robert lubił ich towarzystwo, poza tym jakiś czas sypiał z współlokatorką Bożeny, często więc bywał w ich pokoju. Kilka razy był z Bożeną i Adamem na obozie żeglarskim. Adam również kochał żagle. Później kontakt się urwał – Robert zrobił specjalizację z chirurgii, Adam został kardiologiem, a jego żona okulistką.

Z rodzicami przyjechali również ich synowie. Tomek miał dziesięć lat, Bruno dwa lata więcej, Krzyś miał więc kolejne towarzystwo do zabawy.

Na widok puszek z piwem, które niebawem dojechały, wszyscy panowie bardzo się ucieszyli i wzięli po kilka na pokład.

Żagle trzepotały już na wietrze, kiedy zadzwonił telefon Andrzeja. Jego pracownik spadł z rusztowania z drugiego piętra. Budowa znajdowała się w Warszawie. Firma Andrzeja budowała tam wielokondygnacyjny budynek, inwestorem było duże przedsiębiorstwo zagraniczne.

– Powinieneś jechać do Warszawy co najmniej na tydzień, przypilnować wszystkiego na miejscu. Nie chcę straszyć, ale możesz mieć poważne kłopoty, jeśli ten człowiek umrze – radził mu prawnik Janusz.

– Janusz ma rację, wracamy – zadecydowała Renata.

– Dlaczego ty masz wracać z Andrzejem? W niczym mu przecież nie pomożesz – jednym chórem stwierdzili Jurek, Artek i Robert. Reszta towarzystwa zgadzała się z nimi.

– Renata i Krzyś mogą wrócić do Krakowa ze mną lub z Jurkiem – zaproponował Robert.

– Dobrze. Robert, przywieź ich. – Po chwili wahania zgodził się Andrzej przed odjazdem.

Reszta towarzystwa wypłynęła z portu. Na pokładzie było trochę ciasno, ale atmosfera była fantastyczna. Opowiadano kawały, śpiewano szanty.

Po kilku godzinach żeglowania wszyscy zgłodnieli. Napełnieniem pustych żołądków jak zwykle zajęła się Renata. Zeszła pod pokład. Wyjęła z lodówki wielki gar ugotowanego wcześniej strogonowa i zaczęła podgrzewać na kuchence.

– Wiedziałem, że cię tu znajdę. – Wzdrygnęła się, gdy usłyszała głos Roberta. – Nie bój się. Nigdy więcej tego nie zrobię. Nie wiem, co mnie wtedy opętało – powiedział cicho, widząc jej reakcję.

Renata milczała. Nie wiedziała, co ma powiedzieć, jak się zachować. Bez słowa mieszała łyżką gulasz, żeby się nie przypalił.

– To dlatego tak nagle zdecydowałaś się na ślub? – zapytał cicho Robert. – Robisz błąd.

Usłyszeli kroki. Na dół zeszła Danka i dziewczyna Janusza.

– Renata, w czym mamy ci pomóc?

Zaczynało się już ściemniać, kiedy dobili do brzegu i przenieśli imprezę z jachtu na plac przed domkami. Robert z Bożeną oddalili się trochę od reszty biesiadników, spacerując leśną dróżką.

– Jakoś inaczej ją sobie wyobrażałam – oceniła Renatę Bożena. – Myślałam, że jest wyższa, a ona jest prawie mojego wzrostu. Wszystkie twoje dziewczyny były wysokie i bardzo ładne.

– Uważasz, że ona nie jest zbyt ładna? – zapytał Robert z uśmiechem.

– Tego nie powiedziałam. Nie jest może klasyczną pięknością, ale widać, że podoba się mężczyznom. Ten jej narzeczony wcale nie jest taki beznadziejny, jak mówiłeś. Widać, że świata poza nią nie widzi. Ona umie postępować z mężczyznami, potrafi okręcić sobie faceta wokół palca.

Kiedy wrócili ze spaceru, przy stole utworzyły się podgrupy. Robert rozejrzał się, szukając wzrokiem Krzysia. Zauważył go bawiącego się z Samantą. Pozostała trójka dzieci zajęta była grą w karty. Robert podszedł do syna.

– Dlaczego nie grasz z innymi? – zapytał.

Chłopiec dłuższą chwilę nic nie odpowiadał. Dalej rzucał psu patyk, żeby ten aportował. W końcu, nie patrząc w oczy Robertowi, zdecydował się mówić.

– Nie chcę się z nimi bawić. Powiedzieli, że wrzucą Samantę do wody! – w głosie Krzyśka można było wyczuć złość i lekki niepokój.

– Oni tylko żartowali. Widzieli, jak kurczowo trzymasz psa na rękach, dlatego chcieli się z tobą trochę podroczyć – uspokajał syna. – A z Olą dlaczego już się nie bawisz?

– Ona woli ich. Sama do nich poszła. – Wzruszył ramionami. Widać jednak było, że nie jest mu to tak całkiem obojętne.

Robert spojrzał na dziewczynkę. Wredna mała flądra, pomyślał. Muszę nauczyć mojego syna, jak postępować z babami. Tak go wyszkolę, że za dziesięć lat ta wstrętna dziewucha pójdzie z pielgrzymką do Częstochowy modlić się, żeby tylko Krzyś chciał na nią spojrzeć!

Renata długo nie mogła zasnąć. Witek już dawno chrapał z Danką w duecie, a ona przewracała się z boku na bok. Kładąc Krzysia spać, ucięła sobie z nim pogawędkę. Chciała się dowiedzieć, o czym rozmawiał z Robertem. Nie spodziewała się, że syn oprócz zwyczajowej relacji, podzieli się z nią również i innymi spostrzeżeniami. Gdy opowiedział jej, jak zachowuje się Andrzej, kiedy zostają sami, nie potrafiła ukryć zdziwienia. To, co usłyszała od Krzysia, zmieniło obraz narzeczonego. Nie wyjdzie za niego – tak postanowiła. Znowu zaczęła rozmyślać o Robercie. Wstała, żeby napić się wody, wyjrzała przez okno. Na zewnątrz było ciepło i spokojnie, postanowiła się przewietrzyć. Założyła peniuar, na nos okulary i wyszła na zewnątrz.

– Ściągnąłem cię telepatycznie, to jednak działa. Od godziny tu stoję.

Podskoczyła jak oparzona. Nie jestem umalowana ani nie założyłam soczewek kontaktowych, przeleciało jej przez głowę. To, że nie założyła majtek, jakoś jej nie przeszkadzało.

– Chciałem z tobą porozmawiać. Tyle mam ci do powiedzenia, ale nie wiem, od czego zacząć. Może odejdziemy trochę dalej, żeby nie obudzić ludzi? Nie bój się, to się nie powtórzy... Nie zgwałcę cię – powiedział Robert cicho, widząc jej wahanie.

Oddalili się w milczeniu. Usiedli na ławce między drzewami.

– Wszystko robię nie tak. Tak bardzo mi na tobie i na Krzysiu zależy, ale nie wiem, jak cię do siebie przekonać. Wszystko psuję. Prowokuję cię, wdaję się w nic nie znaczące dla mnie erotyczne przygody, obrażam cię, a przecież... tyle dla mnie znaczysz. Jestem beznadziejny! Tak bardzo bym chciał, żebyśmy byli razem, żebyśmy byli rodziną. Wiem, że byłbym dobrym ojcem dla mojego syna! Lepszym niż Andrzej – westchnął zrezygnowany. – Nie wiem, co mam zrobić, żebyś nie wychodziła za niego.

– Nie wyjdę za Andrzeja – powiedziała cicho po chwili.

Przytuliła się do Roberta. Dotknęła jego warg swoimi ustami. Zdziwiony, oddał pocałunek. Teraz on przejął inicjatywę.

Nikt jej tak nie całował jak Robert. Z każdą chwilą czuła coraz większe podniecenie. Tak bardzo go pragnęła! Powoli rozpinała pasek w jego spodniach.

– Ach! Jak ja lubię namiętne kobiety! – usłyszała jego cichy szept. Cofnęła rękę. – Przepraszam, źle powiedziałem. Teraz lubię tylko jedną namiętną kobietę – szepnął przepraszająco, nie przestając jej całować.

Kiedy się już sobą częściowo nasycili, tuląc się do siebie siedzieli w milczeniu, oparci o drzewo. Robert zdjął sweter i okrył nim Renatę.

– Nie wyjdziesz za niego? Naprawdę? – szeptem zapytał.

– Nie. Nie wiem, jak będzie z tobą, ale za Andrzeja nie wyjdę – odpowiedziała zdecydowanie.

– Powiedz mi, dlaczego wtedy uciekłaś? Cały czas łamię sobie głowę i nie mogę tego zrozumieć.

– Cóż, jeśli się słyszy, będąc w łóżku z facetem, jak on wyznaje miłość innej... to może się to nie spodobać. Nie uważasz? – rzekła z pewną ironią.

– Nie rozumiem. O czym ty mówisz? – Robert był szczerze zdziwiony.

– Nie znam angielskiego, ale te słowa zna cały świat. „Aj law ju" – mruknęła z przekąsem.

– Co?! Ja powiedziałem do niej „I love you"? Nigdy w życiu! – Usiłował gorączkowo przypomnieć sobie tamtą rozmowę. Nagle wybuchnął śmiechem. – Słuchaj, przecież wiesz, że nie lubię wyznawać miłości. Ile razy tobie powiedziałem, że cię kocham?

– Mnie nigdy! – Po chwili dodała: – No, ale ty mnie nie kochasz.

– Ciebie nie kocham, a Meg kocham?! – Znowu się zaśmiał. – A może powiedziałem „I'd love to"? To nie jest miłosne wyznanie, na Boga! To przez tę bzdurę zjadłem tyle nerwów?! Na drugi raz, jeśli zechcesz podsłuchać rozmowę w języku obcym, to przyprowadź tłumacza. Od poniedziałku masz uczyć się angielskiego! Zrozumiano? – Mówiąc to mocno ją do siebie przygarnął.

Świtało, kiedy Robert rozstał się z Renatą. Szybkim krokiem zbliżał się do łodzi. Zaskoczony usłyszał głos Baśki.

– Robert! Zaczekaj!

Kurwa! Po co ona tu przylazła, pomyślał.

– Basia? Cóż ty tu robisz o tej porze?

– Czekam na ciebie od trzech godzin. Chciałam z tobą porozmawiać. Cały wieczór mnie ignorowałeś – powiedziała z wyrzutem.

– Nie ignorowałem cię, ale miałem gości, których nie widziałem od piętnastu lat.

– Widzę, że interesują cię tylko mężatki lub narzeczone twoich kolegów. Widziałam was, ciebie i tę Renatę – dodała cicho.

– O czym chciałaś ze mną rozmawiać? – zapytał sucho.

– Jak to o czym? W jedną noc idziesz do łóżka z jedną kobietą, a drugiej nocy kochasz się z inną?! To według ciebie jest normalne?

– Słuchaj! Sama do mnie przyszłaś. Ostrzegałem cię, że nie jestem miłym facetem z sąsiedztwa. To był twój wybór. – Coraz bardziej grała mu na nerwach.

– Śpiewałeś dla mnie piosenki! Zapraszałeś na drinka! Ja dla ciebie zdradziłam męża, a ty tak mnie traktujesz?!

– A ty mądrze zrobiłaś i nie zgodziłaś się, i tego się trzymajmy. Nic takiego się nie stało. Nikt nie wie, że byłaś u mnie. Załatw z koleżanką, żeby nie wypaplała twojemu mężowi, i wszystko będzie w porządku – powiedział zniecierpliwiony.

– Wytłumacz mi, dlaczego mnie podrywałeś, jeśli ci się nie podobam. Nie mogę tego zrozumieć – dopytywała się zrozpaczona dziewczyna.

– Chcesz koniecznie wiedzieć? A więc ci powiem. Bo się założyłem. Tak. Założyłem się o sto puszek piwa, że cię przelecę! – wyrzucił z siebie. – Wszyscy myślą, że przegrałem. Dziś piłaś właśnie te piwa, które im bezzasadnie postawiłem! A teraz idź już wreszcie spać! Jutro pogadamy.

Nie oglądając się za siebie, poszedł w stronę łodzi.

Obudził się przed dziesiątą. Na jachcie nie było nikogo. Wyjął ręcznik, przybory toaletowe i poszedł wziąć prysznic. Mógł to zrobić na łodzi, ale w pobliskim pensjonacie było to wygodniejsze. Ubrał się i skierował ku domkom kempingowym.

Przy stole na placyku siedziało kilka osób. Renaty jeszcze nie było, Krzysia również nie widział. Zbliżając się usłyszał chichoty dochodzące od stołu. Kiedy go zauważono, rozmowy umilkły.

– Co się dzieje? Co was tak bawi? – zapytał.

– Widziano cię, Robert, dziś w nocy. Podobno rżniesz dziewczynę Andrzeja – powiedział Zbyszek wesoło. – Faktycznie gorąca z niej kobitka?

– Źle słyszałeś. Nie rżnę jej, tylko uprawiam seks, albo inaczej – współżyję, lub po prostu kocham się z nią, gnoju. – Robert wyprowadził niespodziewanie mocny cios prosto w nos zaskoczonego Zbyszka. – Więcej szacunku! Chamie!

– Robert! Co ty wyprawiasz?! Uspokój się! – Koledzy próbowali go powstrzymać.

– Jestem spokojny jak puls nieboszczyka – Robert ciskał oczami błyskawice.

– Ja mu dam, skurwysynowi! Chce się bić, proszę bardzo! – wrzeszczał Zbyszek.

– Ty też się uspokój, Zbyszek. On jest ojcem jej syna – oznajmiła Bożena.

– Co?! – wszystkim wyrwał się okrzyk zdziwienia.

W drzwiach domku pojawiła się Renata.

– Co tu się dzieje? Zwariowaliście?!

– Nic się nie dzieje. Były małe różnice zdań co do nomenklatury, ale już jest wszystko w porządku. Prawda? – Robert zwrócił się do Zbyszka. – Zbyszek, sorry!

Ten, nadal wściekły, bo krew mu się lała z nosa, przyjął jednak wyciągniętą na zgodę rękę.

– Malutka, jeśli możesz, przynieś lód. Zimny okład dobrze mu zrobi.

– Kurwa! Chyba mi złamałeś nos!

– Daj, zobaczę... Nie jest złamany. Nie uderzyłem zbyt mocno.

– Jeśli to nie było mocno, to ciekaw jestem, jak wygląda twoje mocne uderzenie – mruknął Zbyszek trzymając kostki lodu przy nosie.

–Nie radzę doświadczyć ci tego – odpowiedział spokojnie Robert.

Renata szykowała śniadanie. Obok niej usiadł Robert. Obserwował, jak robi kanapki. Samo patrzenie na nią, już bez konspiracji, sprawiało mu przyjemność. Ileż ona ma wdzięku!

– Oni już wiedzą – powiedział, jakby byli sami.

Zauważył, że jej ręce przez moment zadrżały. Uspokoiła się jednak i dalej kroiła chleb.

– Może któraś z was ruszy się i pomoże Renacie?! – zwrócił się z wyrzutem do pozostałych kobiet.

– Za chwilkę! Dokończę palić papierosa i biorę się do roboty – odparła Danka, nadal oszołomiona najnowszymi wydarzeniami.

– Dzieci już jadły, to znaczy Krzyś i Ola. Zrobiłam im wcześniej śniadanie – powiedziała Renata. – A twoi chłopcy jedli?

– Tak. Coś tam sobie zrobili na łodzi – odpowiedziała Bożena.

Przez jakiś czas siedzieli w ciszy. Słychać było tylko odgłosy noża na desce do krojenia.

– No no. Widzę, że nasz Robert w końcu się zakochał! – pierwsza przemówiła Danka. Widząc minę Roberta, szybko dodała: – Robert, proszę, tylko nie w nos. Nie chcę mieć sińców pod oczami.

Rozległa się salwa śmiechu, co skutecznie rozluźniło atmosferę. Kończyli już śniadanie, kiedy zobaczyli biegnącą w ich stronę Ankę. Była cała rozdygotana.

– Robert! Baśka połknęła całe opakowanie tabletek nasennych! Słyszałam, jak wraca od ciebie, ale potem zasnęłam. – w jej głosie słychać było przerażenie.

– Kurwa! Co jej strzeliło do łba?! – Zdenerwowany Robert zerwał się od stołu. Zatrzymał się jednak na chwilę i spojrzał przestraszony na Renatę. – Malutka, ja tylko chwilę z nią rozmawiałem... czekała na mnie na brzegu.

Renata nic nie powiedziała. Jej ściśnięte usta i twarde spojrzenie mówiły same za siebie.

Robert, dłużej nie zwlekając, pobiegł do domku dziewczyn, skąd już po chwili wyszedł niosąc Basię na rękach.

– Jadę z nią do szpitala. Wykorzystajcie czas i wypłyńcie łódką na jezioro. Adam, wiesz co robić. Nic jej nie będzie, na szczęście to tylko ziołowe tabletki – krzyknął, ruszając samochodem.

Nikt jednak nie miał ochoty na żeglowanie, wszyscy byli podenerwowani zaistniałą sytuacją. Bacznie obserwowali Renatę. Ciekawi byli, jak się zachowa, kiedy Robert wróci.

– Ten skurwiel jednak wygrał zakład! – w głosie Zbyszka słychać było podziw. – Dlaczego nam nie powiedział, tylko postawił te piwa?

– Bo Robert mimo swoich wad, jest jednak dżentelmenem, ale ty tego nigdy, Zbysiu, nie zrozumiesz, bo nie wiesz, co to słowo znaczy – zauważyła z pewnym sarkazmem Danka.

– Ale te baby się w nim kochają! Przedtem się truły i teraz też się trują. Pamiętacie Mariolę? – Nie mógł wyjść z podziwu Zbyszek.

– Mariola chciała się na nim zemścić. Sama się do tego przyznała – powiedział Jurek.

Zadzwonił telefon Renaty. Spojrzała na wyświetlacz, ale nie odebrała. Kiedy zadzwonił ponownie, wyłączyła go. Wszyscy domyślili się, że dzwonił Robert. Po chwili odezwała się komórka Bożeny.

– Bożenko, co robicie? Nie wypłynęliście? Z Baśką wszystko w porządku. To ja musiałem jej przepłukać żołądek, bo nie było nikogo, kto mógłby to zrobić. Afera była niezła. Dwóch gliniarzy chciało mnie zakuć w kajdanki, ale interwencja lekarza pomogła.

– Za co chcieli cię zamknąć? – dopytywała się Bożena.

– Za wtargniecie do szpitala, użycie siły w stosunku do personelu i usiłowanie zabicia pielęgniarki. – Zaśmiał się. – Co zrobić z pielęgniarką, która widząc nieprzytomną kobietę na moich rękach, najpierw pyta o jej pesel? Nic nie pozostaje, tylko zabić! Dobrze, że miałem zajęte ręce, bo moje groźby przestałyby być groźbami.

– Kiedy wrócisz?

– Zawiozę Baśkę do domu, do Katowic. Okazało się, że jest w ciąży. Ósmy tydzień – poinformował Bożenę. – Zamknijcie łódź, domki i zanieście klucze na portiernię. Nie zdążę do was wrócić. Rozmawiałem już z jej koleżanką... Szkoda, że tak wyszło. – Po chwili cicho dodał: – Renata nie chce ze mną rozmawiać. Boję się, że znów dostanę kosza.

Po telefonie Roberta postanowili jednak wypłynąć. Wiatr był do żeglowania odpowiedni, słońce mocno świeciło, ale wycieczka nie za bardzo się udała. Brakowało Roberta.

Bożena wykorzystała moment, że została sam na sam z Renatą.

– Dlaczego nie chcesz z nim rozmawiać? – zapytała.

– Nie mamy o czym.

– Słuchaj, wiem, jak bardzo Robertowi zależy na tobie i na małym. Wystarczy zobaczyć, jak na ciebie patrzy. Daj mu szansę. Zrób to chociażby ze względu na syna. Myślisz, że inny facet będzie lepszym ojcem dla twojego dziecka niż on?

– Robert może ojcem byłby dobrym, ale mężem na pewno nie! – odpowiedziała z zaciętą miną Renata. – Niech inne trują się dla niego, ja nie zamierzam – powiedziała, po czym zostawiła Bożenę samą.

Po dziewiątej wieczorem Robert dotarł w końcu do domu. Wziął szybki prysznic, przebrał się i pojechał do Renaty. Bał się tej wizyty.

Dawno nie miał tak parszywej niedzieli. Najpierw Baśka, potem jej mąż dziękujący mu za samarytański uczynek i wychwalający go pod niebiosa. Przyprawić facetowi rogi i potem usłyszeć z jego ust słowo „dziękuję", to może zawstydzić nawet takiego skurwiela jak ja, pomyślał.

Podjechał pod blok Renaty. Podenerwowany zadzwonił do jej drzwi. Otworzyła mu, prawie na niego nie patrząc.

– Krzyś zasnął, miał podwyższoną temperaturę. Nie wiem, co mu jest. Może zaczyna się jakaś infekcja. Zbadasz go, jak się obudzi – powiedziała chłodno.

Miała zaciętą twarz. Unikała jego wzroku. Nie wiedział, co ma powiedzieć, żeby nie pogorszyć sytuacji.

– Ja rano tylko chwilę z nią rozmawiałem. Czekała tam na mnie. Do niczego nie doszło – zaczął tłumaczyć się nieudolnie.

– Wiem, że dziś nad ranem nie spałeś z nią, ale to niczego nie zmienia. Nie wyjdę za Andrzeja, ale z tobą też nie chcę być. Nienawidzę cię, Robert! – Nagle wybuchnęła gniewem. – Miałam w miarę poukładane życie. Może nie było ono zbyt ekscytujące, ale byłam szczęśliwa na swój sposób. W końcu odzyskałam równowagę psychiczną. Miałam firmę, która utrzymywała mnie i moje dziecko, miałam faceta, którego może nie kochałam, ale przy którym czułam się bezpieczna. Wtedy zjawiłeś się ty i zapanował chaos w moim życiu, w moim sercu. Doprowadziłeś do tego, że nie mogę znieść obecności Andrzeja. Jego widoku, jego dotyku... Muszę jakoś dojść do siebie. Najlepiej by było, gdybyś wyjechał. Dzisiejszy ranek uświadomił mi, że jesteś bardzo niebezpiecznym człowiekiem. Przynosisz kobiecie tylko cierpienie. Jesteś toksyną, której trzeba się wystrzegać. Ten incydent traktuję jako swoiste ostrzeżenie. Nie chcę przechodzić jeszcze raz przez to, co przechodziłam jedenaście lat temu. Niech inne trują się przez ciebie, ja mam dziecko, muszę o nim myśleć. Teraz chcesz zabawić się w tatusia, dlatego udajesz, że ci na mnie zależy, ale niedługo znudzisz się mną i będziesz szukał nowych atrakcji. Zostawisz mnie, nie oglądając się za siebie. Jesteś zimnym egocentrykiem, nastawionym tylko na branie, nic nie potrafisz z siebie dać. Nie wiesz, co to empatia. Dzisiaj dziewczyna umierała, a ty byłeś wściekły na nią, że pokrzyżowała twoje plany. Przed wyjazdem do Ameryki martwiłeś się o psa, o mnie nawet nie pomyślałeś. Podły drań jest z ciebie,

Robert! Nie chcę mieć z tobą nic wspólnego. Jeśli chodzi o Krzysia, to powiem mu o tobie jutro, dziś dam mu spokój. Zobaczymy, kiedy ci się znudzi rola tatusia. Co do mnie, nie będę już szukać ojca dla Krzysia, tylko kochanka dla siebie. Rozbudziłeś mnie seksualnie na nowo. Może skorzystam z twojej rady i zajmę się Rafałem? – wyrzuciła z siebie, patrząc mu w oczy.

Tego było już za wiele. Nie wytrzymał.

– Myślisz, że on cię zerżnie tak dobrze jak ja?! Że będziesz piszczeć z zachwytu?! – odparował z wściekłością. – Wątpię.

– Będę szukać, aż w końcu trafię. Nie ma ludzi niezastąpionych.

Miał ochotę uderzyć ją w twarz, ręka go wręcz świerzbiła. W tej chwili wyzwalała w nim najgorsze uczucia. Już miał zaaplikować jej jakąś ostrą ripostę, kiedy usłyszał głos Krzysia.

– Mamusiu! Czy pan Robert przyszedł do nas?

Oboje natychmiast się uspokoili. Po chwili do pokoju wszedł zaspany Krzysiek. Wyglądał uroczo w letniej piżamie. Spod rozczochranych włosów spoglądał na nich swoimi wielkimi oczami. Patrząc na niego, oboje pomyśleli to samo – jaki śliczny z niego chłopiec.

Robert badał Krzysia, a Renata zajęła się szykowaniem posiłku. Złość jej trochę minęła. Spojrzała na nich obu i zaczęła rozważać, że nie da się ukryć, Robert też miał jakiś wkład w to, że ma tak wspaniałego syna. Ewentualnie w rewanżu za jeden dobry plemnik, jakim ją obdarował, może mu zrobić kolację.

– Nic mu nie jest. Temperaturę ma teraz normalną. Obserwuj go jutro – uspokoił Renatę Robert.

– Dziękuję ci, że go zbadałeś. Ile się należy? – Uśmiechnęła się, widząc jaką ma minę. – Żartowałam. Muszę jechać na chwilę do biura, po dokumenty, rano mam być w ZUS-ie. Zostaniesz z nim, dopóki nie wrócę?

– Oczywiście. Za to też nie musisz mi płacić – powiedział z przekąsem.

Robert i Krzyś zostali sami.

– Czy wy znów się kłóciliście?

– Nie. Wydawało ci się. Pokaż mi swój pokój.

Był urządzony ze smakiem: drewniane meble, jasne zasłony i wesoły dywanik nadawały przytulności niebieskim ścianom. Nad biurkiem wisiała mapa Europy. Na biurku oprócz komputera stał dużych rozmiarów globus. W pokoju było dużo bibelotów o marynistycznym wydźwięku. Pomieszczenie udawało kajutę kapitana statku. Znalazło się tu nawet miejsce na mały hamak. Pod nim leżała otwarta książka. Robert wziął ją do ręki. „Tomek w Gran Chaco". Uśmiechnął się pod nosem. Kiedyś Alfred Szklarski też był jego ulubionym autorem, a teraz jego syn czyta powieści o przygodach Tomka Wilmowskiego. Odłożył książkę. Jego uwagę zwróciło sporych rozmiarów akwarium, pływały w nim rybki. Nad łóżkiem oprócz kinkietu wisiała przymocowana do sufitu lampa w kształcie rożka księżyca.

– Widzę, że w twoim pokoju świeci księżyc. Ładnie tu.

– Mama to wszystko urządziła. – Po chwili pochwalił się: – Mam nowy komputer! Nikt w klasie takiego nie ma. Mama założyła mi sztywne łącze, żebym nie blokował telefonu.

– No no, masz wspaniałą mamę.

– Pewnie. Uważam, że moja mama jest najfajniejszą z wszystkich mam w naszej klasie, nawet w szkole... może nawet w Krakowie – reklamował ją chłopiec. – Chyba nie wyjdzie za Andrzeja. Mama tylko tatę kochała, inni faceci są jej obojętni.

– Może jeszcze jakiegoś pokocha. Mówisz, że tylko tatę kochała?

– Bardzo. Coś panu pokażę, ale niech pan nie mówi mamie, bo będzie na mnie zła. Nikomu tego nie pokazywałem, tylko Rafałowi. Mówiąc to, podszedł do regału i ściągnął ładną, drewnianą kasetkę zamykaną na kluczyk. – Mama mówiła, że to nasza tajemnica, że inni ludzie będą się z nas śmiać.

Otworzył kasetkę i delikatnie wyjmował jej zawartość.

– To są pamiątki po moim tacie. To są jego okulary przeciwsłoneczne. To jego długopis, a to guzik od jego marynarki, który zgubił. Mama znalazła go, sprzątając pokój. Tata lubił chodzić w marynarkach. Mama mówiła, że miał ich mnóstwo. Ten wisiorek podarował mamie tuż przed wyjazdem. Piękny, prawda? A to jest ich zdjęcie. Trochę niewyraźne.

Robert oglądał wyjęte z kasetki przedmioty. Czuł, jak łzy napływają mu do oczu. Patrzył, jak jego syn z wielkim namaszczeniem bierze do ręki każdą pamiątkę. Starał się za wszelką cenę, by nie było widać, jakie to na nim zrobiło wrażenie. Zwyczajne, drobne przedmioty były dla jego syna najcenniejszym skarbem na świecie, bo należały do jego nieznanego ojca.

– Mama na tym zdjęciu nie jest taka ładna jak teraz. – Chłopiec krytycznie oceniał zdjęcie. – Tata zaś był bardzo przystojny, tak jak pan. Na zdjęciu tego nie widać, jest bardzo niewyraźne. Podobał się wszystkim dziewczynom, ale wybrał mamę. Bardzo ją kochał. To są jego listy do niej. – Wyjął kilka zafoliowanych kartek papieru. – Jest ich osiem. Zafoliowałem je, żeby się nie zniszczyły. Tata pisał na maszynie, bo jak każdy lekarz miał niewyraźne pismo. Może pan przeczytać, jak pan chce.

Robert wziął kartki do ręki.

Kochana. Jestem taki szczęśliwy, że zostanę ojcem! Wszyscy tutaj myśleli, że zwariowałem, bo nagle zacząłem skakać do góry i ściskać, kogo popadło. Wiem, że to będzie syn! Jestem o tym przekonany. Zobaczysz! Będzie najwspanialszym chłopakiem pod słońcem! Szkoda, że nie wiedziałem, że jesteś w ciąży, nie pojechałbym do Ameryki. Teraz muszę tu tkwić, niczym więzień, bo podpisałem cyrograf. Najwcześniej za pół roku dopiero mogę stąd się ruszyć. Jesteśmy odcięci od świata, zaszyci w tej amazońskiej dżungli. Najbardziej żałuję, że nasz syn nie będzie mógł od razu nosić mojego nazwiska. Ale kiedy wrócę, pierwsze, co zrobię, to zamówię termin ślubu w Urzędzie Stanu Cywilnego. Może nie trzeba będzie tak długo czekać, jak przed moim wyjazdem. Gdyby nie wykupiony bilet do Ameryki, to bylibyśmy już dawno małżeństwem...

Kochana. Nie ma dnia ani godziny, żebym o was nie myślał. Tak bardzo tęsknię za wami. Napisz mi, czy nasz syn jest grzeczny, czy tak jak ostatnio rozrabia w twoim brzuszku. Pamiętaj, bierz witaminy, obydwoje tego potrzebujecie. Dbaj o siebie, nie przemęczaj się, ubieraj się ciepło. Nie zapominaj o czapce i szaliku. Jesienią można łatwo się przeziębić...

Kochana... Jakaś dziwna choroba przyplątała się do naszego obozu. Chorują na nią Indianie i biali. Nie mam pojęcia, co to za wirus ją wywołuje, żadne lekarstwa nie działają. Przypomina trochę gorączkę krwotoczną...

Kochana... Coraz więcej ludzi choruje. Lekarstwa, które mamy, nie działają. Dzisiaj umarł mój kolega, lekarz. Miał żonę i dwójkę dzieci...

...Kochanie. Chyba nie zobaczę naszego synka. Zachorowałem... Strasznie mi przykro, że nie będę widział, jak raczkuje, jak stawia pierwsze kroki, jak wyrzynają mu się ząbki... Wierzę, że wychowasz go na wspaniałego człowieka. Ufam Ci. Żałuję, że nie będę mógł być przy Tobie i razem z Tobą go wychowywać, uczyć go, jak być przyzwoitym człowiekiem. Martwię się, czy dasz sobie sama radę pod względem finansowym. Nie możesz liczyć na pomoc mojej rodziny, bo wszyscy moi bliscy już nie żyją. Pocieszam się tym, że zawsze byłaś zaradną kobietą. Jestem mocno przekonany, że potrafisz zadbać o siebie i naszego syna. Czuję, że będzie kimś wyjątkowym. Mam zaufanie do Ciebie, wiem, że zrobisz wszystko, żebym patrząc na naszego syna zza chmur, mógł być z niego dumny. Znasz mnie, wiesz, jakie wartości w życiu wyznawałem i te wartości chciałbym, żebyś jemu przekazała... Bardzo Was kocham, moja Żono i mój Synku. Żegnajcie. Wierzę, że gdzieś tam jest kontynuacja naszego życia na ziemi i że kiedyś się spotkamy. Żegnaj, Maleńka. Żegnaj, mój Synku. Kocham Was.

Robert odłożył kartki i szybko wyszedł do łazienki. Nie chciał rozpłakać się przy synu. Przemył oczy wodą. Zapalił papierosa. W końcu udało mu się jakoś opanować. Gdy wrócił, chłopiec wciąż oglądał swoje skarby.

– Panie Robercie, wierzy pan w Boga?

– Wierzę, że nasze życie tutaj na ziemi, nie kończy się wraz ze śmiercią – odpowiedział Robert po chwili zastanowienia.

– Jak pan myśli, spotkamy się kiedyś, ja i mój tata?

– Wierzę w to – powiedział drżącym głosem, odwracając wzrok, żeby syn nie widział jego łez.

– Mama też wierzy. Coś jeszcze panu pokażę.

Wstał z krzesła i podszedł do szafy. Położył się na podłodze i spod szafy wyjął duży zeszyt formatu A4. Wytarł go rękawem z kurzu.

– To taki pamiętnik mamy. Mama pisała go dla taty. Ona chyba wierzy w reinkarnację, wierzy w to, że kiedyś tata wróci pod inną postacią. Pisała w nim o mnie. Każde ważniejsze wydarzenie dotyczące mnie opisywała w tym zeszycie. Są tu też moje kosmyki włosów po obcięciu, moje zdjęcia, zdjęcia USG, identyfikator, który założyli mi przy porodzie. Pisała go przez pięć lat. Potem przestała pisać i wyrzuciła ten zeszyt do śmietnika. Ja go wyjąłem i schowałem, żeby nie widziała. Wie pan, że o moim tacie pisali w gazecie i pokazywali go w telewizji? Pracował wtedy jako stażysta. Szedł chodnikiem i był świadkiem, jak starszy człowiek stracił przytomność. Zaczął go reanimować. Masaż serca, sztuczne oddychanie. Wszyscy mówili, żeby dał sobie spokój, że ten człowiek nie żyje, ale mój tata reanimował go do czasu przyjazdu pogotowia. I ten pan przeżył. Taki był mój tata! – powiedział chłopiec z dumą.

Skąd ona o tym wiedziała, przecież nie znaliśmy się wtedy? Chyba że kiedyś wypapłałem po pijanemu, zastanawiał się Robert.

– Dziwne, tata wiedział, że będę chłopakiem, a nie dziewczyną. Skąd mógł to wiedzieć? Chyba jest coś takiego jak szósty zmysł. Może był jasnowidzem? – rozmyślał na głos chłopiec. – Pan wierzy w zdolności nadprzyrodzone?

Robert nie zdążył odpowiedzieć synowi, bo ten nagle się zerwał.

– Mama wraca! – Szybko chował swoje skarby do kasetki. Chwycił zeszyt i wepchnął go pod szafę.

W drzwiach stanęła Renata.

– Tu jesteście!

Robert wstał.

– Późno już, będę się zbierał – powiedział, unikając jej wzroku.

Pożegnawszy się z Krzysiem, wyszedł z jego pokoju i skierował się ku drzwiom.

– Pojutrze wyjeżdżam – powiedział nieswoim głosem, nie patrząc Renacie w oczy. – Chciałbym jutro spotkać się z tobą. Nie zajmę ci dużo czasu. Proszę, bądź jutro o siódmej wieczorem w Cracovii.

Po wyjściu Roberta, Renata poszła do pokoju syna. Leżał już w łóżku.

– Pokazałeś panu Robertowi kasetkę? - zapytała.

– Tak – odpowiedział Krzyś po chwili wahania. – Ale pan Robert wcale się nie śmiał! Nawet widziałem w jego oczach łzy.

Renata pocałowała syna na dobranoc i wyszła z pokoju. Usiadła w fotelu i zamyśliła się.

Zbliżała się siódma, kiedy Renata weszła do restauracji. Robert już tam był. Siedział przy stoliku i palił papierosa. Prezencję miał jak zwykle nienaganną. Ubrany w beżowe dżinsy i oliwkową marynarkę, swoim wyglądem wyróżniał się wśród innych klientów lokalu. Renata westchnęła. Dlaczego musiała zakochać się akurat w nim? Opanowała się i energicznym krokiem podeszła do stolika. Robert wstał na jej powitanie. Widać było, że jest czymś przygnębiony.

– Dziękuję ci, że przyszłaś. Nie zabiorę ci dużo czasu. Co z Krzysiem? Miał rano temperaturę?

– Nie. Dobrze się czuje. Mój brat wziął go na kilka dni do Olkusza.

– Nie pożegnam się z nim. Może tak będzie lepiej? Na pewno łatwiej dla mnie. Napiszę do niego list. – Robert na moment zamilkł. – Jutro rano wyjeżdżam, tak jak chciałaś. – Znowu cisza. – Przepraszam cię za to zamieszanie... Nie mów nic o mnie Krzysiowi. – Po chwili cichym głosem dodał: – Masz rację, lepszym ojcem jest martwy bohater niż żywy łajdak... Widziałem te relikwie po mnie... Dziś przelałem na twoje prywatne konto trochę pieniędzy. Numer konta podał mi Rafał. Możesz zarządzać nimi, jak chcesz.

– Nie chcę twoich pieniędzy – powiedziała zdecydowanym głosem Renata.

– To są pieniądze, które zarobiłem, pracując jako lekarz. One nie pochodzą ze spadku – poinformował ją. Po chwili cicho dodał: – Robię to przede wszystkim dla siebie... żebym się mniej podle czuł.

– Ile jest tych pieniędzy?

– Pięćset tysięcy. – Widząc jej minę, szybko dodał: – To nie jest dla mnie dużo, a wam mogą się przydać. Proszę, weź je. Możesz powiedzieć Krzysiowi, że ojciec zostawił mu spadek, że teraz dopiero znaleziono testament. Masz bujną wyobraźnię, coś wymyślisz.

Renata bez słowa kręciła głową.

– Wyjdź za Andrzeja, on nie jest taki zły. O Krzysia się nie martw, krzywdy nie pozwoli sobie zrobić – ciągnął dalej.

Zapadła cisza. W milczeniu pili kawę.

– Wspaniale go wychowujesz. Masz rację, nie zasługuję na niego...
ani na ciebie – powiedział drżącym głosem. Wstał, zostawił na stole
pieniądze na pokrycie rachunku. – Żegnaj i... Wybacz mi.

Nie oglądając się za siebie, wyszedł z restauracji.

Renata jeszcze jakiś czas siedziała przy stoliku. Wreszcie wstała
i wyszła. Wróciła do domu. Nie potrafiąc znaleźć sobie miejsca, włączyła telewizor. Chwilę patrzyła bezmyślnie w ekran. Nie mogła się
jednak skupić na dialogach, dlatego po chwili wyłączyła telewizor.
Wzięła prysznic i położyła się do łóżka. Sen nie przychodził. Nie mogąc
sobie znaleźć miejsca w pościeli, podjęła decyzję. Poszła do łazienki,
założyła soczewki kontaktowe, zrobiła makijaż. Chwilę zastanawiała
się, co na siebie włożyć. Wybór padł na sukienkę, w którą była ubrana
podczas pamiętnego „gwałtu". Spryskała się perfumami i wsiadła do
samochodu. Zajechała pod dom Roberta. Mimo późnej pory w oknach
świeciło się światło. Zadzwoniła. Po chwili drzwi otworzyły się.

Patrzył na nią trochę zdziwiony, trochę zaskoczony, ale z błyskiem
radości w oczach. Zamknęła za sobą drzwi.

– Nie wyjeżdżaj – szepnęła. – Potrzebujemy ciebie. Krzyś i ja. Wolę
cierpieć przez ciebie niż bez ciebie. – Westchnęła, tuląc się do niego.

Przywarli mocno do siebie. Wypełniona szczęściem schowała się
w jego ramionach. Słyszała, jak ich serca głośno biją w duecie, zagłu-
szając się nawzajem.

– Chodźmy dalej. Nie będziemy kochać się między butami – wyszeptał między jednym a drugim pocałunkiem.

Doszli do kanapy. Renata z niecierpliwością rozpinała mu koszulę.

– Zależy ci tylko na seksie ze mną – przekomarzał się z nią z uśmiechem. – Znów mnie wykorzystasz i porzucisz – szepcząc, zdejmował jej
bieliznę.

– Nie tym razem – jęknęła, drżąc pod dotykiem jego rąk.

Odwzajemniała jego pieszczoty z coraz większą namiętnością,
poddając się chwili.

– Wyjdziesz za mnie? – zapytał nieśmiało, kiedy po miłosnym wysiłku odpoczywali wtuleni w siebie.

– Aha – mruknęła.

– Kiedy?

– Kiedy chcesz.

– Jak najszybciej.

– Zgoda.

– Opowiedz mi, jak wyglądało życie twoje i Krzysia, kiedy mnie przy was nie było – poprosił, bawiąc się jej włosami.

– Pierwsze pięć lat masz opisane w zeszycie schowanym pod szafą.

– Wiesz o tym? – zdziwił się.

– Oczywiście, przecież od czasu do czasu sprzątam, chociaż nie jestem zbyt porządnicka.

– Zobaczyłaś mnie z Betty? – zapytał cicho po chwili. – Gdzie?

– W Jubilacie.

– Wtedy wyrzuciłaś ten zeszyt?

– Tak.

Zapadło milczenie. Oboje myślami przenieśli się do tego dnia sprzed pięciu lat. Co by było, gdyby wtedy się spotkali?

– Jak mam ci wynagrodzić tamte lata? – wyszeptał.

– Nie martw się, sposobów jest wiele. W odpowiednim czasie ci je podsunę. Na razie przychodzi mi do głowy jeden – powiedziała, uśmiechając się uwodzicielsko.

– Nie dzisiaj! Nie mam już siły. Wiesz, ile mam lat? Czterdziestoletni facet może to robić raz w tygodniu, w sobotę wieczorem – zaprotestował żartobliwie. Chwilę później zmienił zdanie. – Ale przy takiej kobiecie jak ty, nawet nieboszczykowi by stanął.

Rano, leżąc w łóżku, Robert patrzył, jak Renata się ubiera.

– Musisz iść dziś do pracy?

– Muszę.

– O której przyjdziesz do mnie? Przygotuję kolację, nigdy nic dla ciebie nie ugotowałem. Jestem nie gorszym kucharzem niż twój Andrzejek – powiedział ostatnie zdanie z przekąsem.

– Andrzejek już nie jest mój. Mój jest Robercik – uśmiechnęła się złośliwie.

– O nie! Tylko nie Robercik, ani Robek, ani Bobek. Nienawidzę zdrobnień. W Bostonie cały czas mówili do mnie Bob. Nie znosiłem tego.

– Wiem, że tego nie lubisz. – Pocałowała go w policzek i na odchodne powiedziała: – Będę około osiemnastej. Pa.

W biurze zamknęła się w swoim pokoju. Najpierw zadzwoniła do brata, dowiedzieć się o zdrowie syna. Uspokojona mogła zabrać się do pracy. Czas szybko minął. Wpół do piątej wyszła z biura i pojechała do swojego mieszkania. Wzięła prysznic i przebrała się. Poprawiła makijaż i fryzurę. W dużym lustrze przyjrzała się sobie krytycznie. Podeszła do szafy i wyjęła inną bluzkę. No, teraz może być – stwierdziła po powtórnych oględzinach.

Pięć minut po szóstej stała przed drzwiami Roberta.

– Prawie punktualnie – powiedział, całując ją w policzek.

W jadalni ujrzała pięknie przystrojony stół, na którym przyjemnie migotały ustawione świece. W kubełku chłodził się szampan.

Robert poszedł do kuchni, skąd wrócił z dymiącym półmiskiem. Aromat potrawy wypełnił wnętrze. Renata z uznaniem przyglądała się mężczyźnie. Wszystko jej smakowało, co dodatkowo wprawiło ją w zachwyt.

Po kolacji Robert otworzył butelkę szampana i napełnił lampki - był odpowiednio schłodzony, a podane truskawki bardzo słodkie. Wyjął z kieszeni marynarki ozdobne pudełeczko.

– Teraz oficjalnie cię pytam: Zostaniesz moją żoną? – Wyjął pierścionek i ujął dłoń Renaty, patrząc jej głęboko w oczy.

– Oczywiście! Po takiej kolacji, jak mogłabym dać ci kosza? – Uśmiechnęła się trochę zażenowana. – Piękny. To są brylanty?

– Przecież nie cyrkonie. Najładniejszy, jaki znalazłem w Krakowie – dodał.

Po kolacji, trzymając w rękach kieliszki z szampanem, poszli na górę, do sypialni. Na drugi deser.

– Pyszny ten szampan. Nalej mi jeszcze – poprosiła, kiedy leżeli w łóżku, odprężeni i sobą nasyceni.

– Pod warunkiem że opowiesz mi, jak wyglądało twoje życie beze mnie. Wszystko chcę wiedzieć – powiedział z czułością.

– To przygotuj się na dłuższą opowieść.

Jedenaście lat bez Ciebie. 1989–2000

Po pożegnaniu z tobą, całą noc nie spałam. Chciałam cię jeszcze raz zobaczyć, dlatego rano pojechałam na dworzec PKP. Z daleka obserwowałam, jak żegnasz się z bliskimi. Widziałam twoją babcię i pana Józefa wnoszącego do pociągu bagaże. Obok ciebie stał jakiś młody mężczyzna i ładna blondynka. W pierwszej chwili myślałam, że to twoja dziewczyna, ale za moment domyśliłam się, że jest dziewczyną twojego kolegi Marka. Obserwowałam was. Widziałam, jak rozmawiacie, jak się śmiejecie. Chciałam być tam z wami, ale nie mogłam. Patrzyłam, jak wsiadasz do pociągu i machasz im na pożegnanie. Zorientowałam się, że mnie zauważyłeś. Widziałam twoją zdziwioną minę...

Jakoś wróciłam do domu. Od sąsiadki zadzwoniłam do urzędu z informacją, że nie przyjdę do pracy. Nie byłam w stanie nic robić. Położyłam się do łóżka, cały dzień z niego nie wstawałam. Na drugi dzień było to samo. W trzecim dniu odwiedziła mnie sąsiadka, Krystyna. Widząc, że jestem chora, przyniosła mi zupę.

Tydzień leżałam w łóżku. Nie jadłam, nie myłam się, czasami się czegoś napiłam. Zjadałam tylko zupy od Krystyny. Po tygodniu wpadły do mnie dwie koleżanki, Zosia i Iwona. Wystraszyły się moim wyglądem. Jeszcze bardziej przeraziły się, kiedy przy nich zemdlałam. Zadzwoniły po pogotowie. W szpitalu zostałam zbadana, pobrano mi krew do analizy.

– Czy pani wie, że jest pani w ciąży? – zapytał lekarz.

– Co? Przecież to niemożliwe! Biorę tabletki!

– Jest pani w trzecim miesiącu. Dokładniej mówiąc: jedenasty tydzień – oznajmił lekarz. – Nie zauważyła pani braku miesiączki?

– Zawsze miałam nieregularny okres, ginekolog mi mówił, że być może będę miała problemy z zajściem w ciążę – powiedziałam trochę zmieszana.

Wiadomość powoli docierała do mojej świadomości. Będę miała dziecko. Dziecko Roberta! Poczułam na nowo chęć do życia, depresja minęła jak ręką odjął. Chciało mi się skakać z radości.

Moje koleżanki miały inne zdanie na ten temat.

– Z czego się cieszysz, idiotko?! Gdzie twój kochaś?

– Poszedł sobie w siną dal – odpowiedziałam spokojnie.

– Czy ty wiesz, jak ciężko jest wychowywać dziecko samotnej kobiecie?

– Nie wiem, ale się dowiem. – Nic nie psuło mi dobrego samopoczucia.

W szpitalu spędziłam kilka dni. Byłam osłabiona, niedożywiona, z początkiem anemii.

Iwona postanowiła wziąć mnie pod swoje skrzydła, pomogła mi znaleźć inną pracę.

– Przeniesiesz się za porozumieniem stron do Huty, znajdę ci jakieś stanowisko. U nas są lepsze warunki niż w skarbówce. Oprócz tego załatwię ci wyższą pensję.

– Ale czy mnie przyjmą do pracy w ciąży?

– Nie martw się, masz to załatwione.

Rzeczywiście, załatwiła wszystko, tak jak obiecała. Była działaczką związkową i znała dyrektora, więc zatrudniono mnie bez problemu.

Musiałam zjawić się w urzędzie i dokonać wszystkich formalności związanych ze zmianą zakładu pracy. Na korytarzu spotkałam Jurka.

– Słyszałem, że odchodzisz z urzędu.

– Tak, wyjeżdżam do Warszawy. Poznałam tam pewnego faceta.

– A co z Robertem? – spytał zaciekawiony.

– Skąd mam wiedzieć? – Wzruszyłam ramionami. – Chyba pojechał do Stanów. Od dawna już się nie spotykamy.

– Tak szybko ci przeszło? – zapytał z pewnym niedowierzaniem.

– Przecież sam wiesz, jaki jest Robert! Mój nowy chłopak jest jego przeciwieństwem. Muszę już lecieć. Cześć.

Na początku mojej pracy w Hucie (Kombinacie, ale Huta lepiej brzmi) nie rozmawiałam z nikim na tematy osobiste. Wiedzieli, że nie jestem mężatką, ale nikt mnie nie pytał, dlaczego robię się coraz bardziej okrągła. Dopiero kierowniczka pewnego dnia, podczas swojej codziennej relacji z życia synów, spojrzała na mnie uważnie.

– Pani Renato, mówiła pani, że nie jest mężatką. – Wymownie spojrzała na mój brzuch.

– Bo nie jestem. Pani kierowniczko, do zajścia w ciążę niekoniecznie potrzebny jest mąż. Wystarczy mężczyzna.

Wszyscy ryknęli śmiechem, szefowa również. Od tego czasu moja ciąża przestała być tematem tabu. Na temat ojca niczego jednak ode mnie nie wyciągnęli.

Bardzo mile wspominam tamtą pracę. Po urodzeniu dziecka jakiś czas utrzymywałam kontakty towarzyskie z niektórymi koleżankami i kolegami, ale później się urwało.

Jeszcze kiedy byłam w ciąży, moje najbliższe przyjaciółki namawiały mnie, abym się z tobą skontaktowała.

– Czy wiesz, że on kiedyś może mieć do ciebie pretensje, że o niczym nie wiedział? Powinnaś go o tym poinformować – tłumaczyły.

Musiałam przyznać im rację. Pogodziłam się już z myślą, że sama będę wychowywać dziecko. Straciłam nadzieję na to, że zechcesz być ze mną, jednak uznałam, że informacja o mojej ciąży jest ważna i powinieneś o tym wiedzieć.

Zdawałam sobie sprawę, że nie ma cię w Polsce, ale postanowiłam pójść do twojego domu w nadziei, że kogoś w nim zastanę i zdobędę do ciebie numer telefonu. Kiedy zadzwoniłam domofonem, odezwał się kobiecy głos.

– Kto tam?

– Jestem znajomą Roberta, zależy mi na skontaktowaniu się z nim.

Otworzyła się furtka, weszłam do ogrodu. W drzwiach domu stanęła piękna kobieta w nieokreślonym wieku. Była bardzo do ciebie podobna. Te same czarne włosy, te same oczy. Wzięłabym ją za twoją siostrę, gdybym nie wiedziała, że jesteś jedynakiem.

– Syna nie ma w kraju, nie będzie go kilka lat. Może w ogóle nie wróci – poinformowała mnie, bacznie mi się przyglądając.

– Czy mogłaby pani przekazać mu wiadomość ode mnie? To bardzo ważne. – powiedziałam i podałam jej kopertę, w której nie było nic na temat ciąży, tylko numer telefonu do nowej pracy i do sąsiadki (swojego jeszcze nie miałam).

Po kilku tygodniach znów zawitałam pod wasze drzwi. Domofon odebrał mężczyzna. Otworzył mi furtkę. Zobaczyłam wysokiego, przystojnego szatyna po pięćdziesiątce. Domyśliłam się, że to twój ojciec. Nie zdążyłam się odezwać, kiedy w drzwiach stanęła twoja matka i zawołała go do telefonu. Poznała mnie – widziałam to w jej spojrzeniu. Teraz też dokładnie mnie obejrzała. Jej uwagę przyciągnął mój brzuch.

– Dostarczyłam kopertę Robertowi. Jest teraz na wczasach na Hawajach ze swoją narzeczoną. Proszę nas nie nachodzić. Jeśli syn będzie chciał się z panią skontaktować, to na pewno to zrobi – powiedziała stanowczo.

Spotkałam twoją mamę jeszcze raz, kilka lat później.

Czas płynął, robiłam się coraz grubsza, a moi rodzice nic o ciąży nie wiedzieli. Nie jeździłam do domu, tylko dzwoniłam. Zawsze znajdowałam jakieś wytłumaczenie. Pewnego dnia w drzwiach mojego mieszkania ujrzałam mamę.

– Rany Boskie! Ty jesteś w ciąży! – krzyknęła przerażona.

– Aha.

– Kto ci TO zrobił?! – zapytała takim tonem, jakby pytała się, kto mi podbił oko.

– Nie znasz go – odpowiedziałam spokojnie.

– Boże! Co ludzie powiedzą! A ojciec?!

– Jeśli to dla was taki wstyd, to nie będę jeździć do domu.

– Czy ty wiesz, jak trudno samotnej kobiecie wychowywać dziecko?

– Nie wiem, ale niedługo się dowiem. Oprócz tego mam rodzinę.

Mama spuściła wzrok.

– Widzę, że nie mam rodziny. Trudno.

– Przestań gadać głupstwa, zachowujesz się, jakby nic się nie stało! – zaczęła płakać.

– A co się takiego złego stało? Jestem tylko w ciąży, ty byłaś dwa razy.

– Ale ja miałam męża! Jak ja powiem o tym ojcu? – znów zaczęła chlipać.

– Mamo, przestań histeryzować. Nie będę przyjeżdżać do Olkusza. Nikt się nie dowie – usiłowałam ją uspokoić.

Posiedziała, ponarzekała i pojechała do domu. Odetchnęłam z ulgą.

Następnego dnia przyjechali wszyscy: ojciec, mama, brat i bratowa. Po ojcu widać było, że całą noc nie spał. Podszedł i mnie objął.

– Nic się nie martw, córka. Jakoś to będzie – powiedział.

Po raz pierwszy się rozpłakałam. To właśnie cały mój ojciec. Wtedy sobie uświadomiłam, jak bardzo go kocham.

Po chwili zaczęło się śledztwo.

– Co to za bydlak? Żonaty?

– Nie.

– To dlaczego się z tobą nie ożeni?

– Nie wie nic o ciąży. Nie ma go w Polsce – odpowiedziałam.

– To jakiś Arab albo Murzyn? – jeszcze bardziej się zaniepokoili.

– Nie. To Polak, ale wyjechał do Ameryki.

– Jak wróci, to może się ożeni? – zaświtała im iskierka nadziei.

– Wątpię. Nie napisał do mnie.

– Gdybyś źle się czuła, to idź na chorobowe i przyjeżdżaj do domu – powiedział ojciec na koniec.

– Na razie czuję się super.

Bratowa obiecała mi całą wyprawkę. Miała już dwóch synów: jeden miał trzy i pół roku, drugi półtora, więc była na bieżąco z niemowlakami.

– Nie martw się, pomogę ci. Nauczę cię, co trzeba robić przy dziecku – powiedziała uspokajająco.

Najgorsze miałam za sobą. Pozostało mi jedno – czekać. Jak każda matka byłam pełna obaw. Bałam się porodu, bałam się, czy dziecko będzie zdrowe, czy będzie miało wszystko na swoim miejscu, czy będzie miało odpowiednią ilość paluszków i... czy dam sobie radę. Bałam się wszystkiego!

Skończył się stary rok, skończyła się pewna epoka – nastał wolny rynek. Zaaferowana swoimi sprawami, mało interesowałam się tym, co się wokół dzieje. Termin porodu miałam wyznaczony na połowę marca. Ciążę znosiłam dobrze, wyglądałam też całkiem nieźle. Wszyscy mówili, że to będzie chłopiec. Ja też tak uważałam. Wykupiłam przysługujące mi ubranka i pieluchy na kartki… i czekałam.

Tydzień przed porodem zjawiłam się w szpitalu. Lekarze orzekli, że ze względu na moją krótkowzroczność i problemy z sercem, wskazana jest cesarka. Termin początkowo ustalono na osiemnastego marca, ale jak dowiedziano się, że mam urodziny szesnastego, postanowili zrobić mi prezent urodzinowy.

– Będzie pani pić wódkę z okazji urodzin w tym samym dniu co syn. Mniejsze koszty – śmiał się lekarz.

W końcu nadszedł ten dzień. O dziesiątej rano w mojej sali zjawił się anestezjolog.

– Zapraszam panią do stołu. Zaraz zostanie pani cesarzową – zażartował.

Położyli mnie, uśpili i wyjęli małego człowieczka. Niezbyt mile wspominam ten dzień. Czułam się okropnie. W czasie narkozy wydawało mi się, że Bóg do mnie przemawia, jak do Mojżesza na pustyni. Pierwsze co chciałam zrobić po przebudzeniu, to nawracać wszystkich niewiernych. Miałam zamiar zacząć od pielęgniarki, ale nie miałam sił, żeby mówić. Oprócz bólu czułam też przejmujące zimno. Przykryto mnie kilkoma kocami, ale nadal miałam dreszcze. Najgorsze po operacji to uczucie bezsilności i świadomość, że jest się zdanym na kogoś innego, w tym wypadku na pielęgniarkę. Rodzice zapłacili za doglądanie mnie, ale opłacona pielęgniarka zjawiła się dopiero o dziewiętnastej. Przez kilka godzin skazana byłam na pielęgniarki dyżurne. Trudno było nazwać opieką to, co działo się na sali. Ale było, minęło.

Wiedziałam już, że mam syna olbrzyma, który waży 4 kilogramy i 70 gramów oraz mierzy 62 centymetry. Pielęgniarka, chcąc mi zrobić przyjemność, przyniosła go na chwilę. Zobaczyłam mały tobołek, związany tak, że tylko główka wystawała. Kiedy go ujrzałam, nie ogarnęło mnie błogie szczęście jak pokazują na filmach, wprost przeciwnie, byłam przerażona. Mój synek zamiast szyi miał pod brodą podgardle jak Józef Cyrankiewicz! Boże! To jakiś mutant, pomyślałam zrozpaczona. On wygląda jak ropucha! Nie dość że bękart, to jeszcze taki brzydki! To wszystko przez te pastylki antykoncepcyjne! Ale przecież brałam je tak krótko...

Cierpiałam: trochę fizycznie i bardzo psychicznie. Na drugi dzień słysząc słowa lekarki, że dziecko jest zdrowe i wszystko z nim w porządku, nie mogłam w to uwierzyć. Pierwsze pytanie, jakie zadałam, zszokowało lekarkę.

– Pani doktor, jak odchudzić noworodka?

– Cóż za bzdury pani opowiada! Zamiast cieszyć się, że dziecko urodziło się zdrowe, to pani już się bierze za jego odchudzanie?! – zdegustowana pokręciła tylko głową i wyszła.

Trochę zawstydzona, nadal jednak byłam zdecydowana na radykalne odchudzanie swojego syna. Oprócz tłuszczu mojego dziecka miałam dodatkowy powód do zmartwienia – jak zareaguje rodzina, kiedy go zobaczy? Chcąc oszczędzić ludziom szoku, wszystkich uprzedzałam, że mam wyjątkowo brzydkie dziecko.

– Nie martw się, dzieci się zmieniają – pocieszała mnie bratowa.

Mógłby być brzydki, tylko żeby był normalnie brzydki, a nie tak, jak mój nowo narodzony! Przez całe dziesięć dni się martwiłam. Nie mogłam go kolejny raz zobaczyć, wtedy nie oddawano matkom po cesarce dzieci do karmienia.

W końcu nadeszła dziesiąta doba, można było wracać do domu. Cała moja rodzina przyjechała do szpitala, mama z tatą jednym samochodem, mój brat z rodziną - drugim. Poszłam odebrać synka. Zobaczyłam go, jak leżał ubrany przez pielęgniarkę w przyniesione przeze mnie ubranka. Poczułam wielką ulgę, wręcz szczęście – mój synek miał szyję. Wyglądał jak każdy inny noworodek, z tą tylko różnicą, że był dużo większy od innych. Rękawki kaftanika były trochę przykrótkie, nie można było go również zapiąć, bo był za ciasny. Owinęłam maluszka kocykiem, na główkę założyłam czapeczkę (nie zakrywała mu uszu).

– Siostro, co on tak schudł w ciągu tych dziesięciu dni? Przedtem zamiast szyi miał tłuszcz, teraz tego nie ma – spytałam pielęgniarkę.

– To nie był tłuszcz, tylko opuchlizna po pępowinie. Biedactwo okręcony był, mógł się udusić. Opuchlizna zniknęła. Ma pani ślicznego synka!

Przyjrzałam się dokładnie mojemu dzidziusiowi. Miał duże ciemne oczy i dużo czarnych włosków, zakręconych przez pielęgniarkę na czubku głowy w loka. Nie był już fioletowy jak przedtem, miał ładną brzoskwiniową karnację. Pielęgniarka miała rację, był śliczny.

– Jaki on ładny! – krzyknęła chórem cała rodzina. – Dlaczego mówiłaś, że jest brzydki?

– Jak mu dasz na imię? – zapytała mama.

– Jeszcze nie wiem.

– Miałaś tyle czasu w szpitalu i nie wybrałaś imienia?

W szpitalu miałam inne problemy, nie zawracałam sobie głowy imieniem. Zaczęłam się zastanawiać. Tomek? – w dzieciństwie lubiłam czytać powieści Szklarskiego o przygodach Tomka Wilmowskiego. Tomków jednak ostatnio było bardzo dużo. Marek? – nie. Michał? – w żadnym wypadku. Patryk? – zbyt wymyślnie. Dominik? – mama mówiłaby do niego Dominiczek. Nie! A może Krzyś?

Raz, że bratankowi czytałam „*Kubusia Puchatka*" i bardzo podobało mi się to imię.

Dwa, że wszystkie Krzyśki, których znałam, byli przystojni.

No i twój ojciec tak miał na imię.

Ten ostatni argument przeważył.

– Mamo, wybrałam. Pozwól, że was sobie przedstawię: oto mój syn Krzysztof.

Mojemu synkowi chyba też spodobało się to imię, bo przestawał płakać, gdy tak do niego mówiłam. Z płaczu moje dziecko miało piątkę z plusem. Potrafił to robić godzinami! Płakał, bo był głodny, bo miał mokrą pieluchę, bo... lubił płakać.

Największe koncerty urządzał w nocy. Potrafił płakać do świtu, w dzień grzecznie spał. Poddałam się. Dostosowałam pory dnia do niego. Spałam, kiedy Krzyś spał, czuwałam, kiedy on miał na to ochotę. Ten horror trwał przez sześć miesięcy. Potem kolka minęła. Za to zaczęły się wyrzynać ząbki...

Przechodziłam to, co przechodzą wszystkie mamy świata, z tą tylko różnicą, że inne mamy mają jakąś pomoc w postaci męża, matki, teściowej lub niańki. Ja byłam sama. Najbardziej bałam się, kiedy Krzyś stał się bardziej mobilny, gdy zaczął się etap raczkowania. Bałam się wrzątku, dziesiątego piętra i wszystkich drobnych przedmiotów, które może zjeść lub wsadzić sobie w nieodpowiednie miejsce. Od chwytania gorącej szklanki oduczyłam go szybko – wsadziłam mu paluszek do wrzątku na tyle długo, żeby zabolało. Poskutkowało. Drzwi do kuchni i na balkon zamykałam. Uchroniłam go przed przykrymi przygodami. Raz tylko byłam z nim na pogotowiu, kiedy wsadził sobie do nosa małą kuleczkę, element zabawki.

Szybko opanował sztukę załatwiania się do nocnika. Pierwszą świeczkę urodzinową zgasił bez pieluchy i na stojąco. Radość dziadków była ogromna, kiedy przydreptał do nich na nóżkach, nie na kolanach. Oczywiście stał się ulubieńcem babci i dziadka, do tego czasu jest ich oczkiem w głowie, najbardziej ukochanym wnukiem.

Krzyś rósł, rosły również koszty utrzymania. Dostawałam zasiłek przysługujący samotnym matkom, ale to było za mało. Musiałam pomyśleć o pracy. Nie chciałam wracać do Huty, postanowiłam zostać bizneswoman, a Krzysia zapisać do żłobka. Razem z Zosią otworzyłyśmy na osiedlu sklep. Ważyłam ziemniaki, buraki i sery. Gehenną dla mnie było zważenie dwudziestu pięciu dekagramów sera żółtego lub białego. Nie miałyśmy maszynki do krojenia. Klientka zażyczyła sobie piętnaście deko sera żółtego i ani grama więcej, a mnie zważyło się dwadzieścia siedem. Co wtedy zrobić? Do tego dochodził smród zepsutego mleka, zjełczałego masła i mnóstwo zgniłych owoców. Wtedy jadłam tylko stare pieczarki, zwiędnięte warzywa i owoce. Podobno czerstwe pieczywo jest zdrowsze niż świeże, ale czy można stary chleb i suche drożdżówki zaliczyć do zdrowej żywności? Klienci tak nie uważali. Nie lubię wyrzucać jedzenia, dlatego my musiałyśmy to wszystko zjadać – ja i Zosia. Tylko dla Krzysia kupowałam świeże produkty.

Po pół roku swojej kariery w handlu miałam dość biznesów, tym bardziej że na razie sklep nie przynosił żadnych zysków. Wypłatę pobierałam w naturze, w postaci starych pieczarek i wysuszonej papryki. Postanowiłam szukać pracy. Okazja nadarzyła się, kiedy poszłam po poradę do doradcy podatkowego – zaskoczona ujrzałam dawnego kolegę ze skarbówki. Księgowość sklepu prowadziłam sama, ale chciałam dowiedzieć się czegoś więcej na temat ulg podatkowych. Okazało się, że ustawę znam lepiej niż doradca. Przyznał, że jestem bystra i mam rację, interpretując jeden z paragrafów inaczej niż on, ale nie przeszkadzało mu to w skasowaniu mnie za poradę. W zamian obiecał, że poszuka dla mnie pracy w biurze rachunkowym.

– Pracowałaś w urzędzie skarbowym, umiesz czytać ustawy, zostaniesz dobrą księgową – oznajmił.

Nie wyprowadzałam go z błędu.

Rozstałam się z Zosią. Zostawiłam jej buraczano-ziemniaczany interes w zamian za zwrot pieniędzy, które na początku w niego włożyłam.

Podjęłam pracę w biurze rachunkowym. Na początku lat dziewięćdziesiątych powstało wiele nowych firm: sklepów, sklepików, zakładów, zakładzików. Nie każdy dawał sobie radę z rachunkami, dlatego było duże zapotrzebowanie na usługi księgowe.

Biuro, w którym zaczęłam pracować, było jednym z pierwszych tego typu w Krakowie. Szefem był absolwent Akademii Ekonomicznej, Michał Rybowski, przez pracowników zwany Rybą. Zatrudniał sześciu księgowych. Był bardzo wymagającym i bardzo skąpym pracodawcą. Wiedziałam, że muszę być dobrą księgową, jeśli chcę u niego dłużej pracować. Miałam na utrzymaniu dziecko, musiałam więc starać się bardziej niż inni. Dużo się od niego nauczyłam. Poznałam podstawy pełnej księgowości, dowiedziałam się, co to jest „amerykanka", zapoznałam się z komputerem, nauczyłam się programów księgowych.

W niespełna rok byłam już jego prawą ręką. Obsługiwałam najważniejszych klientów, reprezentowałam ich w urzędzie skarbowym lub w ZUS–ie. Byłam niezastąpiona. Mój szef szanował mnie, liczył się ze mną, ale mnie nie doceniał. W porównaniu z pensjami w innych firmach moje wynagrodzenie było bardzo skromne. Najgorsze było to, że musiałam siedzieć w biurze do wieczora. Sąsiadka i jej dzieci co prawda odbierały Krzysia ze żłobka, ale mnie to bardzo przeszkadzało.

W końcu się zbuntowałam.

– Michał, nie mogę tyle czasu siedzieć w biurze. Mam małe dziecko, chyba będę musiała odejść – powiedziałam stanowczo.

– Nie wygłupiaj się. Coś na to zaradzimy. – Wystraszył się, bo gdzie znalazłby drugą taką głupią jak ja?

Zaradził – wstawił komputer do mojej kuchni. Wyrzuciłam stół kuchenny, a na jego miejscu stanęło biurko. Od tego czasu nadgodziny przepracowywałam, mieszając jednocześnie zupę w garnku. Byłam zadowolona z tego układu, mogłam po ośmiu godzinach w biurze, posiedzieć następne cztery przed komputerem w swojej kuchni. Ale przynajmniej miałam teraz Krzysia dłużej dla siebie. Ja siedziałam przy swoim biurku, on przy swoim stoliczku. Ja wklepywałam dane do komputera, on rysował i malował w swoim kajeciku.

Pracowałam w biurze półtora roku, kiedy Ryba zatrudnił na umowę-zlecenie studenta informatyki. Było coraz więcej komputerów, ktoś musiał od czasu do czasu je naprawiać, bo często zawieszały się, a drukarki nie chciały drukować. Wtedy poznałam Rafała. Początkowo nie pałałam do niego sympatią. Wysoki, chudy, w okularach, z długimi, zawsze rozczochranymi włosami. Ubrany był w rozciągnięty sweter i wyświechtane spodnie. Zmieniłam zdanie, kiedy przyszedł do mnie naprawić komputer. Dobrze się spisał, szybko usunął usterkę, postawiłam więc w rewanżu wódkę na stół. Wypiliśmy całe pół litra. Fajnie nam się rozmawiało. Zaprzyjaźniliśmy się. Często przychodził do mnie ze swoją ówczesną dziewczyną, czasami razem szliśmy do kina. Zostawał z małym, kiedy chciałam gdzieś sama wyskoczyć. Między Krzysiem a Rafałem powstała swoista więź. Mój syn przepadał za nim, Rafał też bardzo go polubił. Nie spodziewałam się, że młody chłopak tak przywiąże się do dziecka. Rafał był młodszy ode mnie o siedem lat, traktowałam go jak młodszego brata. Wyświadczaliśmy sobie nawzajem drobne przysługi: on coś mi przywiózł swoim samochodem, ja mu użyczałam mieszkania na randki z dziewczyną; on mi coś naprawił, ja mu upiekłam pyszne ciasto. Był obecny na wszystkich moich imieninach i urodzinach. Moje koleżanki przyzwyczaiły się do jego towarzystwa, moja rodzina też. Początkowo wszystkich dziwiła nasza przyjaźń, potem jednak przestali zwracać na to uwagę. Rafał również załatwił mi kilka fuch, to znaczy klientów, którzy nie potrzebowali umowy. Ryba oczywiście o niczym nie wiedział.

To Rafał zaczął buntować mnie przeciwko mojemu szefowi.

– Ten sknera wykorzystuje cię niemiłosiernie, a ty, idiotko, na to mu pozwalasz. Upomnij się o podwyżkę – podpuszczał mnie.

W końcu sama uznałam, że warto powalczyć o większe pieniądze i zawitałam w gabinecie Ryby.

– Wiem, że zasługujesz na wyższą pensję, ale jeśli tobie dam więcej, to inni też się będą upominać. Mam teraz tyle płatności! Dom buduję, samochód spłacam. – Tak bardzo narzekał na swoje ciężkie życie, że aż wstyd mi się zrobiło, że go śmiem prosić o kilka złotych więcej. – Dobrze, dam ci po cichu premię, ale innym nic nie mów.

– Ile ci dał? Bańkę więcej i ty się na to zgodziłaś?! Straszna kretynka z ciebie. – Rafał niezbyt pochlebnie ocenił moją asertywność.

Po pewnym czasie Rafał podsunął mi pomysł usamodzielnienia się.

– Jesteś bardzo dobrą księgową. Klienci cię lubią. Otwórz swoje biuro. Pogadam z twoimi klientami, na pewno pójdą za tobą – zachęcał mnie. – Nigdy nie miałaś firmy, ale jesteś sprytna. Dasz sobie radę.

– Nie mam pieniędzy na wynajęcie lokalu. Nie stać mnie.

– Będziesz miała biuro w kuchni. Pomogę ci w remoncie. Na komputer masz pieniądze, telefon już ci założyli – przekonywał mnie.

W końcu uległam jego perswazjom. Raz kozie śmierć! Dałam wypowiedzenie Rybie. Mój szef najpierw zaczął mnie straszyć.

– Zwariowałaś? Wiesz, ile kosztuje utrzymanie biura? Składki zusowskie, programy komputerowe. Nie dasz rady. Na kolanach do mnie przyjdziesz, ale wtedy nie będziesz miała powrotu!

– Cóż, zaryzykuję.

– Nie wygłupiaj się, dam ci podwyżkę. Dam ci nawet procent od klientów. Nie odchodź, dobrze nam się razem pracuje. Nie ryzykuj – zmienił ton momentalnie.

Byłam jednak zdecydowana iść na swoje. Zaczęłam remont w mieszkaniu. Kupiłam tapety, farby i zabrałam się do roboty. Efekt był w miarę zadowalający.

– Sama to zrobiłaś? Pomógłbym ci – zdziwił się Rafał.

Zrobiłam przemeblowanie w kuchni. Dotychczas meble tworzyły literę L. Wyrzuciłam dwie szafki z zabudowy, meble zostały na jednej ścianie. Rafał wyszukał ciekawą roletę z nadrukiem mapy Europy, która zawieszona przy suficie maskowała zabudowę kuchenną. Przy wolnej ścianie stanął oszklony regał na segregatory, drugi postawiłam w przedpokoju obok szafy ubraniowej. Na stare segregatory znalazłam miejsce w piwnicy, z której wyrzuciłam puste słoiki i mnóstwo niepotrzebnych rupieci – przerobiłam ją na archiwum. Przy biurku postawiłam wygodne krzesło dla klienta, miałam też w zapasie dwa krzesła składane. Moja kuchnia nie przypominała już kuchni, ale mały, wygodny pokoik do pracy.

Rafał dotrzymał słowa. W ciągu trzech miesięcy wielu klientów, których obsługiwałam u Ryby, przeszło do mojego biura.

Pewnego dnia mój były szef do mnie zadzwonił.

– Ty głupia dziwko! Załatwię cię, zobaczysz! Pójdę do urzędu skarbowego! Będziesz miała przesrane, ty i twoi klienci! – krzyczał.

– Tak? Naprawdę to zrobisz? Ostrzegę więc twoich pozostałych klientów, jakie stosujesz metody. Niech wiedzą, z kim mają do czynienia. Informuję cię, że do żadnego klienta nie dzwoniłam, sami do mnie przyszli – odpowiedziałam mu spokojnie.

Musiał się wystraszyć, bo więcej mnie nie nękał.

W niedługim czasie Rafał również przestał pracować u Ryby, teraz ja byłam jego pracodawczynią. Był moim informatykiem i gońcem, wklepywał też dane do komputera. Stał się moim jedynym pracownikiem. Zarabiał u mnie tyle, ile ja u Ryby (tylko że on pracował na pół etatu). Zdobyłam też potrzebną licencję na usługowe prowadzenie rachunkowości. Byłam teraz profesjonalną księgową.

Moja sytuacja finansowa poprawiła się, miałam też więcej czasu dla Krzysia, który chodził już do przedszkola. Przedszkolanki były nim zachwycone.

– Jakie z niego inteligentne dziecko! Ma wręcz genialną pamięć. Wystarczy dwa razy przeczytać mu wierszyk a on bezbłędnie go powtórzy. To mały geniusz! Skąd on ma takie zdolności? Po pani, czy po ojcu? – pytała wychowawczyni.

– Nie wiem – mówiłam. W duchu dodawałam: po tabletkach antykoncepcyjnych.

W wieku trzech i pół roku mój syn umiał już czytać. Rafał go nauczył, jak również wielu innych rzeczy. Doskonale radził sobie z komputerem. Mając pięć lat, był lepszy ode mnie. Inna sprawa, że być lepszym ode mnie pod względem znajomości komputera to żadna sztuka. Dorośli przepadali za nim, natomiast dzieci – nie bardzo. Nie miał żadnych kolegów, zawsze bawił się sam.

Zaraz na początku przedszkola wyszła kwestia ojca.

– Mamusiu, czy ja miałem kiedyś tatę?

– Dlaczego pytasz?

– Chłopaki w przedszkolu spytali mnie, gdzie jest mój tata. Ja im odpowiedziałem, że nigdy nie miałem taty, bo moja mama nie potrzebuje męża. Oni na to, że musiał mnie tata zrobić, bo żeby było dziecko, to trzeba mieć męża. To ja im odpowiedziałem, że moja mama wszystko umie zrobić sama, nawet tapetować potrafi.

Roześmiałam się, ale dość szybko spoważniałam. Nie wolno bagatelizować tematu ojca, nawet jak jest bardzo niewygodny.

– Krzysiu, ty też miałeś tatę, ale on poszedł do nieba. Teraz z góry na nas patrzy. – Musiałam rozczarować mojego synka. Podobno dzieworództwo występuje u niektórych gatunków żab, ale jeszcze nie u ludzi. – Tatuś bardzo nas kochał, zarówno mnie, jak i ciebie.

– Dlaczego go nie pamiętam? – zapytał – Przecież ja mam dobrą pamięć.

– Bo umarł, kiedy jeszcze byłeś w brzuszku u mamusi – odpowiedziałam.

– To skąd wiesz, że mnie kochał?

– Bo pisał do mnie listy – chlapnęłam niepotrzebnie.

– Gdzie one są?

– Nie wiem. Gdzieś schowałam. Kiedyś je znajdę i ci pokażę.

Myślałam, że zaspokoiłam jego ciekawość. Okazało się, że nie.

Dwa dni później siedziałam przy komputerze, Krzyś bawił się w pokoju. Zrobiłam sobie małą przerwę. Otworzyłam drzwi i... zobaczyłam moje dziecko pod sufitem. Wyjął drabinkę pokojową i czegoś szukał. Wystraszyłam się okropnie. Doskoczyłam do drabinki i ściągnęłam go.

– Coś ty tam robił? Wiesz, że mogłeś spaść i zrobić sobie krzywdę?! – zwróciłam mu uwagę surowym tonem.

– Szukałem listów od taty, ty byłaś zajęta – tłumaczył się.

– Tu ich nie ma. Pojutrze ci je pokażę – obiecałam. – Ale pamiętaj, nie wolno ci się wspinać.

Słowo się rzekło – musiałam spreparować listy. Znalazłam pożółkłe kartki papieru, pożyczyłam maszynę do pisania i napisałam do siebie kilka listów. Żeby uwiarygodnić istnienie ojca, wyjęłam twój zgubiony guzik, okulary, które zostawiłeś u mnie, i twój długopis, który mi kiedyś dałeś. Wyciągnęłam też jedyne nasze wspólne zdjęcie, jakie posiadałam. Wszystko to pokazałam Krzysiowi. Od tego czasu stały się dla niego najcenniejszymi przedmiotami, jakie miał. Najpierw trzymał je w pudełku po butach, potem zażyczył sobie kasetkę zamykaną na kluczyk. Kupiłam mu ją w Ikei. Nie chciałam, żeby pokazywał pamiątki po tacie dzieciom lub co gorsza dorosłym – zaczęliby zadawać pytania. Kilkuletnie dziecko mogło uwierzyć w fikcyjnego tatę, dorosły raczej nie, dlatego zrobiliśmy z tego nasz wspólny sekret. Kiedy chciał porozmawiać o ojcu, przychodził do mnie i pytał, a ja mu odpowiadałam. Zmarły ojciec stał się dla niego idolem, wzorcem do naśladowania, bohaterem równym Supermanowi. Ten wyidealizowany wizerunek pomagał mi również w wychowywaniu naszego syna. Kiedy coś zbroił, nie musiałam karać go lub straszyć karą, wystarczyło powiedzieć, że jego zachowanie nie spodobałoby się tacie albo że tata patrząc z nieba, jest z niego niezadowolony. Żaden żywy ojciec nie miał takiego autorytetu jak jego wyimaginowany tata.

Pewnego razu obraził się na swoich kuzynów w Olkuszu.

– Krzysiu, jedziemy w sobotę do babci i dziadka – powiedziałam radośnie.

– Nie pojadę. Nie chcę - odburknął.

– Dlaczego? Co się stało? – zaniepokoiłam się. Myślałam, że się ucieszy, bo lubił tam jeździć.

– Oni źle mówią o tacie, nazwali go nieodpowiedzialnym łajdakiem – powiedział to z nieukrywaną złością. – Nigdy tam nie pojadę.

– Powiedzieli tak, bo go nie znali. Nigdy go nie widzieli. Tylko ja i ty wiemy, jaki tata był naprawdę. Dlatego nie chciałam, żebyś o nim opowiadał – starałam się go uspokoić.

Z wielką trudnością udało mi się zaciągnąć go do autobusu. Po przyjeździe do rodziców postanowiłam z nimi się rozmówić.

– Jeśli chcecie, żebyśmy z Krzysiem tu przyjeżdżali, to nie radzę wieszać psów na jego ojcu – powiedziałam do nich ze złością.

– Niech zna prawdę, po co dziecku mydlić oczy – postawił się ojciec. – Naopowiadałaś mu bzdur o wspaniałym tatusiu, który w rzeczywistości jest zwykłym śmieciem.

– Po pierwsze, wydajecie sąd o kimś, kogo na oczy nie widzieliście. Po drugie, każdemu dziecku do prawidłowego rozwoju potrzebny jest ojciec, nawet wymyślony. Po trzecie, wracamy do Krakowa i długo nas nie zobaczycie. – Wyszłam po Krzysia.

Mama, widząc co się dzieje, wybiegła za mną.

– Nie wygłupiaj się, zostańcie. Jeśli nie chcesz, to my też już nigdy nic nie będziemy mówić na temat ojca Krzysia – powiedziała błagalnym tonem.

– Powiedz dzieciom, żeby też nic złego nie mówiły o jego ojcu, bo inaczej Krzyś was znienawidzi – ostrzegłam.

Od tego czasu ojciec był tematem tabu. Moja mama, gdy dowiedziała się o listach, prawdopodobnie chciała je przeczytać, ale to jej się nie udało chyba dzięki kluczykowi.

Krzyś stał się dla mnie najważniejszą osobą na świecie. Wszystko, co robiłam, robiłam z myślą o nim. Nie spotykałam się z mężczyznami, nie szukałam romansów, nawet nie odczuwałam takiej potrzeby. Praca zajmowała mi bardzo dużo czasu, dlatego każdą wolną chwilę poświęcałam synkowi. Uwielbiałam spędzać z nim czas. Wystarczyła mi tylko jego obecność, możliwość patrzenia na niego, abym poczuła się szczęśliwa. Ja siedziałam w jednym fotelu, on - w drugim. Ja czytałam jakąś książkę, on - swoją książeczkę.

Często rozmawialiśmy o tobie. Krzyś chciał jak najwięcej wiedzieć. Opowiadałam mu więc o twojej rodzinie, o Samancie, o pracy w szpitalu. Dzieliłam się z nim wszystkimi informacjami, które wydawały mi się bezpieczne do wyjawienia. Oczywiście idealizowałam cię, zapominałam o wadach, wyolbrzymiałam zalety. Pod wpływem tych rozmów ja również uwierzyłam w twój wizerunek, tak konsekwentnie przeze mnie budowany. Odbierałam cię tak samo jak Krzyś. Zapomniałam, jaki byłeś naprawdę, stworzyłam cię w swojej wyobraźni na nowo, byłeś taki jak w listach. Kochałeś mnie i naszego synka, tęskniłeś za nami. W przeciwieństwie do Krzysia wiedziałam, że nie umarłeś, że kiedyś zjawisz się i będziemy we trójkę bardzo szczęśliwi. Dlatego pisałam ten pamiętnik. Oczy otworzyły mi się dopiero wtedy, kiedy zobaczyłam cię w Jubilacie.

Pamiętam ten dzień. Był koniec sierpnia, sześć lat po twoim wyjeździe, piątek. Dzień był słoneczny, ale chłodny. Poszłam do Jubilata, chciałam kupić Krzysiowi nową piżamę i kilka podkoszulków do przedszkola. Stałam przy ladzie, oglądając dziecięcą bieliznę, i nagle zauważyłam cię na schodach. Nareszcie wróciłeś, moje modlitwy zostały wysłuchane, pomyślałam z radością. Uśmiechałeś się. Początkowo myślałam, że do mnie. Już chciałam podbiec do ciebie, ale szybko zorientowałam się, że obok ciebie idzie kobieta. To do niej się uśmiechałeś. Patrzyłeś na nią tak jak w mojej wyobraźni patrzysz na mnie – oczami zakochanego mężczyzny. Poszłam za wami. Widziałam, jak ją obejmujesz, coś do niej mówisz, śmiejesz się. W pewnym momencie coś błysnęło na twoim palcu. To była obrączka.

Przyjrzałam się twojej żonie. Nie umywałam się do niej! Była piękna, zgrabna i chyba też w tobie zakochana. Usłyszałam kilka słów, zorientowałam się, że nie jest Polką. Pomyślałam wtedy o twojej babci i o tym, że sprawdziły się jej obawy – ożeniłeś się z Amerykanką.

Nie wiem, jak wróciłam do domu. Szłam i płakałam. Kiedy znalazłam się w pokoju, rzuciłam się na kanapę i dalej płakałam. W końcu zmęczona zasnęłam. Obudziłam się, spojrzałam na zegarek – pora iść po Krzysia, zostawiłam go u koleżanki. Mój wzrok padł na półkę, gdzie stała kasetka. W pierwszym odruchu chciałam wyrzucić ją do śmietnika. Opanowałam się. Nie mogłam tego zrobić swojemu synowi. Pamiętnik jednak był moją własnością. Wzięłam zeszyt i cisnęłam do kosza. Widziałam później, jak Krzyś go wyjmuje i chowa przede mną.

Chciałam zostać sama. Wieczorem przyjechał mój brat i wziął Krzysia na kilka dni do rodziców. Mogłam teraz w spokoju oddać się rozpaczy. Wyjęłam butelkę wódki i zrobiłam sobie porządnego drinka. Byłam już nieźle wstawiona, kiedy przyszedł Rafał.

– Co to za okazja? – spytał.

– Stypa po moim mężu.

– Co się stało?

– Widziałam go z blond laską. Zaobrączkowanego.

– Rozmawiałaś z nim?

– Zwariowałeś? – oburzyłam się.

– Może nareszcie zaczniesz żyć normalnie.

Popatrzyłam na niego nieprzytomnie.

– Już najwyższy czas zakończyć okres wdowieństwa - dodał.

Przyznałam mu rację.

Rano wstałam z mocnym postanowieniem wprowadzenia zmian w swoim życiu:

1. Muszę zamienić mieszkanie na większe.
2. Muszę wynająć lokal pod biuro.
3. Muszę znaleźć nowych klientów.
4. Muszę zmienić swój wizerunek.

Cały czas miałam przed oczami obraz twojej żony i ciebie, jak na nią patrzysz. Do tego czasu nie zastanawiałam się nigdy nad swoim wyglądem, pogodziłam się z tym, że nie jestem zbyt ładna. Jednak wspomnienie twojej żony zmobilizowało mnie do działania. Czwarty punkt będzie teraz dla mnie priorytetem! Muszę doprowadzić do tego, żeby na mnie też ktoś patrzył tak zakochanym wzrokiem!

Rozebrałam się i stanęłam przed lustrem. Przyjrzałam się sobie krytycznie.

– Biust! Mały, ale ładny. Biustonosz z odpowiednią ilością gąbki zatuszuje to, czego poskąpiła natura.

– Nogi! Łydki bardzo zgrabne, uda mniej. Trzeba wyeksponować łydki.

– Talia! Wcięcia osy nie posiadam, ale trudno.

– Biodra! Nie są rozłożyste, może to i dobrze.

– Brzuch! Trochę sterczący. Trzeba poćwiczyć brzuszki, rowerki i nożyce. Kupić majtki ściągające (na co dzień mogą być, gorzej, kiedy dojdzie do rozbieranej randki). Chodzić z wciągniętym brzuchem.

– Włosy! Gęste, lekko falujące. Nowa fryzura i inny kolor. Kasztan z dodatkiem miedzi!

– Oczy! Makijaż i soczewki kontaktowe.

– Zęby! Nowe plomby i koronka na jedynkę.

Zrobiłam remanent swojej urody i doszłam do wniosku, że jest szansa zrobić coś z moją aparycją. Sam Mistrz przed wyjazdem do Ameryki też tak uważał!

Następnie zrobiłam remanent w szafie. Koniec z wygodnymi spodniami, obszernymi swetrami, butami na płaskich obcasach. Wyjęłam worek na śmieci, wpakowałam do niego prawie wszystkie swoje ubrania i bez zastanowienia wrzuciłam do zsypu. Teraz nie ma odwrotu. Buty podzieliły los ubrań, też wylądowały w zsypie. Chciałabym zobaczyć minę mojej mamy, jak wyrzucam porządne ubrania do śmieci. Ubrałam się w to co mi pozostało, wzięłam pieniądze i poszłam na zakupy.

Wydałam majątek, ale nie żałowałam ani jednej przeznaczonej na nową garderobę złotówki. Po powrocie do domu byłam zadowolona, ale i przeraźliwie głodna. Nie skusiłam się jednak na obiad, bo chciałam schudnąć. Przyrządziłam sobie lekką sałatkę i przystąpiłam do kolejnych kroków mających na celu zmianę wyglądu. Zaczęłam żmudną naukę malowania. Po kilku godzinach ślęczenia nad zakupionymi poradnikami, próbach i błędach, wiedziałam już, jak to robić, żeby podkreślić atuty, a zatuszować braki.

W niedzielę pojechałam na bazar, w poniedziałek do optyka, we wtorek do fryzjera, w środę do dentysty.

W czwartek przyszedł Rafał i zdębiał.

– Coś ty ze sobą zrobiła?! – Stanął jak wryty.

– Aż tak źle wyglądam? – przeraziłam się.

– No nie... wprost przeciwnie... ale jakoś nie mogę się do ciebie przyzwyczaić – powiedział z pewnym wahaniem. – Co to za książki kupiłaś? – spytał, zerkając na stół. – *Jak być piękną*, *Jak uwieść mężczyznę*, *Jak być pożądaną*. Czyś ty oszalała? Z księgowej chcesz się przeistoczyć w wampa? – zaśmiał się Rafał.

– Oddawaj mi te książki! – Byłam wściekła na siebie, że ich wcześniej nie schowałam.

– Odbiło ci? Chcesz zostać femme fatale? Rozkochiwać w sobie facetów i ich porzucać? – dalej kpił sobie ze mnie.

Siedziałam naburmuszona. Wściekła na siebie, na Rafała, a przede wszystkim na ciebie, Robert. Moja miłość zaczęła przemieniać się w nienawiść. Jak mogłam być taką kretynką! Cały czas przed oczami miałam twoją piękną żonę i ciebie, patrzącego na nią zakochanym wzrokiem. Nienawidziłam was i waszego szczęścia.

– Nie wiedziałem, że masz takie zgrabne nogi. – Rafał przyglądał mi się uważnie, jakby pierwszy raz mnie widział. – I twoje oczy bez okularów... bardzo ładne.

– Wcale nie są ładne, tylko ładnie umalowane – wyprowadziłam go z błędu.

– Tak w ogóle, to jesteś całkiem zgrabna – kontynuował swoje oględziny. – Biust masz prawdziwy czy sztuczny? Daj pomacać.

– Spróbuj tylko, to wyjdziesz z tego pokoju, mówiąc falsetem – ostrzegłam.

– Jakaś nagroda mi się należy, bo załatwiłem lokal pod biuro. Fantastyczny, mówię ci! Niedrogi, tylko pięć stów miesięcznie, w dobrym punkcie, z parkingiem... Nie cieszysz się?

– Nie mam forsy – powiedziałam po dłuższej chwili.

– Jak to? Miałaś odłożone ponad dziesięć tysięcy – zdziwił się.

– Miałam, ale już nie mam. Wydałam na ciuchy – dodałam skruszonym tonem.

– Coo? Żartujesz, prawda? Kurwa mać! Ty nie żartujesz! Ocipiałaś? Za co zrobimy remont? Za co kupimy meble?

– Coś wymyślę – powiedziałam niepewnie.

Mój wygląd uległ przeobrażeniu do tego stopnia, że nie rozpoznawali mnie moi klienci. Jednego z nich spotkałam przed windą w moim bloku. Przeszedł obok mnie nic nie mówiąc.

– Panie Władku! Dzień dobry! – zawołałam.

– To pani?! – zdziwiony patrzył na mnie. – Nie poznałem pani. Ale się pani zmieniła!

Po wejściu do mojego biura w kuchni, zaczęłam przeglądać przyniesione przez niego dokumenty, udając, że nie widzę jego wzroku utkwionego w moim biuście. W końcu odważyłam się rozpocząć rozmowę.

– Panie Władku, mam do pana prośbę. Czy mógłby mi pan pożyczyć dziesięć tysięcy? Chcę wynająć lokal pod biuro. Nie będzie pan płacił za moją usługę i w ten sposób za dziesięć miesięcy pieniądze się panu zwrócą. Zrobię panu dwa bilanse gratis – zaproponowałam trochę niepewnie.

Popatrzył przeciągle w moje oczy, by znów przenieść wzrok na mój biust, świeżo podrasowany stosownym stanikiem.

– Pod warunkiem że umówi się pani ze mną na kawę – powiedział to takim tonem, że wiadomo było, gdzie chce tę kawę ze mną pić.

– Panie Władku, kawę możemy wypić w moim biurze. Pamięta pan, że podsunęłam panu dwóch inwestorów? – Szybko zmieniłam charakter rozmowy. – Mam również innych klientów budowlańców... Trudno, niech pan zapomni o tej rozmowie.

– Pani Renato, proszę się nie obrażać, oczywiście, że pani pożyczę pieniądze. Nie, nie pożyczę. Zrobimy tak jak pani sugerowała: zapłacę za rok z góry za pani pracę – uśmiechnął się. Dla niego taka suma była drobiazgiem.

Wynajęłam lokal, zamieściłam ogłoszenie w prasie i powoli zdobywałam nowych klientów.

Właśnie w tym okresie spotkałam twoją matkę. Byłam z Krzysiem w Jubilacie na zakupach, kiedy uparł się, żebym kupiła mu jeszcze jeden samochodzik.

– Krzysiu, przecież w domu masz mnóstwo samochodów, mamy ciasne mieszkanie, po co ci jeszcze jedno autko – przekonywałam.

– Mamusiu, ale takiego nie mam. Proszę cię, kup mi.

Zrezygnowana zapłaciłam za kolejny samochód. Odwróciłam się i wtedy zobaczyłam twoją matkę. Stała tuż za mną i patrzyła jak zahipnotyzowana na Krzysia. Na moment nasze oczy się spotkały. Widziałam, że mnie poznaje, ale się nie odezwała. Ja również nie powiedziałam ani słowa, wzięłam Krzysia za rękę i odeszliśmy. Wściekła byłam na siebie, że nie miałam założonych soczewek kontaktowych i że byłam ubrana całkiem zwyczajnie. Twoja matka jak zwykle wyglądała super. Wydawało mi się, że jeszcze raz ją widziałam koło szkoły Krzysia parę lat później, ale nie jestem tego pewna.

Tymczasem wraz z napływem nowych klientów mogłam przystąpić do realizacji następnego punktu swojego planu: szukać większego mieszkania. Znalazłam dewelopera, który wziął w rozliczeniu moje mieszkanko. Szybko załatwiłam kredyt i za kilka miesięcy miałam stać się właścicielką nowego ponadsiedemdziesięciometrowego apartamentu (brzmi ładniej niż mieszkanie).

Postanowiłam również zrobić prawo jazdy. Zapisałam się na kurs. Moim instruktorem został właściciel szkoły, pan Tomasz. Był bardzo cierpliwym nauczycielem – na jego miejscu krew by mnie zalała, gdybym miała taką uczennicę jak ja. Jego wyrozumiałość i stalowe nerwy prawdopodobnie zawdzięczałam swoim nogom, które cały czas przyciągały jego wzrok. Wiedziałam, że mu się podobam. On również byłby przystojny, gdyby nie szpeciła go obrączka na palcu. Miał do mnie sentyment i mimo że byłam chyba najgorszą uczennicą na kursie, pomógł mi zdać egzamin za pierwszym razem. Został też niebawem moim klientem.

Czas mijał szybko, nawet nie obejrzałam się, a miałam już klucze do nowego mieszkania. Zaczęło się meblowanie. I tu niespodzianka: nieoczekiwanie przyszli mi z pomocą rodzice.

– Masz tu, córka, dwanaście tysięcy. Nie robiliśmy wesela, więc kup sobie meble – powiedział ojciec wręczając mi pieniądze.

Później dowiedziałam się, że wzięli kredyt. Na koncie nie mieli nic, bo spłacili długi moje brata – biznesmena od siedmiu boleści.

Polubiłam moje nowe mieszkanko, zaprzyjaźniłam się z sąsiadami. Moim marzeniem było teraz wejść w posiadanie jakiegoś autka, trochę większego niż te z kolekcji mojego syna. Na razie nie miałam pieniędzy. W krótkim czasie jednak zjawiło się w biurze kilku nowych klientów. Postanowiłam kupić samochód na raty. Dzięki Rafałowi okazyjnie kupiłam pięcioletniego golfa w bardzo dobrym stanie. Pierwszy mój zakup do samochodu to dwie naklejki: zielony listek i znaczek z napisem „Uwaga baba".

Pomimo posiadanego prawa jazdy nie czułam się pewnie za kierownicą, więc zdecydowałam się wziąć kilka dodatkowych lekcji. Poprosiłam o nie profesjonalistę, instruktora jazdy, był przecież moim klientem.

– Nie ma sprawy – zgodził się ochoczo pan Tomek. – Możemy zacząć od jutra, przyjadę po panią o osiemnastej.

Zaczęłam na nowo naukę jazdy. Szło mi trochę lepiej niż na kursie, bo prawko miałam już w kieszeni i wiele rzeczy pamiętałam. Z praktyką jednak wciąż miałam problemy, ale Pan Tomek był wyjątkowo cierpliwym i wyrozumiałym nauczycielem.

– Jest pani zdecydowanie lepszą księgową niż kierowcą – powiedział, uśmiechając się przy tym. – Na pocieszenie dodam, że tacy kiepscy kierowcy jak pani powodują mało wypadków, bo rzadko wpadają w rutynę. Tych naklejek na samochodzie proszę długo nie odklejać.

– Kazałam zrobić jeszcze jedną: „Wybacz, że jestem kierowcą".

Mój instruktor się roześmiał. Miał bardzo ładny uśmiech, w ogóle bardzo mi się podobał. Był kilka lat starszy ode mnie, wysoki, przystojny. Po raz pierwszy od ponad ośmiu lat poczułam pociąg fizyczny. Wcześniej nie spotkałam żadnego faceta, z którym miałabym ochotę się kochać. Tomek nie był tak przystojny jak ty, ale miał coś w sobie, że podobał się kobietom. Jego twarz wzbudzała zaufanie, wyglądał na uczciwego człowieka. Każda kobieta czułaby się przy nim bezpieczna. Ja też. Kogoś takiego chciałabym mieć przy swoim boku, o takim mężczyźnie teraz marzyłam.

Tomek udzielił mi dziesięciu lekcji. Jeździliśmy po mieście, ćwiczyliśmy manewry na placu. Dawał mi wskazówki niezbędne młodemu kierowcy. Na trzecim spotkaniu uczył mnie parkowania przed moim biurem. Po skończonej lekcji zaprosiłam go do biura na kawę. Zgodził się bardzo chętnie.

– Napije się pan likieru do kawy? – spytałam.

– Nie. Wolę nie ryzykować. – Usiadł w fotelu dla klientów.

– Za to ja się napiję. – Wyjęłam butelkę adwokata.

– Często pani pije? – zadał z pozoru niewinne pytanie.

– Nie piję dużo – zaczęłam się tłumaczyć. – Jeden z moich klientów handluje alkoholami i od czasu do czasu przynosi mi jakiś likier jako załącznik do dokumentów. Tutaj nie piję, czasami wieczorem w domu. Łatwiej mi wtedy się pozbierać.

– Ciężko jest samej kobiecie wychowywać dziecko. Słyszałem o pani mężu – powiedział współczująco.

– Nie miałam żadnego męża, to bajeczka wymyślona dla mojego synka. Co miałam mu powiedzieć? Że tatuś nie wie o jego istnieniu i że prawdopodobnie nawet nie pamięta, jak mam na imię?

Alkohol rozluźnił mi język. Opowiedziałam mu wszystko o tobie, o mojej szalonej miłości do ciebie, o listach, o twojej wyimaginowanej miłości do mnie i o rozczarowaniu.

– Najgorsze, że nie chcę dalej grać tej farsy przed moim synkiem, ale on tego potrzebuje. Nadal chce słuchać opowieści o swoim wspaniałym tacie. – Łzy mi się zakręciły.

– Gdyby teraz się zjawił, wróciłabyś do niego? – Nieoczekiwanie zgubił formułę „pani".

– Nie. Nigdy w życiu – odpowiedziałam zdecydowanie. – Najbardziej boję się, że kiedyś na spacerze z Krzysiem natknę się na niego, tak jak to było z jego matką. Liczę jednak, że mnie nie pozna.

Po tej rozmowie w naszych relacjach coś się zmieniło. Na pozór on dalej był moim instruktorem ja jego księgową, ale teraz nasze lekcje bardziej przypominały randki. Na każde spotkanie starannie się ubierałam i malowałam. Z niecierpliwością oczekiwałam, aż go zobaczę. Czułam, że on również cieszy się na mój widok.

Po każdej lekcji szliśmy do mojego biura. Siedzieliśmy i rozmawialiśmy. Opowiadał mi o swojej rodzinie, o dzieciach. Miał czternastoletniego syna i dwunastoletnią córkę. Żonę poznał na studiach. Ona była z wykształcenia nauczycielką, on - ekonomistą. Chodził z kilkoma dziewczynami, zanim się poznali. Zakochali się w sobie, a po dwóch latach wzięli ślub. Nigdy nie zdradził żony. Był takim mężczyzną, jakiego chciałam spotkać w swoim życiu, ale on już był czyimś mężem! Ależ z niej szczęściara! – zazdrościłam jego żonie.

Pewnego razu do biura wpadł Rafał. Zdziwił się na nasz widok.

– On jest żonaty – powiedział następnego dnia.

– Rafał, ja to też zauważyłam – odparłam spokojnie.

– To tak dla przypomnienia. Widzę, że coś wykluwa się między wami. Nie nadajesz się na kochankę – dodał cicho.

– Jestem dużą dziewczynką, nie musisz mnie pouczać – prychnęłam podenerwowana jego uwagami.

W jeździe robiłam coraz większe postępy. Po dziesiątej lekcji znów przyszliśmy do biura.

– Możesz jeździć już samodzielnie – powiedział Tomek.

Zrobiłam mu kawę, sobie drinka. Byłam trochę wstawiona, kiedy wychodziliśmy. Przy drzwiach niechcący się potknęłam, Tomek chwycił mnie, żebym nie upadła. Nie wiem, co spowodowało, że nagle zaczęliśmy się całować: dotyk jego dłoni czy bliskość naszych ciał. Pragnęłam go, on też mnie pragnął. Byłam gotowa iść na całość, ale on w ostatniej chwili przystopował.

– Nie mogę tego zrobić swojej żonie. Jest chora na stwardnienie rozsiane – wyszeptał przepraszająco.

Zawiózł mnie pod mój blok. Prawie nic nie mówiliśmy. Na drugi dzień przysłał swojego pracownika.

– Szef nie mógł przyjść. Kazał mi podać dokumenty do księgowania.

– Dobrze. Chciałabym zapłacić za lekcje. Dziś mieliśmy się rozliczyć.

– Szef powiedział, że wszystko jest uregulowane. Nie pozwolił wziąć żadnych pieniędzy – zastrzegł pracownik Tomka.

Późnym wieczorem wracałam tramwajem do domu. Krzysiem opiekowała się sąsiadka. Zbliżałam się do swojego bloku, gdy ujrzałam Tomka.

– Chciałbym porozmawiać, usiądźmy na moment w samochodzie – poprosił.

Poszliśmy. Wyciągnął papierosa i zapalił.

– Chyba się w tobie zakochałem – powiedział cicho. – Wiem, że to nie byłby zwykły romans. Gdyby ona była zdrowa, to może mógłbym ją zostawić, ale w tej sytuacji... Boję się, że gdybym był z tobą, to... czekałbym na jej śmierć. Nie mogę tego zrobić swoim dzieciom... Gniewasz się na mnie?

– Nie. Jeszcze bardziej cię za to cenię – wyszeptałam.

Tomek nadal jest moim klientem. Rzadko kontaktujemy się ze sobą, papiery do księgowania przynosi któryś z jego pracowników. Czasami rozmawiamy telefonicznie.

Pewnego dnia, kiedy już byłam z Andrzejem, przyszedł do mnie do biura.

– Zrobiłem wywiad środowiskowy co do tego twojego Andrzeja. Chciałem dowiedzieć się, czy to porządny gość, czy zasługuje na ciebie – odchrząknął. – Nie. Chciałem dowiedzieć się, że to drań, łajdak i odwieść cię od znajomości z nim – znów westchnął. – Jednak okazało się, że jest w porządku.

Stał jakiś czas ze spuszczonym wzrokiem, nic nie mówiąc. Po chwili spojrzał na mnie smutno.

– Wciąż cię kocham – szepnął i nie czekając na odpowiedź, wyszedł z biura.

Tak się skończyła moja niespełniona miłość.

Czas mijał, Krzyś zaczął chodzić do szkoły. Zauważyłam, że coś jest z nim nie tak – nie potrafił zaprzyjaźnić się z żadnym dzieckiem. Nauczycielki były nim zachwycone, ale dzieci go nie lubiły. W ławce zawsze siedział sam, na przerwach nigdy nie bawił się z innymi dziećmi. Przyczyny szukałam w tym, że nie ma ojca.

Obecność mężczyzny ma duży wpływ na zachowanie chłopca. Miałam nadzieję, że kiedy będzie miał ojczyma, relacje między nim a rówieśnikami się poprawią. Postanowiłam go znaleźć. Pytanie: gdzie tego ojczyma szukać? Moje koleżanki rozwódki stwierdziły, że na dansingach lub w dyskotekach dla dorosłych.

– Przygotuj się, zabieramy cię w sobotę na tańce – oznajmiła Iwona. – Tylko nie mów żadnemu facetowi, że szukasz męża, bo ucieknie gdzie pieprz rośnie. Faceci boją się małżeństwa jak diabeł święconej wody.

Dwie godziny przed wyjściem zaczęłam przygotowania. Krzysia nie było, wywiozłam go do rodziców. Przymierzałam spódniczki, bluzeczki i zastanawiałam się, w czym będę najlepiej wyglądać. W końcu znalazłam ciuchy, które w moim mniemaniu rzucą do mych stóp potencjalnych kandydatów na tatusiów. Wzięłyśmy taksówkę i w trzy: ja, Iwona i Kasia, ruszyłyśmy na łowy.

W lokalu, do którego zaciągnęły mnie koleżanki, było przede wszystkim bardzo głośno, bardzo ciemno i bardzo duszno. Minęło kilka dobrych lat od czasu, kiedy byłam na dyskotece, chyba zestarzałam się, bo nic a nic mi się tu nie podobało. Marzyłam tylko o tym, żeby wyjść stamtąd jak najszybciej. Zamówiłam drinka i patrzyłam, jak moje koleżanki same, bez partnerów, tańczą w takt muzyki. Nie mogłam się przemóc, żeby iść w ich ślady. Usiadłam przy stoliku i sączyłam drinka, patrząc na tańczących.

Po chwili podszedł jakiś podpity gość i poprosił mnie do tańca. Zgodziłam się. Po dwóch piosenkach miałam go dość. Zamówiłam następnego drinka i znów usiadłam przy stoliku. Znowu ktoś podszedł. Wypiłam więc drinka i poszłam tańczyć. Sytuacja się powtórzyła. Po godzinie nieźle się ululałam, język mi się plątał, nogi również. Koniec z tańcami i drinkami. Siedziałam przy stoliku i tępo gapiłam się na tańczących. Ktoś stanął nade mną.

– Dziękuję, ale nie tańczę – powiedziałam głośno i stanowczo.

– Ale ja wcale nie mam ochoty z panią tańczyć. – usłyszałam głos nad sobą. Podniosłam głowę i zobaczyłam przystojnego mężczyznę z drinkiem w ręku.

– To bardzo dobrze, bo dostałby pan kosza – mruknęłam.

Nieznajomy bez pytania usiadł obok mnie.

– Dobre wychowanie nakazuje wcześniej się zapytać, czy można się dosiąść – bąknęłam.

– Ale ja nie jestem dobrze wychowany.

– To już dawno stwierdziłam, nie musiał pan mówić.

– Czy pani jest może nauczycielką?

– Nie. Matką. Uczę syna jak ma się zachowywać, żeby w przyszłości jakaś kobieta nie nazwała go źle wychowanym – powiedziałam beznamiętnym tonem.

– Wiesz, teraz mam ochotę z tobą zatańczyć. – Ze śmiechem w głosie rzekł nieznajomy.

– Ale ja dalej nie mam ochoty tańczyć z panem – odparowałam.

– To po co tu przyszłaś?

– Szukać męża, ale pan na niego się nie nadaje.

Wybuchnął śmiechem, oczywiście myślał, że żartuję.

– Zabawna jesteś, coraz bardziej mi się podobasz.

Nieznajomy nie miał zamiaru opuścić stolika, dalej siedział i się ze mną przekomarzał.

– Ile razy byłeś żonaty?

– Skąd pomysł, że w ogóle byłem żonaty?

– Kobieca intuicja mi to mówi.

– Raz.

– Kiedy się rozwiodłeś?

– Pół roku temu. A ty kiedy się rozwiodłaś?

– Skąd pomysł, że w ogóle byłam mężatką?

– Męska intuicja.

– Jestem wdową od ośmiu lat.

– To długo mężatką chyba nie byłaś?

– Bardzo krótko.

Wypiłam z nim jeszcze dwa drinki, zatańczyłam kilka razy.

– Daj mi jakiś namiar na siebie, teraz jestem za bardzo pijany, żeby zapamiętać miejsce i godzinę randki – powiedział na pożegnanie.

Dałam mu wizytówkę. Po to przecież tu przyszłam, żeby poznać jakiegoś faceta i zaciągnąć nieboraka, przed ołtarz.

Myślałam, że nie zadzwoni. Zadzwonił jednak w niedzielę i umówiliśmy się na kolację w Staropolskiej.

– Jednak nie byłem wczoraj tak bardzo pijany, bo pamiętałem, że jesteś interesującą kobietą. – Mówiąc to oglądał mnie bardzo dokładnie, jakby pierwszy raz mnie widział.

– No i jak wypadły oględziny? Jak mnie odbierasz na trzeźwo?

– Nic nie zbrzydłaś przez noc. – Uśmiechnął się czarująco

Usiedliśmy przy stoliku. Podeszła kelnerka. Mój towarzysz ją również zlustrował od stóp do głów. Za chwilę spotkało to przechodzącą obok naszego stolika dziewczynę.

Już wiedziałam, dlaczego żona się z nim rozwiodła. Drugiej randki nie będzie. Znam ten typ mężczyzn aż za dobrze.

Czekając na zamówienie, zaczęliśmy banalną rozmowę. Mój nowy znajomy o imieniu Darek, mówiąc do mnie, oglądał się za każdą ładną dziewczyną, która weszła do sali. Nareszcie zjawiła się kelnerka. Zjadłam zamówioną potrawę, wypiłam kawę i wyjęłam portfel. Wygrzebałam odpowiednią sumę i położyłam na stoliku.

– Dziękuję za towarzystwo. Do widzenia. – Wstałam i skierowałam się ku wyjściu.

Mój nowy znajomy zgłupiał. Gwałtownie zerwał się od stolika i ruszył za mną.

– Co cię ugryzło? Zwariowałaś? – zawołał.

Ale ja byłam już za drzwiami.

Tak zakończyła się znajomość z pierwszym kandydatem na tatusia.

W następną sobotę koleżanki znów mnie wyciągnęły na dyskotekę, tym razem gdzie indziej. Lokal, do którego zawitałyśmy, dużo się nie różnił od poprzedniego. Wyglądał podobnie i podobna była w nim atmosfera. Powtórka z rozrywki. Następna randka. Znów nieudana. Pan okazał się alkoholikiem.

Byłam jeszcze kilka razy na dyskotekowych łowach, zawsze coś złowiłam, ale przeważnie kończyło się na jednej randce.

W końcu zrezygnowałam z poszukiwania potencjalnego ojca dla Krzysia na dyskotekach. Zaczął się inny problem – Rafał. Od pewnego czasu zauważyłam, że zmienił się jego stosunek do mnie. Patrzył na mnie inaczej i zerwał ze swoją dziewczyną. Wiedziałam, że szykuje się coś niedobrego.

Do ostrego spięcia doszło na moich imieninach. Zrobiłam przyjęcie, zaprosiłam kilkanaście osób, w tym Rafała. Zabawa była świetna. Trochę wypiłam, byłam więc rozluźniona, żartowałam, śmiałam się. Goście poszli, Rafał jeszcze nie.

– Pomogę ci w sprzątaniu – zaoferował.

Zgodziłam się. Znosił razem ze mną talerze, wkładał do zmywarki, część umył w zlewie. W pewnym momencie chwycił mnie i chciał pocałować. Usiłowałam mu się wyrwać, ale nie przypuszczałam, że jest taki silny.

– Rafał przestań! – krzyknęłam.

– Po co chodzisz na te dyskoteki, ja jestem na miejscu. Kocham cię. – powiedział i dalej rwał się do całowania. Przycisnął mnie mocno do ściany i chwycił za biust.

– Od dawna tak bardzo cię pragnę... – dyszał mi do ucha.

Nie zważając na jego konsekwencje zdrowotne, kopnęłam go z całej siły kolanem w krocze. Momentalnie mnie puścił.

– Zwariowałaś, to boli! – krzyknął trzymając się za przyrodzenie.

– Wynoś się! Nie chcę cię nigdy więcej widzieć! Precz z mojego domu, bo wezwę policję!

Wyszedł. Na drugi dzień późnym wieczorem zadzwonił domofon.

– Renata, proszę, wpuść mnie. Chcę z tobą porozmawiać – usłyszałam Rafała.

Wpuściłam go. Wszedł ze spuszczoną głową.

– Przepraszam cię za wczoraj. Opowiadałaś o tych dyskotekowych narzeczonych i... pomyślałem, że może... byś się mną zainteresowała...

– Słuchaj, Rafał, ja nie potrzebuję chłopa do łóżka, tylko ojca dla mojego syna – powiedziałam stanowczo.

– Ale ja mógłbym się z tobą ożenić, gdybyś chciała. Znam takie związki, gdzie jest jeszcze większa różnica wieku.

– Tylko że w tych związkach facet jest dużo starszy od kobiety.

– No i co z tego. Dobrze wiesz, jak lubię Krzysia, nie znajdziesz nikogo, komu by bardziej na nim zależało niż mnie. Oprócz tego... ja się chyba w tobie zakochałem – powiedział nieśmiało.

– Rafał, przykro mi, ale będziesz musiał znaleźć sobie inną pracę – powiedziałam cicho.

– Jak możesz! Tak długo się znamy! Jesteś moim najlepszym kumplem! Nic dla ciebie nie znaczy nasza przyjaźń? – Był bardzo poruszony moimi słowami.

– Mylisz się. Znaczysz dla mnie bardzo dużo... ale jako przyjaciel. Po tym co wczoraj zaszło i dziś usłyszałam, lepiej będzie, jeśli przestaniesz u mnie pracować – powiedziałam z ciężkim sercem.

– Zapomnij o tym, co powiedziałem, niech będzie tak jak dotychczas. Obiecuję, że to się nigdy nie powtórzy. Proszę cię, nie zwalniaj mnie – powiedział, błagalnie patrząc mi w oczy.

Nie zwolniłam go. Przez jakiś czas był między nami pewien dystans, ale później wszystko wróciło do normy. Zaczął znów spotykać się z dziewczynami, wpadał czasem z jakąś panienką wieczorem do mnie na drinka. Mam nadzieję, że amory mu z głowy wywietrzały.

Niedługo potem poznałam Andrzeja.

Pewnego dnia ktoś zastukał do drzwi i ujrzałam dosyć wysokiego szatyna o miłej twarzy.

– Dzień dobry. Dostałem na panią namiar od znajomej. Chcę zmienić księgowego – zaczął nieśmiało.

– Proszę usiąść. Dobrze pan trafił.

Przyjrzałam mu się uważnie. Przeciętny z wyglądu, ale sympatyczny. Zaczęliśmy rozmawiać o jego firmie. Miał nieduża firmę budowlaną, zatrudniał kilku pracowników. Uzgodniliśmy warunki. Właśnie

194

mieliśmy podpisywać umowę, kiedy drzwi się otworzyły i ukazała się w nich ufarbowana na rudo młoda kobieta, z fryzurą à la dobrze przystrzyżone gniazdo wrony.

– Do jasnej cholery! Andrzej, jak długo mam czekać na ciebie!– Wściekłość parowała z każdej komórki jej ciała. – Idę coś zjeść. Będę w tym barze naprzeciwko.

– Dobrze, kotku – powiedział ze spokojem.

Wyszła, trzaskając głośno drzwiami. Ładny mi kotek, raczej zarażona wścieklizną kocica, pomyślałam.

– Pana żona jest bardzo nerwową osobą – zauważyłam.

– Jeszcze nie żona. Z byłą żoną rozwiodłem się dwa lata temu. Moja narzeczona jest trochę nerwowa, bo ma problemy z tarczycą – bronił swojej dziewczyny.

Jeszcze nieżonaty, a więc nie jest tak źle! Postanowiłam zrobić samarytański uczynek i przy najbliższej nadarzającej się okazji uwolnić go od tego babsztyla.

Drugi raz przyszedł sam, żadne babsko na niego w samochodzie nie czekało. Pociągnęłam go za język. Znają się półtora roku, od pewnego czasu mieszkają razem w jego mieszkaniu. Mają zamiar wziąć ślub, ale wcześniej chcą zamienić mieszkanie na większe. Z pierwszego małżeństwa nie ma dzieci. Najważniejsze więc już wiedziałam. Nie jest dziwkarzem, nie jest gejem, hazardzistą też nie jest, na alkoholika też nie wygląda. Jest tylko jeden problem – ruda kocica. Jak jej się pozbyć?

Okazja nadarzyła się niespodziewanie szybko. Rude kocisko pojechało opiekować się jakąś staruszką na dwa miesiące do Włoch. Pojechała, żeby szybciej mogli zamienić mieszkanie na większe.

Mój nowy klient zadzwonił do mnie z pytaniem, kiedy ma przynieść faktury.

– Panie Andrzeju, bardzo pana przepraszam, ale nikogo nie będzie w biurze – wtedy już zatrudniałam dwie księgowe. – Czy moglibyśmy umówić się na mieście, najlepiej w jakimś lokalu? Będę jutro wieczorem w okolicach Rynku. Bardzo pana przepraszam – tłumaczyłam się.

Bardzo chętnie się zgodził. Umówiliśmy się w kawiarni Ratuszowa. Na to spotkanie przygotowałam się jak na randkę. Założyłam soczewki kontaktowe, w biurze widział mnie zawsze w okularach. Ubrałam się bardzo seksownie, w krótką wąską spódniczkę, bluzkę z dużym dekoltem i buty na wysokich obcasach. Do tego makijaż i fryzura prosto od fryzjera – efekt był zadowalający. Nie tylko ja byłam tego zdania, mężczyźni w kawiarni również tak uważali, gdyż się za mną oglądali.

Podeszłam do stolika, przy którym siedział Andrzej. Na nim też zrobiłam wrażenie, bo na mój widok wylał pół kawy. Jąkał się, był zaczerwieniony – widać było, że jest zdenerwowany. Uśmiechnęłam się i zamówiłam kawę z ciastkiem tortowym. Zaczęliśmy rozmawiać i już po chwili zachowywał się normalnie.

– Tak dobrze mi się z panem rozmawia, że nie mam ochoty iść na spotkanie z koleżankami. – Najlepszy sposób na nieśmiałego mężczyznę to dowartościować go. – Dawno nie bawiłam się tak dobrze jak w pana towarzystwie, panie Andrzeju.

Andrzej pęczniał z dumy. Nabrał pewności siebie i nawet udało mu się opowiedzieć jakiś dowcip.

Siedzieliśmy do dwudziestej drugiej. Pożegnaliśmy się na parkingu. Nie zaproponował spotkania, zabrakło mu odwagi. Na drugi dzień zadzwonił jednak do mnie i spytał, czy nie poszłabym z nim do kina. Oczywiście się zgodziłam. Miałam trochę swobody, gdyż zawiozłam Krzysia do rodziców.

Film był mało ciekawy. Po wyjściu z kina nie miałam zamiaru tak szybko uwolnić go od swego towarzystwa.

– Jaka piękna noc! Szkoda iść do domu, może wstąpimy gdzieś na drinka – zaproponowałam.

Poszliśmy do małego bistro obok kina. Muzyka cicho grała, ja piłam drinka, on - wodę mineralną. Specjalnie przyjechałam taksówką, żeby musiał mnie potem odwieźć do domu. Zaczęłam go czarować. Książki wyśmiewane przez Rafała nauczyły mnie, jak postępować z mężczyznami. Widziałam, że rady zamieszczone w tych poradnikach skutkują. Umówiliśmy się na kolejne spotkanie.

Spotykaliśmy się już dwa tygodnie, kiedy po raz pierwszy mnie pocałował. Hurra! Nareszcie sytuacja się wyklarowała. Do tego czasu trudno było określić nasze relacje towarzyskie, teraz wiadomo było, że nasze spotkania mają podłoże erotyczne. Nie całuje się swojej księgowej

tylko dlatego, że dobrze obliczyła VAT! Teraz można było powiedzieć
o nas, że ze sobą chodzimy. Stwierdziłam, że mogę już zacząć wprowadzać małe korekty w jego wygląd.

– Popatrz, Andrzejku, jaki jesteś podobny do Harrisona Forda na
tym zdjęciu! W tej fryzurze wyglądałbyś równie znakomicie – ćwierkałam do niego, pokazując mu czasopismo.

Na drugi dzień wrócił z fryzurą podpatrzoną u wspomnianego
aktora.

– Andrzej, pójdziesz ze mną do optyka? Muszę kupić płyn do soczewek. Może znajdziemy dla ciebie jakieś fajne oprawki? – zaproponowałam.

Dzięki temu kupił sobie sensowne okulary z lekko przyciemnionymi szkłami. Stare pamiętały chyba czasy Gierka albo wczesnego
Wałęsę.

– Zobacz, Andrzej, jaka fantastyczna marynarka i koszula – zachwycałam się męską garderobą z wystawy sklepowej.

Następnego dnia przyszedł do mnie w tej właśnie fantastycznej
marynarce i równie fantastycznej koszuli.

– Zapiszesz się ze mną na siłownię? Muszę trochę popracować nad
mięśniami brzucha. – powiedziałam i spojrzałam na jego wystający
brzuszek. Momentalnie go wciągnął. Po miesiącu po brzuchu nie było
śladu. No no, prawie ideał! Tylko to rude babsko we Włoszech było
skazą na jego wizerunku.

Po miesiącu naszej znajomości po raz pierwszy zaprosiłam go do
swojego mieszkania. Krzyś był znów u rodziców, miałam więc wolną
chatę. Zrobiłam nam po drinku i, przytuleni, rozmawialiśmy przy nastrojowej muzyce. Alkohol nieco go ośmielił i oprócz pocałunków zaczął domagać się czegoś więcej. Na trochę mu pozwoliłam, ale kiedy był
już bardzo podniecony, nagle wstałam i usiadłam dalej od niego.

– Andrzej, nie wiem, kim jestem dla ciebie. Nie wiem, jaką pozycję
zajmuję w twoim życiu – poruszyłam w końcu ważny dla mnie temat.

– Przecież wiesz, że szaleję za tobą – rzekł.

– Nic na to nie wskazuje. Dalej masz narzeczoną. Musisz się określić. Albo ona, albo ja – powiedziałam zdecydowanie.

Na słowo „narzeczona" poczułam, jak kurczy się w sobie. Wstrętny tchórz, boi się jej!

– Oczywiście, że z nią zerwę, ale teraz ona jest za granicą. Nie mogę tego zrobić telefonicznie, nie wypada – obiecywał.

W tym momencie zadzwoniła jego komórka. Z rozmowy wywnioskowałam, że jest zaproszony na imieniny. Odmówił jednak, tłumacząc się nagłym wyjazdem.

– Widzę, że dalej jesteś niezdecydowany. Przecież nigdzie nie wyjeżdżasz. Prawda jest taka, że nie chcesz mnie zabrać do swoich znajomych, bo oni ją znają. Bierzesz więc pod uwagę to, że tam jeszcze się z nią pokażesz – robiłam mu wyrzuty.

– Ależ skąd! Jak chcesz, to możemy iść na te imieniny – chciał mnie jakoś udobruchać.

Poszliśmy. Poznałam jego znajomych. Były to małżeństwa, tylko Artek był sam. Okazało się, że jest właśnie w trakcie rozwodu.

Starałam się zrobić na wszystkich dobre wrażenie i udało się. Widziałam, że podobam się wszystkim jego kolegom. Żony też mnie zaakceptowały, bo byłam zainteresowana tylko Andrzejem... i Artkiem, który nie zważając na swojego kolegę, najzwyczajniej mnie podrywał. Postanowiłam to wykorzystać.

– Długo jesteś z Andrzejem? – zapytał w tańcu.

– Na razie jesteśmy znajomymi, przecież ma narzeczoną, z którą jeszcze nie zerwał – zachęcałam go do dalszych umizgów.

Po kilku tańcach zaproponował randkę.

– Nie mogę tego zrobić, dopóki sytuacja z Andrzejem się nie wyjaśni. Przecież przyszłam tutaj z nim, a to twój kolega – powiedziałam.

Zachowanie Artka nie umknęło uwadze Andrzeja.

– Flirtowałaś z nim! On cię podrywał, a tobie się to bardzo podobało! – Po raz pierwszy okazał swoją zazdrość, kiedy po imprezie pojechaliśmy do jego mieszkania.

– No cóż, on jest wolny. Jest zdecydowany i wie, że nie chce być ze swoją żoną. A ty dalej się wahasz. Skąd mam mieć pewność, że jak Olga wróci, to z nią zerwiesz?

– Zerwę! Nawet zaraz. – powiedział, podchodząc do telefonu.

Zaskoczył mnie. Nie bał się zadzwonić do niej o północy?! W dodatku nie bawił się w żaden wstęp, od razu przeszedł do rzeczy.

– Cześć, Olga. Musimy się rozstać. Kocham inną kobietę.

Najpierw ją zatkało, ale dość szybko odzyskała głos i słychać było, jak bluzga. Wyzywała go od najgorszych. Nawet mężczyźni rzadko kiedy tak przeklinają.

Andrzej nie spodziewał się takiego ataku. Postanowiłam go wesprzeć i zmotywować do zakończenia tej nieprzyjemnej rozmowy. Usiadłam tak, aby zauważył, że mam na sobie pończochy. Zadziałało.

– Olga! Chciałbym, żebyś zabrała swoje rzeczy z mojego mieszkania. Przyjedź jak najszybciej. Cześć!

Podeszłam do niego i pocałowałam, mocno się przytulając. Czułam, jak sztywnieje. Przerwał nam dzwonek telefonu. Olga. Zmieniła ton. Nie było już przekleństw, tylko płacz.

Andrzej wił się przy telefonie, poczułam znowu jego niezdecydowanie. Podeszłam do niego i pieściłam go przez ubranie. Poskutkowało. Stanął na baczność. Jeden i drugi.

– Olga, przestań! To koniec! Czekam na ciebie. Jeśli nie przyjedziesz w ciągu tygodnia, sam cię spakuję. Cześć!

Zaczęliśmy ostro się całować. Kiedy był już bardzo podniecony, odsunęłam się od niego.

– Dokończymy, jak będziesz całkiem wolny.

Wkurzył się.

– Co ty wyprawiasz? Zaczynasz i uciekasz?!

– Nie mam zamiaru być tą drugą! Oficjalnie jesteś narzeczonym Olgi, jej rzeczy tu są! Jeśli pozbędziesz się jej ze swojego życia, będziemy mogli się kochać – powiedziałam zdecydowanie.

Po dwóch dniach Andrzej zadzwonił do mnie z wiadomością, że Olga przyjeżdża po rzeczy. Niebawem ta sprawa została zamknięta, a Andrzej i ja oficjalnie zostaliśmy parą.

Z niecierpliwością oczekiwałam wspólnej pierwszej nocy. Po raz pierwszy od prawie dziewięciu lat miałam iść do łóżka z mężczyzną. W pamięci zostały mi wspomnienia, tamtych cudownych chwil z tobą.

Stało się, znowu miałam kochanka.

Niestety, zamiast oczekiwanej euforii, przyszło rozczarowanie. Nie tego się spodziewałam. Andrzej zaś od tej nocy stał się moim niewolnikiem. Sytuacja odwróciła się – teraz to mnie kochano.

Andrzej dużo zmienił w moim życiu. Po raz pierwszy byłam w prawdziwym związku z mężczyzną. Krzyś go zaakceptował, rodzice również. Lubiłam Andrzeja. Nie kochałam go, ale było mi z nim dobrze. Andrzej zakochał się we mnie i już po dwóch miesiącach poprosił mnie o rękę, a ja się zgodziłam. I wtedy znów pojawiłeś się ty.

On i Ona. Lato 2000

Renata skończyła swoją opowieść. Zapadła cisza. Siedzieli przytuleni do siebie. Robert ujął jej dłoń i pocałował. Podniosła głowę, spojrzeli na siebie. W oczach Roberta widziała czułość, wzruszenie, zawstydzenie i... coś jeszcze. Złość?

– O co chodzi? – zapytała. – Dlaczego jesteś na mnie zły?

Nie odpowiedział od razu. Leżał ze spojrzeniem utkwionym w ścianie.

– Nie jestem zły na ciebie. Jeśli już, to na siebie. – Znów zamilkł. – Jestem zazdrosny – powiedział cicho. – Wiem, że nie mam prawa, ale... Jak pomyślę o Andrzeju, to mnie krew zalewa.

Popatrzyła na niego uważnie, pokręciła głową. Pocałowała go delikatnie w policzek.

– Śpijmy, jest już bardzo późno.

– Masz rację, jutro ważny dzień.

Obudzili się o ósmej. Renata zerwała się i pobiegła do łazienki. Szybko się umyła, założyła soczewki, zrobiła makijaż. Spieszyła się, ostatnio późno przychodziła do biura. Chciała nadrobić zaległości.

Po kilkunastu minutach wróciła do sypialni. Robert leżał podparty na łokciu i patrzył, jak Renata się ubiera. Lubił się jej przyglądać.

– Gdzie kupujesz ubrania? - zapytał.

– Dlaczego pytasz? Nie podobają ci się moje ciuchy? – spojrzała na niego.

– Nie, wprost przeciwnie. Uważam, że bardzo gustownie się ubierasz, nie to co jedenaście lat temu. – Uśmiechnął się. – Powiesz mi?

– W ciucholandzie – uśmiechnęła się ironicznie.

– Gdzie?!

– W sklepach z używaną odzieżą. Moja klientka handluje używanymi ubraniami. Zawsze zostawia mi najlepsze szmatki. Niektóre są całkiem nowe. Potem piorę lub czyszczę chemicznie, krawcowa robi drobne poprawki i... zakładam. – Widząc jego zdegustowaną minę, zdenerwowała się. – Co tak krzywo na mnie patrzysz?! Wiesz, ile kosztuje życie w Polsce? Ile mam płatności? Ile kredytu do spłacenia? Do tego paliwo, Krzyś, któremu kupuję firmowe ubrania, bo chcę, żeby był najlepiej ubranym dzieckiem w klasie. Ja też lubię często zmieniać garderobę. Skąd wziąć na to wszystko? Muszę oszczędzać tam, gdzie się da. – Groźnie mierzyła go wzrokiem.

– W weekend lecimy na zakupy do Paryża i wstąpimy do Disneylandu – zapowiedział Robert. Po chwili dodał: – Aha! Ubierz się elegancko, najlepiej w jakąś jasną garsonkę, wpadnę po ciebie do biura wpół do czwartej. Idziemy na uroczysty obiad, poznasz pewnych ludzi. Mnie się zawsze podobasz, ale chciałbym, żebyś się dobrze czuła.

– Co to za ludzie? Gdzie ten obiad? – zaciekawiła się.

– Malutka! Nie zadawaj więcej pytań, to ma być niespodzianka. Ale jest to ważna dla mnie uroczystość – powiedział tajemniczo.

Renata pierwsze co zrobiła po wejściu do biura, to zadzwoniła do rodziców. Krzyś czuł się dobrze. Na szczęście nie miał gorączki. Odetchnęła głęboko, uspokojona i włączyła komputer. Nie mogła jednak skupić się na pracy, bo cały czas zastanawiała się, co to za ludzie, z którymi zjedzą obiad. Jego matka? Chyba nie, bo nie ma jej w Polsce. Znajomi jego rodziców? Ludzie z Konsulatu Amerykańskiego? Musi dobrze wyglądać!

Długo w biurze nie zabawiła, zaległości postanowiła odrobić później. Przyjechała do mieszkania, wzięła prysznic. Z szafy wyjęła najlepszą garsonkę, jaką miała, w kolorze ecru, bardzo elegancką, uszytą przez krawcową, a nie kupioną w szmateksie. Pasujące do siebie buty i torebka uzupełniały całość. Przejrzała się w lustrze. Podobała się sobie, może Robertowi też się spodoba – chyba nie przyniesie mu wstydu.

Przed piętnastą udało jej się zaliczyć wizytę u fryzjera i trochę spięta wróciła do biura.

Dziewczyny oniemiały na jej widok.

– Pani kierowniczko! Jaka pani elegancka! Gdzie to pani się wybiera? – zapytały.

– Żebym ja wiedziała! – Renata weszła do swojego pokoju.

– Aha! Dzwonił pan Andrzej, kilka razy – zawołały za nią. – Prosił o telefon.

– Dobrze, później oddzwonię. Gdzie Rafał?

– Nie było go dzisiaj.

O umówionej porze zjawił się Robert. Miał na sobie letni jasno-popielaty garnitur, białą koszulę i modny jedwabny krawat. Wyglądał jak gwiazdor z Hollywood na wręczeniu Oskarów. Elegancki, pachnący drogą wodą toaletową, podszedł do Renaty i pocałował ją przy wszystkich w policzek.

– Gotowa? Idziemy?

Dziewczyny zamurowało. Wiedziały już, kto przysłał kwiaty.

Na dole czekała na nich biała limuzyna z kierowcą. Samochód ruszył.

– Dokąd jedziemy? – zapytała zaciekawiona.

– Zaraz zobaczysz – odpowiedział tajemniczo.

Samochód zatrzymał się przed Urzędem Stanu Cywilnego. Wyszli z samochodu i Robert poprowadził ją w stronę drzwi.

– Na czyj ślub idziemy? – zapytała trochę zaskoczona.

– Na nasz – odpowiedział krótko.

– Jak to?! – zatrzymała się z wrażenia.

– Dzisiaj bierzemy ślub. Chyba mi nie uciekniesz? Obiecałaś wyjść za mnie jak najszybciej.

– Tak. Tylko, że to było przedwczoraj. Jak załatwiłeś tak szybko termin?! Skąd wziąłeś mój akt urodzenia? Przecież to nie Las Vegas! – Dalej była oszołomiona.

– Dobrze wiesz, że mam dar perswazji. Reszta niech pozostanie tajemnicą. – powiedział z szerokim uśmiechem. – Bałem się, że znów zmienisz zdanie. Zawsze trudniej jest się rozwieść, niż powiedzieć: ta noc to pomyłka. Chodź, bo jesteśmy spóźnieni, czekają na nas.

Chwycił ją za rękę i przyspieszył kroku. Zobaczyli Rafała z kwiatami. Był w garniturze. Nawet założył krawat!

– Co tak późno, wszyscy czekają – rzekł wręczając oniemiałej Renacie przepiękny bukiet kwiatów. – Co się tak na mnie patrzysz? Z dwojga złego, on jest chyba lepszy od Andrzeja. Przynajmniej Krzyś będzie szczęśliwy. – Po chwili dodał: – Ale czy ty, to wątpię.

– Nie buntuj mi narzeczonej, bo jeszcze ucieknie, a zbyt dużo zachodu mnie to wszystko kosztowało – mruknął Robert.

Weszli do sali pełnej nieznanych Renacie ludzi. Cygańska kapela zaczęła grać czardasza. Jedyną znajomą twarzą oprócz Rafała była Bożena. Wszyscy zaczęli bić brawo na ich widok.

– Witamy, witamy – powiedział kierownik urzędu. – Już myśleliśmy, doktorze, że może coś się stało.

– Do ostatniej chwili nic jej nie mówiłem. Przywiozłem ją tu podstępem, żeby po drodze nie zmieniła zdania.

Rozpoczęła się ceremonia. Świadkami byli Bożena i Rafał.

Renata była jak we śnie.

– „Świadoma praw i obowiązków....” – wypowiadała urzędową formułę drżącym głosem.

Po złożonej przysiędze Robert podniósł ją do góry i mocno pocałował. Był szczęśliwy.

– Nareszcie jesteś moja! – wykrzyknął, wirując z nią w powietrzu. – Do końca nie byłem pewny.

Później był szampan i życzenia. Wszyscy podchodzili i składali im gratulacje. Wśród zebranych był również zastępca konsula amerykańskiego.

Po wszystkim kierowca limuzyny zawiózł świeżo poślubionych małżonków i ich świadków na obiad do restauracji, w której Robert zarezerwował małą salkę. Wynajęty na tę okazję pianista przywitał ich *Marszem weselnym*.

– Załatwiłeś catering i szampana do waszego biura? – zwrócił się Robert do Rafała.

– Oczywiście – odpowiedział Rafał. – Ale ten pośpiech?! Nie wiem, czy był to dobry pomysł, Krzyś będzie rozczarowany.

– Niebawem zorganizujemy ślub kościelny i porządne wesele – powiedział pan młody. – Krzysia jakoś udobrucham.

– Powiedz, jak ci się udało to wszystko zorganizować? – Dziwiła się Renata.

– Mam swoje sposoby. – Robert się uśmiechnął.

– Biedny Andrzej, co ja mu powiem? – westchnęła świeżo upieczona żona.

– Jak to co? Że nie możesz wyjść za niego za mąż, bo w Polsce bigamia jest zabroniona – odpowiedział Rafał z uśmiechem.

Po obiedzie podano kawę i tort z figurkami państwa młodych. Pianista cicho grał standardy. Było wesoło i nastrojowo. Impreza dobiegła końca około dwudziestej pierwszej.

– Życzę wam udanej i pełnej wrażeń nocy poślubnej – powiedział na pożegnanie Rafał. Nikt wtedy nie przypuszczał, w jaki sposób spełnią się jego życzenia.

Po wyjściu z lokalu nowożeńcy najpierw pojechali do mieszkania Renaty po kilka jej rzeczy, ale noc poślubną mieli spędzić u Roberta, gdzie pan Józef amerykańskim zwyczajem przystroił dom na ich powitanie i na nich czekał.

Robert usiadł w fotelu Renaty i obserwował, jak jego żona krząta się po mieszkaniu. Pakowała ubrania i drobiazgi, żeby mogła rano prosto od niego jechać do pracy.

Kiedy przechodziła obok, Robert chwycił ją wpół i przyciągnął do siebie.

– Nie mogę już dłużej czekać na skonsumowanie małżeństwa, na razie nasze małżeństwo jest jeszcze nieważne – szepnął jej do ucha, rozpinając guziki garsonki.

– Chodźmy do mojego pokoju, tam będzie wygodniej – powiedziała, poddając się jego pieszczotom.

Andrzej, wracając z Warszawy, wstąpił do rodziców Renaty po Krzysia i razem dojeżdżali do Krakowa. Chłopiec ucieszył się, że wcześniej będzie w domu. Miał dość babci, dziadka i kuzynów.

– Mówisz, że rozmawiałeś dziś z mamą? I wszystko u niej w porządku? To dlaczego od niedzieli do mnie nie dzwoni? – Andrzej czuł niepokój.

– Mówiła, że komórka jej się zepsuła. Ode mnie też nie od razu odbierała.

Przyjechali pod blok. Andrzej zaparkował obok samochodu Renaty. Weszli do budynku. Krzyś wyjął klucze, nie chciał odrywać mamy od telewizji.

– Muszę wrócić na chwilę do auta. Nie zamykaj drzwi – powiedział Andrzej.

Krzyś wszedł do przedpokoju. W całym mieszkaniu było ciemno, tylko w pokoju mamy dostrzegł nikłe światło i słychać było dochodzącą stamtąd nastrojową muzykę.

Był przekonany, że mama oglądała film i zasnęła. Postanowił, nie budząc jej, wyłączyć telewizor. Cicho otworzył drzwi do sypialni, w której panował półmrok, niewyraźne światło dawała zapalona świeczka. Telewizor był wyłączony, muzyka dochodziła z odtwarzacza. Mama nie spała. Była w łóżku, ale nie sama. Klęczała, dysząc, za nią był pan Robert.

Krzyś stał jak skamieniały. Patrzył i nie wiedział, co się dzieje. Dopiero po chwili zorientował się, co oni robią. To tak wygląda seks? Andrzej nie może tego zobaczyć!

Wyszedł z pokoju i cicho zamykał drzwi, kiedy przyszedł Andrzej. Widząc przerażoną minę chłopca, wystraszył się, że coś złego stało się Renacie. Szybko wszedł do sypialni i zapalił światło. Nie mógł uwierzyć własnym oczom. Zagotował się.

– Ty dziwko! Jak mogłaś mi to zrobić?! Dwa miesiące przed ślubem! A ja tak bardzo cię kochałem! – zawołał z bólem w głosie.

Poderwali się. Robert przykrył Renatę i sam zaczął szybko się ubierać.

– Andrzej, to nie tak, jak myślisz. On jest ojcem Krzysia – powiedziała Renata. – Chciałam ci to dawno powiedzieć, tylko nie wiedziałam jak.

– Tak bardzo cię kochałem! Byłaś dla mnie wszystkim! A ty poszłaś z nim do łóżka, jak te inne głupie dziwki! Gardziłaś nim, śmiałaś się z niego, a wystarczyło, żeby mnie nie było przez kilka dni... Widziałaś, jak traktuje kobiety, potępiałaś go za to! Myślisz, że teraz będzie inaczej? Szybko się tobą znudzi! Myślisz, że się z tobą ożeni?!

– Właśnie to zrobiłem – powiedział spokojnie Robert. – Dzisiaj wzięliśmy ślub. Mam większe prawo do niej niż ty, bo jestem ojcem jej dziecka.

– Co? – Jakby dopiero do niego to dotarło. – Krzysiek jest twoim synem? To ładne ma teraz wyobrażenie, o matce i ojcu! Widział was, jak się pieprzyliście. – gorycz lała się z każdego jego słowa.

– Jak to? On tu jest? – przeraziła się Renata. – Boże! On nas widział?!

Wyskoczyła z łóżka, narzuciła szlafrok i wybiegła z pokoju.

– Krzysiu, gdzie jesteś?! Krzysiu!

W tym momencie usłyszeli pisk opon i głuchy odgłos uderzenia.

Ona

Nie wiem, jak dobiegłam do skrzyżowania. Karetka właśnie odjeżdżała. Kilka osób stało i rozmawiało. Robert dopytywał o okoliczności wypadku.

– Ten mały wbiegł prosto pod koła samochodu. Szkoda dzieciaka. Taki ładny chłopak. Lekarz powiedział, że są bardzo małe szanse, żeby przeżył.

Zemdlałam. Ocknęłam się w samochodzie. W pierwszej chwili nie wiedziałam, co się dzieje. Potem wróciła świadomość i... okropny ból.

– Zemdlałaś. Jedziemy do szpitala. Malutka, nie martw się, wszystko będzie dobrze – usłyszałam uspokajający szept Roberta.

Jego głos podziałał na mnie jak bicz. Odsunęłam się od niego.

– Zostaw mnie! Nie dotykaj! To wszystko przez ciebie! Dlaczego wróciłeś? Przynosisz same nieszczęścia! To przez ciebie! – Płakałam i okładałam go pięściami, gdzie popadło.

Chwycił mnie za ręce.

– Uspokój się. Proszę, Maleńka. Wszystko będzie dobrze – uspokajał mnie delikatnie.

Cały czas płakałam. Po chwili dopiero zauważyłam, że jedziemy samochodem Andrzeja.

Zajechaliśmy pod szpital. Wpadłam do izby przyjęć. Moja przerażona twarz wystarczyła za wizytówkę.

– Pani jest matką chłopca? A panowie? – spytała pielęgniarka.

– Jestem jej mężem – odpowiedział Robert

– Jestem jej narzeczonym – dodał Andrzej.

– Niezły cyrk. – W głosie pielęgniarki słychać było zniecierpliwienie.

– Gdzie jest chłopiec? Jestem jego ojcem. Dajcie jej coś na uspokojenie. Chcę rozmawiać z lekarzem – Robert ostro przejął inicjatywę. – Jestem neurochirurgiem, praktykuję w klinice w Bostonie.

Nie doczekawszy się odpowiedzi, pobiegł, rozpytując, gdzie jest chłopiec z wypadku.

Przyszedł lekarz, Andrzej z nim rozmawiał. Zrobiono mi zastrzyk. Byłam odrętwiała. Siedziałam i modliłam się, bezgłośnie poruszając ustami. Odmawiałam wszystkie modlitwy jakie znałam. Kończyłam i zaczynałam od początku. Nie wiem, ile to trwało. Wyłączyłam się. Jak automat powtarzałam słowa *„Zdrowaś Mario"* i *„Ojcze Nasz"*. Andrzej i trzymał mnie za rękę. Mówił coś, ale nic nie słyszałam. Przed oczami miałam uśmiechniętą twarz Krzysia, śpiącego w swoim łóżku. Często w nocy wchodziłam do jego pokoju, siadałam obok w fotelu i przyglądałam się, jak mój syn śpi. Czasami na jego buzi pojawiał się uśmiech, chyba śniło mu się wtedy coś przyjemnego. I ten uśmiech teraz chciałam pamiętać. Nie chciałam wyobrażać go sobie pokiereszowanego, poobijanego, ale błogo się uśmiechającego. Ten właśnie uśmiech miałam przed oczami, kiedy się modliłam.

Po kilku godzinach przyszedł inny lekarz.

– Pani jest matką chłopca?

Skinęłam głową.

– Cóż mogę powiedzieć. Stan bardzo ciężki, jest teraz operowany. Robert asystuje przy operacji. Nie powinniśmy się na to godzić, ale sytuacja jest wyjątkowa, chodzi o życie dziecka. Przed chwilą wyciągnął go kostusze ze szponów – powiedział cicho.

Później dowiedziałam się, co miał na myśli. To Robert reanimował Krzysia. Mój syn był w stanie śmierci klinicznej. Lekarze już zrezygnowali, on nie. Udało mu się, akcja serca wróciła.

Nad ranem z Robertem przyszedł ten sam lekarz. Nie wiem, czy dobrze pamiętam naszą rozmowę.

– Pani syn jest po operacji. Udało się uratować śledzionę. Dzięki Robertowi, bo się uparł. My chcieliśmy usunąć. Nie wiemy jeszcze, co będzie z wątrobą, jest bardzo stłuczona. No i nerki. Ma oprócz tego mnóstwo obrażeń zewnętrznych, różnych zadrapań i siniaków, ale gorzej to wygląda, niż jest w rzeczywistości. Złamań nie ma. Krwotok wewnętrzny opanowany. Stan jest nadal bardzo ciężki, zrobiliśmy, co się dało. Jest teraz na oddziale intensywnej terapii. Jutro zajmiemy się jego głową. Proszę być dobrej myśli. – Coś szepnął jeszcze do Roberta i odszedł.

Robert został.

– Zawieź ją do domu, niech się trochę prześpi. Ja tu zostanę. –zwrócił się do Andrzeja.

– Nigdzie się stąd nie ruszę – powiedziałam stanowczo.

Dali mi spokój. Zapytałam pielęgniarkę, gdzie jest kaplica. Poszłam tam, usiadłam w ławce i znów zaczęłam się modlić.

Boże, nie odbieraj mi mojego dziecka. Weź wszystko, tylko zostaw mi synka. Niczego więcej nie chcę od Ciebie. Wiem, że zgrzeszyłam, ale proszę Cię, Boże, ukarz mnie w inny sposób, tylko mi oszczędź moje dziecko! To tylko mały chłopiec, miej litość nad nim. Tyle może dobrego w życiu dokonać. Jest taki zdolny! Taki wrażliwy! To takie dobre dziecko! Tutaj na ziemi jest Ci, Boże, bardziej potrzebny. Obiecuję Ci, Boże, że nigdy już nie będę z Robertem. To przez naszą grzeszną miłość to się stało. Nie chcę już Roberta, tylko mi Krzysia zostaw. Nie odbieraj mi go, błagam Cię, Boże! Nie pozwól mu umrzeć. Jeśli koniecznie chcesz kogoś zabrać, to weź mnie, tylko nie jego...

Wróciłam na oddział. Nadal nie pozwolono mi zobaczyć Krzysia. Cały czas był przy nim Robert. Na chwilę przyszedł do nas, usiadł obok Andrzeja.

– Idźcie do domu. Jutro go zobaczysz, dziś cię nie wpuszczą– powiedział.

Andrzej grubo po północy wyszedł, ja zostałam. Czas spędzałam na przemian w kaplicy i na oddziałowej ławce. Na OIOM nie chciano mnie wpuścić. Dopiero następnego dnia Robert wprowadził mnie tam na chwilę, żebym mogła zobaczyć Krzysia. Mój synek leżał podłączony do różnych rurek i spał.

– Jest w śpiączce farmakologicznej – poinformował mnie Robert.

Wróciłam na swoją ławkę. Za chwilę zjawił się Andrzej. Jego obecność działała na mnie kojąco, Robert natomiast mnie drażnił. Do Andrzeja się tuliłam, przypadkowy nawet dotyk Roberta powodował odrazę.

Siedziałam przytulona do Andrzeja, kiedy zjawił się lekarz, znajomy Roberta.

– Musi pani iść do domu, tylko pani przeszkadza. Proszę przyjść jutro. Robert tutaj będzie, proszę się nie martwić. Przy nim synowi nic nie grozi, widziałem, jak walczy o niego. – Potem zwrócił się do Andrzeja. – Niech ją pan zawiezie do domu, musi się trochę przespać.

Pojechałam z Andrzejem do domu. Zasnęłam. Wstałam rano, wzięłam szybki prysznic, ubrałam się. Założyłam dżinsy i pierwszą lepszą bluzkę, jaką wyjęłam z szafy. Dziś nie miałam dylematu, co na siebie założyć. Nie patrząc nawet w lustro, związałam gładko włosy z tyłu głowy. Chciałam jak najszybciej być znów w szpitalu. Andrzej zrobił śniadanie, ale nie dałam rady nic przełknąć, zmusiłam się tylko do wypicia szklanki kakao.

Razem wróciliśmy do szpitala. Robert chyba też był w domu, bo nie miał zarostu, inaczej też był ubrany. Na jego twarzy widać było zmęczenie.

– Jest już lepiej. Będzie żył – powiedział.

Przymknęłam oczy. Dzięki ci, Boże. Poczułam wielką ulgę. W głosie Roberta wyczułam jednak coś niepokojącego.

– O co chodzi? Coś jest nie tak! – Strach znów wrócił.

Nie zdążył mi odpowiedzieć. Nadszedł lekarz. Uśmiechnął się, ale w tym uśmiechu było coś sztucznego.

– Mam dla pani dobrą wiadomość. Stan krytyczny minął, teraz powinno być z godziny na godzinę coraz lepiej – powiedział uspokajająco.

– Doktorze, coś jest nie w porządku. O czym mi nie mówicie?

Zapadła cisza. Widziałam, że spojrzeli na siebie, jakby zastanawiali się, co mi mają powiedzieć. W końcu przemówił lekarz.

– Jest pewien problem. W wyniku uderzenia w głowie zrobił się krwiak. Tak się umiejscowił, że grozi to szybką degeneracją nerwu wzrokowego..., – szczegółowo opisał dolegliwość, używając medycznej terminologii.

– Daj spokój, jej to nic nie mówi – Robert mu przerwał.

– Posłuchaj, Malutka... – zwrócił się do mnie. – Tego krwiaka nie można tutaj usunąć. Tutaj w Polsce. Mogę to zrobić, ale u siebie w klinice. Jeśli szybko nie zoperujemy go, nasz syn oślepnie. Od ciebie teraz wszystko zależy. Ty musisz wyrazić zgodę na zabieg – mówił z dużym napięciem.

211

Spojrzałam na lekarza. Unikał mojego wzroku.

– Panie doktorze, proszę powiedzieć, czy to prawda?

– Tak.

– Jakie ryzyko niesie ta operacja? – spytałam, uważnie go obserwując.

– Krwiak jest w bardzo trudno dostępnym miejscu, można uszkodzić inne nerwy. – Zamilkł, jakby się zastanawiał. – Może dojść do całkowitego paraliżu, w najgorszym wypadku syn może nawet umrzeć.

Znowu poczułam się, jakbym dostała obuchem w głowę. Mam wybrać, czy lepiej będzie dla mojego syna zostać ślepcem, czy sparaliżowaną kłodą?! Zaczęłam drżeć. Andrzej, widząc, co się ze mną dzieje, mocno mnie objął.

– Nie będę ryzykować. Nie zgadzam się na operację – powiedziałam cicho.

– Posłuchaj, Malutka. Robiłem takie operacje. Tutaj na tym sprzęcie nie podjąłbym się tego, ale w Bostonie tak. Z powodzeniem robiłem trudniejsze zabiegi. – Patrzył na mnie z natężeniem. – Czy chcesz, by nasz syn żył w ciemności? Chcesz, żeby świat znał tylko ze słyszenia? Na taki los go skazujesz? Co z jego planami, marzeniami? Tak bardzo chciał zostać lekarzem! Myślisz, że mógłby nim być, będąc niewidomym? Jest tak wybitnie zdolny, a ty chcesz mu to wszystko odebrać?!

Spojrzałam na niego z pogardą.

– Teraz ty mnie posłuchaj! Ty wiesz o jego istnieniu od miesiąca, ja od jedenastu lat. Kochałam go już, jak jeszcze był we mnie. Co, męska ambicja przeszkadza ci, że twój syn będzie kaleką?! Możesz się go wyprzeć, tak jak zrobiła to twoja matka. Nie jesteście nam potrzebni! Ja chcę przede wszystkim, żeby mój syn żył! – Całą złość skupiłam na Robercie. To on był winny temu wszystkiemu!

– Uspokój się. Wiem, że jest ci ciężko. Ja też chcę, żeby nasz syn przede wszystkim żył. Ale pomyśl, co będzie czuł, jak się dowie, że miał szansę być zdrowy, a ty mu to odebrałaś?! Zaufaj mi. Proszę. Może nie jestem idealnym materiałem na męża, ale lekarzem i chirurgiem jestem bardzo dobrym.

Miałam podjąć najtrudniejszą w swoim życiu decyzję. Zawsze bałam się ryzyka, wszystko w moim życiu było wyważone, przemyślane. Na egzaminach nigdy nie ściągałam, bo się bałam, że mnie złapią.

W autobusie zawsze kasowałam bilet, bo bałam się kanarów. Nigdy nie byłam hazardzistką. Teraz miałam zagrać z losem w rosyjską ruletkę, a stawką było życie mojego dziecka.

Spojrzałam na lekarza.

– Co pan by zrobił na moim miejscu, doktorze?

– Trudno mi powiedzieć. To pani musi podjąć decyzję. Nie wiem, jakim chirurgiem jest Robert, nie widziałem go jedenaście lat. Ale byłem świadkiem, jak nie pozwolił umrzeć waszemu synowi, jak walczył o niego. I wygrał ze śmiercią.

– Dam odpowiedź za godzinę – powiedziałam po dłuższej chwili.

Zostawiłam ich i poszłam do kaplicy. Tylko tu byłam w stanie spokojnie się zastanowić.

Po godzinie wróciłam na oddział. Usłyszałam głos Roberta.

– Znowu w kaplicy? Jeszcze nie wróciła?

– Już wróciłam – powiedziałam oschle. – Zgadzam się na operację.

Robert na mnie popatrzył. Miłość do mnie na pewno mu już minęła. Wyglądałam teraz okropnie. Chciałam tak wyglądać. Chciałam, żeby zostawił mnie w spokoju. Pragnęłam przenieść się pięć lat wstecz, mieć tylko Krzysia.

– Zorganizuję wszystko. Czas nas goni. Im wcześniej zrobię zabieg, tym będzie lepiej. Andrzej może jechać z tobą, jeśli chcecie. Spakuj się, pobyt w Bostonie może potrwać parę tygodni. Najpierw pójdę do Konsulatu załatwić wam wizy.

Dzień później lecieliśmy do Bostonu. Robert, Andrzej i ja... no i Krzyś. Nie wiem, co się ze mną działo, byłam jak w półśnie, nafaszerowana lekami. Wiem, że lecieliśmy najpierw helikopterem, potem samolotem, potem znowu helikopterem. Po kilkunastu godzinach znaleźliśmy się w klinice Roberta. Na jego widok zrobiło się małe zamieszanie. Wszyscy go witali. Czułam się, jakbym się znalazła na innej planecie. Wokół nieznani ludzie, mówiący w obcym języku, całkiem inne otoczenie. Wszystko inne niż u nas w Polsce.

Widziałam, że Robert jest tu kimś ważnym. Z kilkoma osobami przywitał się bardzo wylewnie, między innymi z grubą czarnoskórą pielęgniarką o imieniu Cloe. Również szykowna kobieta około czterdziestki została wyróżniona buziakiem w policzek – okazało się, że to jego sekretarka. Nie zachowywał się, jakby przeżył jakąś traumę. Uśmiechał się, chyba żartował, panowała ogólna wesołość. Cóż, ojcem był tylko miesiąc.

Kiedy Robert poszedł, zostaliśmy w separatce w trójkę: ja, Andrzej i Krzyś. Nareszcie cisza.

– Jest tu dużą szychą – powiedział Andrzej. – Nie przypuszczałem, że tak może wyglądać szpital. Nawet w amerykańskich filmach takich nie pokazują. Widać, że to miejsce dla bogatych.

Nic nie odpowiedziałam, niewiele ostatnio mówiłam. Andrzej zaś, chcąc zagłuszyć przejmującą ciszę, bardzo się rozgadał.

Patrzyłam na mojego synka. Cały w bandażach, z rurkami podłączonymi do kroplówek i jakiejś aparatury, mało przypominał mojego dawnego Krzysia. To wszystko przez Roberta!

Sprawca ostatnich nieszczęść niebawem się zjawił.

– Przepraszam was, ale długo mnie tutaj nie było, wszyscy teraz mają do mnie jakieś sprawy – tłumaczył się. – Zaraz zawiozę was do mojego domu, ja będę nocował w klinice, w swoim gabinecie. Tu nie możecie zostać na noc. Rano ktoś po was przyjedzie. Jutro zrobimy wszystkie potrzebne badania, pojutrze zabieg. Po zabiegu jakiś czas będzie jeszcze w śpiączce...

Nie dokończył, bo do pokoju wparował mężczyzna po sześćdziesiątce. Na drogi garnitur założony miał lekarski kitel. Widać było, że jest kimś ważnym. Między nim a Robertem doszło do ostrej wymiany zdań, za moment jednak mężczyzna uspokoił się, nawet uśmiechnął. Nie zaszczyciwszy nas nawet spojrzeniem, wyszedł z separatki.

– Mieliście przyjemność albo raczej nieprzyjemność poznać mojego byłego teścia – poinformował nas. – Musimy się zbierać.

Dom Roberta znajdował się niedaleko szpitala, kilka przecznic dalej. Weszliśmy do ogrodu. Był niewielki, ale zadbany. Zdziwiło mnie, że przed domem nie było ogrodzenia tylko niziutki drewniany płotek. Budynek za to był bardzo duży, większy od tego na Woli Justowskiej. Wnętrze domu było pięknie urządzone, ze smakiem – wszędzie było widać luksus i pieniądze.

– Masz piękny dom – pochwalił Andrzej. – Taki duży... Sam tu mieszkasz?

– Teraz sam, przedtem zawsze przyjeżdżała któraś babcia albo rodzice. Kupiłem go po śmierci Betty, mama go urządzała. Po śmierci ojca obie babcie i mama mieszkały tu ze mną, ściągnąłem je z Seattle. Ojciec jest pochowany tutaj, w Bostonie. Obydwie babcie również.

Mnie nie interesował ani dom, ani jego mieszkańcy. Chciałam szybko się przespać, żebym mogła znów zobaczyć Krzysia.

Robert pokazał nam nasze pokoje i łazienkę. Ja miałam spać w pokoju babci Ani.

– Nic tu nie zmieniałem od jej śmierci – powiedział, podając mi świeżą pościel i ręczniki.

Nareszcie wyszedł. Drażniła mnie jego obecność, chyba to wyczuwał. Od czasu wypadku bardzo mało ze sobą rozmawialiśmy, tylko na temat Krzysia. Szkoda, że byliśmy po ślubie – trzeba teraz dopełnić tylu formalności.

– Andrzej, znasz trochę angielski, o co chodziło jego teściowi? – zapytałam.

– Chyba chodziło o pieniądze. Wściekał się, że klinika nie będzie pokrywać jego fanaberii. Miał na myśli prawdopodobnie przeloty helikopterami i samolotem. Uspokoił się, jak Robert powiedział, że on za wszystko zapłaci. Tak zrozumiałem.

Poszłam spać.

Rano o siódmej byłam już na nogach. Szybko się wyszykowałam. Założyłam okulary. Od czasu wypadku nie zakładałam soczewek ani się nie malowałam. Włosy jeszcze wilgotne po prysznicu, zawiązałam w kucyk. Wyglądałam jak siedem nieszczęść, i o to mi chodziło.

Andrzej zrobił śniadanie z produktów, które znalazł w lodówce. Najwyraźniej Robert poprosił kogoś o uzupełnienie zapasów. Z trudem przełknęłam jedną kanapkę. Ostatnio prawie nic nie jadłam, piłam tylko kawę i wodę mineralną, czasem jakieś soki. Schudłam pięć kilo. Kiedyś bardzo chciałam tyle schudnąć i nigdy mi się to nie udawało. Popatrzyłam na Andrzeja. Tak bardzo się stara. Z nim jednak też nie mogłam dalej być. Potrzebowałam go jako przyjaciela, ale nie jako kochanka czy męża. Postanowiłam, że nie będę już żadnym mężczyzną, bo temu nieszczęściu winien jest seks.

Przed dziewiątą przyjechał po nas samochód i pojechaliśmy do szpitala. Krzysia w separatce nie było. Wystraszyłam się, myśląc o najgorszym.

– Został przewieziony na badania– wyjaśnił szybko Robert, widząc moją minę. – Opanuj się, dziewczyno, bo on będzie zdrowy, a ty fikniesz na zawał.

Denerwował mnie jego spokój i opanowanie. Nienawidziłam go za to. Ale czego miałam się spodziewać? Że będzie rozpaczał razem ze mną? Czy on jest zdolny do głębszych uczuć?!

Dwie młode, ładne dziewczyny podeszły do Roberta i rzuciły mu się na szyję. Zaczęły obie, jedna przez drugą, coś paplać. Starsza miała krótko obcięte blond włosy, ubrana była w popielate spodnium i mokasyny. Druga, też blondynka, ale z długimi włosami, w króciutkiej spódniczce bez skrępowania eksponowała swoje opalone nogi.

– Przepraszam was na chwilę – powiedział po polsku.

Dziewczyny obrzuciły mnie pobieżnym spojrzeniem i stwierdziwszy, że nie warto sobie mną głowy zawracać, uwiesiły się mu u ramion. Poszedł z nimi do swojego gabinetu. Ja z Andrzejem usiedliśmy w fotelach na korytarzu. Andrzej próbował zabawiać mnie rozmową, ale ja milczałam. Robert wrócił po dwóch godzinach.

– Za chwilę przywiozą Krzysia. Wszystko wskazuje na to, że nie ma przeszkód do zabiegu. Jutro, jeśli wszystko dobrze pójdzie, usuniemy krwiak. Zrobię to z Markiem. Trochę niefortunnie się składa, bo jego żona właśnie rodzi, dziś ją zawiózł do szpitala. Ale jutro przyjedzie. Pokażę wam, gdzie można zjeść lunch.

– Andrzej, idź z nim, ja tu posiedzę – mruknęłam.

Robert spojrzał na mnie, westchnął, ale nic nie powiedział. Kiedy poszli, zostałam nareszcie sama.

Chwilę później czarnoskóry pielęgniarz przywiózł ciągle śpiącego Krzysia. Weszłam za nimi do sali i usiadłam przy łóżku.

Następnego dnia, gdy przywieziono nas do szpitala, Krzysia zawieźli już na salę operacyjną. Czekaliśmy ponad godzinę. Andrzej trzymał mnie za rękę. Czas bardzo mi się dłużył, każda minuta monstrualnie się rozrastała.

W końcu przywieźli moje dziecko. Podbiegłam do łóżka, żeby sprawdzić, czy wszystko z nim jest w porządku, czy oddycha. Nic się nie zmieniło, dalej był nieprzytomny, ale oddychał równomiernie.

Do sali wszedł lekarz, w którym rozpoznałam Marka. Był przystojnym, wysokim, dobrze zbudowanym blondynem o włosach lekko przyprószonych siwizną. Miał przyjemną twarz wzbudzającą zaufanie. Zdziwił się na widok Andrzeja.

– Andrzej? To twój dzieciak? Dlaczego Robert nic mi nie powiedział? – Popatrzył na mnie przelotnie. – To żona?

Podszedł do mnie i podał mi rękę. Nie za bardzo interesowała go moja osoba. Nie wyprowadzaliśmy go z błędu – niech myśli, że jesteśmy małżeństwem.

– Co z krwiakiem? – zapytałam ze strachem.

– Wszystko w porządku, zabieg się udał. Tylko Robert mógł to zrobić! Jest naprawdę genialnym chirurgiem. Nie wiem, po co byłem mu potrzebny, chyba tylko do ścierania potu z czoła. Niech się pani tak nie denerwuje, cała pani drży.

– Skąd pan wie, że z synem wszystko w porządku? Że będzie widział? Przecież nadal jest w śpiączce?

– Gwarantuję pani, że widzi. Mamy swoje sposoby, żeby to sprawdzić – uśmiechnął się. – Przykro mi, ale muszę lecieć. Moja żona przed chwilą urodziła syna. Oberwie mi się, że mnie przy niej nie było. Może jeszcze się spotkamy.

Wyszedł.

Cały dzień byliśmy w szpitalu, ale Robert do separatki nie zawitał. Pielęgniarka powiedziała Andrzejowi, że szef musiał iść na ważne spotkanie. Znów ogarnął mnie niepokój. Dlaczego nie chce z nami rozmawiać? Może Marek kłamie?

Wieczorem nic nie mogłam przełknąć. Prawie całą noc nie spałam, Andrzej nie był w stanie mnie uspokoić.

Rano nie mogłam doczekać się kierowcy, który przyjechał dopiero po dziewiątej. Nie zważając na protesty sekretarki wpadłam do gabinetu Roberta i... stanęłam jak słup soli. Robert obejmował młodą blond kobietę. To łajdak! Nie wiem, dlaczego ten widok tak mną wstrząsnął. Poczułam dziwny ból w żołądku. Robert zauważył mnie i odsunął się od dziewczyny. Odwróciłam się na pięcie i wyszłam, nie reagowałam, kiedy wołał za mną. Podbiegłam do Andrzeja. Po raz pierwszy od kilku dni rozpłakałam się z nerwów.

Po chwili podszedł do nas Robert.

– Ona bardzo się denerwuje, czy wszystko z Krzysiem jest w porządku – powiedział Andrzej.

– Przecież wysłałem Marka, żeby was uspokoił. Ja nie mogłem przyjść. Jutro w południe będziemy go wybudzać. W klinice zostanie jeszcze tydzień.

Mimo wszystko nie mogłam się uspokoić, ciągle drżałam. Nie patrząc na Roberta, wróciłam do Krzysia. Razem z Andrzejem usiedliśmy przy łóżku mojego syna. Robert kilka razy zaglądał do separatki, ale nie rozmawialiśmy – zawsze z nami był Andrzej.

Wieczorem, kiedy zajechaliśmy do domu Roberta, po raz pierwszy od dawna przyjrzałam się sobie w lustrze. Wyglądałam koszmarnie. Oczy bez makijażu, pomniejszone jeszcze przez szkła okularów były ledwo widoczne na tle bladej bezbarwnej twarzy. Widać było na niej zmęczenie i smutek. Włosy z widocznym odrostem, związane w kitkę z tyłu głowy nie prezentowały się lepiej niż cała reszta. Koszulowa bluzka konweniowała z moim smętnym wizerunkiem. Przedstawiałam sobą obraz nędzy i rozpaczy! Muszę coś zrobić, mój syn nie może mnie takiej zobaczyć.

Wysłałam Andrzeja po farbę do włosów, lakier i inne kosmetyki – zapisałam mu wszystko na kartce.

Dotychczas nie oglądałam domu Roberta, dopiero teraz zaczęłam go zwiedzać. Weszłam do pierwszego pokoju – to chyba pokój babci Ireny. Na stoliku przy łóżku stała fotografia mężczyzny o poczciwym wyrazie twarzy. Tak wyglądał jej zmarły mąż, dziadek Witold, pomyślałam. Następnie otworzyłam drzwi do pokoju rodziców. Tutaj też było dużo fotografii rodzinnych, najwięcej zdjęć matki. Nad łóżkiem powieszono stylizowane na obraz olbrzymie zdjęcie, przedstawiające oboje rodziców Roberta.

Ostatni pokój był największy – sypialnia Roberta. Typowo męskie wnętrze. Dużo książek, przeważnie medycznych, zapełniało podręczną biblioteczkę. Jedna książka wyróżniała się wśród pozostałych, było to amerykańskie wydanie *„Przeminęło z wiatrem".* Wzięłam ją do ręki. Tak, nie myliłam się. Margaret Mitchell napisała tylko jedną książkę, poznałam powieść po nazwisku autorki. Coś podobnego! On coś takiego czyta?! W życiu bym go o to nie posądzała.

Otworzyłam książkę. W dolnym rogu ujrzałam dedykację napisaną odręcznie po angielsku z podpisem: „Betty". Odstawiłam ją na miejsce.

Podeszłam do jego łóżka. Na nocnej szafce stały dwa zdjęcia. Na jednym Robert obejmujący uśmiechniętą Betty, na drugim on jako młody chłopak w otoczeniu rodziny. Wzięłam zdjęcie do ręki. Przeczytałam na dole napis: „Boże Narodzenie 1977". Powiększona fotografia przedstawiała całą rodzinę Roberta. Byli tam jego rodzice i dziadkowie, wszyscy w komplecie. Przyjrzałam się poszczególnym postaciom. Ojciec, wysoki przystojny szatyn, stał między niskim, przysadzistym dziadkiem Witoldem i wysoką, szczupłą babcią Ireną. Na jej arystokratycznej twarzy widać było ślady wielkiej urody. Szpakowate włosy upięte miała w kok. Obok niej stał również wysoki, z siwą czupryną i wciąż czarnymi brwiami dziadek Aleks. W młodości musiał być wyjątkowo przystojnym mężczyzną. Do swojego ojca przytulała się matka Roberta. Poniżej, na stołku, siedział młodziutki Robert i trzymał na kolanach roześmianą babcię Anię. Babcia była drobną, nadal ładną kobietą o czarnych, przetykanych srebrem bujnych włosach. W jej twarzy uwagę przyciągały piękne, duże, ciemne oczy. Rozpoznałam w nich oczy Roberta. Teraz wiedziałam, dlaczego młody Orłowski był taki przystojny – mając tak urodziwych przodków, to nic dziwnego. Patrząc na nich, poczułam smutek, że tych uśmiechniętych, szczęśliwych ludzi nie ma już na świecie. Zdziwiona, w wizerunku Roberta odkryłam coś nowego. Stojąca przy łóżku fotografia świadczyła, że rodzina znaczyła dla niego bardzo dużo, ciągle byli obecni w jego życiu, otoczył się nimi, jakby chciał powierzyć się ich opiece. Nie posądzałam go o taki sentymentalizm. Zawsze postrzegałam Roberta jako cynika, typ twardego macho, który w życiu toruje sobie drogę pięściami. Zaskoczył mnie. Odstawiłam zdjęcie z powrotem na blat szafki.

Ponownie rozejrzałam się po pokoju. Wszędzie stały albo wisiały zdjęcia jego i jego żony. Przeważnie byli przytuleni do siebie. Jego panienki, kiedy je posuwał, musiały głupio się czuć, mając świadomość, że ze wszystkich kątów gapi się na nich zmarła żona, przeleciało mi przez myśl. Ale przecież miał jeszcze pokój gościnny – tam żadnych zdjęć nie było.

Weszłam do pokoju zajmowanego obecnie przez Andrzeja. Był bezosobowy. Tak, to tutaj Robert rżnął swoją Meg.

Andrzej wrócił z zakupami. Zaszyłam się w łazience – ufarbowałam włosy, pomalowałam paznokcie.

Rano założyłam soczewki kontaktowe, zrobiłam staranny makijaż, ładnie uczesałam włosy. Teraz musiałam ubrać się w coś sensownego. Zaczęłam przeglądać, co jeszcze Andrzej zapakował mi do torby. Zdecydowałam się na białą sportową spódnicę i czarną bluzkę w białe paseczki. Włożyłam czarne klapki na wysokich obcasach. Przejrzałam się w lustrze – wyglądałam dobrze.

W samochodzie kierowca patrzył na mnie, jakby mnie pierwszy raz widział. Dojechaliśmy do szpitala. Pobiegłam pierwsza, zostawiając Andrzeja w tyle. W drzwiach natknęłam się na Marka. Spojrzał na mnie i przeszedł dalej.

– Panie doktorze! Kiedy będziecie go wybudzać? – zawołałam.

– Przepraszam, nie poznałem pani. Wybudziliśmy już syna. Tak jak mówiłem, wszystko w porządku. Chłopak myślał, że jest w niebie. Zdziwił się, że mówią tam po angielsku.

Z radości ucałowałam go, osłupiałego, w oba policzki.

– Dziękuję panu, doktorze! Tak się cieszę! Boże, jaka jestem szczęśliwa!

– To nie mnie trzeba dziękować, tylko Robertowi – sprostował trochę zażenowany. – Cześć, Andrzej. Nie poznałem twojej żony. Syn już na was czeka. Wszystko się udało: widzi, słyszy, upominał się o jedzenie. Potem do was wpadnę. – Teraz już nie ignorował mnie tak jak dwa dni wcześniej.

Pobiegłam do separatki Krzysia. Kiedy mnie zobaczył, zamknął oczy i udawał, że śpi. No tak, jeden problem opanowany, zostały do rozwiązania inne, pomyślałam ze smutkiem. Najważniejsze jednak, że żyje i widzi.

Po chwili dotarł do nas Andrzej.

– Dalej śpi? Podobno go wybudzono – zaniepokoił się.

– Śpi, bo chce spać – odpowiedziałam cicho.

– Wyjdźmy, musimy porozmawiać.

Wyszliśmy na korytarz. Obok nas przechodziły pielęgniarki, dziwnie na mnie patrząc.

– Dzwonił Janusz. Powiedział, że powinienem wracać do Polski, bo pracownik, który miał wypadek, zmarł. Radził mi przylecieć pierwszym lotem.

– Trudno, jeśli musisz wracać, to wracaj. Dam sobie już jakoś radę, dziękuję za wszystko. Idź do Roberta, on się zorientuje, jak wygląda sytuacja z biletami – pocałowałam go w policzek.

Wróciłam do separatki. Krzyś znowu szybko zamknął oczy. Nie zareagowałam, udawałam, że wierzę w to, że śpi. Nie byłam jeszcze przygotowana na rozmowę z nim. Byłam szczęśliwa, że teraz śpi, bo sobie tak wymyślił, a nie dlatego, że musi spać. Siedziałam i patrzyłam na niego, to mi wystarczało.

Po jakimś czasie wrócił Andrzej.

– Za trzy godziny mam samolot – mówił szeptem. – Muszę jeszcze jechać do domu Roberta po swój bagaż, potem kierowca odwiezie mnie na lotnisko.

– To ja też pojadę z tobą na lotnisko – zerwałam się.

– Musisz tu być przy Krzysiu. Spotkamy się niedługo w Krakowie. Powiedział to mało przekonująco.

Wyszłam z nim na korytarz. Przytuliłam się mocno do niego.

– Bardzo dziękuję ci za wszystko, co dla mnie zrobiłeś. Nie wiem, jakbym przeszła przez to, gdyby nie ty – szepnęłam.

Spojrzał na mnie i pocałował w policzek.

– Bądź szczęśliwa – powiedział i szybko odszedł.

– Do zobaczenia w kraju – zawołałam za nim. – Zadzwonię.

Krzyś zmienił pozycję, ale dalej miał zamknięte oczy.

Po godzinie do sali weszła sekretarka Roberta. Domyśliłam się, że mam z nią iść do jego gabinetu. Dobrze. Porozmawiamy o rozwodzie. Poszłam za nią. Weszłam do gabinetu, oczywiście bardzo eleganckiego, jak wszystko w tym szpitalu. Spojrzałam na Roberta. Siedział za dużym jasnobrązowym i prawdopodobnie bardzo drogim biurkiem. Ubrany był w garnitur, a na wierzch zarzucony miał lekarski fartuch. Dziś bawił się w biznesmena, przeleciało mi przez myśl.

– Witamy w świecie żywych – powiedział nonszalancko. – Widzę, że zrzuciłaś żałobę, nareszcie nie wyglądasz jak zombie. Usiądź, proszę.

– Dziękuję ci za uratowanie życia i zdrowia mojemu synowi – powiedziałam beznamiętnie, siadając na kanapie.

– Małe sprostowanie: naszemu synowi – powiedział podobnym tonem.

– Może omówimy warunki rozwodu – zaproponowałam. – Przy twoich znajomościach, tak samo szybko, jak się pobraliśmy, możemy się rozwieść. Oboje wiemy, że ten ślub to farsa.

Przez dłuższą chwilę patrzył na mnie nic nie mówiąc. Potem wstał, podszedł do mnie i usiadł obok na kanapie.

– O co ci chodzi? O Meg? Jak wpadłaś tu wczoraj bez pukania, to akurat się z nią żegnałem. Dokładniej mówiąc, zrywałem z nią. – powiedział, patrząc na mnie uważnie. – Nie po to się żeniłem, żeby za kilka dni się rozwodzić, za dużo mnie to kosztowało, a ja, podobnie jak nasz syn, nie jestem rozrzutny.

– Ten głupi ślub to błąd. Wielki błąd. Wszyscy ponieśliśmy jego przykre konsekwencje. Największe mój syn.

– Do jasnej cholery! Nie twój syn, tylko nasz syn! – zdenerwował się. – Co znów wymyśliłaś?! Jaką nową przeszkodę?! Znowu coś podsłuchałaś?!

– To wszystko nie ma sensu. Nie pasujemy do siebie. Ja nie pasuję do twojego świata – powiedziałam cicho.

– Nie pasujemy do siebie? Ja uważam, że pasujemy pod każdym względem. – Widać było, że jest coraz bardziej wściekły.

– Coś podobnego, teraz się mnie nie wstydzisz! Wczoraj jeszcze nie przyznawałeś się do mnie. Popsułabym ci reputację eksperta kobiecej urody! Wstydziłeś się szarej, zapłakanej myszki. Dzisiaj, jak się umalowałam i ubrałam, to nagle przypomniałeś sobie, że jesteśmy małżeństwem?!

– Aleś ty głupia! Myślisz, że wystarczy zmyć makijaż i już się odkochuję, a jak się wymalujesz to znów cię kocham? Naprawdę uważasz, że tak to u mnie działa? Sądzisz, że dlatego się z tobą ożeniłem, że umiesz się ładnie malować?! Czy nie widziałem cię bez tej tapety na twarzy? Naprawdę uważasz mnie za takiego kretyna?! Nikomu nie mówiłem o naszym ślubie, bo miałem coś ważniejszego na głowie: naszego syna i operację, która mogła go zabić, a nas zniszczyć! Żaden normalny lekarz nie podjąłby się takiego ryzyka. Szansa była jedna na sto, że się uda. Zaryzykowałem, bo wiedziałem, że ten wypadek zniszczy nasze dziecko i nasze małżeństwo. Musiałem zrobić wszystko, żeby naprawić tamten pechowy wieczór, tę naszą cholerną noc poślubną. Gdyby on został ślepcem, to przez całe życie ta noc by nas prześladowała. Nie moglibyśmy być razem. Dlatego to zrobiłem. Postawiłem wszystko na jedną, bardzo słabą kartę. – wyrzucił z siebie z gniewem.

– Oszukałeś mnie. Mówiłeś, że robiłeś bardziej ryzykowne operacje. – Nagle dostałam dreszczy z trwogi, co mogło się stać.

– Tak, okłamałem cię – powiedział cicho. – Musiałem zaryzykować. Liczyłem, że Fortuna znów się do mnie uśmiechnie, bo ostatnio dostałem od niej kilka potężnych kopniaków w tyłek.

– Co robiłeś po operacji? Dokąd poszedłeś?

– Donikąd. Siedziałem zamknięty. Tu, w tym pokoju. Nie dałem rady nic zrobić, ani przyjść do separatki, ani nawet rozmawiać. Jeśli jest się tak długo w takim stanie napięcia, w jakim ja byłem przez te wszystkie dni, to potem uchodzi z człowieka powietrze. Czułem się jak przebity balon. Nie chciałem, żeby ktoś mnie widział w takim stanie.

– Ja myślałam, że jesteś spokojny, bo się nie przejmujesz – szepnęłam trochę zawstydzona.

– Co miałem zrobić? Widziałem, co się z tobą dzieje. Miałem cię dobić i pokazywać swój niepokój? Gdybyś widziała moje przerażenie, to zgodziłabyś się na zabieg? Wątpię. A byłem cholernie przerażony! W moich rękach leżało życie naszego syna, wspaniałego chłopaka, którego nie zdążyłem nawet dobrze poznać ani się nim nacieszyć. O takim synu marzy każdy facet... Nie chciałem też, żeby tutaj czegoś się domyślano. Nie praktykuje się, żeby operował lekarz emocjonalnie związany z pacjentem. Nawet Marek o niczym nie wiedział, dopiero dziś mu powiedziałem. – Mówiąc to, po raz pierwszy podczas tej rozmowy się uśmiechnął.

– Dlaczego się uśmiechasz?

– Bo przypomniałem sobie jego minę, kiedy pochwaliłem się, że mam żonę i dziesięcioletniego syna.

– Tylko co z Krzysiem? Nie chce ze mną rozmawiać. Udaje, że śpi.

– Musi oswoić się z tym wszystkim. Chłopak przeżył szok: pierwszy raz zobaczył teatr porno na żywo i dowiedział się, że jego zmarły ojciec zmartwychwstał. Wiem, że mnie kiedyś zaakceptuje. Lubił mnie przedtem, to i teraz znowu mnie polubi. Tobie też wybaczy, że go oszukiwałaś. Tylko to wymaga czasu.

– Nie wiemy, co widział, jak długo tam stał – westchnęłam. – To musiało być dla niego okropne.

– Domyślam się.

Przybliżył się do mnie, żeby mnie pocałować. Zdziwił się, że stawiam opór.

– O co jeszcze chodzi? Myślałem, że wszystko sobie już wytłumaczyliśmy – zmarszczył czoło.

Wahałam się, czy mu odpowiedzieć. Wiedziałam, że będzie sobie kpił ze mnie i z moich obaw.

– Obiecałam Bogu, że jak zwróci mi Krzysia, to zrezygnuję z ciebie – powiedziałam, czekając na wybuch śmiechu.

Robert zaskoczył mnie – nie roześmiał się. Nic się nie odzywał, tylko patrzył na mnie. W końcu przerwał milczenie.

– Czasami zastanawiam się, czy faktycznie nasze życie nie jest gdzieś w górze zapisane. Może wszystko, czego doświadczamy, ma jakiś sens? Może ta tragedia, oprócz bólu, też coś nam da? Może scementuje nasz związek? Targujesz się z panem Bogiem jak z kupcem na bazarze. Mało jeszcze wycierpieliśmy?! Czy uważasz, że Bogu potrzebna jest taka ofiara z twojej strony? Gdyby Stwórca chciał tego od ciebie, czy uratowałby naszego syna moimi rękoma? Przez cały czas mnie obwiniasz o ten wypadek, a przecież to stało się dlatego, że Andrzej bez twojej zgody zabrał Krzysia od dziadków. Może to jego wina?

– Nie życzę sobie, żebyś mówił źle o Andrzeju.

– Wiesz, co czułem, kiedy kleiłaś się do niego? Przywiozłem go tu, pozwoliłem spać pod jednym dachem z tobą, bo wiedziałem, że go potrzebujesz. Na szczęście teraz już ci nie jest potrzebny.

– Mylisz się! Jest mi bardziej potrzeby niż ty! – Ogarnęła mnie wściekłość. Wstałam i chciałam wyjść.

– Przestań! – Złapał mnie za rękę i posadził na swoich kolanach.

– Przepraszam, Malutka – dodał spokojniej. – Szlag mnie trafia, kiedy sobie o nim pomyślę. Wiem, że Andrzej jest w porządku.

Czekałam, aż złość ze mnie wyparuje. Westchnęłam z rezygnacją. Dlaczego tak kocham tego łajdaka? Nie potrafię mu się oprzeć...

Chwilę później już się całowaliśmy.

– Po raz pierwszy powiedziałeś, że mnie kochasz... bardzo okrężną drogą, ale powiedziałeś – uświadomiłam mojego męża. Widząc jego minę, dodałam: – Wtedy, gdy mówiłeś o makijażu.

– Czy muszę ci mówić, że cię kocham? Czy tego nie widać? – powiedział. – Oszalałem całkiem na pani punkcie, pani Orłowska.

Dopiero wtedy do mnie dotarło, że tak się teraz nazywam.

– Zaraz zacznie się pielgrzymka do separatki Krzysia. Wszyscy w tym szpitalu będą chcieli zobaczyć jego i ciebie – uśmiechnął się. – Powiedziałem Markowi, żeby szepnął słówko Cloe, ona natychmiast wypapla innym pielęgniarkom i za chwilę w całej klinice będzie szumieć jak w ulu. Bądź na to przygotowana.

Miał rację. Za chwilę sekretarka zaanonsowała Harry'ego, byłego teścia Roberta.

– Mówiłem! Poczta pantoflowa działa szybciej niż tam-tamy w Afryce.

Harry, mimo że był grubo po sześćdziesiątce, nadal mógł uchodzić za przystojnego mężczyznę. Jego srebrzysta czupryna prawdopodobnie wzbudzała zazdrość u niejednego dużo młodszego przedstawiciela płci męskiej. Uważnie mi się przyjrzał i coś do Roberta powiedział.

Robert mnie przedstawił.

Harry podał mi rękę, mówiąc przy tym po angielsku. Niestety nic nie rozumiałam.

– *Je ne comprends pas. Parlez-vous francais? Gawaritie pa ruski?* – zapytałam.

Harry całe szczęście nie znał francuskiego, ja znałam tylko te dwa zdania. Rosyjskiego się nie bałam, coś tam jeszcze pamiętałam ze szkoły. Harry rozmawiał z Robertem bardzo przyjaźnie. Mówili coś o mnie, bo Harry do mnie się uśmiechał. Okazało się, że zaprosił nas do siebie w przyszłą sobotę.

– Boże! Musimy iść? – gdy wyszedł, spytałam żałośnie.

– Musimy. Też mi się to nie podoba, ale zagrał mi na ambicji.

– Czy ktoś z nich zna francuski?

– Nikt. Są tak samo tępi lingwistycznie jak i ty. Większość Amerykanów zna tylko angielski, jednostki znają hiszpański albo niemiecki, jeśli mają takie korzenie rodowe.

Wróciłam do separatki Krzysia, ale znów, gdy tylko mnie zobaczył, zamknął oczy. Po godzinie w drzwiach ukazały się dwie blond głowy. Kilka dni temu właścicielki tych głów wisiały Robertowi u ramion. Aha, zaczynają się oględziny. Coś do mnie powiedziały, patrząc na mnie uważnie.

– *Je ne comprends pas. Parlez-vous francais? Gawaritie pa ruski?* – zapytałam z miną poliglotki, rozkładając ręce.

Całe szczęście nie znały francuskiego. Jakiś czas jeszcze paplały i w końcu sobie poszły. Mój syn dalej udawał śpiocha.

Kiedy wyszłam na korytarz, podeszła do mnie kobieta około czterdziestki ubrana w uniform salowej.

– Dzień dobry pani. Nazywam się Maria Nowak. Mój teść pracuje u pana doktora w Krakowie. Ma na imię Józef.

Pan Józef coś wspominał, że jego syn mieszka w Stanach, ale nie wiedziałam o synowej. Przedtem stary doktor, teraz młody doktor przygarnął ich pod swoje skrzydła

– Teść mi tyle dobrego opowiadał o pani! Byliśmy w Polsce, kiedy stał się ten nieszczęsny wypadek. No cóż, dobrze, że tak to się skończyło. Z pana doktora to porządny człowiek.

Dzięki Nowakowej poznałam dużo ciekawostek, była to jedyna kobieta, z którą mogłam tu porozmawiać. Przekazała mi całą garść informacji, co się dzieje w szpitalnym światku. Dyrektor podobno bardzo ucieszył się na wieść, że jego zięć przywiózł z Polski żonę i syna. Liczył na to, że Robert jest bigamistą – dałoby to podstawy do podważenia testamentu. Był bardzo rozczarowany, kiedy poznał szczegóły. Dwie blondynki, które były w separatce, to szwagierki Roberta. Dyrektor chciał jedną z nich wydać za niego za mąż. Nowakowa mówiła, mówiła... Zaczynała mnie już głowa boleć od jej trajkotania, na szczęście zjawili się Robert i Marek

– Ale mnie Robert zaskoczył! Moja żona chyba ze stołka spadnie, gdy jej o wszystkim opowiem. Musicie koniecznie nas odwiedzić. Może jutro?

Umówiliśmy się na wizytę u nich za trzy dni. Kiedy Marek poszedł, my również opuściliśmy szpital, bo mój mąż chciał mieć noc poślubną, tym razem udaną.

Najpierw był chrzest bojowy kanapy, potem, robiąc kolację, Robert nie omieszkał wypróbować stołu do innych celów niż krojenie jarzyn. Następnie była wanna z jacuzzi.

Zastanawiałam się, gdzie będziemy spać: w mauzoleum Betty czy w pokoju gościnnym. Zaprowadził mnie jednak do swojej sypialni. Stanęłam w drzwiach i przeżyłam szok – nie było ani jednego zdjęcia Betty. W ich miejsce zawieszono inne zdjęcia rodzinne. Kiedy on to zrobił?

– Jesteś pierwszą kobietą, która tu będzie ze mną spała – powiedział uroczystym tonem.

– Nic dziwnego, spałeś tu przecież z duchem Betty.

– Widzę, że szperałaś w sypialni podczas mojej nieobecności – zauważył .

– Oczywiście. Która kobieta nie zajrzałaby do sypialni męża? Opowiedz mi o Betty – poprosiłam.

– Po co? Jej już nie ma.

– Wiem. Od pięciu lat.

– Ale dopiero od kilku tygodni nie ma jej tu... i tu. – powiedział, podnosząc moją rękę i kładąc najpierw na swoim sercu, potem czole. – Ty zajęłaś jej miejsce.

– Chciałabym jednak czegoś się o niej dowiedzieć. Coś nas łączy ze sobą. „Przeminęło z wiatrem ", no i... ty. Tobie o Andrzeju opowiedziałam – zauważyłam z wyrzutem. – Nie będę zazdrosna, obiecuję.

– Dobrze, opowiem.

Betty

Betty poznałem pod koniec 1990 roku. Miałem za sobą nostryfikację dyplomu i roczną praktykę w jednym ze szpitali w Nowym Jorku. Po rocznym stażu ojciec załatwił mi kontrakt w małej prywatnej klinice cieszącej się renomą jednej z najlepszych na wschodnim wybrzeżu. Klinika ta chlubiła się przede wszystkim neurochirurgią na światowym poziomie.

Dyrektorem i zarazem ordynatorem neurochirurgii był wybitny neurochirurg, jeden z najlepszych w Stanach, Harry Robinson. Kontrakt podpisano ze mną najpierw na trzy miesiące, od moich postępów zależało, czy będzie przedłużony. Dyrektor był zięciem właścicielki kliniki. Tyle wiedziałem, zaczynając pracę w nowym szpitalu. Muszę przyznać, że przypadłem dyrektorowi do gustu, a nawet mnie polubił. Pracowałem już ponad miesiąc, zdążył więc poznać moje umiejętności. Z tego, co się później dowiedziałem, wiązał ze mną duże plany. Stałem się w pewnym sensie jego pupilkiem. Uważał, że mam talent i niespotykaną intuicję. Szanował również moją zdolność oceniania ryzyka i odwagę potrzebną chirurgowi. Oprócz tego miałem jeszcze jedną zaletę: nie zależało mi na wynagrodzeniu. Byłem tanim lekarzem, przede wszystkim chciałem zdobyć jak najwyższe kwalifikacje. Muszę przyznać, że swój sukces w neurochirurgii zawdzięczam w dużej mierze Harry'emu.

Pewnego dnia przyszedłem na dyżur i jak zwykle najpierw udało się na obchód. Od razu zauważyłem, że jednej z pacjentek zmieniono przepisany przeze mnie lek. Zapytałem pielęgniarkę, kto to zrobił – odpowiedziała, że doktor Betty. Zdenerwowany wpadłem do dyżurki, gdzie oprócz znanych mi twarzy zobaczyłem jeszcze jedną. Młoda, wysoka blondynka ubrana w eleganckie spodnium, golf i buty na płaskim obcasie sprawiała wrażenie bardzo wyniosłej i pewnej siebie. Mimo włosów związanych w kitkę i braku makijażu, widać było, że jest wyjątkowo ładna. Nie znosiłem tego typu kobiet. Typowy przykład bogatej Amerykanki z dobrego domu, dumnej, że jej prapraprababcia przypłynęła na statku Mayflower (lub podobnym) do Nowego Świata ze starej Europy.

– Kto zmienił bez konsultacji ze mną lek pani Smith?

– Ja, doktorze.

– Jakim prawem? To moja pacjentka!

– Pani Smith cierpi na chorobę wrzodową, nie zapoznał się pan z jej historią choroby – powiedziała wyniośle.

– Zapoznałem się dokładniej niż pani. To, co pani jej zapisała, ona już brała i odstawiono to, bo nie było skuteczne. Lek, który ja jej zaordynowałem, na razie jest przez nią dobrze tolerowany. – Żeby ją zdenerwować, dodałem: – Uważam, że większość kobiet powinna siedzieć w domu, zajmować się dziećmi i robić kolację mężowi. Jeśli zaś są na tyle bogate, że wyręczy je w tym Meksykanka, to powinny dla zabicia czasu brać lekcje tenisa u jakiegoś przystojnego instruktora, a nie zajmować się medycyną.

– Może w pana kraju kobiety służą tylko do rodzenia dzieci i robienia kolacji mężowi, ale u nas w Stanach jest inaczej. Jeśli chodzi o tenis, to nie potrzebuję trenera, jestem na pewno dużo lepsza w tej dziedzinie niż pan, doktorze Ojlowsky. – Specjalnie przekręciła moje nazwisko.

– Kiedy już mówimy o kobietach, pani doktor, to w moim kraju kobiety wyglądają jak kobiety, a nie starają się być nieudaną imitacją mężczyzny – odparowałem. – Co do tenisa, to nie byłbym na pani miejscu tak pewny siebie. Nawet w takim dzikim kraju jak Polska w tenisa też się gra.

Wyszedłem trzaskając drzwiami.

– Doktorze, przesadził pan. Pani doktor jest córką dyrektora Robinsona, a zarazem jego zastępcą. Właśnie wróciła z urlopu – poinformowała mnie pielęgniarka.

O cholera, nie wiedziałem o tym. Nie miałem jednak zamiaru jej przepraszać.

Następnego dnia wezwano mnie do gabinetu dyrektora. Za biurkiem siedziała doktor Betty. Ubrana była tym razem nie w garnitur, tylko w garsonkę. Włosy miała spięte w bardziej twarzowy kok, miała nawet lekki makijaż.

– Doktorze Orlowsky, proszę zapoznać się z planem dyżurów na najbliższy tydzień. Zaznaczono tu również zabiegi, które będzie pan wykonywał – powiedziała służbowym tonem.

Wziąłem kartkę i bez słowa skierowałem się ku drzwiom.

– Doktorze, chciałabym panu przypomnieć, że jest pan w Stanach, a nie w Polsce. U nas za takie zachowanie i postawę, którą pan prezentuje, traci się pracę. Proszę nie zapominać, że jestem pana zwierzchnikiem i mogę decydować o czymś tak istotnym, jak przedłużenie kontraktu. Radzę na przyszłość uważać. Jest pan zdolnym lekarzem, ale w Ameryce dbamy zarówno o pacjentów, jak i wizerunek. Nie będę ryzykować reputacji szpitala, więc w przyszłości zanim pana poniosą emocje, proszę być uważniejszym. – powiedziała zimno.

– Doktor Robinson, nie dam pani tej satysfakcji, sam odejdę z dniem wygaśnięcia kontraktu. – Po chwili dodałem lekko się uśmiechając: – Dzisiaj przypomina pani kobietę. Zimną jak sopel lodu, ale kobietę.

– Może pan nie jest świadomy, że to co pan mówił wczoraj i dziś, to seksizm w czystym wydaniu. W moim kraju jest to karalne. – Już nie była taka opanowana jak przed chwilą.

Na te słowa roześmiałem się głośno. Podszedłem do biurka i wyciągnąłem ręce do przodu.

– W takim razie proszę mnie zakuć w kajdanki.

– Nie zakuję pana, ale mogę domagać się odszkodowania. Mam świadków.

– Oczywiście, nieodrodna córka swojego tatusia! Wszystkie metody dozwolone, żeby oskubać pracownika! – uśmiechnąłem się ironicznie.

– Pan mnie obraża!

– To też proszę dopisać w pozwie sądowym.

– Żegnam pana! I jeszcze raz ostrzegam: takie rozmowy są niedopuszczalne, chyba nie zdaje pan sobie sprawy z konsekwencji, jakie może pan ponieść.

Odwróciłem się i wyszedłem. Po chwili wróciłem, wsadziłem głowę za drzwi.

– Doktor Robinson, ma pani całkiem niezłe nogi, ale dużo lepiej wyglądałyby w innych butach. – Znów obdarzyłem ją uśmiechem i wyszedłem.

Od tego czasu stałem się wrogiem numer jeden Jej Wysokości Doktor Robinson. Nasze kontakty były sporadyczne, najwyraźniej wolała mnie omijać.

Betty mimo młodego wieku miała wśród pracowników autorytet. W klinice bano się jej, ale mimo to była lubiana zarówno przez personel medyczny, jak i pacjentów – w przeciwieństwie do ojca. Harry'ego wszyscy nikt nie cierpiał... oprócz mnie. Był strasznym kobieciarzem, spał prawie ze wszystkimi ładniejszymi pracownicami, żadna jednak nie czerpała z tego względu dodatkowych profitów. Był przy tym bardzo wymagającym i zarazem skąpym szefem. Teściowa również go nie lubiła, dlatego główną spadkobierczynią zrobiła nie córkę, lecz wnuczkę – Betty. To ona miała w przyszłości zarządzać kliniką.

Mimo wrogości do mnie, wiedziałem, że Betty jest mną zainteresowana. Czułem jej wzrok, kiedy myślała, że na nią nie patrzę. Ona też, nie ukrywam, zrobiła na mnie duże wrażenie. Miałem wielką ochotę ją uwieść, rozkochać w sobie i rzucić, żeby jej wybujałe ego trochę ucierpiało. Wiedziałem jednak, że to nie takie proste – ona nie była blond lalą stworzoną tylko do dupczenia.

Od kilku miesięcy taką właśnie lalę miałem przyjemność gościć w swoim łóżku. Miała na imię Gloria, była wtedy początkującą aktorką. Teraz dzięki jakiejś mydlanej operze stała się popularna w Ameryce, ale kiedy z nią sypiałem, dopiero zaczynała swoja karierę.

Poznałem ją rok wcześniej u Joli, w Hollywood. Nie miałem ochoty na romanse, nie po to przyjechałem do Ameryki, żeby rżnąć panienki – mogłem to równie dobrze robić w Polsce. Potrzebowałem jednak od czasu do czasu przespać się z kobietą, Gloria dostarczała mi więc odpowiedniej porcji seksu. Była niezła w łóżku, mało skomplikowana i bardzo ładna. Urody swej nie zawdzięczała matce naturze, lecz pewnemu chirurgowi plastycznemu, który był jej kochankiem. Miał niezłą rękę i zrobił z niej prawdziwe celuloidowe bóstwo – pasowała bardzo do Hollywood.

Pewnego dnia Gloria przyszła do mnie do kliniki, wywołując duże poruszenie wśród męskiej części szpitala. Wyglądała wyjątkowo seksownie: botki na wysokich obcasach, do tego mimo późnej jesieni spódniczka ledwo przysłaniała jej zgrabny tyłeczek, pod kusą kurteczką miała bluzkę z dużym dekoltem. Byłem w halu, kiedy podeszła i pocałowała mnie w policzek, prosząc o klucz do mieszkania.

– Tylko nie zgub jak ostatnio, bo nie dostanę się do domu – zaznaczyłem.

– Dobrze, Misiaczku.

– Panie Gordon, ma pan wysokie ciśnienie, proszę nie patrzeć na moją dziewczynę – zwróciłem się żartobliwie do pacjenta, który gapił się na Glorię.

– Doktorze, ja mam niskie ciśnienie i niskie tętno to chyba mogę sobie popatrzeć? – odezwał się drugi pacjent.

– Tak, pan może patrzeć, panie Meyer.

Betty przechodziła obok i słyszała naszą rozmowę. Taksującym wzrokiem obejrzała Glorię i poszła do pacjenta.

– Chodźmy na chwilę do kafejki na dole – powiedziałem do Glorii.

Nie było mnie pół godziny. Kiedy wróciłem, wezwano mnie do gabinetu dyrektora.

– Doktorze Orlowsky, przypominam panu, że jest pan na dyżurze. Randki ze swoją dziewczyną proszę urządzać poza godzinami pracy – powiedziała służbowo Betty.

– Dobrze, doktor Robinson. Coś jeszcze?

– To wszystko.

Na drugi dzień zaskoczyła mnie i cały personel. Przyszła ubrana w jasnopopielatą bardzo elegancką garsonkę, ze spódnicą kilka centymetrów przed kolano. Pod żakiet nie założyła golfu, tylko czerwoną bluzkę. Zamiast wygodnych butów na słupkowym obcasie na nogach miała szpilki. Włosy nie były spięte w kok tylko rozpuszczone. Wyglądała oszałamiająco! Jeden z pacjentów ośmielił się na komplement, akurat byłem przy tym obecny.

– Pani doktor! Nie przypuszczałem, że pani jest tak piękną kobietą! – powiedział z zachwytem.

– Panie Meyer, ja nie jestem tu po to, żeby się panu podobać, tylko żeby pana leczyć – odpowiedziała zadowolona.

– Sam pan widzi, panie Meyer, że takiej kobiecie jak doktor Robinson mężczyzna nie może nawet powiedzieć komplementu. – Z uśmiechem wtrąciłem się do rozmowy. – Dlatego niektórzy wolą inny typ, bardziej przyjazny dla męskiego środowiska.

Betty spojrzała na mnie ostro, chciała mi powiedzieć coś nieprzyjemnego w stylu „nie dla psa kiełbasa", ale się nie odezwała. Prawdopodobnie bała się mojej riposty.

Odtąd Betty na zawsze zmieniła swój image. Wszystkich w klinice zdziwiła nagła przemiana córki dyrektora. Zmieniła się także pod innym względem, stała się bardziej przystępna, mniej oficjalna. Częściej się uśmiechała, czasami opowiedziała jakiś dowcip, co przedtem nigdy się nie zdarzało. Nadal jednak uważałem ją za zarozumiałą, pewną siebie pannę (już trochę podstarzałą) z wyższych sfer.

Z czasem jednak zacząłem zmieniać opinię o niej.

Kulminacyjnym momentem w relacjach między nami był pewien błahy z pozoru incydent. Dwa tygodnie przed świętami Bożego Narodzenia, podczas mojego dyżuru, poszedłem na chwilę do separatki, gdzie leżała siedmioletnia Sally. Miała być przeze mnie operowana na drugi dzień. Operację początkowo miał wykonać Harry, ale musiał nagle wyjechać. Zabieg był stosunkowo prosty, dlatego nie bał się zlecić go mnie. Chciałem zamienić z nią kilka słów. Lubiłem ją, była miłą, wesołą dziewczynką. Wszedłem do pokoju i zaskoczony zobaczyłem Betty. Siedziała przy łóżku dziewczynki i czytała jej bajkę. Nie wiem dlaczego, ale widok Betty czytającej dziecku książeczkę poruszył mną do głębi. Jak zahipnotyzowany na nią patrzyłem.

– O! Pan doktor! Wcale nie boję się operacji. Cieszę się, że to pan będzie mnie operował – zawołała z radością dziewczynka na mój widok.

Betty się poderwała. Książka wypadła jej z rąk. Oboje się schyliliśmy, a wtedy Betty się zachwiała. Chwyciłem ją i przez moment trzymałem w ramionach. Staliśmy nieruchomo i patrzyliśmy na siebie. I wtedy to się stało – zakochałem się. Albo dopiero wtedy uświadomiłem sobie, że jestem zakochany... od dawna.

Z letargu wyrwał nas głos Sally.

– Panie doktorze, opowie mi pan jakiś kawał?

Tego wieczora oboje uświadomiliśmy sobie, że łączy nas coś więcej niż tylko relacje służbowe. Zaczęliśmy się unikać. Nie byłem szczęśliwy, że się w niej zakochałem. Nie pasowało mi, że jest Amerykanką, że jest bogata, a przede wszystkim, że jest moją przełożoną. Jednak nie mogłem przestać o niej myśleć. Ona, widząc mnie, unikała mojego wzroku, ale wiedziałem, że czuje to samo. Zdawałem sobie sprawę, że wystarczy jeden gest z mojej strony i będzie moja, ale... bałem się. Mój plan, by ją uwieść i porzucić, nie wchodził teraz w rachubę. Nie ona, ale ja mogłem stać się ofiarą. Czekałem na wygaśnięcie kontraktu, żebym mógł bez przeszkód wyjechać z Bostonu. Stało się jednak inaczej.

Pewnego dnia wpadła do mnie Gloria z zaproszeniem na premierę filmu i przyjęcie z tej okazji. Nie miałem ochoty tam iść, jednak Gloria nie odpuszczała. Obiecałem jej, że pojawię się na imprezie. Na film i tak bym nie zdążył.

Wieczorem wystrojony w smoking zjawiłem się pod wskazanym adresem. Sala była pełna gości. Gloria pocałowała mnie na powitanie.

– Dobrze, że już jesteś. Kiedy Mike cię ujrzy, to padnie z zazdrości. Może następną rolę da mi większą, a nie jakiś ogon... O! Tam jest Mike! – pokazała głową.

Spojrzałem we wskazanym kierunku i zatkało mnie. Obok wysokiego mężczyzny koło pięćdziesiątki i jego dużo młodszej towarzyszki stali Betty i Harry. Harry zauważył mnie i zaczął iść w moim kierunku.

– Witaj, Bob. Nie przypuszczałem, że cię tu spotkam. Jestem z Betty. – Odwrócił się i zawołał córkę.

Betty z pewnym ociąganiem do nas podeszła. Dokonałem formalnej prezentacji.

– Nie wiedziałem, Bob, że grasujesz w kręgach filmowych – powiedział z podziwem Harry, patrząc na Glorię. – Bardzo mi się pani podobała w tym filmie, jest pani wyjątkowo uzdolnioną aktorką. Widziałeś film?

– Nie. Oszczędzono mi tego – uśmiechnąłem się. – A pan, dyrektorze, jak się tu znalazł?

– Dostaliśmy zaproszenie od ojca małej Sally, jest producentem tego filmu. Poczekaj, zawołam go – powiedział i pomachał ręką do wysokiego mężczyzny.

234

Producent podszedł z żoną, zdziwiony widokiem Glorii w towarzystwie Harry'ego. Zmierzył mnie wzrokiem.

– Mike, przedstawiam ci lekarza, który operował Sally, chcieliście go poznać. Oto doktor Orlowsky, młody talent w dziedzinie neurochirurgii. Za kilka lat będzie lepszy ode mnie.

Żona Mike'a, kiedy dowiedziała się, kim jestem, błyskawicznie porwała mnie do tańca. Kiedy wróciłem z parkietu, Betty, sącząc drinka, rozmawiała z jakąś kobietą.

– Zatańczymy? – poprosiłem ją.

Po raz pierwszy oficjalnie mogłem Betty objąć. Czułem, jak drży. Przytuliłem ją. Wszystkie moje obawy zniknęły, liczyła się tylko ona.

– Idziemy stąd? – szepnąłem jej do ucha.

– A co z twoją dziewczyną?

– Ona nie jest moją dziewczyną. – Widząc jej minę, dodałem: – tylko sypiam z nią od czasu do czasu... Nie tylko ja, tatuś Sally również. Idziemy?

Długo leżeliśmy w łóżku, nie chciało nam się spać.

– Opowiedz mi o swoich dziewczynach – poprosiła Betty. – Dużo ich było? Głupie pytanie. Wiadomo, że dużo. – westchnęła. – Opowiedz mi więc tylko o tych, na których ci zależało.

– Po co chcesz wiedzieć?

– Bo jestem kobietą i jestem ciekawska z natury.

– Jedną kochałem. To była szkolna miłość. Miała na imię Jola.

– Co ona teraz robi? Mieszka w Polsce? – zapytała szeptem. – Czeka na ciebie?

– Mieszka w Hollywood. Wyszła za mąż, ma dwóch synów. Jej mąż jest producentem filmowym, u nich poznałem Glorię.

– Sypiasz dalej z tą Jolą.

– Teraz nie.

– Dlaczego się rozstaliście?

– Długo by opowiadać.

– Którą jeszcze kochałeś?

– Już żadnej, ale zależało mi jeszcze na dwóch dziewczynach. Jedna to moja dawna nauczycielka matematyki, a z drugą spotykałem się tuż przed wyjazdem do Ameryki.

– Utrzymujesz kontakt z nią? Piszesz do niej?

– Nie. Lubiłem ją, ale nic więcej. Od początku wiedziała, że to kiedyś się skończy.

– A kiedy ze mną skończysz? – spytała cicho.

– Z tobą chciałbym być aż do śmierci... Wyjdziesz za mnie?

– Słucham? – zdziwiła się.

– Nie myśl, że chcę twoich pieniędzy. Nigdy mi na nich nie zależało. Chcę ciebie. Podpiszę każdą intercyzę jaką sobie zażyczysz. Wyjdziesz za mnie?

– Tak. Kocham cię. Zaskoczyłeś mnie, bo mężczyźni boją się małżeństwa i... myślałam, że chcesz za żonę innego typu kobietę – uśmiechnęła się.

– Ostatnio zmieniłem zdanie – roześmiałem się. Po chwili zapytałem: – Co zrobisz, jak twoja rodzina nie zgodzi się na nasz ślub?

– Zostawię rodzinę i polecimy do Vegas – powiedziała wzruszając ramionami.

– Nie będzie ci żal pieniędzy, kliniki?

– Nie. Chcę ciebie.

– W takim razie lecimy jutro do Seattle, musisz poznać moich rodziców – oznajmiłem. – Samolot mamy po południu.

– Wcześniej odwiedzimy moją babcię, od niej wszystko zależy. Jeśli ona się nie zgodzi, to z Seattle polecimy do Vegas.

Rano udaliśmy się do babci Betty. Babcia Rose mieszkała w centrum Bostonu, w ekskluzywnym apartamencie na trzydziestym piętrze. Do towarzystwa miała swoją przyjaciółkę, trochę młodszą od niej miss Doris. Babcia Betty skończyła osiemdziesiąt pięć lat. Pochodziła ze starej bostońskiej rodziny, kiedyś bardzo bogatej. Rose była jedynaczką i oczkiem w głowie swojej rodziny. Rodzice bardzo ją kochali, dlatego mimo pewnych obaw pozwolili jej wyjść za mąż za młodego przystojnego hulakę, z zawodu lekarza. Teściowie wybudowali mu nawet klinikę, żeby miał gdzie praktykować. On jednak, zamiast leczyć pacjentów, wolał spędzać czas w podejrzanych spelunach. Zdolności lekarskich ani organizatorskich nie posiadał, miał za to dwa talenty:

umiał wyjątkowo zadowolić kobietę w łóżku i po mistrzowsku oskubać ją z pieniędzy. Teść, dopóki żył, potrafił szczęśliwie przeprowadzić
rodzinną fortunę przez meandry Wielkiego Kryzysu i uchronić przed
zakusami zięcia. Jednego nie przewidział – zawału. Nie przygotował się
do śmierci, dokładniej mówiąc, nie przygotował swojej ukochanej córki
do prowadzenia interesów.

Młoda dziedziczka, zajęta wychowywaniem córeczki, cały majątek
oddała w zarządzanie mężowi. Dopiero po kilku latach zrozumiała, jaki
popełniła błąd. Okazało się, że z całej fortuny została im tylko klinika.
Wtedy babcia Rose bliżej przyjrzała się poczynaniom swojego męża.
Przeżyła szok. Jej ukochany miał jedną bardzo kosztowną kochankę – ruletkę. Postanowiła więc odciąć go od pieniędzy i sama wzięła
się za interesy. To była dobra decyzja. W krótkim czasie Rose postawiła
klinikę na nogi. Zatrudniła bardzo dobrych chirurgów, sama zajęła
się pozyskiwaniem pacjentów. Początkowo klinika specjalizowała się
w plastyce twarzy. Z Hollywood przyjeżdżały gwiazdy albo kandydatki
na gwiazdy, żeby „zrobić sobie twarz". Później, kiedy zięć okazał się
dobrym neurologiem, zadbała, żeby to oddział neurochirurgii stał się
wizytówką kliniki. Córka bardzo rozczarowała babcię Rose, okazało
się, że odziedziczyła po ojcu skłonność do szastania pieniędzmi. Za to
najstarsza wnuczka spełniła jej oczekiwania. Całą miłość przelała na
Betty, może dlatego, że wnuczka de facto wychowywała się u niej, gdyż
Lucy nie dawała sobie rady. Betty była dobrym dzieckiem, potem zdolną uczennicą i piękną kobietą. Gdy dorosła, okazało się, że jest również
oddanym lekarzem i niezłym menedżerem – dlatego na główną spad-
kobierczynię babcia Rose wyznaczyła Betty.

Pamiętam pierwsze spotkanie z babcią Rose. Zmierzyła mnie taksującym wzrokiem.

– Co to za dziwne nazwisko, Orlowsky – powiedziała na powitanie.

– Jestem Polakiem.

– Aha. Kosciusko, Pulasky, Papież i Lech Walesa, to wszyscy Polacy jakich znam, teraz jeszcze Orlowsky – powiedziała. Po chwili zapytała – chyba nie urodziłeś się w Ameryce, młody człowieku?

– Nie. Jestem tu ponad rok.

– Tylko rok? – zdziwiła się. – Skąd tak doskonale znasz angielski? Obcy akcent masz ledwo wyczuwalny.

– Przyjeżdżałem tu na wakacje. Moi rodzice mieszkają w Seattle jedenaście lat.

– Co robi twój ojciec?

– Jest lekarzem, jak ja. – Wziąłem głęboki oddech i zacząłem mówić: – Pani Parker, od trzech miesięcy pracuję w pani klinice. Kocham pani wnuczkę, chcę się z nią ożenić. Nie chcę jej pieniędzy, chcę Betty. Podpiszę każdą intercyzę, jaką mi podsuniecie. Nie jestem bogaty, ale mam dobry zawód. Na razie jestem niezłym lekarzem, za kilka lat będę dobrym neurochirurgiem. Jestem w stanie utrzymać rodzinę na wystarczająco wysokim poziomie. Od pani zależy, czy weźmiemy ślub za miesiąc, czy jutro w Vegas. Co pani na to, pani Parker?

Babcia Rose, nic nie mówiąc, przyglądała mi się uważnie. Zapanowała niezręczna cisza. Wreszcie starsza pani się odezwała.

– Betty, on jest przystojniejszy nawet od mojego świętej pamięci Eda. Ciekawa jestem, czy w łóżku też jest tak dobry? – Słowa, które wypłynęły z ust osiemdziesięciopięcioletniej dystyngowanej damy, zaskoczyły nawet mnie.

– Na razie kobiety były ze mnie zadowolone. – Uśmiechnąłem się.

– Betty, on ma uśmiech Rhetta Butlera! – orzekła babcia. – Bierz szybko ślub, żeby się nie rozmyślił. – Potem zwróciła się do mnie. – Mam nadzieję, że nie będziesz zdradzał jej w tak bezczelny sposób, jak robi to Harry, zdradzając jej matkę.

– Wystarczająco dużo kobiet miałem już w swoim życiu, teraz wystarczy mi jedna – odpowiedziałem i... dotrzymałem słowa.

Moja rodzina, po pierwszym szoku, również zaakceptowała fakt, że się żenię. Obie babcie wzdychały po cichu, że to nie Polka, ale jednocześnie cieszyły się, bo bardzo chciały doczekać się prawnuka. Nawet mama pogodziła się z tym, że będzie jeszcze jedna pani Orłowska. Osłodą tej wstrząsającej niespodzianki były pieniądze mojej narzeczonej - nic nie wspomniałem matce o intercyzie.

Rodzice Betty nawet znośnie przyjęli wiadomość o naszym ślubie – była to zasługa babci Rose. Spodziewali się bogatszego narzeczonego, który zapewniłby rodzinie zastrzyk finansowy, ale młody, dobrze zapowiadający się chirurg był lepszy niż jakiś niewydarzony artysta (ostatnim chłopakiem Betty był początkujący pisarz).

Zaczęły się przygotowania do ślubu. Mama przyleciała ze Seattle. Zatrzymała się w moim mieszkaniu, ja zamieszkałem u Betty w jej apartamencie.

Nasz ślub odbył się po trzech miesiącach – tyle trwały przygotowania. Ceremonią zajmowały się nasze matki, my mieliśmy to w nosie. Mama zrobiła duże wrażenie na rodzinie mojej narzeczonej, ale największe na moim przyszłym teściu. Harry był nią oczarowany, jego żona Lucy wyglądała przy mamie jak jej matka. Obie panie nie przepadały za sobą, ale dla dobra sprawy zawiązały między sobą swoisty pakt o nieagresji. Dwa dni przed ślubem przyleciał z babciami ojciec. Oprócz nich, moimi gośćmi byli Roma, Marek z żoną, Martin, wujek Max z Berlina i kilkoro przyjaciół rodziców, prawie setka pozostałych gości była rodziną lub znajomymi familii Betty. Ślub był typowo amerykański, z ryżem i puszkami przywiązanymi do samochodu, wiozącego nas w podróż poślubną. Miesiąc miodowy spędziliśmy na ranczo babci Rose w Górach Skalistych.

Zaczął się nowy etap w moim życiu – zostałem mężem. Straciłem wolność, ale zyskałem coś cenniejszego: przyjaciela. Początkowo obawiałem się dalej pracować w klinice, nie chciałem być podwładnym własnej żony. Moje obawy były niepotrzebne, Betty nigdy nie dała mi odczuć, że jest moją przełożoną. Z zasady apodyktyczna, w stosunku do mnie była bardzo uległa i ustępliwa. Okazała się oddaną żoną, niczym kobiety islamu.

Z czasem zrobiono ze mnie zastępcę Harry'ego, Betty zajmowała się zarządzaniem i administrowaniem kliniką. Ciągle byliśmy razem, w dzień w szpitalu, w nocy w domu. Z perspektywy czasu innymi oczami patrzę na nasze małżeństwo. Był to związek partnerski oparty na przyjaźni i szacunku, ale nie namiętności. Kochałem ją za to, że była dobra, inteligentna, mądra... ale nie widziałem w niej kochanki. Owszem była piękną kobietą, lecz niestety moje pierwsze wrażenia okazały się słuszne – w łóżku nie była gorąca. Nigdy przez te prawie pięć lat jej nie zdradziłem, ale prawdopodobnie wkrótce zrobiłbym to. Takie są moje dzisiejsze spostrzeżenia, wtedy tak nie myślałem. Betty kochała mnie bardzo, widoczne to było na pierwszy rzut oka, robiła wszystko, żeby mnie zadowolić.

– Dlaczego oszukujesz? – zapytałem ją pewnej nocy, tuż po stosunku. – Tylko udajesz, że masz orgazm.

Długo milczała, jakby zastanawiając się, co ma powiedzieć. W końcu odważyła się na szczerość.

– Mężczyźni lubią, kiedy kobieta ma orgazm, nie chciałam żebyś myślał, że jestem zimna. Ja nie muszę mieć orgazmu, wystarczy mi, że ty będziesz zadowolony. – Potem cicho dodała: – Jestem szczęśliwa, gdy ty jesteś szczęśliwy.

– Kiedyś się dopasujemy, tylko pozwól mi poeksperymentować, wtedy znajdę sposób, żeby cię zadowolić.

W końcu udało mi się znaleźć głęboko ukryty skarb – punkt G, dzięki czemu udawało mi się doprowadzać ją do szczytowania. Nie potrafiłem jednak wydobyć z niej prawdziwej namiętności.

Mimo długiego czasu spędzonego w sypialni, efektów w postaci ciąży nie było. Po roku zaczęło to budzić nasz niepokój. Zrobiliśmy badania. Stwierdzono, że wszystko jest w porządku i ze mną, i z nią, jednak Betty dalej nie zachodziła w ciążę. Po dwóch latach nasz wysiłek sypialniany wreszcie zaowocował – Betty nie dostała spodziewanej miesiączki. Lekarz potwierdził nasze przypuszczenia – moja żona była w ciąży. Szczęście nie trwało długo, miesiąc później poroniła. Bardzo przeżyła utratę ciąży, doszła do siebie dopiero po kilku miesiącach.

Żeniąc się z Betty, stałem się częścią jej rodziny. Jej siostry miały być także moimi siostrami, w każdym razie tak mi się wydawało.

Co innego myślała Kate. Kiedy ją poznałem, miała dziewiętnaście lat, druga siostra Jennifer skończyła dziewięć. Z początku relacje między Kate a mną były takie, jak być powinny. Często przychodziła do nas po zajęciach. Lubiłem ją. W niczym nie przypominała panienki z dobrego domu, raczej sympatycznego urwisa. Ubierała się jak chłopak i tak też się zachowywała. Miała również mało kobiece zainteresowania. Nie interesowała się kosmetykami ani modnymi sukienkami. Lepiej posługiwała się pilnikiem do metalu niż pilnikiem do paznokci. Umiała naprawić zepsute żelazko i wymienić koło w samochodzie. Harry zawsze mówił, że Kate miała być chłopcem, ale Stwórca rozmyślił się w ostatniej chwili. Ja też traktowałem ją raczej jak młodszego brata niż siostrę mojej żony. Mogłem pogadać z nią o samochodach lepiej niż z Markiem. Nie zauważałem nic podejrzanego w jej zachowaniu, dopóki pewnego ranka nie wylądowała w moim łóżku. Było to dwa lata po ślubie. Kate, wtedy studentka, pewnego wieczora długo zasiedziała się w naszym domu. Przyszła na kolację z okazji urodzin Betty. Nie zapraszaliśmy innych gości, bo Betty uważała, że w tym wieku nie ma sensu chwalić się liczbą świeczek na torcie. Wypiliśmy trochę alkoholu, Kate również, dlatego zaproponowaliśmy jej nocleg w pokoju gościnnym. Byłem jej wdzięczny, gdyż wybawiła mnie z kłopotu wymieniając w naszej łazience uszczelkę w kranie, o co moja żona dopominała się od miesiąca. Betty musiała wcześnie rano być w klinice, mnie pozwolono przyjść trochę później. Spałem więc sobie smacznie, święcie przekonany, że przytulam się do swojej żony. Przez sen czułem jej usta na moim torsie, a rękę trochę niżej. Otworzyłem oczy, pragnąc pocałować Betty i odwzajemnić pieszczoty, ale to nie ona leżała ze mną w łóżku.

– Kate, co ty wyprawiasz?! Oszalałaś?! – krzyknąłem, zasłaniając się jak prawiczek. – Wynoś się z naszego łóżka!

– Bobby, kocham cię. Zakochałam się w tobie od pierwszego wejrzenia. Nie wierzę, żebyś nic nie zauważył. Widzę, że też mnie pragniesz. – Mówiąc to wzrok skierowała na to, co ukrywałem pod prześcieradłem.

– Jeśli masz na myśli moją erekcję, to jesteś w błędzie. Stanął mi, bo myślałem, że dobiera się do mnie moja żona, a nie jej pokręcona siostrzyczka. Chyba zwariowałaś! Jak mogło ci przyjść do głowy coś takiego?! Ubieraj się natychmiast!

– Bobby! Nie odtrącaj mnie. Ona do ciebie nie pasuje, rozwiedź się z nią. Jest za stara dla ciebie i nie może dać ci dziecka.

– Przestań pleść bzdury! Nie powiem Betty, ale musisz obiecać, że to się nigdy więcej nie powtórzy.

Wyszedłem z pokoju. Ubrałem się szybko i pojechałem do kliniki. Nie powiedziałem Betty o tym incydencie.

Wieczorem wcześniej wróciłem do domu, Betty miała wstąpić do rodziców. Dwie godziny później wróciła z płaczem.

– Co się stało? Dlaczego płaczesz? – spytałem wystraszony.

– Dlaczego to zrobiłeś? Jak mogłeś?! – Zanosiła się.

– Co niby zrobiłem? Możesz mówić jaśniej?

– Dlaczego molestowałeś Kate? Ona jeszcze nie miała żadnego chłopaka! Jest dziewicą, a ty chciałeś ją zgwałcić! – robiła mi wyrzuty z bólem w głosie.

– Chodź do samochodu, jedziemy do twoich rodziców! Natychmiast! – wpadłem w furię. – Muszę z tą idiotką wyjaśnić pewne sprawy.

Betty przestała płakać. Patrzyła na mnie uważnie. Wreszcie uspokoiła się, wytarła łzy.

– Nie zrobiłeś tego?

– Jak mogłaś jej uwierzyć?! Myślisz, że mógłbym to zrobić?! Jedziemy!

– Daj spokój, wierzę ci.

– Mnie to nie wystarczy.

Przyjechaliśmy do domu jej rodziców. Widząc mnie, Lucy zrobiła oburzoną minę.

– Co ten człowiek robi w moim domu? – podniosła głos.

– Gdzie ona jest?! – wrzasnąłem.

– Wynoś się z mojego domu!

– Z przyjemnością, ale wcześniej muszę rozmówić się z tą smarkulą. – Byłem czerwony z wściekłości.

– Kate śpi – powiedziała niepewnie teściowa.

– Zawołaj ją natychmiast albo sam tam pójdę!

Ze swoich pokoi wyszli Harry i Jennifer. Nie zważając na nich, pobiegłem do pokoju Kate, reszta ruszyła za mną. Otworzyłem drzwi sypialni, Kate leżała na łóżku.

– Podobno chciałem cię zgwałcić?! Opowiedz wszystkim, jak to było, gdzie niby cię napastowałem?! Opowiadaj, tylko ze szczegółami! – wściekłość we mnie buzowała.

Kate chyba się mnie wystraszyła, bo zaczęła płakać.

– To niesprawiedliwe! Ona ma wszystko! Wszystko jej się udaje! Jest ładniejsza, zdolniejsza, babcia dała jej pieniądze... a teraz ma Boba. Nienawidzę jej! – skarżyła się, łkając.

Patrzyłem przez dłuższą chwilę na wszystkich, potem nic nie mówiąc, wyszedłem. Usiadłem w samochodzie. Za chwilę wyszła za mną Betty.

– Przepraszam, Bobby – rozpłakała się.

Od tego dnia z Kate zaczęły się problemy. Nie skończyła college'u, zażywała narkotyki, stała się czarną owcą rodziny. Nie mieszkała już u rodziców, spotkać ją można było w różnych podejrzanych miejscach, gdzie żaden normalny człowiek się nie zapuści. Rzadko kiedy pojawiała się w domu, czasami jednak wpadała na chwilę, przeważnie po pieniądze.

Betty martwiła się o Kate. Chciała jej pomóc, ale była bezsilna. Harry również próbował coś zrobić, jednak i jego wysiłki były bezowocne. Kilkakrotnie spotkałem ją, czasami nawet rozmawialiśmy. Zawsze była na haju. Widziałem jednak, że jej obsesja nie minęła – nadal nienawidziła Betty, mnie zaś uwodziła.

Byliśmy już cztery lata małżeństwem, a dziecko nadal się nie pojawiło. Mnie to nie przeszkadzało – miałem pracę, która była moim powołaniem, i miałem Betty – to mi wystarczało. Jednak Betty nie pogodziła się z faktem, że nie jest matką. Dziecko stało się jej obsesją. Odwiedzała coraz to innych ginekologów, próbowała różnych metod – bezskutecznie. W naszym domu zaczął się horror. Sprawdzanie z kalendarzykiem w dłoni dni płodnych, mierzenie temperatury, testy owulacyjne i... seks na zawołanie. Cały czas oziębła seksualnie, w dni płodne moja żona stawała się istną Messaliną. Sprowadzenie mnie do roli rozpłodowego buhaja nie za bardzo mi pasowało. Po kilku miesiącach zacząłem się buntować, mój członek również. Miałem problemy z potencją! Ja, dumny ze swojej seksualnej witalności, stawałem się powoli impotentem. Moje życie przemieniło się w koszmar. Wolałbym stracić wszystkie inne członki, niż sprawność w tym jednym. Reakcja Betty jeszcze bardziej mnie przygnębiała.

– Nie martw się, kochanie, nie musisz być dla mnie królem seksu. Jak będziemy mieli dziecko, to zobaczysz, że wszystko się ułoży – pocieszała mnie.

Załamałem się. Teraz ja zacząłem szukać pomocy. Wizyty u specjalisty dodały mi trochę otuchy, moje ego jednak bardzo ucierpiało. Co jak co, ale w gębie i w korzeniu zawsze byłem mocny. Mój członek nigdy mnie nie zawiódł! Teraz musiałem spojrzeć prawdzie w oczy: ja również, jak każdy śmiertelnik płci męskiej, nie byłem doskonały.

– Nie masz się czym przejmować, twoja niemoc seksualna ma charakter przejściowy. Jest spowodowana stresem, jesteś pod presją. Nikt, zwłaszcza penis, nie lubi przymusu. Zwolnijcie tempo – radził mi znajomy seksuolog.

Chętnie zastosowałbym się do jego rad, ale Betty nie dawała na to przyzwolenia, szczególnie w czasie dni płodnych. Wtedy po raz pierwszy straciłem cierpliwość.

– Przestań zachowywać się jak suka w rui! Nie mam ochoty rżnąć cię tylko dlatego, że jesteś gotowa do zapłodnienia! Nie jestem knurem, któremu podstawia się lochę tylko po to, żeby miała młode! – krzyknąłem na nią z wściekłością.

Betty zaczęła płakać. To mnie jeszcze bardziej zdenerwowało.

– Przestań ryczeć! Mam dosyć ciebie i tego życia w złotej klatce! – Wyszedłem z domu głośno trzaskając drzwiami.

Przez godzinę plątałem się bez celu po mieście. Wstąpiłem do baru, miałem ochotę urżnąć się do nieprzytomności. Jednak nie zrobiłem tego, zadowoliłem się dwiema setkami. Wróciłem do domu. Moja żona podbiegła do mnie i mnie objęła.

– Tak się bałam, że nie wrócisz – usłyszałem ulgę w jej głosie. – Przepraszam cię, Bobby. Już nigdy nie będę nalegać, żebyś się ze mną kochał – wyszeptała z zażenowaniem.

– Nic nie rozumiesz – westchnąłem z rezygnacją. – Chcę, żebyś widziała we mnie kochanka, a nie tylko dawcę nasienia. Nie chcę tego dziecka, jeszcze nie zostało poczęte, a już go nienawidzę. Nie widzisz, że przez to sypie się nasze małżeństwo?

– Bobby, myślałam, że chcesz mieć dużą rodzinę, bo sam byłeś jedynakiem... a ja już nie jestem tak młoda.

– Mnie zależy na tobie, ty jesteś moją rodziną. Odpuśćmy sobie to dziecko. Zapomnijmy o dniach płodnych, zacznijmy normalnie żyć!

Betty przestała myśleć o zajściu w ciążę, wszystko wróciło do normy. Znów byliśmy tylko ja i ona – widmo dziecka już nie zatruwało nam życia.

Zrobiliśmy sobie urlop. Najpierw pojechaliśmy na rancho babci

Rose, potem do Polski. Pokazałem żonie mój kraj, moje miasto. Betty była oczarowana Krakowem. Razem z moimi rodzicami spędziliśmy wspaniałe trzy tygodnie, mieliśmy wrócić tam w następnym roku, ale nic z tego.

Kilka miesięcy później moja żona już nie żyła.

Dzień przed wypadkiem Betty była dziwnie podekscytowana. Widziałem, że coś się dzieje, ale nie chciała mi nic powiedzieć. W dniu wypadku tylko chwilę była w klinice, wcześniej niż zwykle wyszła z pracy, tłumacząc się, że musi coś załatwić.

Byłem już jakiś czas w domu, kiedy zadzwoniła.

– Kochanie, zaraz wracam. Mam dla ciebie niespodziankę. Szykuj szampana, musimy to uczcić – powiedziała radośnie.

Włożyłem szampana do lodówki i cierpliwie czekałem. Już miałem do niej telefonować, kiedy usłyszałem dzwonek u drzwi. Znów nie może znaleźć kluczy w torebce, pomyślałem. Otworzyłem. Zamiast Betty ujrzałem policjanta w mundurze.

– Doktor Orlowsky? Czy pan jest mężem Betty Orlowsky? Pańska żona miała wypadek samochodowy. Czy może pan pojechać z nami? – powiedział niepewnie młody policjant.

To, co się działo potem, pamiętam jak przez mgłę. Byłem w szpitalu, widziałem Betty, coś podpisałem, coś do mnie mówiono. Cały czas myślałem o jednym: dlaczego ona jest taka zimna...

Potem był pogrzeb. Nie wiem, jak przez to przeszedłem. Wiem, że byli rodzice, obie babcie, Marek, nawet Roma i wujek Max przyjechali. Zostawiłem ich wszystkich, zamknąłem się sam w pokoju. Nie chciałem nikogo widzieć.

Dwa dni później przyszedł adwokat z wiadomością, że dzień przed wypadkiem Betty zostawiła u niego testament. Rodzina chciała jak najszybciej zapoznać się z jego treścią, zmuszono mnie do obecności podczas otwierania.

Wszystko, co moja żona posiadała, zapisała mnie i dziecku.

Dotarło do mnie, że Betty była w ciąży.

Przeżyłem szok. Rodzina Betty jeszcze większy. Zmienił się też, jak za dotknięciem różdżki, ich stosunek do mnie. Podczas pogrzebu współczuli mi, razem cierpieliśmy – teraz znienawidzono mnie. Patrzyli na mnie jak na złodzieja, który nocą wkradł się do domu i ich ograbił. Straciłem Betty, straciłem też sympatię ludzi, których uważałem za rodzinę.

Dwa dni później przyszedł detektyw z Wydziału Zabójstw. Znałem go wcześniej z kliniki, gdyż operowałem jego żonę.

– Doktorze, pana teść nalega, żebyśmy wszczęli śledztwo. On uważa, że to nie był wypadek. – Widziałem, że mówił to z pewnym zawstydzeniem. – Teść pana obwinia. – Po chwili wyrzucił z siebie: – On twierdzi, że zabił pan swoją żonę.

Zaczęło się śledztwo. Przychodzono do mnie, przesłuchiwano, ja też musiałem stawiać się w komisariacie. Po trzech tygodniach w moim domu znowu zjawił się ten sam detektyw.

– Panie doktorze, mamy już ekspertyzę z wypadku. – Na chwilę zamilkł, jakby zastanawiał się, co ma powiedzieć. – Wiem, że pan tego nie zrobił, ale są pewne przesłanki, że niekoniecznie był to wypadek. Przewody hamulcowe były pęknięte… ktoś mógłby zinterpretować jako przecięte. Kazałem zrobić druga ekspertyzę. Wiem, choć może to mało profesjonalne… ale znam pana nie od dziś… Przewody pękły. Śledztwo zostaje umorzone.

Nie rozumiałem, co do mnie mówi, byłem za bardzo zamroczony wódką. Od kilku dni nie wychodziłem z domu, nic nie jadłem, tylko piłem.

– Uratował mi pan żonę… Pan swoją też kochał, widziałem to. – Zamierzał już wyjść, ale odwrócił się jeszcze i powiedział: – Doktorze, proszę wziąć się w garść, niech pan tyle nie pije.

Nie posłuchałem go – piłem, i to dużo. Przeważnie po wyjściu z kliniki, ale później doszło do tego, że sięgałem po alkohol po wykonaniu zabiegów, jeszcze w klinice. Niedługo potem na śniadanie zamiast mleka zdarzało mi się wypić setkę albo więcej wódki, do zabiegu często więc przystępowałem na rauszu. Trwało to do czasu, aż mnie na tym złapał Harry.

– Powinienem wezwać policję, ale ze względu na pamięć Betty nie zrobię tego. Wynoś się z mojej kliniki i nie pokazuj się tu, dopóki nie przestaniesz pić!

Po raz pierwszy od dnia otwarcia testamentu, Harry zachował się w stosunku do mnie po ludzku – gdyby wezwał policję, straciłbym prawo wykonywania zawodu. Wyjechałem z Bostonu, pojechałem do Hollywood, do Joli. Prawie dwa miesiące balowałem z nią pod wyrozumiałym okiem jej męża. Kilka razy zastał nas w łóżku, pijanych albo naćpanych. To, co wtedy wyrabiałem, nie jest powodem do dumy – chciałbym o tym zapomnieć.

Później pojechałem chlać do Chicago, bo tam było więcej Polaków. Z nikim tak dobrze nie pije się wódki, jak z kimś, kto rozumie swojskie „kurwa". W Chicago poznałem misjonarza, księdza Jacka. Dzięki niemu zacząłem na nowo żyć – on wyciągnął mnie z okowów szaleństwa. Po miesiącu kuracji spędzonym na rancho w Górach Skalistych mogłem wrócić do Bostonu.

Harry przyjął mnie, o dziwo, wyjątkowo dobrze. Prawdopodobnie dowiedział się, że testamentu nie da się obalić, dlatego znalazł inne wyjście, żeby pieniądze zostały w rodzinie – postanowił ożenić mnie z Kate. Szybko zorientowałem się w jego zamiarach.

– Czy wy zwariowaliście? Jak możecie wpychać mnie do łóżka siostry mojej żony?!– oznajmiłem oburzony na jednym z rodzinnych obiadów.

– Betty nie żyje, a życie toczy się dalej. Lubimy cię, uważamy, ja i Lucy, że byłbyś idealnym mężem dla Kate – odpowiedział Harry.

Moja szwagierka po śmierci siostry przeszła przemianę wewnętrzną, rzuciła narkotyki i alkohol, zaczęła pracować w klinice. Okazała się niezłym menedżerem. Czas wolny poświęcała na pracę charytatywną w ośrodku pomocy ubogim. Śmierć siostry podziałała na nią pozytywnie – stała się inną kobietą. Często przychodziła do mojego nowego domu i razem wspominaliśmy Betty. Oboje czuliśmy się w pewnym stopniu winni, rozmowa o niej oczyszczała nas, była swoistym katharsis. W tym okresie Kate stała się dla mnie bliską osobą, gdyż nas najbardziej dotknęła śmierć Betty. Nie była mi jednak na tyle bliska, bym poddał się naciskom Harry'ego.

Po powrocie do Bostonu rzuciłem się w wir pracy. Cały dzień poświęcałem pacjentom w klinice lub w szpitalu przy kościele św. Patryka.

Z nikim nie związałem się na dłużej. Wbrew temu, co sądzisz, po śmierci Betty nie miałem dużo kobiet. Nie potrzebowałem tego, okres seksualnego rozbójnictwa miałem już za sobą. Kobiety, z którymi się spotykałem, nic dla mnie nie znaczyły, traktowałem je jak pogotowie seksualne. Z Meg było podobnie.

Śmierć ojca, a później jednej i drugiej babci, bardzo odbiły się na moim zdrowiu, na mojej psychice. Postanowiłem zrobić sobie dłuższy urlop i przyjechać do Polski. Nie przypuszczałem, że zacznie się dla mnie nowy etap. Nigdy bym nie pomyślał, że spotkanie z Andrzejem tak wpłynie na moje życie. Ty zmieniłaś wszystko – mnie i moje priorytety. Teraz ty i Krzyś jesteście dla mnie najważniejsi.

Ona. Lato 2000

Robert skończył opowiadać. Spojrzał na mnie, uśmiechnął się i przygarnął do siebie.

– Jesteście teraz wszystkim, na czym mi zależy. Dzięki wam stałem się innym człowiekiem. Teraz znowu mam dla kogo żyć. – Pocałował mnie delikatnie.

Kiedy zasnął, rozmyślałam o Betty. Jej śmierć spowodowała, że byłam teraz szczęśliwa. Ciężko było mi z tą świadomością. Robert ją kochał, na pewno dalej byliby małżeństwem, mieliby dziecko, albo dzieci... Krzyś i Robert nigdy by się nie spotkali. Moim mężem zostałby Andrzej. Czy byłabym z nim szczęśliwa? Chyba nie... ale z pewnością nie byłabym nieszczęśliwa. Moje życie wyglądałoby jak życie większości kobiet: bez emocjonalnego napięcia, bez erotycznej ekscytacji, z każdym dniem podobnym do poprzedniego, monotonne, trochę nudne... ale spokojne. Co teraz mnie czeka przy boku Roberta? Wiedziałam jedno – życie z Robertem, na pewno będzie bardzo różniło się od życia z Andrzejem.

Świtało, kiedy wreszcie zasnęłam.

Kiedy się obudziłam, męża nie było już w łóżku. Po porannej toalecie zeszłam na dół. Robert stał gotowy do wyjścia. W eleganckim garniturze wyglądał jak rasowy prezes wielkiej firmy.

– Malutka, zjedz śniadanie, zrobiłem ci kanapki. Za godzinę przyjedzie po ciebie kierowca. Ja muszę już jechać, mam dzisiaj zebranie zarządu. Spotkamy się w szpitalu.

– Poczekaj! Przed wyjściem muszę zrobić coś, żebyś nie myślał o innych kobietach. – uśmiechnęłam się uwodzicielsko.

– Nie mam czasu. Naprawdę się spieszę – powiedział z pewnym wahaniem.

Rozpięłam mu spodnie. Po chwili przestał się spieszyć...

Godzinę później znów byłam w separatce syna. Krzyś wciąż udawał śpiocha. Nie próbowałam nawet zacząć z nim rozmowy – jeszcze
ani on, ani ja nie byliśmy na to gotowi. Siedziałam bezczynnie w szpitalnym fotelu i patrzyłam na niego szczęśliwa, że już skończył się nasz
horror. Po godzinie wyszłam do kawiarenki napić się kawy.

Usiadłam samotnie przy stoliku. Po chwili podszedł do mnie młody człowiek w fartuchu lekarskim. Odezwał się po rosyjsku. Ucieszy-
łam się, że mogę wreszcie z kimś porozmawiać. Wiedział, kim jestem.
Okazało się, że nowo poznany lekarz z pochodzenia był Słowakiem,
mieszkał tu od piętnastu lat. Miał na imię Karel. Chwilę rozmawialiśmy, kiedy do stolika zbliżył się Robert. Zmierzył wzrokiem mojego
nowego znajomego. Karel, widząc szefa, wstał i szybko odszedł.

– Płoszysz ludzi – przywitałam męża uśmiechem. – Jak po zebraniu?

– Chcą odkupić ode mnie udziały. Nic z tego! Część im sprzedam,
żeby wybudować dla nas dom i klinikę, ale resztę udziałów zostawię.
Nie mam głowy do interesów, co innego Harry. W swojej krakowskiej
klinice będę leczył pacjentów, nie patrząc na zyski, tymczasem Harry
tutaj będzie dla mnie zarabiał pieniądze. Musi nas ktoś utrzymywać!

– Zgodził się na to? – spytałam zdziwiona.

– Jeszcze nie wszystko obgadaliśmy. Dokończymy w następną sobotę u nich w domu. – Po chwili zmienił temat – Marek badał dziś
Krzysia. Wszystko w porządku. Dużo rozmawia z pielęgniarkami, bo
chce szlifować angielski, czyta książki, ogląda filmy...

– Tylko nie chce znać matki ani ojca – powiedziałam smutno.

– Przejdzie mu. Jeszcze nie byłem u niego. Boję się – uśmiechnął
się z przymusem. – Dajmy mu czas. W tym układzie nie jesteś mu potrzebna, więc za godzinę wyskoczymy na zakupy.

Zaczęliśmy zwiedzać Boston, albo raczej jego infrastrukturę han-
dlową. Mąż prowadził mnie od sklepu do sklepu, żebym mogła uzu-
pełnić swoją ubogą garderobę. Sklepy, które odwiedziliśmy, były raczej
salonami mody niż zwykłymi butikami.

Tego dnia na mnie i Krzysia Robert wydał majątek. Bez trudu mogłabym teraz w Krakowie otworzyć mały butik i to nieźle zaopatrzony!

Objuczeni wróciliśmy do domu, gdzie Robert wymógł na mnie,
bym zademonstrowała mu swoje bieliźniarskie zakupy, inne części

garderoby go nie interesowały. Najbardziej spodobał mu się czarny koronkowy gorset.

– Wyglądasz w nim i w tych pończochach jak panienka z saloonu, jak Angie Dickinson w „*Rio Bravo*".

– Gorset podobny, tylko figura i uroda nie ta. Nie bądź aż tak szarmancki, kochanie.

– Dla mnie jesteś najpiękniejszą i najbardziej pożądaną kobietą na świecie – powiedział, uśmiechając się szelmowsko. – Zobacz, jak na mnie działasz...

Nazajutrz po dziesiątej jak zwykle zjawiłam się szpitalu, a Krzyś jak zwykle na mój widok zamknął oczy.

– Krzysiu, wiem, że nie śpisz. Musimy w końcu porozmawiać. Dla mnie to też jest trudne... Nie wiem, od czego zacząć. Może od tego, dlaczego cię okłamywałam. Wiesz, że bardzo cię kocham. Jesteś dla mnie najważniejszy na świecie. Nigdy nie żałowałam, że zaszłam w ciążę, wprost przeciwnie, dzięki tobie moje życie nabrało sensu. – Na chwilę zamilkłam. Wzięłam głęboki wdech. – Twój ojciec był moją wielką miłością, bardzo go kochałam. Po jego wyjeździe przeżyłam załamanie nerwowe. Dopiero wiadomość o ciąży wróciła mi chęci do życia. Na nowo chciało mi się żyć, bo znowu miałam dla kogo, bo byłeś częścią człowieka, który był dla mnie wszystkim. Nie chciałam, żebyś go znienawidził. Chciałam, żebyś czuł się kochany, żebyś wchodził w życie bez balastu niechcianego dziecka. Twój tata nie wiedział o twoim istnieniu, zawsze byłam przekonana o tym, że pokocha cię, kiedy cię pozna. Nie myliłam się, kocha cię na równi ze mną. Uratował ci życie, wzrok. Dzięki niemu widzisz, nikt inny by tego nie dokonał.

– Nie musiałby tego robić, gdyby się do nas nie przyczepił. To wszystko stało się przez niego! Nie byłoby wypadku, gdyby nie on! – wyrzucił z siebie Krzyś ze złością. – Nienawidzę go. Nie chciał ciebie, mnie też nie chciał!

– Nie można nikogo zmusić do miłości. Nie chciał mnie, bo mnie nie kochał. Teraz zakochał się we mnie. Wiem, że jego uczucie jest prawdziwe. Ja też go bardzo kocham. Nigdy nie byłam tak szczęśliwa jak teraz... Masz żal do mnie i złość do niego, ale możemy to wszystko naprawić. Daj nam szansę... Jeśli będziesz bardzo nalegał, to zrezygnuję z niego, ale będę wtedy bardzo nieszczęśliwa – dodałam cicho.

– Mamo, będziesz przez niego płakać. Wszystkie dziewczyny przez niego płaczą – powiedział z przejęciem. – On nie jest dobrym człowiekiem.

– Mylisz się. To wartościowy człowiek. Wiem, że czasami źle traktował kobiety, ale mnie kocha, dla mnie jest dobry.

– Mamo, jesteś zaślepiona, nie znasz go. Nie wiesz, jaki może być okropny! – przekonywał mnie z napięciem.

– Kocham go... – wyszeptałam ze łzami.

Zapadła cisza. Wiedziałam, że moje dziecko ma dużo racji, że jego obawy nie są bezpodstawne. Może Robert nie jest złym człowiekiem, ale czy będzie dobrym mężem dla mnie, to sprawa wątpliwa. Zbyt dużo nas różniło.

Milczenie przerwał Krzyś.

– On jest jak zwierzę! Widziałem was wtedy... To było okropne... zachowywaliście się jak psy. – Mówiąc to odwrócił wzrok. – To było obrzydliwe, mamo...

O Boże! On wszystko widział! Byłam zażenowana, zawstydzona – nie wiedziałam, co mam powiedzieć. Najlepszą obroną jest atak.

– To niegrzecznie wchodzić do cudzego pokoju bez pukania. Nie powinieneś na to patrzeć – skarciłam go niezbyt przekonująco. Zabrzmiało to bardzo głupio.

– Nie chciałem cię budzić, myślałem, że śpisz i telewizor jest włączony – tłumaczył się Krzyś.

– Wiem, że to, co robiliśmy, z boku inaczej wygląda niż jest w rzeczywistości, ale, kiedy się kogoś kocha, to chce się mu sprawić przyjemność. Seks jest piękny, gdy się go uprawia z ukochaną osobą. Jak będziesz dorosły, sam się o tym przekonasz.

– Nigdy nie będę robił seksu! – oznajmił z przekonaniem mój synek.

– Uprawiał. Mówi się „uprawiać seks" – poprawiłam go. – Mam nadzieję, że kiedyś zmienisz zdanie. Trudno ci teraz w to uwierzyć, ale dużo byś stracił, gdybyś tego nie robił. – Nie wiem, dlaczego się roześmiałam.

Podeszłam do Krzysia i pocałowałam go.

– Jestem taka szczęśliwa, że jesteś znowu zdrowy... albo prawie zdrowy. Żebyś ty, synku, wiedział, co my przeżyliśmy! – gładziłam go po twarzy.

Mój dzielny syn się rozpłakał. Ujął moją dłoń i mocno ścisnął. Ja też się rozpłakałam.

Jakiś czas później, przy lunchu, zdałam Robertowi relację z rozmowy z naszym synem.

– Nigdy nie czułam się tak głupio, jak wtedy. Ale cieszę się, że mam tę rozmowę już za sobą. Teraz kolej na ciebie.

– Dobrze. Później wpadnę do niego. Raz kozie śmierć! Pamiętasz o dzisiejszej wizycie u Marka? – dodał.

– Muszę kupić jakieś drobne upominki dzieciom i jego żonie.

– Mam już dla nich prezenty. Dla Dag przywiozłem z Krakowa Lajkonika, moja sekretarka kupiła dla malucha jakieś grzechotki. Magdzie damy kwiaty, Markowi koniak.

Wróciłam do Krzysia. Siedział w łóżku i czytał książkę przyniesioną przez Marka. Wyglądał na prawie zdrowego, tylko bandaże na głowie przypominały o przebytej operacji. Przyniosłam mu ciastka z kawiarenki.

– Niedługo stąd wyjdziesz, jeszcze kilka dni. Jak będziesz się dobrze czuł, to może pojedziemy do Disneylandu.

– Chcę wracać do Polski – mruknął Krzyś.

Byłam w łazience, kiedy przyszedł Robert. Nie chciałam im przeszkadzać, tę rozmowę musieli przeprowadzić sami.

– Gdzie mama? – Nie doczekawszy się odpowiedzi, Robert zaczął badać naszego syna. – Jak się czujesz? Boli cię głowa? Masz zawroty? Czy możesz mi odpowiedzieć? Chcę cię zbadać.

– Pan Marek już mnie dzisiaj badał – burknął Krzyś.

– Masz prawo być na mnie zły. – Robert przysunął krzesło do łóżka i usiadł na nim. – Rozumiem cię, na twoim miejscu też byłbym wściekły. Liczę na to, że złość w końcu ci przejdzie i znów będziemy dobrymi kumplami jak przedtem. Bo byliśmy kumplami, prawda? Lubiłeś mnie, wiem o tym... Nie powiedzieliśmy ci od razu, bo mama chciała, żebyś mnie trochę poznał. Wszyscy mieliśmy pecha, że dowiedziałeś się o tym w tak niefortunnych okolicznościach. Cóż, było, minęło... – Robert zrobił mała przerwę. – Chciałbym, żebyśmy stworzyli rodzinę, postaram się w jakiś sposób naprawić to, że nie było mnie z wami przez te jedenaście lat. Wiem, że nie da się nadrobić straconego czasu, ale będę robił wszystko, co w mojej mocy, żeby zasłużyć na miano ojca. – Głos mu zadrżał. – Bardzo mi na was zależy, na tobie i na mamie – powiedział ze ściśniętym gardłem. – Teraz czuję do was to, o czym mama pisała w tych wymyślonych listach... Jesteście dla mnie najważniejsi. – Po chwili dodał: – Gdybym o tobie wiedział, na pewno wszystko inaczej by wyglądało.

– Na pewno to nie byłoby mnie na świecie. Kazałby pan mamie zrobić skrobankę! Nie jestem dzieckiem, wiem, co się robi z niechcianymi ciążami – oskarżycielsko podsumował Krzyś.

Ależ w nim dużo nienawiści, pomyślałam, podsłuchując z łazienki.

– Bardzo surowo mnie oceniasz. – W głosie Roberta słychać było gorycz i... smutek. – Nie wiem, co bym zrobił... prawdopodobnie nie ożeniłbym się wtedy z twoją mamą, ale na pewno nie wysłałbym jej na skrobankę. Zapominasz, że jestem lekarzem, dla mnie życie jest święte.

– Nie chciał jej pan, bo była za brzydka i za biedna dla pana!

– Wtedy jej nie kochałem. Lubiłem, ale nie kochałem – tłumaczył się cicho Robert.

– Mama nie poznała się na panu tak dobrze jak ja! Widziałem, jak pan traktuje dziewczyny! Słyszałem, jak pan krzyczał na Monikę. Ta pani z czarnymi włosami też przez pana połknęła pigułki i znalazła się w szpitalu. Mama też będzie kiedyś przez pana płakać! Wiem o tym. Za kilka lat znajdzie pan sobie młodszą i ładniejszą od mamy.

– Na tamtych kobietach mi nie zależało. Z twoją mamą jest inaczej. Kocham ją i... jest moją żoną. Nigdy jej nie zostawię, jestem tego pewny.

– A ja nie. Nie wierzę panu.

– Dla mnie najważniejsza jest rodzina. Nie mógłbym jej zostawić chociażby z tego względu, że jest matką mojego syna.

– Ja nie mam ojca. Mój tata umarł dziesięć lat temu w Ameryce Południowej – oznajmił twardo.

– Przykro mi, że tak uważasz – odparł Robert. – Szkoda, że już na samym początku mnie skreślasz.

Wstał, odstawił krzesło na miejsce i ze spuszczoną głową wyszedł z pokoju.

Otworzyłam drzwi od łazienki. Podeszłam do łóżka Krzysia.

– Skąd w tobie tyle okrucieństwa? Dlaczego nie dajesz mu żadnej szansy? – z wyrzutem odezwałam się do swojego syna.

Krzyś popatrzył cierpko.

– Mamo, uczyłaś mnie, że brzydko jest podsłuchiwać!

Robert nie chciał ze mną rozmawiać na temat Krzysia, ja też nie podejmowałam tego tematu. Widziałam jednak, że ta rozmowa nim wstrząsnęła.

Po południu wspólnie wróciliśmy do domu. Mieliśmy jeszcze trochę czasu – z Markiem umówiliśmy się na osiemnastą.

– Nie ma sensu teraz jeść, bo za chwilę będzie wystawna kolacja. Magda obraziłaby się, gdybyśmy nie zjedli jej gołąbków, bo prawdopodobnie nam je zaserwuje, to jej danie popisowe. Ale lampka wina jest nam jak najbardziej potrzebna. – Wyjął z barku dwa kieliszki i nalał czerwonego wina.

Usiedliśmy w fotelach. Przez chwilę panowała cisza. Robert obracał kieliszek w ręku. Wiedziałam, że wraca myślami do rozmowy z naszym synem. Patrząc na niego, uświadomiłam sobie, jak bliskim mi się stał. Ostatnie przeżycia, o dziwo, umocniły nasz związek. Przed wypadkiem łączyło nas zauroczenie, pożądanie i inne emocje o podłożu erotycznym. Teraz pojawiło się coś jeszcze – miłość do naszego syna. Krzyś połączył nas na zawsze. W normalnych warunkach więź emocjonalna między ojcem a dzieckiem kształtuje się całymi latami – u Roberta więź ta powstała w ekspresowym tempie. Stracił prawie wszystkich, których kochał, i tę lukę w jego sercu wypełnialiśmy teraz my: ja i Krzyś.

– Czy faktycznie jestem taki okropny dla kobiet? – skierował pytanie bardziej do siebie niż do mnie.

– No cóż. Nie jest tak źle. Nie bijesz ich... tylko od czasu do czasu gwałcisz – próbowałam zażartować. Jemu jednak nie było do śmiechu.

– Moje relacje z kobietami, z którymi coś mnie łączyło, są całkiem niezłe. Owszem na początku trochę płaczą, ale potem jest wszystko okej. Z niektórymi nawet się przyjaźnię. Żadna, widząc mnie, nie przechodzi na drugą stronę ulicy. Chyba że jest nieumalowana. Jola, Bożena, czy nawet Meg nie mają do mnie pretensji.

– Intuicja dobrze mi podpowiadała, że spałeś z Bożeną – burknęłam pod nosem. – Ale Monika, to nie wiem, czy tak dobrze o tobie myśli.

– Faktycznie, ją potraktowałem niezbyt fajnie. Ale to przez ciebie! – znów na chwilę umilkł. – Krzyś myśli, że ciebie też skrzywdzę.

– Wiem, słyszałam waszą rozmowę. Byłam w łazience.

– No tak, zapomniałem, że podsłuchiwanie i grzebanie w cudzych rzeczach to twoja specjalność – podsumował mnie ironicznie.

– Zostawiam to bez komentarza.

– Ty też myślisz, że mógłbym cię zostawić?!

– Nie wiem... sama nie wiem.

– A więc zapamiętaj: nigdy cię nie zostawię! Dla żadnej kobiety! Żona to żona, to rodzina – powiedział bardzo stanowczo.

– Nie wiadomo, jak to będzie za kilka lat. Lubisz kobiety...

– Może i prześpię się z jakąś, ale na pewno cię dla żadnej nie zostawię – wymknęło mu się nieopatrznie. Zaraz pożałował swoich słów.

– Jeśli się z jakąś prześpisz, to ułatwię ci sprawę: ja zostawię ciebie! Zagotowało się we mnie. – To tak sobie planujesz nasze wspólne życie niespełna miesiąc po ślubie?! Żona to żona, a kochanka to kochanka! Zapamiętaj sobie: jeśli mnie zdradzisz, będzie to oznaczało koniec naszego małżeństwa.

– Malutka, wymknęło mi się, przepraszam. Nie mam zamiaru cię zdradzać. Chciałem tylko podkreślić, czym dla mnie jest małżeństwo – tłumaczył się nieporadnie.

– Niech więc dotrze do ciebie raz na zawsze: nie jestem tą samą wyrozumiałą idiotką co jedenaście lat temu!

– Jeśli będziesz zachowywać się w łóżku tak jak dotychczas, to nie będę musiał szukać innej kochanki. Ty jesteś najlepsza, jaką miałem. Chcąc mnie udobruchać pociągnął mnie do siebie. – No, Malutka, jeśli zawsze będziesz taka jak dzisiaj rano, to żadna baba ci nigdy nie zagrozi. Wiesz, mamy jeszcze trochę czasu...

– Nie mam teraz ochoty na amory! – wyrwałam mu się i wyszłam z pokoju.

Weszłam do łazienki zamykając drzwi na zamek. Podszedł do drzwi.

– Mała, otwórz. Przepraszam cię. Palnąłem głupstwo nie zastanawiając się nad słowami.

Nie zważając na niego wzięłam prysznic, potem poszłam się przebrać. Poprawiłam makijaż i włosy. Zeszłam na dół. Robert dalej siedział w fotelu i pił następny kieliszek wina.

– Czy będziemy zawsze się kłócić o takie bzdury? – spytał pojednawczo.

– To nie była kłótnia. Przedstawiłam ci mój pogląd na temat zdrad małżeńskich. Chyba że wolisz wolny związek bez zobowiązań? Ty masz kochanki i ja mam kochanków! Taki układ bardziej ci pasuje?

– Przestań już, do cholery! – teraz on się zezłościł.

– Masz rację, zmieńmy temat. Ubieraj się, idziemy. Ja jestem gotowa.

Pół godziny później staliśmy przed drzwiami domu Marka i jego rodziny. Drzwi otworzyła nam jego żona Magda. Wylewnie przywitali się z Robertem, widać było, że są bardzo ze sobą zżyci. Za chwilę ukazała się główka ładnej dziewczynki w wieku zbliżonym do Krzysia. Rzuciła się na Roberta, obejmując go rękami.

– Wujku! Tak długo cię nie było! Jak dobrze, że wróciłeś.

– Dag, złaź ze mnie, moja żona będzie zazdrosna – powiedział ze śmiechem Robert. – Poznajcie moją małżonkę.

Przywitaliśmy się. Magda była postawną szatynką o miłej twarzy. Największą jej ozdobą były śnieżnobiałe, równe zęby, które często eksponowała, uśmiechając się promiennie. Nie odzyskała jeszcze figury po ciąży, miała nadwagę typową dla karmiących matek. Zaprowadziła nas do pokoju z wytwornie zastawionym stołem. Po chwili zjawił się Marek, niosąc na rękach niemowlę.

Robert wręczył prezenty. Mały na nasz widok zaczął płakać. Skąd ja to znam! Z pomocą pospieszyła niania rodem z Nowego Targu i na szczęście dla naszych uszu zabrała małego wyjca do innego pokoju.

Dagmara przybiegła przebrana w strój Lajkonika.

– Wujku! Jesteś odjazdowy! Jak mi załatwiłeś ten strój? Tata mówił, że w sklepach nie było.

– Ma się swoje sposoby. Nie wiesz, że dla mnie nie ma rzeczy niemożliwych? – zauważył skromnie Robert.

– Wujku, jesteś najwspanialszym facetem na ziemi! Tak w ogóle, to jestem zła na ciebie. Obiecałeś, że na mnie poczekasz i ze mną się ożenisz.

– Dag, nie martw się! Do tego czasu, kiedy będziesz dorosła, wujek będzie już wolny, rozwiedzie się ze mną... albo ja z nim – powiedziałam z uśmiechem.

– Nie słuchaj swojej nowej ciotki, ona dziś cały dzień straszy mnie rozwodem, ale nie dopuszczę do tego, bo za dużo mnie kosztowała. Dag, ja jestem już zajęty, ale przywiozłem ci mojego młodszego sobowtóra. To dopiero facet! Za kilka dni wyjdzie ze szpitala, to go poznasz.

Dagmara wyszła pochwalić się prezentem swoim koleżankom, a jej mama wniosła gołąbki. Robert i ja uśmiechnęliśmy się porozumiewawczo.

Zjedliśmy kolację, Marek wyciągnął trunki. Robert musiał jeszcze raz wszystko opowiedzieć: o naszym spotkaniu, o swoich umizgach do mnie, o tym, jak poznał swojego syna.

– Ty to masz dobrze! – podsumował Marek. – Zawsze byłeś szczęściarzem. Ja mojego syna musiałem odbierać z porodówki, twój sam do ciebie przyszedł, i to do restauracji. Nie musisz zmieniać mu pieluch ani słuchać jego wrzasków. Możesz od razu z nim podyskutować.

– Owszem udało mi się. Malutka, przy następnym dziecku jesteś zwolniona ze wszystkich obowiązków, ja będę zmieniał pieluchy, kąpał i słuchał jego krzyków.

– Wiesz co, mam lepsze rozwiązanie. Daj ogłoszenie w „Dzienniku Polskim", albo najlepiej w „Dzienniku Telewizyjnym". Napisz, żeby wszystkie dziewczyny, z którymi zawarłeś bliższą znajomość w latach siedemdziesiąt dziewięć-osiemdziesiąt dziewięć, i które zostały matkami, zgłosiły się do ciebie w celu zrobienia dzieciom badań DNA. Ręczę, że na pewno dla Krzysia znajdzie się jakiś braciszek lub siostrzyczka – uśmiechnęłam się zjadliwie. – Nie będziesz wtedy musiał słuchać wrzasków ani zmieniać pieluch.

– Małe sprostowanie – nie od siedemdziesiątego dziewiątego, tylko dwa lata wcześniej. Renata, czy słyszałaś o samochodzie Roberta i co tam się działo? – wtrącił Marek. – Wszystko jest możliwe. Robert nigdy nie lubił prezerwatyw.

– Teraz zmądrzał. Nie tylko faszeruje dziewczyny tabletkami antykoncepcyjnymi, ale również używa prezerwatyw. W łazience na Woli Justowskiej znalazłam stosik gumek o śmiesznej nazwie Trojan Lamb – powiedziałam już trochę wstawiona.

Po chwili dopiero zauważyłam dziwną ciszę, która zapanowała po moich słowach. Nagle odezwał się mój mąż.

– Wreszcie zrozumiałem, że nie wolno ufać kobietom i sam zacząłem się zabezpieczać. Krzyś otworzył mi oczy.

Już miałam to skomentować, ale nie zdążyłam.

– Robert, nie musisz osłaniać Marka – usłyszałam głos Magdy - Wiem, że to jego prezerwatywy, tylko on używa Trojan Natural Lamb. Jest przecież uczulony na lateks. Nawet przed założeniem rękawiczek chirurgicznych musi smarować ręce kremem.

– Magda, mylisz się. Nie wiem, czego używa twój mąż, ale gwarantuję ci, że to prezerwatywy Roberta. Nie sądzisz, że w tej kwestii to raczej ja się mogę wypowiadać, a nie ty. – zreflektowałam się. – Chyba że tutaj panują zwyczaje takie jak u Eskimosów i w ramach gościnności Marek odstępuje żonę swojemu koledze.

– Marek aż tak gościnny nie jest, a szkoda – wtrącił Robert. – Jego żona zawsze mi się podobała, nie tylko ze względu na gołąbki. Magda, przepraszam, nie wiedziałem, że Marek ma wyłączność na te prezerwatywy. Obiecuję ci, że nigdy więcej ich nie kupię.

W domu, wróciłam do tematu prezerwatyw.

– Dlaczego mi nie powiedziałeś, że to nie twoje? – zapytałam z wyrzutem Roberta.

– Jak to nie mówiłem? Nie pamiętasz? – oburzył się Robert.

– Faktycznie, chyba mówiłeś. A ja ci nie uwierzyłam. Nigdy nie przypuszczałam, że taki miły facet jak Marek jest zdolny zrobić żonie takie świństwo. – pokręciłam z niedowierzaniem głową. – W życiu bym go o to nie posądzała! Co innego ty.

– Marek jest miłym facetem i dobrym mężem. Mylisz dwie różne sprawy – znów niefortunnie się odezwał. Ale zaraz dodał: – Malutka, cofam to, co powiedziałem. Nie mam zamiaru znów się z tobą kłócić. Muszę odrabiać zaległości małżeńskie. Przy trzech razach dziennie dopiero za pięć lat wyjdę na prostą.

– Jak to obliczyłeś? – zapytałam ze śmiechem.

Rano po śniadaniu i po „odrabianiu zaległości" jak zwykle pojechaliśmy do szpitala. Robert poszedł do swojego gabinetu, ja do pokoju naszego syna. Przy łóżku Krzysia zastałam Marka. Nie widać było po nim wczorajszego alkoholowego zmęczenia, prawdopodobnie był przyzwyczajony do zarwanych nocy.

– Co tak wcześnie? Zdążyłeś już się wyspać po wczorajszym wieczorze?

– Tylko szefostwo może pozwolić sobie na spóźnienia. Ja jestem zwykły personel. – Po zbadaniu Krzysia, zwrócił się do mnie. – Wyjdźmy na chwilę, chciałbym ci coś powiedzieć.

Wyszliśmy na korytarz i usiedliśmy na stojącej tam ławce.

– Chcę ci podziękować, że mnie wczoraj wybawiłaś z kłopotu, inaczej miałbym problemy z Magdą.

– Nie zrobiłam tego dla ciebie. Nie chciałam robić przykrości Magdzie. Po co ma wiedzieć, że jej mąż to kawał drania. Największe świństwo, jakie może zrobić mąż żonie, to zdradzać ją, kiedy ona jest w ciąży z jego dzieckiem. No, jest jeszcze większe świństwo: być w łóżku z inną, gdy żona rodzi – oznajmiłam cierpko. – Czy ty wiesz, co kobieta czuje, kiedy jest w ciąży?!

Nie dokończyłam swojego wywodu na temat męskiego łajdactwa, bo zjawił się Robert. Podszedł do nas i zwrócił się do Marka.

– Potrzebuję cię, pozwól ze mną. – Do mnie zaś powiedział: – Spotkamy się na lunchu.

Wróciłam do Krzysia. Zagraliśmy w chińczyka.

O trzynastej zeszłam do baru i usiadłam przy stoliku, czekając na Roberta. Po chwili zauważyłam mojego nowego znajomego Karela. Podszedł do mnie. Zaczęliśmy rozmawiać. Był sympatycznym, dosyć przystojnym mężczyzną po trzydziestce, stanu wolnego. Właśnie opowiadał mi jakąś anegdotę, kiedy zjawił się Robert. Ostro zwrócił się po angielsku do lekarza, który zarumienił się, szybko wstał i przeprosiwszy mnie, odszedł.

– Co mu powiedziałeś, że tak szybko uciekł?

Zignorował moje pytanie, wstał i poszedł do bufetu. Wrócił z tacą zastawioną kanapkami i kawą w papierowych kubkach.

– O co chodzi? – zapytałam ponownie.

– Czy musisz flirtować z tym nieopierzonym konowałem na oczach całego szpitala? Wszyscy cię tutaj obserwują, bo jesteś moją żoną – wycedził.

Zamurowało mnie. O co mu chodzi? Co ja takiego zrobiłam?

– O czym ty mówisz? Tylko rozmawialiśmy – broniłam się.

– Ile razy wyjdziesz z separatki, tyle razy on jest przy tobie. Gadasz tylko z nim.

– Bo tylko z nim się dogaduję – roześmiałam się.

– To ucz się języka, jak nie masz co robić.

– Po przyjeździe do Polski od razu zapisuję się na kurs. Ale sama nie potrafię się uczyć. Nie wiem, jak się do tego zabrać. Sam powiedziałeś, że jestem tępa lingwistycznie.

– Wiem, że jesteś tępa, ale nie musisz mnie kompromitować – oznajmił cierpko.

Poczułam się, jakby mnie spoliczkował, o mało co się nie rozpłakałam. Robert chyba zauważył, że przegiął, bo nagle zmienił temat.

– Za trzy dni weźmiemy Krzysia do domu. Można by to zrobić już, ale niech jeszcze dojdzie do siebie. Potem wyskoczymy gdzieś na parę dni.

– Krzyś chce jak najszybciej wracać do Krakowa. Ja też – powiedziałam cicho, ledwo panując nad łzami.

Robert miał wyrzuty sumienia.

– Przepraszam cię. Skoczyłem na ciebie bez powodu. Harry mnie znowu zdenerwował.

Zapomniałam o tym incydencie, zachowywałam się, jakby nic się nie stało. Wróciliśmy do domu. Wspólnie zrobiliśmy kolację i jak zwykle „deser" skonsumowaliśmy w sypialni.

– Przyznaj się, z kim jeszcze tak rozrabiałaś w łóżku jak ze mną?

– Niech pomyślę... Z nikim. – Po chwili się odezwałam: – Może pójdziemy na spacer? Pokaż mi Boston nocą.

Po spacerze mój mąż znów chciał odrabiać małżeńskie zaległości.

– Podobno masz czterdzieści lat. Przyzwoity czterdziestolatek o tej godzinie śpi i zbiera siły na sobotnią noc, a tobie ciągle mało.

– To wszystko przez ciebie – mruknął ściągając ze mnie satynowy szlafroczek.

Już miałam zasypiać, ale mój małżonek miał ochotę na pogawędkę.

– Powiedz mi, czy z tym instruktorem też ci było tak dobrze jak ze mną? – zapytał niby od niechcenia.

– O co ci chodzi? Mówiłam, że z nim nie spałam. Opowiedziałam ci już wszystko o swoim życiu erotycznym. Po tobie był tylko Andrzej.

– Przestań! Myślisz, że uwierzę, że kobieta z takim temperamentem jak ty przez tyle lat nie miała faceta?! Masz dużo większe doświadczenie w łóżku niż jedenaście lat temu. Nie wierzę, żeby cię Andrzej czegoś nowego nauczył. Nie przeszkadza mi, że miałaś kochanków, przecież to normalne, ale chcę wiedzieć o tobie wszystko.

– Mówiłam ci, że był tylko Andrzej.

– Dziwna jesteś. Dlaczego nie chcesz powiedzieć? Nie wierzę, żebyś leżała odłogiem nieużywana przez tyle lat! – zaśmiał się nieszczerze. – Ja naprawdę wolę doświadczone dziewczyny, niż takie kłody jak Magda Marka.

Wtedy coś piknęło mi w głowie. Te wszystkie pytania, to sprawka Marka!

– Aha! Rozumiem! To twój Mareczek w formie rewanżu nagadał ci o mnie jakiś bzdur. Powiedziałam mu dziś, co myślę o nim, a on postanowił mi się odpłacić. To stąd te wszystkie wątpliwości! Nie ufasz mi! Myślisz, że kłamię! Posłuchaj, pieprzony gnojku! Ty zakłamany hipokryto! Komu jak komu, ale tobie na pewno nie będę się tłumaczyć z mojego życia seksualnego. Myślisz, że udaję cnotkę, żeby się tobie spodobać?! Nie dlatego nie spałam z innymi facetami, bo wzdychałam do ciebie, ale dlatego, że nie spotkałam żadnego, na którego miałabym ochotę! Ty rżniesz wszystko co chodzi oprócz zegara, ale ja, w przeciwieństwie do ciebie, nie wskakuję do łóżka każdemu! Ten twój Mareczek to niezły intrygant! Sieje ferment między nami, chce nas poróżnić. Proszę bardzo, wierz jemu, nie mnie!

– Przestań czepiać się Marka! Nie zachowuj się tak, żebym musiał wybierać między wami.

– Ułatwię ci zadanie. Nie będziesz musiał wybierać – ucięłam rozmowę i odwróciłam się do niego plecami.

Rano długo nie wstawałam. Robert już był ubrany, a ja nadal w bieliźnie. Wszedł do sypialni gotowy do wyjścia. Patrzył na mnie. Dalej leżałam i udawałam, że przeglądam kolorowe czasopisma. Nie miałam ochoty na rozmowę.

– Muszę iść. Za godzinę przyślę kogoś po ciebie – powiedział na odchodne.

W kuchni czekało na mnie zrobione przez niego śniadanie. Wypiłam filiżankę kawy, przełknęłam kilka kęsów. Nie miałam apetytu. Zamyśliłam się. Czyżby mój syn miał więcej racji niż, myślałam? To tak ma wyglądać moje życie z nim? Nie tylko kobiety będą problemem. Zaczynałam widzieć naszą przyszłość w czarnych barwach. To małżeństwo chyba długo nie przetrwa.

Po przyjeździe do szpitala nie wychodziłam z pokoju Krzysia. Około trzynastej przyszła sekretarka Roberta i coś tam do mnie powiedziała. Wzruszyłam ramionami.

– Ona mówi, mamo, żebyś poszła na lunch.

– Nie jestem głodna.

Krzyś spojrzał na mnie badawczo. Nie odezwał się.

Do separatki wszedł Robert.

– Chodź na lunch – powiedział.

– Nie jestem głodna.

– Dzisiaj muszę wyjść trochę później, do kolacji zgłodniejesz.

– Nie wracam dziś z tobą. Obiecałam Nowakowej, że ją odwiedzę. Wieczorem mnie odwiezie – poinformowałam chłodno męża.

Postał chwilę, jakby zastanawiając się, co ma zrobić. Nic więcej jednak nie powiedział. Spojrzał jeszcze raz i wyszedł.

– Widzisz, mamo?! Już się kłócicie! – zauważył mój synek z satysfakcją.

– Wcale się nie kłócimy, po prostu nie chce mi się jeść. – powiedziałam bez przekonania.

Dwie godziny później przyszła po mnie Nowakowa i pojechałyśmy do jej domu. Poczęstowała mnie gołąbkami. Nigdy tak często nie jadłam gołąbków jak tu w Ameryce.

Wyjęła z barku butelkę wódki i zrobiła drinki. Szybko przeszłyśmy na ty. Plotkowałyśmy o Robercie, o lekarzach z jego kliniki, o pielęgniarkach. Z każdym kolejnym drinkiem było nam coraz weselej. Gdyby nie to, że z pracy przyszedł mąż Marysi, zapewne rozmawiałybyśmy jeszcze wiele godzin, bo tematów nam nie brakowało.

Powoli zbierałam się do wyjścia. Nowak zaproponował, że mnie odwiezie. Żegnałam się z Marysią, gdy zadzwonił dzwonek u drzwi.

Bardzo się zdziwiłam, widząc Marka.

– Robert kazał mi po ciebie przyjechać, bo sam jest zajęty – powiedział.

Wzruszyłam ramionami. Było mi wszystko jedno, kto mnie odwiezie. Poza tym uznałam, że to nie miejsce i czas, aby okazywać swoją niechęć do Marka.

Pożegnałam się z Nowakami i skierowałam się w stronę samochodu.

– To nie Robert kazał mi przyjechać, to był mój pomysł. Chciałem z tobą pogadać. Może wstąpimy gdzieś na drinka?

Zgodziłam się. Pojechaliśmy do pubu niedaleko kliniki.

Usiedliśmy w kącie sali. Rozejrzałam się po lokalu. Był bardzo przytulny. Kilkanaście osób siedziało przy stolikach, reszta stała koło stołu bilardowego i kibicowała graczom. Widać było, że większość obecnych to starzy bywalcy.

Marek podszedł do baru i wrócił z dwoma drinkami.

– Robert powiedział mi o waszej sprzeczce i... że to ja byłem przyczyną. Źle mnie zrozumiał, może to ja niepotrzebnie coś tam chlapnąłem, ale naprawdę nie miałem niczego złego na myśli. Bardzo się cieszymy, że Robert jest z tobą. To prawdziwy cud, bardzo mu teraz jesteście potrzebni. Ostatnio dużo przeżył: śmierć ojca, jednej i drugiej babci. Baliśmy się, żeby nie było z nim tak jak po śmierci Betty. To, że was teraz spotkał, ciebie i Krzysia, traktujemy jak dar niebios. Nigdy nie widziałem go tak szczęśliwego! Wiem, że potrafi być przykry, sam nieraz się o tym przekonałem, ale to naprawdę wspaniały facet. Jest dla mnie jak brat... A wiesz, co mi dziś powiedział? Że jeśli będzie musiał wybierać między tobą a mną, to wybierze ciebie. Po dwudziestu trzech latach przyjaźni usłyszeć coś takiego! – westchnął głośno. – Ale nie mam do niego pretensji, naprawdę cię lubię. Uważam, że jesteś babą z jajami. Nie bawisz się w miłe słówka, tylko walisz prosto z mostu. Z tą zdradą... miałaś rację. To było nie w porządku w stosunku do Magdy. Kocham swoją żonę. Czasami zdarza mi się skok w bok, ale Magda dla mnie jest najważniejsza. Tylko rodzina się liczy. Robert też należy do mojej rodziny. Teraz ty i wasz syn również.

Siedzieliśmy w pubie około dwóch godzin. Marek nieźle się wstawił, ja też. Do domu Roberta pojechaliśmy taksówką.

Taksówkarz odprowadził nas do drzwi, podtrzymując Marka. Mój piękny mąż mu podziękował, po czym zajął się nami – swoim pijanym przyjacielem i swoją trochę mniej pijaną żoną.

– Robert, masz wspa... aniałą żonę. Fa...ajnie się z nią wódkę pije... – wybełkotał Marek.

– Nieźle się wstawiliście – mruknął Robert. – Miałaś być u Nowakowej.

– Byłam – odpowiedziałam, bardzo z siebie zadowolona. – Ale potem musiałam pogadać z Markiem. To znaczy, on ze mną musiał. Pogadać. To pogadaliśmy.

Rozbawiło go to i zaczął się śmiać. Zadzwonił po taksówkę dla Marka, a mnie zaprowadził do sypialni.

Rano przeżyłam horror. Moja głowa rozpadała się na części, jakby ktoś walił w nią młotem pneumatycznym. Do tego mdłości – z trudem udało mi się dobiec do łazienki. Właśnie po raz drugi obejmowałam muszlę klozetową, kiedy zjawił się mój mąż z tabletką i szklanką wody.

– Zażyj to, powinno ci ulżyć. W całym domu słychać, jak wyznajesz sedesowi miłość. Muszę iść do szpitala, jeśli źle się dziś czujesz, nie przyjeżdżaj.

– Jeszcze trochę poleżę. Kiedy dojdę do siebie, przyjadę taksówką.

– Zadzwoń, to kogoś po ciebie przyślę. – Spojrzał na mnie z uśmiechem. – Moje towarzystwo lepiej ci służy. Przy mnie nigdy tak się nie upiłaś. Masz nauczkę na przyszłość: nie zostawiaj męża swego!

– To nie przez alkohol, nie byłam wcale pijana. Musiałam czymś się struć – jęknęłam.

– Tak, oczywiście. To te gołąbki Nowakowej na pewno ci zaszkodziły.

– Skąd wiesz, że je podała?

– Dzień wcześniej pytała mnie, co lubisz z polskich potraw.

– A ja myślałam, że Polacy tutaj jedzą tylko gołąbki.

Kiedy wróciliśmy z Krzysiem do domu, czekała na nas miła niespodzianka. Marek razem ze swoją rodziną amerykańskim zwyczajem, na powitanie przystroił cały dom. Było mnóstwo baloników i napis po polsku: „Krzysiu, witamy w domu". Gosposia Roberta na tarasie przygotowała stół ze smakołykami, który wręcz uginał się od jedzenia.

Zaprowadziliśmy Krzysia do jego nowego pokoju. Robert przemeblował pokój babci Ani, wstawiając biurko, komputer i inne dziecięce przedmioty. Zdjęcia babci zostawił.

Krzyś obejrzał pokój bez większego entuzjazmu.

– Kiedy wracamy do domu, mamo?

– Najwcześniej za półtora tygodnia – odpowiedział za mnie Robert.

– Krzysiu, zobacz, co tata ci kupił, o takiej kurtce marzyłeś. Lotnicy takie mają. Przymierz ją – odezwałam się, pragnąc zmienić temat.

– Mamo, marzę, żeby stąd wyjechać, a nie o głupiej kurtce – odpowiedział, nawet na nią nie patrząc.

Przepraszająco spojrzałam na Roberta. Z kłopotliwej sytuacji wybawiła nas Dag, wpadając z hukiem do pokoju.

– O! Pokój babci Ani, wujku, przemeblowałeś dla Krzyśka! Fajnie!

– Robert, chodźmy na taras, zostawmy ich samych – zaproponowałam w nadziei, że towarzystwo Dagmary dobrze na Krzysia wpłynie i nie będzie miał ochoty tak szybko wracać do Polski.

Goście wyszli tuż przed dziesiątą. Pościeliłam Krzysiowi łóżko, sama zaś rozłożyłam sobie fotel w jego pokoju – pierwsze noce po jego wyjściu ze szpitala pragnęłam być jak najbliżej niego.

– Pokłóciliście się? – dopytywał Krzyś, widząc, że nie idę do sypialni. – Wiedziałem, że tak będzie! Masz go już dosyć! Jak wrócimy do Krakowa, to się z nim rozwiedziesz! – ucieszył się.

– Nie mam go wcale dosyć i na pewno się z nim nie rozwiodę. Śpię tutaj, żeby było ci raźniej w nowym miejscu. Dobranoc.

Denerwowałam się przed wizytą u Harry'ego. Nie miałam ochoty tam iść, żałowałam, że przyjęliśmy to zaproszenie. Miałam nadzieję, że uda mi się jakoś wymigać. Prosiłam Roberta, aby wytłumaczył moją nieobecność złym samopoczuciem albo troską o Krzysia, który dopiero co wyszedł ze szpitala i powinien rehabilitować się w domu, zamiast odwiedzać kogokolwiek. Robert uparł się jednak, abym z nim poszła. Zgodził się tylko co do tego, że Krzyś niekoniecznie będzie się dobrze czuł na przyjęciu, dlatego postanowiliśmy odwieźć go do Magdy.

Rano w dzień imprezy poszłam do salonu, który poleciła mi Magda. Poprosiłam fryzjerkę o wieczorowe uczesanie. Tłumaczyłam jej na migi, o co dokładnie mi chodzi. Niestety, chyba mnie nie do końca zrozumiała, bo gdy przejrzałam się w lustrze, mało co nie dostałam zawału

– Boże, co ja mam teraz zrobić? – spytałam żałośnie po powrocie do domu.

– Rozczesać. Zrób sobie koński ogon, ładnie ci w nim. – Robert starał się zachować powagę, choć przy widoku, jaki przedstawiałam, było to naprawdę trudne.

Nie było już czasu na umycie głowy, dlatego idąc za radą męża, związałam włosy na czubku, trochę nastroszyłam, trochę natapirowałam i mocno spryskałam lakierem. Oglądając się w lustrze, stwierdziłam, że całkiem nieźle to wygląda. Na nieformalne spotkanie nie musiałam być przecież elegancka, mogłam pozwolić sobie na odrobinę szaleństwa.

Założyłam sukienkę, pończochy i granatowe szpilki na dziesięciocentymetrowych obcasach. Przejrzałam się w lustrze – wyglądałam jak panienka z epoki twista i rock&roll'a.

Wsiedliśmy do samochodu.

Na miejscu przywitało nas dwóch strażników ubranych w służbowe uniformy. Widząc Roberta, bez słowa otworzyli bramę.

– O Boże! Jak ja przeżyję ten wieczór?! Takie rezydencje widziałam tylko na filmach – jęknęłam.

– Harry zawsze był snobem. Po śmierci babci Rose dokupił sąsiednią parcelę i postawił strażników dla lepszego efektu. Znając go, wykłóca się z nimi o każdego centa. – Spojrzał na mnie. – Jak łykniesz dla kurażu kilka drinków, będziesz bardziej rozluźniona.

Podjechaliśmy pod rezydencję.

– O kurwa! – zaklął. – Harry oczywiście zrobił nam małego psikusa.

– Co się stało? – wystraszyłam się.

– Nie widzisz? To żadne małe przyjątko, wszyscy w strojach wieczorowych! Chciał, żebyś już na samym początku czuła się speszona.

Spojrzałam przerażona, jak tłum ludzi wieczorowo wystrojonych przewija się po elegancko urządzonym ogrodzie. Piękne, egzotyczne rośliny w równie pięknych donicach zdobiły dwupoziomowy, obszerny taras. Poniżej przyciągały wzrok kameralne, gustownie zaaranżowane kąciki, zachęcające gości do spoczynku. Na pergolach wiły się zielone węże egzotycznych roślin z kwiecistymi głowami. Kolorowo podświetlone fontanny nasączały świeżością wdychane powietrze, a szmer wodospadów koił przechodzących spacerowiczów. W dali widać było smukłe sylwetki dorodnych drzew, które dzięki ogrodowemu oświetleniu rzucały cień, tworząc tajemnicze, baśniowe zjawy. To nie był ogród, to był piękny park! Przytłaczał mnie widoczny wszędzie przepych i bogactwo. Czułam, jak ogarnia mnie panika. Boże, co ja tu robię?

– Każda z tych babskich kreacji warta jest kilka tysięcy dolarów, a twoja kilkadziesiąt centów – Robert roześmiał się.

– No, trochę więcej. Kupowałam nie na wagę, tylko z przeceny.

– Mała, nie pękaj! Jemu o to chodziło. – powiedział, ściągnął krawat i włożył go do schowka w samochodzie. – Ty ściągnij to wdzianko.

– Bolerko, ignorancie – powiedziałam z humorem i postanowiłam się nie poddawać.

Parkingowy zaparkował nasze auto.

Trzymając Roberta pod rękę, z trzepoczącym sercem pod mocno wydekoltowaną sukienką, weszłam do jaskini lwa. Już po chwili zjawił się Harry z żoną i ich córka Kate z jakimś młodym mężczyzną. Partner Kate przywitał się z nami, ale szybko nas opuścił. Robert przedstawił mnie obu kobietom. Powiedziały coś do mnie, ja uśmiechnęłam się i powtórzyłam nieśmiertelną kwestię:

– *Je ne comprends pas. Parlez-vous francais? Gawaritie po ruski?*

Oczywiście obie nie znały francuskiego ani rosyjskiego. Odetchnęłam głęboko.

Podchodzili do nas coraz to inni ludzie. Robert całkiem na luzie z nimi rozmawiał. Widać było, że wszystkich zna. Ja tylko uśmiechałam się i powtarzałam jak papuga te same zwroty. Od uśmiechania zaczęła mnie już boleć żuchwa.

Zdążyłam wypić dwa drinki, byłam więc mniej spięta. Czułam się jak na wybiegu: wszyscy obserwowali nową żonę Boba.

W pewnym momencie podszedł do nas starszy mężczyzna chyba z żoną.

Jak zwykle wyklepałam swoją kwestię... i poczułam zimną strużkę potu na plecach.

– *Da, gawarju. Kak prijatno posłyszet snowa ruskij jazyk* – usłyszałam. Zamurowało mnie.

– Mnie też miło usłyszeć słowa, które rozumiem. Ale jeszcze przyjemniej by mi było, gdybym usłyszała język polski. Czuję się skrępowana, bo trzynaście lat nie rozmawiałam po rosyjsku. Mój rosyjski jest bardzo prymitywny i robię mnóstwo błędów – powiedziałam łamanym rosyjskim. Nie bałam się go tak jak francuskiego, ale ten facet był Rosjaninem! Nowo poznany uśmiechnął się do mnie życzliwie.

– Nie jest wcale tak źle z pani rosyjskim. Chciałbym, żeby moje dzieci mówiły w moim ojczystym języku tak jak pani.

Nie zdążyłam mu odpowiedzieć, bo zjawił się Harry. Nowy znajomy uśmiechnął się do mnie.

– Przepraszam, ale obowiązki wzywają. Bob, masz czarującą żonę. – Jeszcze raz ukłonił się i odszedł.

– Kto to? Nie mówiłeś, że będą tu Rosjanie.

– Nie wiedziałem. Okazało się, że dzisiejsze przyjęcie to zaręczyny Kate z jego starszym synem Paulem. Widziałaś ich.

Znowu ktoś do nas podszedł, tym razem bardzo szczupła kobieta z dużo niższym od siebie, nieciekawym mężczyzną. Miała ufarbowane na rudo włosy, wąskie usta i duże, brązowe, mocno wymalowane oczy. Czarna kreacja z głębokim dekoltem jeszcze bardziej podkreślała jej chudą sylwetkę. Zmierzyła mnie przeszywającym spojrzeniem, pocałowała Roberta w policzek i coś powiedziała po angielsku. Zrozumiałam, że ma na imię Susan. Chwilę rozmawiali, śmiejąc się. Ja stałam jak uśmiechnięta kukła! Boże, kiedy to się skończy.

Ciągle czułam na sobie wzrok obcych ludzi. Byłam tematem rozmowy chyba wszystkich obecnych tu gości. Po chwili znów podszedł do nas Harry i szepnął coś Robertowi do ucha, uśmiechając się przy tym do mnie.

– Malutka, muszę cię na chwilę zostawić. Chcą porozmawiać na temat kliniki. Naprawdę muszę tam iść – powiedział z pewnym niepokojem. – Dasz radę wytrzymać tu beze mnie?

– A mam jakieś wyjście? – spytałam, siląc się na uśmiech.

Zostałam sama. Rozejrzałam się, miałam bardzo dobry punkt obserwacyjny. Goście plątali się po ogrodzie, niektórzy tańczyli. Nigdy nie byłam na takim przyjęciu, bardzo różniło się od polskich. U nas wszyscy siedzieli za stołem, tu nie było stołów, tylko ogromny bufet. Między gośćmi krążyli kelnerzy wystrojeni w białe marynarki, oferując małe kanapeczki. Zauważyłam, że nie ma potraw gorących.

Siedziałam, piłam drinka i paliłam papierosa za papierosem, gapiąc się na gości.

– *Pardon, où est le toilette?* – zapytałam przechodzącego obok kelnera (przypomniałam sobie zwrot z pierwszej lekcji francuskiego).

Kelner usłużnie zaprowadził mnie pod domek dla gości, gdzie znajdowała się damska toaleta. Otworzyłam drzwi i znalazłam się w dużym pomieszczeniu z toaletką z ogromnym lustrem. W marmurowym blacie zainstalowano dwie okrągłe umywalki. Obok były dwie kabiny WC. Przy oknie stały trzy wystrojone damulki, jedną z nich była ruda właścicielka męża-kurdupla.

– *Bonsoir* – bąknęłam.

Teraz bałam się nowej kompromitacji: czy będę umiała spuścić wodę w toalecie i umyć ręce? Będzie przycisk czy fotokomórka? Dzięki polskim restauracjom obeznana już byłam co nieco z sanitarnymi nowościami, ale zawsze może czyhać jakaś niespodzianka. Całe szczęście była tu normalna spłuczka. Podeszłam do umywalki, kurki też były normalne. Odetchnęłam z ulgą.

Trzy baby dalej stały i paliły papierosy. Bez skrępowania na mnie się gapiły. Koścista wydra od kurdupla coś powiedziała – prawdopodobnie o mnie – bo zaczęły chichotać.

Wzięłam się w garść. Rozejrzałam się po łazience. Przepiękna! Ciekawe, jak wygląda ta w głównej rezydencji? Kiedy mój mąż zobaczy łazienkę obecnych teściów, będzie rozczarowany. I tak dobrze, że nie widział łazienki rodziców, gdy byłam dzieckiem – wtedy dopiero przeżyłby szok!

Uśmiechnęłam się do swoich myśli. Gdyby te pannice znalazły się w polskiej wiejskiej sławojce z lat sześćdziesiątych, też nie wiedziałyby, jak się zachować. Na myśl o zrobionym z pociętej gazety papierze toaletowym powieszonym na gwoździu i o ich minach – parsknęłam śmiechem. Damulki w czarnych sukniach za kilka tysięcy dolarów chyba pomyślały, że śmieję się z nich. Zamilkły – teraz one straciły rezon.

Odzyskałam na nowo pewność siebie. Spokojnie wyjęłam kosmetyczkę, przypudrowałam nos, poprawiłam makijaż. Z zadowoleniem stwierdziłam, że całkiem nieźle wyglądam. Biustonosz marki Made in China zakupiony na bazarze był cudowny. Chinki muszą być płaskie, bo tyle gąbki co w chińskich biustonoszach nie widziałam w żadnych innych. Niech schowają się wszystkie Triumphy! Mój stanik za dziesięć złotych zrobił z moich drobnych piersiątek całkiem okazały biust. Majtki korygujące też dokonały cudu. Z przyjemnością oglądałam teraz swój prawie płaski brzuch i podniesiony okrąglutki tyłeczek. Po wypadku Krzysia sporo schudłam, dzięki czemu moja figura prezentowała się całkiem nieźle. Spojrzałam na chudą wydrę w czerni i stwierdziłam, że jestem dużo bardziej sexy niż ona, mimo jej sukienki za kilka tysięcy dolarów. „Kurduplowa" chyba również miała wątpliwości co do swej urody, bo spojrzała na mnie wzrokiem Bazyliszka. Uśmiechnęłam się do swojego wizerunku w lustrze. Poczułam, że jestem szczęśliwa.

– *Au revoir mes amies.* – Odwróciłam się i wyszłam.

Uff. Miałam nadzieję, że wśród gości nie było Francuza, cały mój bogaty repertuar francuskich słów prawie się wyczerpał. Znałam jeszcze *merci, bonjour...* i chyba *le vin blanc, le vin rouge,* ale nie z lekcji francuskiego, tylko z etykiet na butelkach.

Zadowolona z życia usiadłam na ławce w ogrodzie i zapaliłam papierosa. Powróciłam do swoich obserwacji, najbardziej interesowały mnie damskie kreacje. Przeważała czerń do kostek, dekolty do pasa. Panowie zaś ubrani byli w smokingi albo w ciemne garnitury.

Zastanawiałam się, dlaczego Robert tak długo nie wraca, nie było go już ponad czterdzieści minut. Kiedy napatoczył się kelner, wzięłam z tacy drinka i duszkiem opróżniłam szklankę. Zrobiło mi się błogo. Spojrzałam na niebo usiane gwiazdami. Świat jest piękny, gdy się ma w szklaneczce C2H5OH, pomyślałam.

– *Izwinitie pażałsta* – usłyszałam nagle nad sobą.

Spojrzałam w kierunku, skąd dochodził głos. A dochodził z ust przystojnego, wysokiego mężczyzny około czterdziestki. Miał bujną ciemną czuprynę – fryzjerki zaklasyfikowałyby go jako szatyna. Jego zielone oczy wesoło błyszczały w opalonej twarzy. Ubrany był o dziwo nie w smoking, nawet nie w garnitur, tylko w sportową marynarkę. I nie miał krawata! Po akcencie wyczułam, że nie jest tak niebezpiecznym rozmówcą jak poprzednik – mówił gorzej ode mnie. Odetchnęłam z ulgą. Nasza rozmowa miała mniej więcej poniższy przebieg, tyle ze prowadzona była mocno pokaleczonym rosyjskim z dużą ilością gestów.

– Czy mogę usiąść i potowarzyszyć pani w oglądaniu nieba?

– Proszę bardzo. Wszystkie tu obecne ziemskie gwiazdy już obejrzałam, dlatego zainteresowałam się tymi na górze. – uśmiechnęłam się.

– Najpierw się przedstawię: Nick Fisher.

– Renata Orłowska.

– Wiem, kim pani jest. Nową żoną Boba. Jak się pani bawi?

– Okropnie.

W szerokim uśmiechu wyeksponował piękne, białe, równe zęby. Bogaci Amerykanie bardzo dbają o swoje szczęki.

– Dlaczego? – zapytał.

– Bo nie dość, że nie znam tu nikogo, to nie znam języka. Ubrana jestem nieodpowiednio, bo miało być przyjęcie na kilka osób. Wszyscy na mnie się gapią i każdy czeka, przede wszystkim kobiety, żebym się przewróciła albo chociaż zrobiła małe *faux pas*. Mąż gdzieś sobie poszedł i zostawił mnie samą, żebym siedziała jak ta idiotka. Nie jestem nałogową palaczką, palę okazjonalnie. Przez rok nie wypaliłam tylu papierosów co w ciągu ostatniej godziny, bo nie mam co zrobić z rękami, a wiem, że jestem obserwowana. I jak mam się dobrze czuć?! – zakończyłam tyradę z uśmiechem.

Znowu się roześmiał. Nie chciałam, żeby wziął mnie za naiwną, rozżaloną idiotkę, więc obróciłam to w żart.

– Ale nie jest tak źle, gdy się ma alkohol w szklaneczce i gwieździste niebo nad sobą. – Puściłam oczko. Po chwili zapytałam: – Może mi pan powiedzieć, dlaczego pan również jest niepoprawnie ubrany?

– Bo jestem czarną owcą i lubię łamać konwenanse.

– Dlaczego jest pan czarną owcą?

– Bo nie lubię zarabiać pieniędzy, a w rodzinie o żydowskich korzeniach to śmiertelny grzech.

– To co pan lubi robić?

– Lubię pisać, ale mi to nie wychodzi.

– Co pan pisze? Wiersze, powieści, reportaże?

– Scenariusze filmowe. Chcę napisać dobrą powieść, ale na razie każda ląduje w koszu. – Spojrzał na mnie. – A pani lubi książki?

– Tak, nawet bardzo. Ale rozczaruję pana swoim gustem. Ostatnio nie mam ochoty na ambitną literaturę. Kiedyś na studiach udawałam oczytaną intelektualistkę i czytałam Tennessee Williamsa, Steinbecka, Faulknera, Caldwella, nawet przebrnęłam przez *„Ulissesa"* Jamesa Joyce'a, ale ostatnio szukam przede wszystkim rozrywki.

– To co pani czyta do poduszki? Norę Roberts czy Danielle Steel?

– Do poduszki biorę ustawy podatkowe, zastępują proszki nasenne. Od razu zasypiam.

Roześmiał się.

– Co pani robi? Jest pani prawnikiem?

– Nie. Jestem księgową. U nas system podatkowy jest bardzo skomplikowany. Tak jak u was każdy Amerykanin potrzebuje prawnika, tak u nas prawie każdy Polak potrzebuje księgowego.

– Pracuje pani w korporacji?

– Nie, u siebie. Mam biuro rachunkowe. Ale proszę mi wyjaśnić, skąd zna pan rosyjski?

– Mój ojciec i matka są z pochodzenia Rosjanami. Rozmawiała pani z nim dzisiaj. Mój brat jest narzeczonym Kate. W dzieciństwie w naszym domu mówiło się po rosyjsku, ale potem szkoła, koledzy... sama pani rozumie. – Przerwał na chwilę. – Może zatańczymy?

– Chętnie.

Bardzo dobrze tańczył, prowadził pewnie, nie depcząc mi po nogach. W tańcu dalej rozmawialiśmy, czując spojrzenia wszystkich gości.

– Czuję się okropnie. Wszyscy się na nas gapią – mruknęłam.

– Jest pani najbardziej pożądaną kobietą dzisiejszego wieczoru.

– Co? Proszę nie żartować.

– Kilku z obecnych tu mężczyzn ma dużą ochotę przyprawić rogi Bobowi – powiedział, uważnie mnie obserwując.

Roześmiałam się.

– Teraz panu wierzę. W tym towarzystwie Robert też narozrabiał?

– Bob nie lubi tego typu ludzi, którzy tu przeważają. A jak najłatwiej ośmieszyć mężczyznę? Przyprawiając mu rogi! Bob, podobno, w dwóch sprawach jest naprawdę dobry: przy stole operacyjnym i w łóżku. Kobiety mają słabość do niego, mężczyźni mu zazdroszczą. Większość z nich to bardzo bogaci ludzie. Wielu rozprawiłoby się chętnie z pani mężem, ale się boją, bo Bob ma wielu wpływowych przyjaciół – objaśniał mi Nick.

– Kim jest ta anorektyczka w czarnej sukni? Ekskochanką Roberta? Bardzo krzywo na mnie patrzy – spytałam.

– To moja siostra Susan – uśmiechnął się, widząc moją minę.

– Czy pan również ma ochotę przyprawić rogi mojemu mężowi? Też panu uwiódł dziewczynę?

– W pewnym sensie tak... Betty była moją dziewczyną – uśmiechnął się znowu. Ma coś z Roberta, pomyślałam. – Owszem, ja też miał-

274

bym ochotę przyprawić Bobowi rogi, ale nie z powodu Betty. Pani jest przyczyną. Jest pani piękna.

Zaśmiałam się. Nie wiedziałam, jak mam się zachować, co powiedzieć, żeby nie wyjść na idiotkę. Na szczęście skończyła się piosenka i zeszliśmy z parkietu.

Za plecami Nicka ujrzałam Roberta. Widząc jego minę, psychicznie przygotowałam się na awanturę. Nick również wyprostował się i spojrzał za siebie. Coś do siebie powiedzieli po angielsku. Trudno było wyczytać z ich twarzy, jak przebiegła ta rozmowa. Po chwili mój mąż wziął mnie za rękę i poprowadził z powrotem na parkiet. Odwróciłam się do Nicka.

– Dziękuję za miłe towarzystwo – uśmiechnęłam się przepraszająco.

Robert, nie mówiąc ani słowa, objął mnie. Zaczęliśmy tańczyć. Cały czas milczał, dopiero ja pierwsza się odezwałam.

– Co tak długo cię nie było?

– Nie mogłem wyrwać się wcześniej. Ale widzę, że dobrze się bawiłaś – mruknął.

– Bardzo sympatyczny człowiek, ten Nick.

– Aha – zabrzmiało to dwuznacznie. – Idziemy do domu.

– Dlaczego tak szybko? – zdziwiłam się.

– Przecież chciałaś stąd wyjść jak najszybciej – burknął.

Nie kłóciłam się, grzecznie szłam obok męża, kiedy schodziliśmy z parkietu.

– Nie musimy pożegnać się z gospodarzami?

– Nie.

Wsiedliśmy do samochodu. Całą drogę przebyliśmy w milczeniu. Bez słowa weszliśmy do domu. Mój małżonek nadal był wściekły.

– O co ci chodzi? – zapytałam.

– Nie wiesz? Bałaś się, że mnie skompromitujesz i co? Właśnie to zrobiłaś! Ośmieszyłaś mnie! – warknął.

– Czym? – Wystraszyłam się, że wszyscy widzieli moje majtory, kiedy tańczyłam rock and rolla.

– Na oczach wszystkich flirtujesz z moim największym wrogiem! Wiesz, dlaczego się tobą zainteresował? Bo szuka rewanżu za Betty. Odbiłem mu ją.

– Wiem, mówił mi. On wcale nie uważa ciebie za swojego wroga.

Robert zaśmiał się ironicznie.

– Nie zrobiłam nic złego. Tylko ze sobą rozmawialiśmy – tłumaczyłam się.

– Obłapiał cię w tańcu, coś ci szeptał do ucha, a ty byłaś w siódmym niebie! Jeszcze trochę i poszłabyś z nim w krzaki!

– Wątpię! – uśmiechnęłam się na myśl o moich dzisiejszych majtkach modelujących figurę.

– Co ci tak wesoło?

– Nie chcę się kłócić, idę do łazienki. – Widząc, że mój małżonek wlewa sobie prawie ćwierć butelki whisky do szklanki, powiedziałam: – Czy trochę nie przesadzasz? Schlejesz się, jak to wypijesz.

– Guzik cię to obchodzi – warknął.

Wzruszyłam ramionami i poszłam do łazienki. Ściągnęłam swoje kompromitujące *dessous*.

Weszłam do pokoju Krzysia i zamknęłam drzwi na klucz. Po chwili usłyszałam Roberta pod drzwiami.

– Otwórz te drzwi, do cholery! Słyszysz! Bo je rozwalę!

Dobijał się coraz głośniej. Nie zwracałam na to uwagi, nie reagowałam na krzyki.

– Otwieraj natychmiast! Myślisz, że sobie z nimi nie poradzę?!

Walił w drzwi, aż wyłamał zamek. Zobaczyłam nad sobą jego twarz, wykrzywioną z wściekłości.

– Jesteś moją żoną, do jasnej cholery! Dość z tymi wygłupami! – mówiąc to, zaczął ściągać ze mnie koszulę nocną.

– Zostaw mnie, wyjdź stąd! Nie chcę cię! Nie mam ochoty na seks z tobą! Co, znów mnie zgwałcisz?!

– Odkąd jesteś moją żoną, to już nie gwałt, tylko powinność małżeńska! – wrzeszczał. Widać było, że jest pijany.

Szamotaliśmy się. Biłam go po twarzy, po torsie, wszędzie gdzie popadło. O dziwo, nie oddał. Obezwładnił mnie.

– Puszczaj, to boli! – wrzeszczałam.

– Mnie też boli, jak mnie traktujesz!

Był silniejszy ode mnie, wszedł we mnie bez przygotowania. Tym razem będzie inaczej niż poprzednio. To będzie gwałt. Zaczęłam liczyć na głos.

– Raz, dwa, trzy, cztery... dwadzieścia pięć, dwadzieścia sześć...

– Przestań, do cholery! – wysapał.

– Dwadzieścia dziewięć, trzydzieści, trzydzieści jeden...

Doliczyłam do dziewięćdziesięciu dziewięciu, kiedy mój małżonek się poddał. Moje liczenie było widać mało podniecające – zrezygnował z powinności małżeńskich. Wściekły wstał z łóżka.

– Kurwa! Ożeniłem się z wariatką!

Wyszedł, trzaskając drzwiami. Odetchnęłam głęboko. No! Tym razem to ja zwyciężyłam!

Zadowolona z siebie, uśmiechnęłam się do swoich myśli. Reasumując – był to udany wieczór.

Wstałam o dziesiątej, z sypialni dochodziły odgłosy chrapania. Zeszłam na dół zrobić sobie śniadanie. Ugryzłam zaledwie kilka kęsów, zrobiło mi się niedobrze. Znowu przesadziłam z alkoholem, pomyślałam.

Po chwili z góry zszedł Robert. Nie patrząc na mnie, otworzył lodówkę i wyjął karton kefiru. Przelał go do szklanki i wrócił do sypialni. Usłyszałam, jak rozmawia przez telefon. Wyszłam na taras. Był już początek września, ale słońce jeszcze mocno grzało.

Nie chciało mi się ubierać, leniuchowałam w fotelu ubrana w szlafrok, ale w makijażu. Z zamyślenia wyrwał mnie dzwonek do drzwi. W pierwszej chwili pomyślałam, że Marek przywiózł Krzysia, jednak to ślusarz przyjechał naprawić zamek w drzwiach. No tak, lepiej, żeby dziecko nie widziało wyłamanego zamka, tatuś musi dbać o pozory, przeleciało mi przez myśl.

Po wyjściu ślusarza w końcu poszłam się ubrać. Ani ja, ani Robert nadal nie mieliśmy ochoty na rozmowę.

Po południu przyjechał Marek z rodziną i naszym synem. Publiczność przybyła – czas zacząć grać farsę! Oboje przywitaliśmy ich wylewnie. Zrobiłam kawę i podałam ciasto upieczone przez gosposię.

– Opowiadajcie, jak było? – zapytała Magda.

– Okazało się, że to było przyjęcie zaręczynowe Kate z Paulem Fisherem. Oczywiście Harry nic nam wcześniej nie powiedział. Wszyscy byli ubrani wieczorowo, oprócz nas i brata narzeczonego – powiedziałam.

– Jak to przeżyłaś? To musiał być dla ciebie horror? – dopytywała się Magda.

– Wcale nie, było całkiem przyjemnie. Dobrze się bawiłam dzięki przystojnemu panu, który znał rosyjski, całe szczęście gorzej ode mnie. Po rozmowie z nim bardzo bolały mnie ręce, ale za to dowiedziałam się dużo ciekawych rzeczy. Wcześniej przez godzinę siedziałam sama jak kretynka na ławce pod drzewem, bo mój małżonek zostawił mnie na pastwę losu i gości. Całe szczęście Nick Fisher wybawił mnie z tej niezręcznej sytuacji. Ale oczywiście nie spodobało się to mojemu drogiemu mężowi. Znacie może Nicka?

– Ze słyszenia. Eksfacet Betty? – odparła Magda. – Widziałam go na jej pogrzebie. Bardzo przystojny, prawie jak twój mąż.

– I do tego bardzo sympatyczny – dodałam.

Robert nic nie mówił, tylko pił piwo.

– Podpisałeś z nimi tę umowę? – zaciekawił się Marek.

– Jeszcze nie. Moi prawnicy muszą dokładnie ją przejrzeć. Jest ustalone, że sprzedam im część udziałów, ale będę musiał przyjeżdżać tu raz w miesiącu i wykonywać trochę zabiegów. Harry'emu potrzebny jest dobry chirurg. – Po chwili zmienił temat. – Jak sprawował się Krzyś? Co robiliście?

Zostawiłam towarzystwo na tarasie i poszłam do kuchni po sałatki i wędlinę. Kiedy wróciłam, nie było nikogo. Magda karmiła małego w sypialni na piętrze, z gabinetu Roberta dochodziły odgłosy rozmowy. Przyłożyłam ucho do drzwi.

– To dlatego dzisiaj jesteś taki markotny? – Usłyszałam głos Marka. – Pokłóciliście się? Jest zazdrosna o ciebie?

– Nie. To ja jestem zazdrosny. – Po chwili wybuchnął: – Nie poznaję samego siebie! Ta kobieta wyzwala we mnie najgorsze instynkty. Jestem sam sobą przerażony! Nigdy nie byłem zazdrosny. O żadną kobietę! Teraz wystarczy, jak zobaczę, że ona z kimś rozmawia. Od razu dostaję białej gorączki. Nigdy nie byłem brutalny w stosunku do kobiet, teraz stosuję przemoc...

– Co?! Bijesz ją?

– Na szczęście jeszcze nie, chociaż nieraz mam wielką ochotę sprawić jej lanie. Ale... biorę ją siłą... gwałcę... Dwa razy tak było. Ostatnio wczoraj...

– Przecież mówiłeś, że lubi się z tobą kochać? – W głosie Marka słychać było zdziwienie.

– Bo lubi... Ale odkąd Krzyś wrócił ze szpitala, Renata gra przykładną mamuśkę. Nie uprawialiśmy seksu od tygodnia. Wczoraj po prostu nie wytrzymałem...

– Daj jej czas. Obydwoje kochacie syna. Bardzo przeżyła ten wypadek, nie mówiąc o tym, że pewnie się obawia, czy Krzyś was przypadkiem znowu nie zobaczy – zauważył Marek.

– Ale jest moją żoną, do cholery! Przecież nie spotykamy się ukradkiem! Krzyś już wydobrzał, w końcu musi się pogodzić z faktami.

– Co racja, to racja – przyznał Marek.

– Chyba przez nią oszaleję! – Robert westchnął głośno. – Mam jakąś obsesję na jej punkcie. Wczoraj, jak tańczyła z młodszym Fisherem... jak ją obejmował... Z trudem się opanowałem, żeby nie dać mu w zęby. Kiedy się do niego uśmiechała, to nagle poczułem taką zazdrość... byłem taki wściekły na nią... i jeszcze potem zamknęła się w pokoju, jakbym wzbudzał w niej odrazę! I wtedy wziąłem ją siłą... – znów westchnął. – To przecież chore! Sam widzisz, że to nienormalne... Muszę iść na jakąś terapię. Znasz jakiegoś dobrego psychiatrę? Najlepiej, żeby był spoza Bostonu.

– Zamiast wydawać forsę na psychiatrę, zrób jej dziecko. Jak przytyje z dziesięć kilo i zacznie paradować w domu w rozciągniętych portkach i w wałkach na głowie, od razu minie ci obsesja. Wiem co mówię, jestem jedenaście lat żonaty. Pamiętasz, jak moja Magda wyglądała przed ślubem? A jak wygląda teraz! Zamiast wyrzucać forsę na terapeutów, lepiej zacznij oszczędzać na viagrę. Jak widzę Magdę w łóżku w wałkach, to mój „mały" chowa mi się jak ślimakowi rogi – zaśmiał się Marek.

Stojąc z uchem przy drzwiach, poczułam, że drętwieje mi szyja. Muszę zapamiętać: mało jeść i precz z wałkami. Swoją drogą, straszny gaduła z tego mojego męża! Czy musiał wszystko wypaplać Markowi?! Postanowiłam przerwać jego utyskiwania.

– Halo, gdzie jesteście? – zawołałam. – Sałatki na stole.

Goście opuścili nas przed dziesiątą. Przygotowałam łóżka dla siebie i Krzysia. Po wizycie w łazience wróciłam do pokoju syna. Po drodze natknęłam się na Roberta. Spojrzał na mnie wrogo, widząc, że znów zamierzam spędzić noc poza sypialnią. Ja też miałam już dość spania na wąskim fotelu. Poza tym stęskniłam się za mężem. Prawie zasypiałam, kiedy usłyszałam głos syna.

– Mamo, coś ci powiem – powiedział konspiracyjnie. – Dag mnie pocałowała. Uczyła mnie całować tak jak robią to dorośli. Chciała mi wsadzić język do buzi.

– I co?

– Nie pozwoliłem jej! Fee!

Z trudem się opanowałam, żeby nie wybuchnąć śmiechem.

– Czy faktycznie tak całują się dorośli? – zapytał po chwili.

– Niektórzy tak.

– Ale to przecież bardzo niehigieniczne! Można zarazić się jakąś chorobą!

– Dorośli robią dużo głupich rzeczy, na przykład piją alkohol, palą papierosy, to też jest szkodliwe.

– No... tak – Krzyś zadumał się nad nieroztropnością dorosłych.

Bałam się dalszych pytań dotyczących seksu. Zmiana pieluch czy nieprzespane noce to pestka w porównaniu z uświadamianiem dorastającego dziecka! Miałam cichą nadzieję, że to zadanie spadnie na mojego męża.

– Dag powiedziała, że się ze mną ożeni – Krzyś kontynuował miłosne zwierzenia.

– To raczej nie jest możliwe.

– Dlaczego? – zaniepokoił się.

– Nie możesz zostać jej żoną. Mężczyzna się żeni, a kobieta wychodzi za mąż.

– Mamo, ty znowu czepiasz się szczegółów! – czuć było jednak ulgę, kiedy to mówił. – Jeszcze nie wiem, jak to z nią będzie, ale lubię ją. Wiesz, co powiedziała? Że jestem przystojny. Powiedziała też, że jestem inteligentny, ale ponury. Naprawdę jestem ponury?

– Ostatnio tak. Cały czas chodzisz nadąsany.

– To przez niego! Nie lubię, jak mi ktoś mówi, że jestem do niego podobny. Dag też tak mówi... Ona również zostanie lekarzem, jak ja. Szkoda, że nie mieszka w Krakowie.

Rano nie zastałam Roberta, wyszedł już z domu. Nadal niezbyt dobrze się czułam. Zadzwoniłam do Magdy, żeby poszła ze mną do apteki – sama nie potrafiłabym wyjaśnić, o co mi chodzi. Godzinę po moim powrocie zdziwiłam się, gdy w naszych drzwiach zobaczyłam Nicka.

– Roberta nie ma w domu. Jest w klinice – przywitałam go niezbyt zadowolona.

– Nie przyszedłem do niego, tylko do ciebie – odparł, uśmiechając się.

– Noo... nie wiem... – bąknęłam.

– Nie wpuścisz mnie?

Zaprosiłam go na taras, na kawę. Przyszedł Krzyś i zaczęła się dziwna rozmowa. Mój syn rozmawiał z nim po angielsku, ja po rosyjsku, do Krzysia zaś mówiłam po polsku.

Po dwóch godzinach Krzyś, znudzony towarzystwem, poszedł do swojego pokoju. Miałam nadzieję, że i Nick w końcu się pożegna. On jednak rozsiadł się w najlepsze, delektując się ciasteczkami przyniesionymi przez gosposię.

– Twój mąż jest o ciebie bardzo zazdrosny – powiedział odkrywczo.

– To nie zazdrość, raczej zaborczość. Zazdrość występuje wtedy, gdy są do niej jakieś podstawy, a u nas ich nie ma – odparłam.

– Rozumiem, że kochasz swojego męża?

– Oczywiście! Która kobieta nie kochałaby Roberta?! – powiedziałam z lekkim uśmiechem.

– Nie wiem, co on takiego w sobie ma, że tak głupiejecie! Nawet Betty była w nim ślepo zakochana. Taka inteligentna dziewczyna!

– Długo byliście ze sobą?

– Znaliśmy się od szkoły średniej, byliśmy szkolną parą. Potem chodziliśmy i zrywaliśmy. Tak było kilka razy. Może byśmy się pobrali, ale zjawił się Robert.

Faktycznie się zjawił. Stał w drzwiach i przysłuchiwał się naszej rozmowie. Powiedział coś Nickowi szorstko po angielsku, odwrócił się na pięcie i zostawił nas samych na tarasie.

– Wiesz co, Nick? Idź już sobie – powiedziałam, wzdychając. Odprowadziłam go do drzwi. Rozejrzałam się za Robertem, ale nigdzie go nie dostrzegłam, poszłam więc na piętro. Był w sypialni i się przebierał. Zamknęłam drzwi na klucz. Zbliżyłam się do niego i zaczęłam ściągać z niego to, co zdążył włożyć.

– Stęskniłam się za tobą – szepnęłam mu w goły tors.

Po chwili mój mąż był w siódmym niebie.

Nie było nam dane długo rozkoszować się słodkim *tête-à-tête*.

– Mamo, gdzie jesteś? – usłyszałam z dołu głos Krzysia.

– Musimy dziś wcześniej położyć się do łóżka, mamy trochę zaległości do odrobienia – zwróciłam się do męża. – Mam dla ciebie niespodziankę.

Szybko zeszłam do syna. Po chwili dołączył do nas Robert.

– Zabiorę was dzisiaj do parku. Jest tam fajna knajpka, dobrze dają jeść, zjemy w niej kolację.

– Nigdzie nie jadę – odburknął Krzyś.

– Pojedzie z nami Dag. Nie chcesz z nią jechać?

– No... skoro będzie Dag, to ewentualnie mogę jechać – zgodził się łaskawie.

Wstąpiliśmy po Dag, która właśnie wróciła ze szkoły, i w czwórkę pojechaliśmy do parku.

Robert był dla mnie bardzo miły, ciągle mnie obejmował albo trzymał za rękę. Zdarzało się, że znienacka całował mnie w policzek. Krzyś patrzył na nas krzywo, chyba nie za bardzo mu się to podobało. Dag na szczęście szepnęła mu coś do ucha, odwracając od nas jego uwagę.

Park był olbrzymi w porównaniu z krakowskimi. Miałam już dość chodzenia, bolały mnie nogi, chciałam usiąść i odpocząć. Poszliśmy do restauracji, o której mówił Robert. Zaserwowano nam wspaniałe steki, Krzyś zamówił również frytki i colę. Potem dzieci poszły na plac zabaw, a my nareszcie mogliśmy trochę pobyć sami.

– Wiesz, że na przyjęciu niektórzy brali cię za Francuzkę?

– Żartujesz?

– Nie.

– Skąd taki pomysł?

– Cały czas mówiłaś po francusku – uśmiechnął się. – Oprócz tego masz francuski szyk.

Roześmiałam się.

– W duchu modliłam się, żeby nie napatoczył się żaden Francuz. Nigdy nie przypuszczałam, że mogę spotkać tam Rosjanina! Nick mówił...

– Możesz nie wspominać tego dupka? – Robert złowrogo się skrzywił.

– Dobrze, nic już nie powiem.

Z parku wróciliśmy wieczorem. Przygotowałam Krzysiowi łóżko, sobie nie.

– Mamo, widzę, że już nie chcesz ze mną spać?

– Wystarczająco długo tu spałam. Przecież nie jesteś już dzieckiem. – Pocałowałam go na dobranoc i wyszłam z pokoju.

W sypialni Robert leżał już w łóżku i na mnie czekał. Zamknęłam drzwi nogą, bo w rękach niosłam butelkę szampana i dwa kieliszki. Odstawiłam je na stolik nocny i zsunęłam szlafrok. W gorsecie, pończochach i butach na wysokich obcasach podeszłam do łóżka.

– Szampan może poczekać, najpierw muszę zająć się tobą – zamruczałam mojemu mężowi do ucha. – Mamy tyle zaległości...

Kiedy skończyliśmy się kochać, podałam Robertowi butelkę.

– Otwórz. Mnie nalej symbolicznie, mam dość alkoholu na jakiś czas.

– Co to za okazja? – zapytał.

– Koniec postu seksualnego!

Robert otworzył szampana i napełnił kieliszki.

– Za nas. Za nas i za Krzysia – wniósł toast.

– I za to małe, które się urodzi – dodałam. – Jestem w ciąży... Ostrzegam cię: jeśli się spytasz, czy to twoje dziecko, to koniec z seksem aż do porodu!

Zaniemówił. Zachowywał się, jakby dostał obuchem.

– Co? Martwisz się nieprzespanymi nocami i zafajdanymi pieluchami w niedalekiej przyszłości? Trzymam cię za słowo, teraz na ciebie przyszła kolej niańczenia.

– Ale jak to się stało? Przecież zażywałaś tabletki! – Nadal do niego nie docierało, że znowu będzie tatusiem.

– Nie cieszysz się? – Nagle zrobiło mi się smutno.

Dopiero teraz do niego dotarło.

– Ależ bardzo się cieszę! Tylko jestem trochę oszołomiony. – Przygarnął mnie i uśmiechnął się. – Prawdę mówiąc, planowałem to za kilka miesięcy, aż się nacieszymy sobą... ale jeśli się trochę pospieszyliśmy, to trudno. Nie jesteśmy przecież tacy młodzi. No i może nie będę musiał iść do psychiatry. – uśmiechnął się lekko.

– Co ma wspólnego ciąża z psychiatrą? – Udawałam, że nie wiem, o co chodzi.

– Nic. Tak tylko mi się powiedziało. Kiedy to się mogło stać?

– Prawdopodobnie wtedy, kiedy mnie zgwałciłeś. Będzie to dziecko gwałtu.

Rano, kiedy się obudziłam, Roberta już nie było w łóżku. Słysząc, że wstałam, zaraz zjawił się w sypialni.

– Nie mogłem spać z wrażenia, dlatego wstałem i zrobiłem śniadanie. Zjemy i jedziemy do ginekologa – zapowiedział.

Tak też zrobiliśmy. Krzysia zawieźliśmy do Magdy.

Ginekolog potwierdził – byłam w drugim miesiącu ciąży. Mój mąż uścisnął zdziwionego lekarza, mnie zaś wziął na ręce i nie zważając na ludzi, zaczął całować... tak jak całują dorośli.

W samochodzie cały czas był bardzo pobudzony, nie mógł spokojnie usiedzieć za kierownicą.

– Uważaj, jak prowadzisz! Nie pozabijaj nas.

– Kiedy powiemy Krzysiowi? – zapytał.

– Dzisiaj przy obiedzie.

Wracając, wstąpiliśmy po syna. Nie chciał z nami jechać, bo akurat przyszła ze szkoły Dag. Byłam nieubłagana – zarządziłam powrót do domu. Z pewnym ociąganiem wsiadł do samochodu.

Tego dnia Robert nie poszedł do kliniki. Pomagał mi w kuchni przy obiedzie, obrał ziemniaki, zrobił surówkę. Usmażyłam kotlety schabowe, bo Krzyś miał na nie ochotę.

Przy stole prowadziłam z Robertem rozmowę o bzdurach, żeby nie było krępującej ciszy. Krzyś zdawkowo odpowiadał na moje pytania. Kończyliśmy już jeść, kiedy poruszyłam temat ciąży.

– Krzysiu, chcemy ci z tatą o czymś powiedzieć. Za kilka miesięcy będziesz miał siostrzyczkę lub braciszka. Jestem w ciąży! – zakomunikowałam radośnie.

Mały spojrzał na mnie, potem na Roberta. Na moment zamurowało go, czegoś takiego prawdopodobnie się nie spodziewał.

– Mamo, czyje to dziecko? Andrzeja czy jego? – zapytał nasz uroczy synek. – Z Andrzejem przecież też spałaś.

Zrobiło mi się przykro. Wiedziałam, że zrobił to celowo, żeby zepsuć nam humor. Robert gwałtownie wstał.

– Posłuchaj, rozwydrzony gówniarzu! Zabraniam ci w ten sposób odzywać się do matki! Przez palce patrzyłem na twoje chamskie zachowanie w stosunku do mnie, bo w jakimś stopniu czułem się winny, ale nie pozwolę, żebyś tak traktował swoją matkę, nie zasłużyła na to. A jak nie posłuchasz, to ci takie manto spuszczę, że ruski rok popamiętasz! Zrozumiano?! – Robert był aż czerwony ze złości. Bałam się, że uderzy Krzysia.

Nasz syn był spokojny. Wydawało się, że spłynęło to po nim jak woda po kaczce.

– Zrozumiałem – powiedział. Zawahał się. – Przepraszam cię, mamo i ciebie też... tato.

Zgłupieliśmy. Robert aż usiadł z wrażenia. Cała złość momentalnie mu przeszła.

– Tato, moglibyśmy dziś na kolację zjeść pizzę? – zapytał Krzyś.

– Tak, oczywiście. Zabiorę was do prawdziwej włoskiej pizzerii – odpowiedział nadal zszokowany Robert.

Ten dzień zmienił diametralnie relacje miedzy Krzysiem a Robertem. Z każdym dniem ojciec i syn coraz bardziej zbliżali się do siebie. W krótkim czasie Robert stał się dla naszego syna najważniejszą osobą w jego życiu – oprócz mnie oczywiście. Więź między mną a Krzysiem była wyjątkowa i nigdy nic ani nikt tego nie zmieni.

Robert był teraz dla Krzysia wzorem do naśladowania, autorytetem prawie we wszystkim, przyjacielem i kolegą. Początkowo byłam trochę zazdrosna, że Krzyś teraz nie mnie, tylko ojcu zwierza się ze swych problemów, ale szybko się z tym pogodziłam.

We wszystkich prymitywnych plemionach syn jest wychowywany najpierw przez matkę, by później przejść pod skrzydła ojca. U nas było tak samo. Stwierdziłam, że Robert pojawił się na naszej drodze w momencie, gdy zaczął być Krzysiowi najbardziej potrzebny. Mój mąż jest typem silnego, przebojowego mężczyzny, który potrafi pazurami znaleźć sobie miejsce w pierwszym szeregu. Zna zasady, jakimi kieruje się nasza cywilizacyjna dżungla – mnie tego zawsze brakowało. W tym bezwzględnym świecie wrażliwość i uczuciowość mojego syna robiła go bezbronnym, narażając na porażkę. Robert miał za zadanie ubrać go w pancerz ochronny, przygotować do życia w betonowym świecie.

Podczas naszego pobytu w Bostonie wydarzył się jeszcze jeden ważny dla naszej rodziny incydent.

Kilka dni przed powrotem do Polski zjawiła się w domu Roberta jego matka. Akurat się pakowaliśmy, kiedy zadzwonił dzwonek. Poszłam otworzyć i w drzwiach ujrzałam moją teściową.

Wcześniej nigdy dobrze jej się nie przyglądałam, teraz miałam okazję. Patrząc na nią, przypomniałam sobie, że mam włosy w nieładzie, niedokładny makijaż i spódnicę z ciucholandu. A ona była tak perfekcyjnie doskonała! Wszystko miała piękne: twarz, figurę, fryzurę, ubranie. Prezentowała się wspaniale! Tak powinna wyglądać żona mojego męża, pomyślałam.

Robert, żeniąc się ze mną, popełnił mezalians pod wieloma względami, przede wszystkim w kwestii urody. Mając taką piękną matkę, powinien mieć równie piękną żonę. Starsza pani Orłowska wyglądała na młodszą ode mnie! Była piękną, wysoką, brunetką o figurze młodej dziewczyny. Była również ubrana jak młoda dziewczyna: w skórzany jasnobrązowy kostium o sportowym kroju i buty na wysokich obcasach. Ta kobieta skończyła sześćdziesiąt lat! Jak ona to robi, że tak młodo wygląda? Nie miała żadnych zmarszczek! Musiała przejść operację plastyczną, stwierdziłam. Jedynie szyja zdradzała, że nie jest dwudziestolatką, ale wszystko inne było super. Najpiękniejsze miała oczy: mojego męża i syna.

– Dzień dobry. Chciałam porozmawiać z moim synem – powiedziała, obrzucając mnie uważnym spojrzeniem.

– Robert, masz gościa! – zawołałam.

– Już schodzę. Malutka, nie widziałaś gdzieś mojej brązowej mary-narki? Nie mogę jej znaleźć – zapytał, schodząc ze schodów.

Widząc matkę, zatrzymał się. Na jego twarzy zobaczyłam zasko-czenie i... coś jeszcze. Usta wykrzywił w grymasie niezadowolenia.

– Cześć, mamo. Chodźmy do mojego gabinetu – powiedział oschle.

Ciekawość wzięła górę nad dobrym wychowaniem, musiałam dowie-dzieć się, o czym rozmawiają. Bezszelestnie przystawiłam ucho do drzwi. Robiłam to nie po raz pierwszy, miałam wprawę.

– Co się dzieje? Dlaczego nie odbierasz ode mnie telefonów? Spe-cjalnie wcześniej wróciłam z Sydney, zostawiłam tam samą Romę, żeby dowiedzieć się, co ty wyprawiasz.

– Dlaczego mi nie powiedziałaś?! – zapytał ostro Robert.

– O czym? – udawała zdziwioną.

– Przestań grać!

– Nie rozumiem, o czym mówisz.

– Dobrze wiesz, o czym mówię! O moim synu! – Robert był coraz bardziej zdenerwowany.

– O jakim synu?

– Kurwa! Mów do cholery! – krzyknął.

Przez chwilę Orłowska nic nie odpowiadała, potem zmieniła ton.

– Skąd mogłam wiedzieć, że to twoje dziecko? Nigdy nie przypusz-czałam, że możesz mieć coś wspólnego z taką dziewczyną.

– To znaczy z jaką dziewczyną? – głos Roberta zabrzmiał złowrogo.

– No... tak nieciekawą – odpowiedziała z wahaniem moja te-ściowa.

– Może to ja będę decydował, która kobieta jest dla mnie cieka-wa, a która nie? Nie sądzisz? Dlaczego nie oddałaś mi listu, który mi zostawiła?

– Tam nic nie było, tylko numer telefonu i dwa zdania... Żebyś za-dzwonił.

– Listy do mnie też czytasz?

– Zaczynałeś nowe życie. Miałeś taką piękną przyszłość przed sobą, a dziecko byłoby w pewnym stopniu... skazą. Zresztą nie wiedziałam, czy to twoje dziecko, wiele kobiet chce złapać mężczyznę w ten właśnie sposób.

– Nie wiedziałaś, czyje to dziecko? Widziałaś Krzysia, jest identyczny jak ja, kiedy byłem mały – zauważył z ironią Robert.

– Ale wtedy byłeś taki szczęśliwy z Betty! A potem ten wypadek... nie chciałam sprawiać ci nowych problemów... Ona nie pasuje do ciebie. Zasługujesz na kogoś lepszego. Wcześniej czy później, znudzisz się nią.

Musiałam skończyć podsłuchiwanie, gdyż zjawił się mój syn.

– Co robisz, mamo? Daj mi pić.

Weszliśmy do kuchni. Nie zdążyłam nalać Krzysiowi soku do szklanki, kiedy drzwi gabinetu otworzyły się i wybiegła z nich matka Roberta. Zdziwiona, poszłam do gabinetu.

Robert siedział za biurkiem i patrzył tępo przed siebie.

– Co się stało? Dlaczego twoja mama tak szybko poszła?

– Malutka, proszę cię, nie rozmawiajmy o niej. – Po chwili dodał: – Jeśli chcesz, żeby między nami było dobrze, to nigdy więcej nie poruszaj tematu mojej matki. Gdyby kiedyś chciała się ze mną spotkać, to nie ma mnie dla niej.

Nie chciałam go denerwować, dlatego więcej o nic nie pytałam, tylko poszłam do Krzysia. Wieczorem jednak, kiedy leżeliśmy przytuleni, wróciłam do tematu.

– Popełniłeś mezalians, żeniąc się ze mną. Powinieneś mieć żonę taką, jak twoja matka – szepnęłam.

Robert spojrzał na mnie i uśmiechnął się.

– Broń Boże! Mieliśmy o niej nie rozmawiać.

– Taką piękną. Jesteś dla mnie za przystojny.

Roześmiał się.

– Uroda to nie wszystko. Rzadko kiedy pięknej buzi towarzyszy piękna dusza. Dla mnie jesteś najpiękniejszą kobietą na świecie – powiedział, przytulił mnie do siebie i pocałował.

– Może twoja matka ma rację i wcześniej czy później znudzisz się mną?

– Podsłuchiwałaś! – zauważył z wyrzutem. – Czy wszystkie kobiety są takie wścibskie?

– Nie słyszałam wszystkiego, Krzyś mi przeszkodził... Będziesz mnie zdradzał? – zapytałam idiotycznie.

– Jeśli będziesz zawsze tak cudowną kochanką jak dotychczas, nie będę musiał cię zdradzać.– uśmiechnął się łobuzersko – À propos: dawno się nie kochaliśmy, już minęło chyba pół godziny...

Nigdy więcej nie spotkałam matki Roberta. Dzwoniła do niego, pisała, ale on nie reagował – nie odbierał telefonów, odsyłał listy z powrotem. Marek kilkakrotnie próbował nakłonić go do pojednania, ale widząc wściekłość Roberta, w końcu zrezygnował. Wiem, że nie polubiłabym swojej teściowej, ale to była matka mojego męża i babcia moich dzieci, dlatego nie podobało mi jego zachowanie. Wiedziałam, że mój mąż bardzo kocha swoją matkę, dlatego tym bardziej niezrozumiały był dla mnie jego upór.

On. Wrzesień 2000

Byliśmy już ponad miesiąc w Bostonie. Wszystko dobrze się skończyło, Krzyś był zdrowy. Patrząc na niego, trudno było uwierzyć, że tak
mało brakowało, a stracilibyśmy go. Wrócił do formy, znów był tym
samym wspaniałym, szczęśliwym dzieckiem, którym był dwa miesiące
temu. Wybaczył mi, na nowo staliśmy się dobrymi kumplami.
　　Renata i Krzyś dużo zmienili w moim życiu. Dopiero teraz zrozumiałem, czym jest samotność. Wcześniej, obarczony pracą i narzu-
conymi sobie nadprogramowymi obowiązkami, nie miałem czasu
być samotnym. Gdy było mi źle, odwiedzałem Marka. Po śmierci ojca
oraz jednej i drugiej babci to Marek, Magda i Dag byli moją rodziną.
I mama... Na razie temat matki musiałem schować głęboko do pudełka i zamknąć w szafie. Nie mogłem o niej mówić ani myśleć, to za
bardzo bolało.
　　Od czasu, kiedy Renata z Krzysiem wkroczyli w moje życie, było
mi tak dobrze jak w latach licealnej młodości, kiedy to w naszym
domu na Woli całą rodziną zasiadaliśmy do stołu, żeby zjeść kolację. Teraz znowu miałem rodzinę. Tamtej już przy mnie nie było, ale
miałem żonę, syna i małe „orlątko", które za kilka miesięcy przyjdzie
na świat. Klinika i pacjenci zeszli na drugi plan. Wcześniej z radością
wsiadałem w samochód i jechałem do pracy, teraz robiłem to z mniej-
szym zapałem. Czas spędzony z dala od Renaty i Krzysia był dla mnie
stracony. Liczyłem godziny, potem minuty, żeby wrócić do domu, do
nich.
　　Ostatnie tygodnie w Bostonie to jeden z najlepszych okresów
w moim życiu. Po chwilowych, małych małżeńskich starciach, które
jak papier ścierny wypolerowały nasze wzajemne relacje, staliśmy się
idealnie pasującymi do siebie przysłowiowymi dwiema połówkami
jabłka. Ciąża żony była dodatkowym bonusem, który dostałem od
losu. Czasami w nocy, nagle ogarniał mnie strach... Obawa, że szczęście w zbyt dużej dawce może zdenerwować Fortunę, a ta znowu obda-

rzy mnie mocnym kopniakiem w tyłek. Póki co, Kapryśna Pani nadal uśmiechała się do mnie.

Pewnego dnia nieoczekiwanie odwiedziła mnie Kate. Zdziwiłem się. Stała w drzwiach obładowana pakunkami, cała w skowronkach.

– Przejeżdżałam obok i postanowiłam wpaść do was na kawę. Masz tu ciastka, kupiłam po drodze – powiedziała, podając mi jeden z pakunków. – Gdzie Krzyś i Renata?

– U Magdy. Niedługo wyjeżdżamy. Niech się jeszcze sobą nacieszą.

– Mam dla nich małe upominki. – Wręczyła mi dwa ładnie zapakowane pudełka.

– Dziękuję w ich imieniu.

Zrobiłem kawę, wyłożyłem ciastka na paterę, a z barku wyjąłem czerwone wino i kieliszki.

– Z drinkami dam sobie spokój, ostatnio zbyt dużo ich było, ale mam ochotę na lampkę wina. Napijesz się? – zaproponowałem.

– Z przyjemnością. – Kate rozglądała się po domu z zaciekawieniem. – Dawno tutaj nie byłam. Zmieniło się. Pamiętasz nasze nocne rozmowy po śmierci Betty? Lubiłam tu przychodzić. Lubiłam z tobą rozmawiać...

– Ja też lubiłem te spotkania. – Po chwili dodałem: – Zaskoczyłaś mnie swoimi zaręczynami.

– A ty mnie swoim ślubem.

Przyjrzałam się Kate. Nic się nie zmieniła. Nadal miała krótkie blond włosy ścięte po męsku i zero makijażu. Jej jedyną biżuterią był pierścionek zaręczynowy i zegarek. W eleganckim damskim garniturze przypominała chłopca, który dla hecy założył biustonosz starszej siostry i wypchał sobie piersi watą. Kate, mimo że nie była brzydka, nigdy nie pociągała mnie jako kobieta, nie była w moim typie. Uważam, że po to natura obdarzyła nasz gatunek dymorfizmem płciowym, żeby kobieta różniła się od mężczyzny, a nie naśladowała go. Lubię kobiety ubrane w spódniczki, pachnące, umalowane, wyfiokowane dla nas – samców.

– Coś podobnego. Kate zakochana w Paulu Fisherze! – uśmiechnąłem się do niej.

– Kto tu mówi o zakochaniu. Jesteśmy dobrymi kumplami.

– Kumplami? To on ma homociągotki? – zażartowałem.

– Mówię o relacjach między nami, kretynie. Małżeństwo to układ handlowy na wiele lat. Bardziej trwałe są związki oparte na solidnych podstawach takich jak wzajemne zrozumienie, koleżeństwo, szacunek, wspólne interesy...

– Romantyzmu w tobie, Kate, tyle co w krowie na pastwisku. A miłość? Namiętność? – zauważyłem ze śmiechem.

– Miłość to przereklamowany towar. Namiętność mija i pozostaje cała szara reszta. Kochałam się w tobie i nic dobrego z tego nie wynikło. Ty i Betty też byliście dobrymi kumplami. Tak mi się wydawało.

– Nazwałbym to raczej: przyjaciółmi, partnerami.

– A jak jest z twoją żoną? Też jesteście dobrymi przyjaciółmi? Macie wspólne tematy, zainteresowania?

– No cóż, o glejakach czy o kolapsie grawitacyjnym raczej z nią nie pogadam. Ale mam od tego Krzysia. Za to dowiedziałem się dużo o życiu prywatnym Rooseveltów i Kennedych.

– A cóż to takiego ten kolaps? Jakaś nowa aparatura medyczna? Nie znam – zdziwiła się.

Roześmiałem się głośno i napełniłem puste już kieliszki. Kate podeszła do komody. Wzięła do ręki ramkę ze zdjęciem, które zrobił ostatnio Marek. Przedstawiało ono naszą trójkę: Renatę, Krzysia i mnie.

– Bob w otoczeniu nowej rodziny – powiedziała cicho. – Niedawno stało tu zdjęcie Betty.

Odłożyła ramkę na miejsce. Uśmiechnęła się do mnie.

– Przepraszam, zabrzmiało to jak zarzut. Nie o to mi chodziło. – Usiadła na kanapie. – Czy myślisz czasami o Betty?

– Kate, minęło już pięć lat. Życie toczy się dalej.

– Taak... – powiedziała przeciągle. – Życie toczy się dalej. Ale ja ciągle o niej myślę. Codziennie. – Nieoczekiwanie zmieniła temat: – Wiesz, że twoja żona spodobała się mojemu przyszłemu szwagrowi? Nick jest nią zachwycony.

– Tak, zauważyłem – burknąłem. – Co u niego? Kiedy przestanie żyć na koszt starego Fishera?

– Zobaczysz, że kiedyś będzie sławny. Wierzę, że już niedługo odniesie sukces. Ma talent, tylko...

– ...nikt tego nie zauważa oprócz ciebie i kilku nieopierzonych idiotek – zakończyłem za nią. – Przepraszam cię, ale muszę jechać do Marka po Renatę i Krzysia.

Dwa dni później mieliśmy podpisać umowę sprzedaży moich udziałów. Rano pojechałem do kliniki.

W gabinecie Harry'ego byli już wszyscy, nawet Paul i stary Fisher. Siedzieli w fotelach i na mnie czekali. Harry podszedł i podał mi rękę.

– Jesteś już – powiedział niepewnie. – Hmm... Bob, trochę się zmieniło od naszej ostatniej rozmowy. Jest mały problem. Możemy kupić twoje udziały, ale wszystkie albo żadnych – wyrzucił z siebie.

– O co wam chodzi? – zdenerwowałem się. Nie chciałem pozbywać się wszystkich udziałów, nie potrzebowałem aż tylu pieniędzy. Klinika pod zarządem Harry'ego była niezłym interesem.

– Jak sobie to wyobrażasz? Potrzebujemy dobrego neurochirurga na miejscu cały czas, a nie przez parę dni w miesiącu.

– Dlaczego teraz widzisz w tym przeszkodę? Jeszcze niedawno nie miałeś tego typu obiekcji. Kate, to twoja sprawka! – oskarżycielsko spojrzałem na szwagierkę.

– Klinika jest firmą rodzinną. Od czasu, kiedy powtórnie się ożeniłeś, przestałeś należeć do naszej rodziny – powiedziała zimno.

– Małe sprostowanie, nigdy do niej nie należałem. Nawet za życia Betty. Tolerowaliście mnie, nic więcej – wyrzuciłem z siebie. Dodałem twardo: – Cóż, jeśli wy nie chcecie moich udziałów, to sprzedam je komuś innemu. Na przykład Collinsowi. Ostatnio wypytywał mnie o moje plany.

– Nie masz prawa nawet o tym myśleć! – oburzyli się wszyscy. Harry i Kate aż poderwali się ze swoich krzeseł.

– Dlaczego nie? Mogę robić z nimi, co mi się żywnie podoba.

– Ty skurwielu! Ty polski bękarcie! – krzyknęła Kate. – Wkradłeś się podstępem w nasze łaski, zawróciłeś w głowie Betty, a ona głupia dała się nabrać na twoje piękne oczy! Gdyby nie te cholerne przewody hamulcowe, to Betty żyłaby dalej i przekonałaby się, jakie jest z ciebie ziółko! Sama by cię wykopała z naszej rodziny, ty polski śmieciu!

– Skąd wiesz o przewodach? – Moje serce zabiło gwałtownie.

– Nie wiem skąd. Z protokołu policyjnego – zawahała się.

– W protokole nie było nic o przewodach hamulcowych. Detektyw podmienił opinię biegłego. Powiedział mi o tym. – Patrzyłem uważnie na nią, na jej twarz. – Boże, ty to zrobiłaś – cicho szepnąłem.

Spojrzałem na pozostałych. Ich twarze nic nie wyrażały, żadnych emocji.

– Wy wszyscy o tym wiedzieliście... Ona zabiła Betty! Twoją córkę, Harry! I nic nie zrobiłeś?! – Spojrzałem na mojego teścia. – Przepraszam, zrobiłeś! Chciałeś wrobić w morderstwo mnie – roześmiałem się gorzko. – Ale z ciebie skurwysyn, Harry.

– Dowiedziałem się o tym później. Wszystko wskazywało na ciebie. – Harry próbował się tłumaczyć. – Testament spisany dzień wcześniej? Tuż przed śmiercią? Betty była bardzo dobrym kierowcą, bardzo ostrożnym. Nie wierzyłem, że to był wypadek. Dopiero miesiąc po pogrzebie Kate przyznała się do wszystkiego. Chciała iść na policję. Powstrzymałem ją. Co by to dało? Straciłem już jedną córkę, miałem stracić również drugą? Ona nie była wtedy sobą, była tak naćpana, że dopiero na pogrzebie Betty się ocknęła. Dobrze wiesz, jak przeżyła jej śmierć! Kilka razy przechodziła załamanie nerwowe, w czasie, kiedy ty chlałeś. Karą dla niej jest świadomość, że zabiła własną siostrę. Ta myśl nie opuszcza jej nawet na chwilę, codziennie jej towarzyszy i tak będzie do końca jej życia. Tylko ja wiem, jak ciężko jej z tym żyć.

Nadal trudno mi było pogodzić się z tym wszystkim. Betty została zabita przez własną siostrę! Żyłaby, gdyby nie Kate!

Wyszedłem.

– Poczekaj! – zawołał za mną Harry.

– Dajcie mi spokój. Muszę to wszystko przemyśleć.

Renata zdziwiła się moim szybkim powrotem. Nic nie mówiąc, poszedłem do swojego gabinetu. Otworzyłem barek i zrobiłem sobie mocnego drinka.

– Robert, co się dzieje? – moja żona była mocno zaniepokojona.

– Malutka, nie mogę o tym na razie rozmawiać. Potem ci powiem. Chcę zostać sam.

Cicho się wycofała. Zostałem sam. W głowie czułem mętlik. W sercu również. Od kilku miesięcy nie myślałem o Betty, jej miejsce zajęła Renata. Teraz jednak Betty znowu się pojawiła. Gdyby nie Kate, Betty dalej by żyła. Czy nadal bylibyśmy razem? Czy spotkałbym na swej drodze Renatę? Co z Krzysiem? Czy zakochałbym się w Renacie?

Z Betty byłem pięć lat, z Renatą tylko kilka tygodni. Nigdy jednak w swoim życiu nie byłem tak szczęśliwy jak przez ostatnie dni. Ja i Betty rozumieliśmy się, była moim przyjacielem w domu i w pracy, ale brakowało tego żaru, tej namiętności, którą czułem do Renaty. Tej fascynacji seksem, oczekiwania, żebyśmy znowu mogli zostać sami i oddać się we władanie zmysłom... Noce z Renatą były jak narkotyk dla narkomana, jak obiecana tabliczka czekolady dla dziecka. Te noce były dla mnie nagrodą, na którą czekałem cały dzień. Pragnąłem jej dotyku, zapachu jej ciała. Pragnąłem być w niej, być z nią... Patrzeć na nią, słuchać jej oddechu, kiedy śpi. Czuć ją przy sobie. Tulić ją. W swoim życiu miałem wiele kobiet, ale z żadną nie było aż tak...

Renata oprócz tego, że fascynowała mnie jako kobieta, miała jeszcze jeden dodatkowy walor: była matką mojego syna. Cholernie spodobało mi się bycie ojcem! Będąc dojrzałym już człowiekiem, inaczej odbiera się fakt, że jest ktoś, kto jest cząstką ciebie, ma twoje geny, jest do ciebie podobny i potrzebuje twojej opieki. Mając dwadzieścia lat nie docenia się tego wspaniałego cudu istnienia, do tego trzeba dorosnąć. A mając takiego syna jak Krzyś, mężczyzna czuje się wyjątkowo wyróżniony przez los...

Siedziałem w fotelu i opróżniałem kolejne szklanki. Kiedy ujrzałem dno butelki, doszedłem do bardzo niepokojących wniosków: wolę moje nowe życie. Poczułem wstyd i wyrzuty sumienia, że cieszę się z tego, co przygotowała dla mnie Opatrzność. Cieszę się, że Betty nie żyje! Ta świadomość zżerała mnie niczym ohydny pasożyt, nie opuszczając nawet na chwilę. Przecież kiedyś ją kochałem, rozpaczałem, kiedy jej zabrakło!

Z gabinetu wyszedłem dopiero przed północą. Renata leżała w łóżku. Czekała na mnie. Mocno ją przytuliłem. Nie powiedziałem jej o przyczynach śmierci Betty, zrobiłem to dopiero następnego dnia.

Pewnego wieczoru nieoczekiwanie przyjechała Kate.

– Mogę? – zapytała niepewnie, stojąc w progu z butelką wina.

– Czego chcesz?

Wpuściłem ją. Renata zostawiła nas samych pod pretekstem po-
ścielenia łóżka Krzysiowi.

– Po co tu przyszłaś, Kate?

Podeszła do barku, wyjęła kieliszki i napełniła je.

– Napijesz się ze mną? Proszę, będzie mi raźniej – powiedziała cicho.

Usiadła w fotelu. Palcem wskazującym prawej ręki wodziła po kra-
wędzi kieliszka. Wypiła mały łyk. Czekałem, co ma mi do powiedzenia,
sam nie miałem ochoty zaczynać rozmowy.

– Niedługo wyjeżdżasz, nie wiadomo, kiedy się zobaczymy. Nie
chciałabym, żebyś uważał mnie za bezduszną morderczynię. – Zrobiła
pauzę. – W tym dniu widziałam się z Betty. Właśnie wychodziła od ginekologa. Była taka szczęśliwa! Uśmiechnięta. Radosna. Mnie pierwszej
powiedziała o dziecku. Patrzyłam na nią i nikogo tak bardzo w życiu
nienawidziłam jak jej w tym momencie. Miała wszystko, ja - nic... Nie
wiem, dlaczego to się stało. Mówię o moich relacjach z nią. Przedtem,
jak byłam dzieckiem, uwielbiałam ją. Mieszkała u babci, ale do domu
przychodziła prawie codziennie. Mogłam jej mówić o wszystkim, nie
było sekretów miedzy nami, rozumiała mnie. Z mamą nie mogłam się
dogadać, ojciec, wiadomo, jaki jest, a Jennifer była jeszcze mała. Miałam tylko Betty. Coś zaczęło się psuć w ostatniej klasie szkoły średniej,
kiedy zauważyłam, że wszyscy moi koledzy patrzą na nią z zachwytem.
Wtedy po raz pierwszy pojawiła się zazdrość. Potem było coraz gorzej...
Babcia oznajmiła, że to Betty będzie zarządzała firmą po jej śmierci.
Wszyscy się nią zachwycali. Mnie nikt nie zauważał... Ale znienawidzi-
łam ją chyba dopiero wtedy, kiedy przyprowadziła do naszego domu
ciebie. Zakochałam się w tobie... Od pierwszego wejrzenia... Byłeś taki
przystojny, taki męski, i byłeś jej narzeczonym. Często fantazjowałam
o tobie. Wyobrażałam sobie, że to ja jestem na miejscu Betty. Coraz częściej myślałam o seksie, wcześniej ten temat mnie nie interesował. Ciągle plątałam się koło ciebie. Wydawało mi się, że też lubisz być w moim
towarzystwie, tylko boisz się przejąć inicjatywę, dlatego postanowiłam
pierwsza wyjść z propozycją. I wtedy wyrzuciłeś mnie z łóżka...

Kate dokończyła pić wino, wstała i znowu sobie nalała. Obserwowałem ją w milczeniu.

– Nie obchodzi mnie, czy pójdziesz na policję. Jest mi to obojętne. Tylko trochę byłoby mi żal rodziców, Jennifer, Paula... Taki skandal! – Upiła trochę wina. – Wtedy, w ten dzień... Betty powiedziała, że zawiezie mnie do domu. Po drodze zatrzymała się, żeby wstąpić do prawnika. Nie poszłam z nią, zostałam w samochodzie. Nie wiem, co mnie napadło, ale nagle zapragnęłam, żeby umarła. To był impuls. Wyszłam z samochodu i nadcięłam przewody hamulcowe. Wiesz, że żadne auto nie jest dla mnie tajemnicą, tym bardziej że często sama naprawiałam jej hondę, jak coś drobnego się zepsuło... Nie czekałam już na Betty, tylko wróciłam do mojej nory. Pierwsze, co zrobiłam, to zaaplikowałam sobie porządną działkę hery. Miałam wspaniały odlot. Było cudownie... aż do pogrzebu. Wtedy chyba po raz pierwszy dotarło do mnie, co zrobiłam... Ojciec wysłał mnie siłą na odwyk. Przeżywałam koszmar. Torturowały mnie zarówno narkotykowy głód, jak i twarz Betty. Chciałam skończyć ze sobą, ale byłam dobrze pilnowana. Dopiero jak wypuścili mnie na przepustkę do domu, mogłam to zrobić. Odratowano mnie. Na drugi dzień powiedziałam wszystko ojcu. Zabronił mi iść na policję...

Przerwała. Zobaczyłem dwie strużki łez. Szybko wytarła je dłonią. Wzięła głęboki oddech.

– I tak żyję z dnia na dzień... Chyba bym lepiej znosiła to wszystko, gdybym odsiedziała swoje w więzieniu. Ale rodzina nie chce. Skandal zniszczyłby ich i klinikę.

Kate wyszła. Myśli mi się kotłowały. Czy ją potępiałem? Nie. Stało się. Swoim postępkiem napisała dla mnie nowy scenariusz mojego życia. Lepszy scenariusz. Dzięki Kate jestem szczęśliwy – mam Renatę, Krzysia i drugie dziecko w drodze, pomyślałem z sarkazmem.

Nie poszedłem na policję, nie było sensu. Co by to dało? Musiałbym powiedzieć o podmianie raportu, inspektor miałby duże nieprzyjemności. I... żal mi było Kate. Harry miał rację – jej pokutą była świadomość, że zabiła własną siostrę.

Z Harrym spotkałem się po kilku dniach. Podpisaliśmy umowę sprzedaży udziałów na moich warunkach.

– Niedługo wyjeżdżam. Ostrzegam cię przed pochopnym zabiciem mnie. W bezpiecznym miejscu zostawiłem list na wypadek mojej nagłej śmierci.

– Zwariowałeś?! Za kogo ty mnie uważasz? – oburzył się.

– Nie wiem do końca, kim jesteś. Po tobie i twojej rodzinie wszystkiego można się spodziewać. Wolę się ubezpieczyć. Moi prawnicy dopilnują, żebyście mnie nie oszukali. Zniknę wam z oczu, szybko mnie nie zobaczycie. Ja też nie mam ochoty was oglądać. Ale pieniądze, owszem. Mój prawnik będzie zdawał mi miesięczne raporty, ile forsy, Harry, dla mnie zarobiłeś – powiedziałem na koniec.

Pod wpływem próśb Harry'ego obiecałem jednak przyjeżdżać raz na miesiąc na tydzień do Bostonu. Klinika potrzebowała dobrego chirurga. Zgodziłem się przede wszystkim ze względu na pamięć o Betty. Ona, prawdopodobnie, tego by sobie życzyła.

EPILOG

Jesień 2000

– Mamo, mamo! Obudź się. Za chwilę lądujemy. – Renata usłyszała głos Krzysia.

Otworzyła oczy. Jednak zasnęłam, pomyślała. Chyba śniła jej się matka Roberta. Przeciągnęła się lekko, ziewnęła. Stewardesa wygłosiła komunikat o warunkach pogodowych w Warszawie. W całej Polsce miało być słonecznie i ciepło. Renata zapięła pasy, wyjrzała przez okienko samolotu. Z góry miasto wyglądało jak makieta.

Wylądowali. Uff, odetchnęła z ulgą. Poczuła, że jej ręce zrobiły się wilgotne. Spojrzała na syna. Chłopiec założył plecak i z ożywieniem rozglądał się wokół. Lot samolotem traktował jak przygodę, nie bał się tak jak jego matka.

Renata wzięła podręczny bagaż i z Krzysiem skierowała się ku wyjściu. Autobus już czekał, żeby podwieźć pasażerów do terminalu.

– Mamo, zobacz, tata! – zawołał radośnie Krzyś.

Przy wejściu stał Robert. Gdy ujrzał żonę i syna wychodzących po odprawie, rzucił się w ich kierunku. Na jego twarzy pojawił się uśmiech.

– Nareszcie! Nigdy więcej nie dopuszczę do tego, żebyśmy lecieli osobno. Jeśli mamy zginąć, to wszyscy. Wiecie, co tu przeżywałem, czekając na was?! To były najgorsze chwile w moim życiu!

Przez strajk kontrolerów odwołano w Stanach wiele lotów. Zmuszeni byli lecieć różnymi samolotami, bo nie było miejsc dla trzech osób w jednym samolocie, a Krzyś chciał iść od poniedziałku do szkoły. Renata z synem lecieli lotem bezpośrednim: Boston – Warszawa, a Robert z przesiadką w Amsterdamie. Wyleciał kilka godzin wcześniej, dlatego doleciał pierwszy.

– Przypomniały mi się wszystkie thrillery, w których akcja działa się w samolocie. Raz widziałem was w łapach islamskich terrorystów, za chwilę miałem przed oczami awarię na pokładzie. Przecież wiecie, że mój ojciec zginął w katastrofie lotniczej. Bałem się o was.

– Ale to była awionetka. Nie strasz dziecka. Będzie się bał latać – upomniała męża Renata.

– Samolot jest statystycznie najbezpieczniejszym środkiem lokomocji. Dużo więcej ginie ludzi na drodze, niż w powietrzu – oznajmił Krzyś rezolutnie.

– I kto tu kogo ma uspokajać? – Robert mrugnął porozumiewawczo. – Nie wymądrzaj się, mądralo. Nie dopuszczę, żeby syn był mądrzejszy od ojca. W każdym razie nie w wieku dziesięciu lat.

– Za pięć i pół miesiąca skończę jedenaście.

– Wiem, jesteś już duży, ale nie aż tak. Od jutra masz szlaban na książki, gazety i Internet. W telewizji możesz oglądać najwyżej Koziołka Matołka. Masz bawić się klockami Lego i grać w kretyńskie gry komputerowe. Zrozumiano? – Uśmiechnął się do syna i z czułością poczochrał mu włosy.

– Zrozumiano. Ale będziesz to robił ze mną, tato?

– Oczywiście, ja też chcę się trochę pobawić. A teraz chodźmy, bo Józef czeka na nas w samochodzie. Przed nami jeszcze prawie trzysta kilometrów do Krakowa. Po drodze zatrzymamy się w takiej jednej knajpce, gdzie dają wspaniałego schabowego z kapustą. Mam dość amerykańskich burgerów. – powiedział i przytulił ich mocno, po czym znów zwrócił się do syna: – Opiekowałeś się w samolocie naszymi dziewczynami?

– Skąd, tato, wiesz, że to będzie dziewczyna?

– Bo wiem. Jak mama była z tobą w ciąży, też wiedziałem, że będziesz chłopakiem.

– Tato, teraz to przesadziłeś. Listy przecież pisała mama.

– Chyba faktycznie przesadziłem. Za bardzo wczułem się w rolę. – Robert roześmiał się głośno i pocałował syna w czoło, a żonę w usta.

Wszystkie wątpliwości, które nachodziły Renatę w samolocie, rozpierzchły się momentalnie. Robert ją kocha! Nie trzeba bać się miłości!

Przed nimi rysuje się cudowna przyszłość. Życie jest piękne, pomimo przykrych psikusów, które często płata złośliwy los. Będzie pielęgnować ich miłość. Nie pozwoli, aby obojętność wkradła się do ich domu, a do sypialni nuda. Zrobi wszystko, żeby zawsze było tak jak dzisiaj. Popatrzyła w niebo. Ani jednej chmurki. Stewardesa miała rację: zapowiada się piękny, słoneczny dzień.

Stacje meteorologiczne jednak się pomyliły, bowiem nad Krakowem miały pojawić się czarne chmury i miała rozpętać się burza.

Nad domem Orłowskich również...

Ciąg dalszy nastąpi...

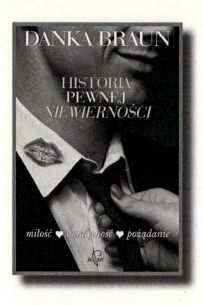

II część sagi

Danka Braun
HISTORIA PEWNEJ NIEWIERNOŚCI

Robert Orłowski, wybitny, wzięty neurochirurg od zawsze jest obiektem westchnień wielu kobiet. Przystojny, inteligentny, a do tego bogaty – zdaje sobie sprawę z atutów, którymi dysponuje.

Po ślubie z Renatą stara się być przykładnym mężem i ojcem. Rozdarty między Krakowem a kliniką w Bostonie, gdzie pracuje, potrafi znaleźć czas dla rodziny i zaangażować się w budowę wymarzonego domu.

A jednak żona zauważa, że Robert nie poświęca jej już tak wiele uwagi jak kiedyś. Podskórnie wyczuwa, że nie jest to kwestia przemęczenia, a za przedłużającymi się wyjazdami męża kryje się coś więcej, niż tylko praca. Zaniepokojona, pewnego dnia pakuje siebie i dzieci i wyrusza do Bostonu w poszukiwaniu prawdy o Robercie.

III część sagi

Danka Braun
HISTORIA PEWNEGO NARZECZEŃSTWA

Krzysztof Orłowski, syn Renaty i Roberta, wchodzi w dorosłość. Jest
podobny do ojca - przystojny i inteligentny. W klasie maturalnej zako-
chuje się w nieodpowiedniej zdaniem rodziców dziewczynie, przez co
zaniedbuje naukę, staje się krnąbrny i opryskliwy. Ponieważ rozmowy
z nim nie przynoszą oczekiwanych efektów, Robert postanawia wdrożyć
inne metody działania. Razem z Renatą uknuwają misterną intrygę...
Tymczasem z Australii powraca teściowa Renaty. Jest wylewna i uczu-
ciowa, pragnie naprawić dawne szkody. Jej intencje wydają się czyste,
szybko zdobywa sympatię członków rodziny. Renata jednak nie potrafi
jej zaufać. Czy obawy okażą się słuszne?

ALEJA BZÓW
Aleksandra Tyl

Na głowę Izabeli, młodej, samotnej dziennikarki spadają kolejne problemy. Zawierucha w pracy, nagły wyjazd jedynej przyjaciółki, kłopoty finansowe – to wszystko kumuluje się w jednym czasie. Na domiar złego nadchodzi wiadomość, że pałac na wsi, położony przy uroczej Alei Bzów, w którym Izabela spędziła dzieciństwo i w którym mieszka jej babcia - został sprzedany przez gminę i staruszka niebawem zostanie eksmitowana. Dopiero gdy Izabela poznaje Monikę – matkę chorego dziecka, jej własne problemy odchodzą na dalszy plan. Zaangażowana w pomoc nowej koleżance, pochłonięta pracą, nie zauważa, że i do niej powoli zaczyna uśmiechać się szczęście. Bo choć przeprowadzka babci wydaje się być nieunikniona, to każda wizyta w Alei Bzów powoduje u Izabeli mocniejsze bicie serca...

Dalsze losy bohaterów powieści Aleja Bzów znajdziecie w książce: **Szczęście pachnie bzem.**